刑事手続と刑事拘禁

葛野尋之 [著]
Kuzuno Hiroyuki

Police Custody,
Criminal Imprisonment and
Criminal Procedure

現代人文社

刑事手続と
刑事拘禁

葛野尋之［著］

はしがき——プリズン・クライシスを克服するためになにが必要か

　日本の刑事拘禁法は、近年、大変革を経験した。2003年12月の行刑改革会議『行刑改革会議提言——国民に理解され，支えられる刑務所へ』を受け、2005年5月、「刑事施設および受刑者の処遇等に関する法律」が成立した（2006年5月24日施行。本書においては〔新〕受刑者処遇法という）。その後、残された課題としての未決拘禁改革について、未決被拘禁者の処遇等に関する有識者会議の『未決拘禁者の処遇等に関する提言——治安と人権，その調和と均衡を目指して』を受けて、未決拘禁法の全面改正が行われ、2006年6月、先の受刑者処遇法と一体化する形で「刑事収容施設及び被収容者等の処遇に関する法律」が成立した（2007年6月1日施行。本書においては〔新〕被収容者処遇法といい、そのなかの未決拘禁に関する部分を〔新〕未決拘禁法という。本書中、旧法である監獄法との対比において新法であることを示そうとするときは、法律名に「新」をつける。受刑者処遇法の条文については、すべて被収容者処遇法の条文として参照する）。
　このような刑事拘禁法の改革は、とくに未決拘禁法の改革において、刑事手続法のあり方と交錯する形で展開した。新未決拘禁法は、警察留置施設を被疑者・被告人の勾留場所として認める「代用刑事施設」制度を維持するなど、重大な問題を残すものであった。また、身体を拘束された被疑者・被告人と弁護人との接見交通権の保障においても、重大な問題をはらんでいた。本書は、未決・既決の刑事拘禁法の改革プロセスを直視しながら作成したものであるが、未決拘禁において無罪推定の原則はどのように具体化されるべきか、未決拘禁の司法的コントロール、あるいは「捜査と拘禁の分離」はどのような法的要請を含んでおり、警察留置施設において被疑者の身体を長期間拘束する代用刑事施設制度はその要請に反しないか、身体を拘束された被疑者・被告人の防御権、とくに接見交通権はどのように保障されるべきか、未決・既決の被拘禁者の市民的権利、とくに外部社会とのコミュニケーションの権利はどのような根拠によって保障され、どのような根拠に基づき、どこまで制約することができるか、被拘禁者の権利を確保するために、市民参加、専門的外部査察、権利救済システムなどの面においてどのような改革課題が残るかなど、基本問題について論じている。そのことによって本書が、

新被収容者処遇法のもとでもその解釈・運用を方向づけ、あるいは刑事拘禁法と刑事手続法のさらなる改革を促すことにいくらかでも寄与することができるならば幸いである。

　本書の各章は、既発表の論文をベースにしているものが多い。序章は季刊刑事弁護47号（2006年）および村井敏邦＝川崎英明＝白取祐司編『刑事司法改革と刑事訴訟法（上）』（日本評論社・2007年）、第1章は立命館法学310号（2007年）、第2章は刑事立法研究会編『代用監獄・拘置所改革のゆくえ』（現代人文社・2005年）および立命館法学306号（2006年）、第3章は立命館法学306号、第4章は立命館法学307号（2006年）、第5章は日本刑法学会・刑法雑誌46巻3号（2007年）および立命館法学295号（2004年）、第6章は立命館法学295〜297号（2004〜2005年）、第7章から第9章は立命館法学297号、終章は刑法雑誌46巻3号、菊田幸一＝海渡雄一編『刑務所改革』（日本評論社・2007年）および季刊刑事弁護47号にそれぞれ発表した論文をベースにしている。なお、本書に収めることはできなかったが、反テロリズム法における拘禁処分のあり方について論じた拙稿「反テロリズム法における安全保障と人権——無期限拘禁処分に関するイギリス貴族院の違憲判決をめぐって」立命館法学310号（2007年）もご参照いただきたい。

　本書は、多くの課題について、欧州人権条約とのダイナミックな関係のなか展開してきたイングランド・ウェールズ（以下、本書においてはイギリスという）の刑事手続法と刑事拘禁法の改革を検討し、その意義と限界を明らかにしつつ、日本法改革を方向づけるための指針と教訓を得ようとしている。未決、既決の双方について、近年、イギリスにおける行刑改革、さらには刑事司法改革全体の基軸とされてきたのは、2000年10月2日の人権法施行にともない欧州人権条約への適合性をどのように確保するかということとともに、深刻な過剰拘禁にどのように対処するかということである。

　イギリスの過剰拘禁は深刻である。首席刑事施設査察官の2005-2006年報告書によれば、同年査察が実施された14の地方刑事施設において、合わせて42％の定員超過状態があったという（HM Chief Inspector of Prisons for England and Wales, Annual Report 2005-2006, p.21）。すでに2001-2002年報告書が、「過剰拘禁のために、安全性、相互尊重、有意義な活動、生活再建という刑事施設の健全性を測る査察指標すべてにおいて悪影響が生じている。刑事施設の被収容者数、とりわけ地方刑事施設の被収容者数は増加し続けて

いる。過剰拘禁のなか、特別な配慮や保護を必要とする被収容者が正しく認識されないままでいる。被収容者は長時間、自己の居室に閉じこめられている。ほとんどの刑事施設において、以前より安全性が低下している」として、過剰拘禁にともなう弊害を厳しく指摘していた (HM Chief Inspector of Prisons for England and Wales, Annual Report 2001-2002, p.4)。しかし、2001年8月から2006年8月までのあいだに、被収容者数は20％近く増加している。

　2006年末から2007年1月にかけて、イギリス刑事施設の過剰拘禁は極みに達した。政府による対応策は、いずれも過剰拘禁を解消するようなものではなく、その場しのぎの弥縫策ともとれるものであり、また、被拘禁者を劣悪な収容条件下におくなど、重大な問題をはらむものであった。かくして、「刑事施設の危機 (Prison Crisis)」は、連日、新聞やテレビ・ニュースを賑わせる政治的・社会的大問題となった。以下、主としてBBCニュースやガーディアン紙の記事をもとに、この問題のアウトラインを示しておきたい。

　2006年10月6日、イギリス刑事施設の被収容者数は、ついに史上最多の79,843人に達し、その後も増加が続くものとみられた。刑事施設に収容可能な人員は、残り125人という状況に陥っていた。被拘禁者の急増は、未決・既決の拘禁処分の決定自体が増加したこととともに、再犯危険性があるとされる受刑者を長期拘禁しておくことを可能とする不定期拘禁刑が多用されていること、外国人受刑者を退去強制の時点まで釈放することなく、拘禁し続けることにも起因しているといわれた。

　10月9日、内務大臣ジョン・リードは、危機的状況に対処するための緊急対策を発表した。それによれば、陸軍施設の緊急転用、かつて閉鎖精神医療施設として用いられていた建物の緊急転用とあわせ、警察署内の被逮捕者留置施設を刑事施設に代用し、そこに未決拘禁の決定を受けた被告人や有罪認定後に拘禁刑を言い渡された受刑者を代替収容することとされた。

　イギリスにおいては、1984年警察・刑事証拠法のもと、逮捕後、警察留置に付された被疑者が正式告発され、身体拘束を継続する必要があると認められたときは、速やかに、遅くとも告発後最初の開廷日までに被告人をマジストレイトの許に連れて行かなければならない。正式告発までの時間制限は原則24時間であり、実際には平均6時間程度である。被疑者の取調が許されるのは正式告発までに限られる。マジストレイトは被告人を直接審問したうえ

で、無条件に釈放するか、保釈に付すか、それとも未決拘禁に付するかを決定する。未決拘禁が決定された場合、被告人は刑事施設に収容され、日本の「代用刑事施設」制度においてのように、警察留置施設に連れ戻されることはない。警察留置施設への代替収容は、まさに異例の緊急措置である。

　法律上、1980年刑事拘禁（応急措置）法によって、刑事施設に被拘禁者を収容する余裕がないとき、裁判所の未決拘禁の決定または拘禁刑の言い渡しにより刑事施設に収容されるべき被拘禁者を警察留置施設に代替収容することができるとされていた。警察留置施設への代替収容は、「応急措置（Operation Safeguard）」と呼ばれ、内務省と警察庁との協定に基づき実施される。代替収容の具体的決定は、内務大臣によって行われる。かつて、2002年に被拘禁者数が72,000人に達したとき、7月11日から12月20日まで実施され、この間に275人の被拘禁者が警察留置施設に収容された。

　今回の「応急措置」においては、2006年10月から11月のあいだに警察留置施設の520床を代替収容に使用することが予定された。10月21日、内務省は、47人が代替収容されていることを発表した。また、代替収容の主たる対象としては、男性の未決被拘禁者が予定され、最高度の危険性があると分類されるカテゴリーAの被拘禁者、自傷や逃走の危険性のある被拘禁者、女性、18歳未満の被拘禁者、刑事法院の手続に付されている未決被拘禁者、医療措置を必要とする被拘禁者は、代替収容には適さないものとされた。

　リード内務大臣は、この「応急措置」は「必要かつ現実的な対応策」だと説明したが、野党保守党は、「場当たり的な対応策でしかなく、しかもコストが嵩む」と批判した。2002年の「応急措置」の実施においては、代替収容された被拘禁者一人あたり、1日350ポンド以上の余計な費用がかかったとされている。保守党の批判は、「警察に過剰な負担をかける」ことにも及んだ。自由民主党も、「代替収容は莫大な出費を要し、被拘禁者の処遇を担当することは、警察にとって過大な負担となる」とのコメントを発表した。

　「応急措置」に対して、刑罰改革NGOは厳しい批判を提起した。〈プリズン・リフォーム・トラスト〉の事務局長ジュリエット・ライオンは、「一般に警察留置施設は、面会、運動、相互交流・共同活動などの施設・設備を備えていない。このような警察留置施設に被拘禁者を代替収容するのは、品位ある取扱いと社会復帰の見込みとを欠いた耐え難い措置である」とのコメントを発し、警察が「設備にも、人手にも欠けるにもかかわらず、非常に脆弱な被収容者の世話をしなければならないことになる」のではないか懸念して

いるとした。

　本来、警察留置施設は短時間の仮の収容場所にすぎず、一定期間人が生活する場所として予定されていない。実際、私は2006年10月24日、ロンドン市のホルボーン警察署に付属する留置施設を、また、2007年9月6日、同じくロンドン市のイズリントン警察署に付属する留置施設をそれぞれ参観する機会を得たが、刑事施設の場合と異なり、各部屋にはベッドも備え付けられておらず、洗面設備もなかった。施設構造上、プライバシーに対する配慮も十分ではなかった。留置「施設」というより、むしろ一時的な仮の収容に用いるための留置「室」と呼ぶのが相応しいように思われた。ライオン事務局長が指摘するように、被拘禁者に保障されている権利は実現されないことになるであろう。身体的・精神的健康に深刻な影響が生じることも考えられる。未決被拘禁者の場合、告発後の取調は許されていないにせよ、刑事事件の被告人としての防御権の行使に支障が生じるであろうし、受刑者の場合、警察留置施設が社会復帰に向けた処遇を受けるに適した環境であるとはとうていいえない。

　11月29日には、刑事施設に79,908人、警察留置施設に152人、計80,060人と、被拘禁者数がついに80,000人を突破した。〈プリズン・リフォーム・トラスト〉の副事務局長ゲオフ・ドブソンは、「このような被拘禁者数の増加は計画的なものでも、なんらかの目的に基づくものでもない。刑事司法が、納税者の出費による党派政治的競売（party politics auction）になってしまったことの帰結である」とし、刑事拘禁システムは社会の安全も、被拘禁者の社会復帰も、然るべき品位ある取扱いも提供していないと批判した。

　「応急措置」は、12月23日、協定の失効により終了した。「応急措置」のための特別支出は約260万パウンドであった。しかし、すでにこのときから、間もなくして再開されることが予定されており、案の定、2007年1月16日、「応急措置」の再協定が結ばれた。

　2007年1月、刑事拘禁制度が直面する危機的状況は最高潮に達した。ロンドン市の中央刑事裁判所は、オールド・ベイリーの通称で知られる刑事法院である。建物の頂にある剣と天秤をもったテミス像は、イギリス刑事司法のシンボルとなっている。1月18日、ロンドンにおいて刑事施設の代替収容先である警察留置施設にも余裕がなくなり、オールド・ベイリーにおいて審理中の未決被拘禁者が地下に設置された仮監に宿泊することを余儀なくされた。

仮監は法廷への出席を待つあいだの短時間の収容を予定したものでしかなく、もちろん被拘禁者の宿泊設備をなんら有していない。〈プリズン・リフォーム・トラスト〉のライオン事務局長は、必要的拘禁刑を定める数多くの立法がなされ、その結果、裁判所が拘禁代替措置を選択することが困難になっただけでなく、仮釈放委員会が仮釈放を適切に決定し、刑事施設長が開放的処遇環境に被拘禁者を移送することも困難になっていると指摘した。ライオン事務局長によれば、過剰拘禁の危機的状況はこの意味において政治的に作り出されたものであるから、刑事拘禁を重大暴力犯罪の行為者のみに限定するという政治的立場を鮮明にしない限り、決して解消しないというのである。
　1月28日付オブザーバー紙によれば、1月24日、イギリス大法官は、インナー・ロンドン刑事法院の仮監に未決被拘禁者を収容するという内務大臣の計画を、仮監は収容に適さないとして拒絶した。ある刑事施設の長は、「仮監に被拘禁者を収容するのは危険である。多くの被拘禁者が、アルコールや薬物の問題から医学的治療やサポートを必要としている。問題を抱える人たちをただ仮監に入れておけばよいというわけにはいかないのである。しかし、仮監は治療やサポートの提供が可能なものとして造られていない」と述べた。
　また、1月23日には、ノーリッチ刑事施設が使用を停止していたウィングを再開し、被拘禁者150人を収容すると決定した。収容されるのは、短期収容が予定される未決被拘禁者とされた。このウィングは、首席刑事施設査察官の報告書によって「不適切」な収容場所として指摘されたために、5日前、使用を停止したばかりの老朽化したビクトリア様式の建物であった。老朽施設の使用再開決定を、ノーリッチの独立刑事施設監視委員会は厳しく批判した。

　同じ1月23日、リード内務大臣は、法務総裁、大法官と連名で、全国の刑事法院とマジストレイト裁判所の裁判官に対して、過剰拘禁が危機的状況にあることにかんがみ、未決拘禁の決定や量刑にあたっては、拘禁処分をできるだけ抑制するよう求める書簡を送付した。〈プリズン・リフォーム・トラスト〉や〈ナクロ〉は、過剰拘禁の緩和につながることを期待して、この要請を積極的に評価した。
　これに対して、〈警察署長連合〉は、内務大臣がこのように要請しても、法執行にはいかなる妥協もありえないとし、現在の被拘禁者の大部分は重大な暴力犯罪行為者であり、交通事件など比較的軽微な犯罪による拘禁処分は

減少しているとのコメントを発した。〈マジストレイト連合〉の副議長ジョン・トーンヒルは、「どのような量刑を行うか、あるいは未決拘禁に付すべきかどうか判断するうえで、過剰拘禁などという問題が考慮される余地はない。……私たちは、犯罪行為の重大性や個別具体的行為によって生じた責任非難や害悪を考慮すべきとする明確な量刑ガイドラインを有しおり、犯罪行為と行為者双方に関する事情を考慮して量刑を行っている」と述べた。マジストレイトはこのガイドラインに従うことによって、量刑の全国的統一性を確保しているというのである。

 このような批判のなか、間もなくしてリード内務大臣自身、この要請は現行の量刑ガイドラインを再確認したものでしかなく、重大犯罪行為者は拘禁処分に付されるべきであるとの立場を確認した。首相トニー・ブレアも、このような内務大臣の立場を全面的に支持した。

 しかし、最高14年の拘禁刑に相当する重大性犯罪について有罪を認定された被告人が、過剰拘禁を理由に量刑手続のあいだ保釈された例や、子どもポルノをインターネットからダウンロードしたとして有罪を認定された被告人について、「量刑をとりまく現況」にかんがみ拘禁刑の宣告猶予が決定された例が報道されると、刑事拘禁の抑制という内務大臣の要請、さらには危機的な過剰拘禁を生み出した政府に対して、厳しい批判が巻き起こった。これに対して、1月26日、イギリス首席裁判官ロード・フィリップスが、内務大臣は拘禁処分の決定を止めるよう指示したのではなく、現行ガイドラインを再確認しただけであるとのコメントを発した。内務大臣の書簡は「現状を端的にまとめた有益なものであり、現行の量刑法や確立した量刑基準に適合したものである。……内務大臣は、裁判官が拘禁処分の決定の前に、なんらかの適切な代替措置がないかどうか確認することを期待したのである。古くから確立している控訴院の先例によれば、裁判官が量刑にあたり過剰拘禁について考慮するのは正当とされている。正当とされる限りにおいて、裁判官は量刑にあたり、刑事施設の現状を考慮に入れるべきである」と述べたのである。

 プリズン・クライシスの解決策はなにか。イギリス政府は、陸軍施設や空軍キャンプの一時転用とともに、2隻の船舶を刑事施設に転用する計画を発表した。船舶の転用は、拘禁条件の劣悪さから、2005年に終了した方策である。このほか、政府は、2007年春までにリバプール刑事施設において350床

の定員拡大を行い、2007年末までに全国で2,000床、4年以内に8,000床の定員拡大を行うことを約束している。これらによって過剰拘禁に対処しようというのである。

　しかし、これまでも定員拡大を続けながら、結局、過剰拘禁を解消することができず、ますます危機的な状況を迎えたことからすれば、このような方策の有効性には疑問が強い。実際、2007年3月30日、警察留置施設に代替収容された384人を含み、被拘禁者数は80,303人と史上最多数に達した（その後、6月18日には被拘禁者数は81,016人を記録し、そのうち約400人が警察留置施設に収容されており、約100人は裁判所付設の仮監に宿泊していた。6月末、政府は過剰拘禁を緩和するために、大規模な早期釈放スキームの実施を発表した。早期釈放の対象となる被拘禁者は25,000人に及び、これによって被拘禁者数は1,200人減少する見込みとされた）。過剰拘禁を生み出した厳罰政策それ自体の転換が要求される所以である。4月18日付ガーディアン紙によれば、前イギリス首席裁判官ハリー・ケネス・ウールフは、「刑事施設の新増設によって定員拡大をしても、拡大分もすぐ一杯になってしまい、過剰拘禁を生み出すシステム内の『病巣』は手つかずのまま残ることになるから、莫大な出費をともなう弥縫策にしかならないであろう」と述べている。

　1月26日、BBCニュースナイトのインタビューに応え、全国少年司法委員会議長ロッド・モーガンが辞任の意向を表明した。強固な厳罰政策のゆえにプリズン・クライシスを引き起こした政府に対する厳しい批判のゆえであった。モーガン教授はイギリス刑事司法研究者を代表するアカデミックであるが、ブリストル大学教授のとき、マンチェスター刑事施設の大暴動を契機に設置された行刑改革委員会のメンバーとなり、イギリス行刑改革のマスター・プランを描き出したウールフ報告書の作成にあたり中心的役割を果たした。ブリストル大学時代から、仮釈放審査委員会の委員、マジストレイト、少年裁判所の裁判官としても活躍し、ヨーロッパ拷問等防止委員会においても重責を担った。2001年には、首席プロベーション査察官の職に就き、現状を厳しく批判しつつ、建設的改革を提案してきた。全国の自治体すべてに設置された少年非行チーム（Youth Offending Team）を統括し、青少年収容施設の管理・運営責任を有するとともに、少年司法実務の調査と政策立案を担当する全国少年司法委員会の議長に就任したのは、2004年4月であった。

　2006年10月末、モーガン教授はBBCモーニング・ニュースのインタビューに応え、1日平均3,500人以上の少年を閉鎖施設に収容することによって、

少年司法システムが「溶解」し始めており、システム自体が音を立てて崩れ落ちようとしていると批判した。「数多くの少年を拘禁するという刑事政策は、地球温暖化に対して火力発電所を増築するという政策とまさしく同じである。長期的にみたとき、犯罪を繰り返す成人の常習的犯罪者を数多く生み出すことにしかならないからである」というのである。辞意表明にあたり、モーガン教授は、「拘禁施設に収容される少年の数は、過去3年間で26％も増加している。私たちはいま、プリズン・クライシスに突入しようとしている。いまこのときにも、刑事施設に収容スペースがないために、数多くの人を警察留置施設に拘禁している。実際には、そのなかに子どもや若年者も含まれている」と述べた。モーガン教授によれば、刑事施設を新増設したところで、過剰拘禁が効果的に解消されることはないであろうという。この危機的状況については、個々の裁判官の量刑に責任があるというよりも、むしろ政府の厳罰政策、さらにはそれを生み出す「政治的風潮」にこそ責任があるという。

　過剰拘禁はあらゆる局面において被拘禁者の収容条件を悪化させ、その現実的な権利行使を困難にし、開放的処遇・革新的処遇の実施などさまざまな行刑改革の妨げとなる。これらが相互に結びついて、プリズン・クライシスを生む。イギリスの経験は、過剰拘禁にたんなる対症療法をもってあたることのむなしさ、それによって生じる弊害とともに、刑事立法においても、裁判所の量刑や未決拘禁の決定においても、厳罰主義それ自体の転換が必要であることを教えてくれる。日本はこの教訓を生かさなければならない。日本が自らのプリズン・クライシスを克服することができるかどうかは、ここにかかっている。

　刑事手続法と交錯する問題も含め、刑事拘禁法に関する私の研究は、すべて刑事立法研究会によって育てられてきた。「刑事拘禁法要綱」の作成・改訂、刑事拘禁法の改正問題に対応すべく積み重ねてきた議論、その成果としての数回の出版を通じて、研究課題を明確化し、理論的方向を定めることができた。お一人お一人のお名前をあげることはできないが、大学学部時代からの恩師でもある代表の村井敏邦先生をはじめ、すべての会員の方々にお礼申し上げる。
　本書第6章に示したイギリスの刑事施設、面会者センター、NGO、内務省、行刑局などの訪問・インタビュー調査については、主として2003年8月

から2004年9月までの在外研究期間に実施したものである。調査準備については、ロンドン大学キングス・コレッジ国際刑事拘禁研究センターのアンドリュー・コイル前センター長、ヴィヴィアン・スターン主任研究員、その他スタッフの方々から全面的にお世話になった。感謝申し上げる。また、拙い英語力の私の調査にいつも真剣に、かつ優しく対応してくれた刑事施設やNGOなどの職員、ヴォランティアの方々、さらに度々簡単な会話を許された被拘禁者の方々にも、心から感謝する。その一つ一つが、まるで昨日のことのように思い出される。このような調査結果を踏まえることによって、イギリス行刑改革の現状と課題、とくに積極的な市民参加の意義をより深く理解することができたように思う。他方、被拘禁者とその家族の権利と生活再建のために真剣に働く人々が私に発したメッセージにどれだけ応えることができたか不安が残る。また、日本の刑事拘禁および警察留置に関する調査については、制約や限界が大きいとはいえ、なしうる最大限の努力をしたとはいいがたい。合わせて今後の課題としたい。

　本書の刊行にあたっては、日本学術振興会・科学研究費補助金（研究成果公開促進費）の助成を受けた。現代人文社・成澤壽信社長には、本書の出版を快くお引き受けいただいた。また、桑山亜也氏とは、2004年3月、イギリスにおける調査を一部ともに実施した。今回は、編集者としての的確なサジェスションを通じて、本書作成をサポートしていただいた。立命館大学の同僚には、法科大学院の立ち上げという重要な時期に長期の在外研究を認めていただき、いつも自由で刺激的な研究環境を提供していただいた。感謝申し上げる。

　私は5年かかって学部を卒業し、大学院に進学したとき、自分の将来について想像することもできなかった。いまに至るまで研究を続けることができたのは、皆に支えられ、励まされてきたからである。そのすべてを思いながら、心から感謝する。

　　2007年9月早朝

葛野尋之

刑事手続と刑事拘禁 ………… 目次

はしがき――プリズン・クライシスを克服するためになにが必要か……ii

序章 未決拘禁と無罪推定の原則、司法的コントロール

1. 未決被拘禁者の法的地位……1
2. 身体不拘束の原則……2
3. 無罪推定と未決被拘禁者の権利……4
4. 未決拘禁の司法的コントロールと「捜査と拘禁の分離」……5

第1章 最終手段としての未決拘禁

1. 身体不拘束の原則と未決拘禁の最終手段性……11
   - (1) 過剰拘禁と拘禁代替措置……11
   - (2) 本章の課題……13
2. イギリス法における未決拘禁と保釈……14
   - (1) 要件と手続……14
   - (2) 未決拘禁の最終手段性……16
   - (3) 未決拘禁の拡大傾向……18
   - (4) 条件付保釈と社会統制網の拡大……21
   - (5) 保釈中の再犯と保釈法改正……24
3. 欧州人権条約と未決拘禁の最終手段性……26
   - (1) 欧州人権委員会・人権裁判所の判例……26
   - (2) 欧州評議会における政策展開……29
4. 欧州人権条約とイギリス保釈法の改革……32
   - (1) キャバレロ対英国事件……32
   - (2) イギリス保釈法の改革……36

5.日本法改革の方向……39
- (1) 最終手段としての未決拘禁と拘禁代替措置……39
- (2) 未決拘禁の最終手段性の確保とその実質化……40

第2章 警察留置と「捜査と拘禁の分離」

1.代用刑事施設問題の本質……51
- (1) 代用刑事施設の現在……51
- (2) 捜査と拘禁の結合……53
- (3) 新未決拘禁法と代用刑事施設……54
- (4) 本章の課題……56

2.未決拘禁の司法的コントロール……57
- (1) 自由権規約9条3項違反をめぐる対立……57
- (2) 規約人権委員会による第4回日本政府報告書の審査……59
- (3) 欧州人権条約5条3項の手続保障……61
- (4) 自由権規約9条3項における未決拘禁の司法的コントロール……62

3.「捜査と拘禁の分離」からの二重の要請……63
- (1) 警察留置の極小化……63
- (2) 警察留置における捜査と留置の機能分化……63

4.「捜査と拘禁の分離」と代用監獄……64
- (1) 警察留置の極小化と代用監獄……64
- (2) 「捜査と留置の分離」と代用監獄……66
- (3) 取調受忍義務と「捜査と拘禁の分離」……68

5.未決拘禁の司法的コントロールと逮捕留置……69
- (1) 逮捕留置をめぐる実務と学説……69
- (2) 速やかな勾留請求の要請……70

6.新未決拘禁法における代用刑事施設と「捜査と拘禁の分離」……72
- (1) 警察留置の極小化と代用刑事施設……72
- (2) 「捜査と留置の分離」と代用刑事施設……73

7.代用刑事施設の憲法論……77
- (1) 憲法34条と未決拘禁の司法的コントロール……77
- (2) 透明で客観的な刑事手続の構築……79

第3章 イギリス警察・刑事証拠法における「捜査と拘禁の分離」

1. イギリス警察・刑事証拠法……87
- (1) 本章の課題……87
- (2) 警察・刑事証拠法の成立とその基調……87

2. 警察・刑事証拠法による警察留置と未決拘禁……89
- (1) 警察留置と未決拘禁の手続……89
- (2) 警察留置の極小化……92

3. 留置管理官の権限・義務……94

4. 警察留置中の取調……96

5. 留置管理官の独立性……97
- (1) 告発前の留置決定……97
- (2) 弁護権の告知……99
- (3) インフォーマルな取調……100
- (4) 身体的・精神的福祉の確保……101
- (5) 職務配転と留置管理官副次文化……102

6. 捜査官への監護移転をめぐる問題……104

7. イギリス警察留置と「捜査と拘禁の分離」……105

第4章 警察留置と弁護人接見

1. 警察留置中の弁護人接見をめぐる法的問題……111
- (1) 永井国賠訴訟における第一審京都地裁判決の論理……111
- (2) 本章の課題……113

2. 適正処遇・権利保護のための留置担当官の権限・義務……116
- (1) 被告人と弁護人の接見交通権……116
  - (i)接見交通権の憲法的重要性／(ii)接見に関する監獄法と被疑者留置規則
- (2) 「留置」の法的意味……120

- (3) 勾留の執行としての「留置」……122
- (4) 留置場からの出場と「留置」……123
- (5) 留置場外における適正処遇・権利保護の権限・義務……123

3.「捜査と拘禁の分離」と留置担当官の権限・義務……125
- (1) 警察留置の極小化と「捜査と留置の分離」……125
- (2) 留置担当官における即時接見実現のために手を尽くす義務……128

4.「捜査の流動性」と留置担当官における即時接見実現義務……130
- (1) 刑事訴訟法39条の構造と余罪についての接見指定……130
- (2) 留置担当官の即時接見実現義務と余罪捜査……131

5. 弁護人接見をめぐる留置担当官の権限・義務……135
- (1) 本件事案における留置担当官の措置の違法性……135
- (2)「捜査と拘禁の分離」と警察留置中の弁護人接見……136

第5章 刑事被拘禁者の法的・社会的コミュニケーションをめぐる問題状況

1. 受刑者の法的地位とその権利保障……143
- (1) 受刑者の権利保障と二重の法的地位……143
- (2) 刑罰の執行を受けるべき法的地位……143
- (3) 拘禁された市民としての法的地位……144

2. 行刑改革と社会的コミュニケーション……146
- (1) 被拘禁者の法的・社会的コミュニケーション……146
- (2) 旧監獄法における受刑者の社会的コミュニケーション……147
- (3) 旧監獄法における未決被拘禁者の社会的コミュニケーション……149
- (4) 行刑改革会議と受刑者の社会的コミュニケーション……149

3. 裁判を受ける権利と法的コミュニケーション……152
- (1) 旧監獄法における法的コミュニケーション……152
- (2) 行刑改革会議と受刑者の法的コミュニケーション……153
- (3) 徳島刑務所事件……154

4. 弁護権の保障と法的コミュニケーション……158
- (1) 憲法、刑訴法における被疑者・被告人と弁護人との接見交通……158
- (2) 旧監獄法における弁護人との接見交通……160
- (3) 髙見・岡本国賠訴訟……161

(4) 高野国賠訴訟……162
5 本書の検討課題……164
　　　(1) 理論的課題……164
　　　(2) 行刑改革における日本とイギリス……166

第6章 刑事被拘禁者の法的・社会的コミュニケーションをめぐるイギリス法の展開

1. イギリス刑事拘禁法の枠組と社会的コミュニケーション……175
　　　(1) イギリス刑事拘禁法の枠組……175
　　　　　(i) 刑事拘禁法と刑事拘禁規則／(ii) 刑事施設と被拘禁者の分類
　　　(2) 社会的コミュニケーションの意義……179
　　　　　(i) 社会的コミュニケーションと家族の絆・社会的繋がり／(ii) 社会的コミュニケーションと被拘禁者の家族の福祉／(iii) 刑事拘禁規則の規定

2. 面会……188
　　　(1) 面会の種別と回数……188
　　　(2) 面会の相手方……190
　　　　　(i) 家族・近親者との面会／(ii) 近親者以外の者との面会
　　　(3) ジャーナリストとの面会……193
　　　(4) 面会の実施方法……198
　　　　　(i) 面会手続と面会可能時間／(ii) 面会に関する保安措置／(iii) 薬物持込に関する保安措置／(iv) A級被拘禁者との面会

3. 家族の絆・社会的繋がりを維持するための社会的援助……205
　　　(1) 面会費用補助制度……205
　　　　　(i) 意義／(ii) 概要／(iii) 運用状況
　　　(2) 面会者センターの意義と機能……211
　　　　　(i) 意義／(ii) 機能
　　　(3) ロンドン面会者センター訪問調査記録……228
　　　　　(i) NGO〈パクト〉／(ii) ハロウェイ面会者センター／(iii) ベルマーシュ面会者センター／(iv) ワームウッド・スクラブズ面会者センター／(v) 面会者センターとコミュニティ・プリズン

4. 信書の発受……241
　　　(1) 欧州人権条約と信書発受の権利……241
　　　(2) 信書の種類とその許可回数……244
　　　(3) 信書の検閲と発受の制限……246

5. 電話による社会的コミュニケーション……249
　　　(1) 意義……249

(2) 実施方法と傍受・録音……241
　　(3) 個人暗証番号式電話の導入と公用電話の使用……252
6.法的コミュニケーションの意義とその権利の発展……255
　　(1) 法的コミュニケーションの権利の発展……255
　　　(i) 欧州人権条約上の発展／(ii) 国内裁判所判例における発展
　　(2) 法曹特権としての法的コミュニケーションの秘密保護……263
　　　(i) 法曹特権の意義／(ii) 法曹特権の根拠
　　(3) 欧州人権条約における自由かつ秘密の法的コミュニケーション……266
　　　(i) 欧州人権裁判所判例の展開／(ii) 警察留置中の法的コミュニケーション
　　(4) 居室捜索にさいしての信書の秘密保護……272
7.法的コミュニケーションをめぐる具体的問題……274
　　(1) 信書の発受と電話の使用……274
　　　(i) 信書の発受／(ii) 電話によるコミュニケーション
　　(2) 面会……278
　　　(i) 面会の実施方法／(ii) 閉鎖面会をめぐる法的問題／(iii) テレビ回線による相談

第7章 基本的人権としての社会的コミュニケーション

1.社会的コミュニケーションの法的性格……295
　　(1) 刑事拘禁と社会的隔離……295
　　(2) 社会的隔離と最高裁判例……297
　　(3) 社会的隔離と社会復帰……301
　　(4) 憲法上の権利としての社会的コミュニケーション……302
2.社会的コミュニケーションに対する制限……303
　　(1) 権利制約の根拠と限界……303
　　(2) 制限根拠としての拘禁目的……305
3.未決被拘禁者の社会的コミュニケーション……307
　　(1) 未決被拘禁者の社会的再統合……307
　　(2) 防御権の保障と社会的コミュニケーション……308
　　(3) 権利制約の根拠と限界……309
　　(4) 逃亡・罪証隠滅の危険による制限……310
4.社会的コミュニケーションの保障のあり方……312
　　(1) 面会、信書発受の実施方法……312
　　(2) 秘密性の保障……314
　　(3) 電話の使用……316

第8章 裁判にアクセスする権利と法的コミュニケーション

1. 法的コミュニケーションの法的性格……321
　（1）裁判を受ける権利と法的コミュニケーション……321
　（2）徳島刑務所事件判例……323
　（3）憲法上の権利としての法的コミュニケーション……325

2. 法的コミュニケーションに対する制限とその保障のあり方……326

第9章 弁護権の実質的保障と法的コミュニケーション

1. 自由かつ秘密の法的コミュニケーション……331

2. 刑事訴訟法39条1項と信書の秘密性……333
　（1）秘密接見の意義……333
　（2）刑訴法39条1項と信書の秘密保護……333
　（3）防御に関するコミュニケーションの秘密保護……335

3. 刑事訴訟法39条2項と刑事拘禁法上の制限……338
　（1）信書検閲を肯定する判例……338
　（2）信書検閲を批判する判例……341
　（3）刑事訴訟法39条1項と旧監獄法上の制限……343
　（4）信書検閲の不必要性と不相当性……343
　（5）防御に関するコミュニケーションの自由と秘密保護……347
　（6）刑事訴訟法・刑事拘禁法の一元的関係と防御に関するコミュニケーション……348

終章 新被収容者処遇法における法的・社会的コミュニケーション

1. 新被収容者処遇法における受刑者の社会的コミュニケーション……353
  - (1) 外部交通の法的性格……353
    - (i) 権利としての外部交通／(ii) 電話通信
  - (2) 社会的コミュニケーションの制限……355
    - (i)「矯正処遇の適切な実施」のための制限／
    - (ii) 規律・秩序の維持と管理運営上の支障／
    - (iii) 必要最小限度の制限／(iv) 面会の立会、録音・録画と信書の内容検査

2. 新被収容者処遇法における受刑者の法的コミュニケーション……360
  - (1) 法的コミュニケーションの特別な保障……360
  - (2) 秘密性の保障……361
  - (3) 特別な保障の範囲……362

3. 新未決拘禁法における被疑者・被告人と弁護人とのコミュニケーション……364
  - (1) 憲法上の弁護権と接見交通……364
  - (2)「面会」の制限……365
    - (i)「管理運営上の支障」と休日・夜間接見／
    - (ii) 開放面会、録音機の使用、面会の一時停止・終了
  - (3) 信書の秘密保護……369
  - (4) 電話通信によるコミュニケーション……373

4. 新未決拘禁法における社会的コミュニケーション……375
  - (1) 被逮捕留置者の社会的コミュニケーション……375
  - (2) 面会・信書の制限……376
  - (3) 権利実質化のための積極的措置……379

5. 刑事被拘禁者の権利保障の実質化……380
  - (1) 受刑者の権利確保と日本行刑の構造……380
  - (2) 被拘禁者の権利確保と市民参加……383
    - (i) 社会的援助における市民参加／(ii) 行刑監視のための市民参加
  - (3) 専門的外部査察と権利救済……388
    - (i) 専門的外部査察／(ii) 権利救済

Police Custody,
Criminal Imprisonment
and Criminal Procedure

序章

未決拘禁と無罪推定の原則、司法的コントロール

1. 未決被拘禁者の法的地位

　刑事被拘禁者の法的地位が、権利保障のあり方のなかに具体化する。被拘禁者の権利保障の根拠、限界について論じるにあたっては、その法的地位を明確化しなければならない。受刑者の法的地位については、本書第5章において論じる。それゆえ、本章においては、未決被拘禁者の二重の法的地位を確認したうえで、無罪推定の原則が身体の自由の保障と相俟って、未決拘禁との関係においては身体不拘束の原則として現出することを明らかにし、また、無罪推定の原則が防御権の保障、市民的権利の保障の両面について、未決被拘禁者の権利保障においてどのように具体化されるか検討する。これらは、本書全体の課題に通底する基礎理論的問題である。

　刑訴法上の逮捕・勾留の処分により被疑者・被告人の身体が拘束され、刑事施設に収容され、または留置施設に留置されたとき、刑事拘禁された被疑者・被告人（以下、この意味において未決被拘禁者という）は、刑訴法上の被疑者・被告人としての法的地位と、刑事拘禁法上の拘禁された市民としての法的地位とを併有することになる。未決被拘禁者の法的地位において、刑事手続法と刑事拘禁法とが交錯する。

　未決被拘禁者は、刑事拘禁された市民として、人間としての尊厳を尊重された取扱いを受けることを保障される（市民的及び政治的権利に関する国際規約〔以下、自由権規約〕10条1項）。また、未決被拘禁者は、刑訴法上の被疑者・被告人として、無罪推定の原則のもと、実効的な防御のための機会と便益を提供される（同14条3項(b)）。

　未決拘禁法をめぐっては、2005年5月、監獄法の改正法としての受刑者処遇法が成立した後（2006年5月施行）、改正作業が本格化し、同年12月、未決拘禁者の処遇等をめぐる有識者会議（以下、有識者会議）が設置された。2006年2月2日に発表された有識者会議『未決拘禁者の処遇等に関する提言

──治安と人権、その調和と均衡を目指して』（以下、『提言』）を受け、未決拘禁法の改正案が作成され、同年6月、国会において、先の受刑者処遇法と一体化されて被収容者処遇法が可決・成立した。新しい未決拘禁法は、未決被拘禁者の面会、信書の発受など、その権利保障に関する規定を旧監獄法に比べ明確化する一方、勾留された被疑者・被告人を「刑事施設に収容することに代えて」、警察の「留置施設に留置することができる」とし（15条）、代用刑事施設制度を存続させた。

2. 身体不拘束の原則

　無罪推定は、刑訴法上の被疑者・被告人の法的地位、それを反映した刑事手続のあり方を包括的に示す原則である。自由権規約14条2項は、「刑事上の罪に問われているすべての者は、法律に基づいて有罪とされるまでは、無罪と推定される権利を有する」と定めている。日本の憲法、刑訴法には、無罪推定の原則を定める明文規定はないが、この原則は、憲法31条の保障する適正手続に内在するものであると理解されている[2]。

　ハーバート・パッカーによれば、無罪推定は、事実認定の結果に関連する言葉によって表現されているものの、被疑者・被告人が無罪とされるであろうとの確信を反映したものでも、刑事手続を通じてなされる事実認定の結果についての予測と結びついたものでもない。無罪推定は、無辜の不処罰とともに、刑事手続における人権の確保のために適用される主要な原則であり、刑事手続の規範的モデルとして犯罪統制モデルに対置される適正手続モデルの中核に位置づけられる[3]。このような規範的原則であるがゆえに、無罪推定の原則は、犯罪の嫌疑がいかに濃厚で、有罪認定の事実上の可能性がいかに高い場合でも、被疑者・被告人の権利を保護するための法原則として機能しうるのである[4]。

　無罪推定の原則について、それを挙証責任と証明基準に関する証拠法上のルールとしてのみ捉えようとする立場もある[5]。有識者会議『提言』も、「『無罪の推定』とは、一般に、証拠法上の問題として、検察官が犯罪事実の存在を合理的な疑いを容れない程度にまで証明しない限り有罪とされないことを意味するものであり、この概念をそのまま未決拘禁者の処遇原則として取り入れることは適当ではないとする意見」が示されたとする。このような立場は、未決拘禁法案をめぐる国会審議においても、政府側委員の答弁によって表明されている[6]。

しかし、無罪推定の原則は、被疑者・被告人の法的地位、それを反映した刑事手続のあり方を包括的に示す原則として理解されるべきである。自由権規約の実施のために規約28条により設置された人権委員会（以下、規約人権委員会）の一般的意見13⑵が、「無罪推定は、この原則に適合するよう取り扱われる権利を内包している。それゆえ、すべての公的機関は、裁判の結果に予断をもってはならない」と述べているように、無罪推定が最も重要な意義を有するのは裁判過程においてであるにせよ、この原則は、刑事手続の全局面において保障されるべきものである。

　パッカーが適正手続モデルの帰結として示唆しているように、被疑者・被告人と有罪が確定した者とのあいだの法的地位の違いが最も鮮明に映し出されるのは、身体の自由を制約する未決拘禁という局面においてであり、未決拘禁は、無罪推定を受けるべき被疑者・被告人の法的地位を踏まえたものでなければならない。未決拘禁のなかに、無罪推定の原則が具体化されなければならないのである。

　無罪推定の原則からすれば、第1に、被疑者・被告人は社会生活を行う自由が保障され、原則として拘禁されないことが要請される。未決拘禁は例外として、最大限に抑制されなければならない。欧州人権委員会が、キャバレロ対英国事件において、裁判官は未決拘禁を決定するにあたって、「被告人を直接審問したうえで、無罪の推定に適切に配慮しつつ、被告人の身体の自由を尊重するという原則から離れることを正当化する公共の利益という真に要請される利益を肯定する事実とそれを否定する事実とをすべて吟味しなければならない」と述べているのは、無罪推定の原則のもと、未決拘禁があくまでも例外であることを示している。

　第2に、拘禁理由が認められる場合でも、拘禁に代替する他の措置によって拘禁目的が確保されるならば、未決拘禁は回避され、権利保釈を含む代替措置がとられなければならないとの要請が生じる。このことは、裁判官・裁判所が最も制限的でない措置を選択すべきこと、この意味におけるLRA原則が厳格に適用されるべきことを意味している。アンドリュー・アシュワースらが欧州人権裁判所の認めている原則として示唆しているように、裁判官・裁判所は未決拘禁を決定する前に、保釈条件の賦課など、代替措置によっては未決拘禁の目的が達成されえないのか検討しなければならず、このような検討のうえではじめて、未決拘禁が最も制限的でない措置として選択されたことになるのである。それゆえ、起訴前勾留について保釈が制度的に認

められておらず、起訴後においても、権利保釈を原則としながら広汎な除外事由が定められ、未決拘禁の代替措置が整備されておらず、さらに保釈が厳しく制限的に運用されているという日本の現状は、無罪推定の原則に適合しないといわざるをえない[*14]。

　これら第1、第2の要請について、自由権規約9条3項は、「裁判に付される者を抑留することが原則であってはなら」ないと定めているが、規約人権委員会の一般的意見8⒃は、この規定のもと、「未決拘禁は例外的で、可能な限り短期間のものでなければならない」と述べている[*15]。ここにおいて、身体不拘束の原則が示されている。無罪推定の原則が憲法31条による適正手続として要請されるのであれば、身体不拘束の原則も、それ自体、憲法31条によって保障されていると理解することができる[*16]。無罪推定の原則のコロラリーとしての身体不拘束の原則からすれば、未決拘禁は例外的な最終手段としてのみ許されなければならず、未決拘禁の代替措置は、未決拘禁の最終手段性が確保されたうえで、それを実質化するための方策として位置づけられる必要がある（本書第1章）。

3. 無罪推定と未決被拘禁者の権利

　無罪推定の原則からは、さらに第3に、例外的に未決拘禁がなされる場合でも、未決被拘禁者は拘禁されていないときの社会生活と可能な限り近接した生活条件を保障されなければならず、その権利は最大限に保障されるべきことになる。自由権規約10条は、「自由を奪われたすべての者は、人道的にかつ人間の固有の尊厳を尊重して、取り扱われる」との一般原則を定めたうえで（1項）、「被告人は、例外的な事情がある場合を除くほか有罪の判決を受けた者とは分離されるものとし、有罪の判決を受けていない者としての地位に相応する別個の取扱いを受ける」と規定している（2項⒜）。この2項は、正式告発を受けた者（the accused person）だけでなく、身体を拘束された被疑者・被告人すべてに適用されると理解されており[*17]、規約人権委員会の一般的意見21�44は、この規定が「有罪とされるまでは無罪の推定を受ける権利を享有するこれらの人々の地位を強調」するものだとしている[*18]。このとき、未決被拘禁者の権利の制約については、その法的地位の二重性に由来して、以下の二つのことが問題となる（本書第5章以下）。

　まず、住居・移転・職業選択の自由、集会・結社の自由のように、拘禁目的から「直接的・内在的に生じる制限」が認められる場合を除いて、未決被

拘禁者は市民として憲法上の権利（以下、市民的権利）を保障され、その制約は法律に基づき、拘禁目的を達成するために必要最小限度でのみ許される。そのためには、拘禁目的を阻害する現実的危険が具体的根拠に基づき認められなければならず、最も制限的でない措置が選択されなければならない。これが権利制約の一般原理であるが、刑事被拘禁者の権利保障について、いわゆる特別権力関係論が否定されることの帰結でもある。[*19]このような権利制約の一般原理が承認されてこそ、未決被拘禁者は拘禁された市民としての法的地位を実質的に保障されることになる。

　さらに、被疑者・被告人として無罪と推定される未決被拘禁者について、その防御権のいかなる実質的制約も排除されなければならない。憲法上の適正手続の原則（憲法31条以下）からすれば、十分な防御権の保障が刑事手続の前提条件であり、被疑者・被告人の身体拘束も十分な防御権の保障があってこそ許されるからである。とはいえ、身体拘束によって被疑者・被告人の防御権の行使に事実上の困難が生じることは免れえない。この事実上の困難を極小化し、防御権が実質的に制約されないよう確保しなければならない。このことが、上述の権利制約の一般原理とともに、無罪推定の原則からの帰結として要請される。さらに、防御権の実質的制約を排除し、その保障を実質化するためには、その前提として、未決拘禁が例外として最大限抑制されなければならない。この意味において、未決被拘禁者の防御権の保障は、身体不拘束の原則と結びついている。[*20]

4. 未決拘禁の司法的コントロールと「捜査と拘禁の分離」

　刑事訴訟法と未決拘禁に関する刑事拘禁法とはどのような関係にあるのか。この原理的問題について、後藤昭は、「訴訟法上の被拘束者の権利義務の定めと、施設法上の定めとは、それぞれ目的と規律する領域が違い、いわば次元を異にしているのであって、その相互の間で矛盾・抵触は、本来的に生じない」とする二元主義的な考え方が支配的であったとする。しかし、「訴訟法によって、訴訟目的を実現するために未決拘禁が認められている。その未決拘禁を実際に執行するために、具体的内容を定めるのが施設法である。そうであれば、目的を定めている訴訟法によって、手段である施設法の内容も規制されるのが当然である」。それゆえ、両者は一元的関係にあると理解すべきである。[*21]

このような理解に立つとき、未決拘禁が、刑訴法上、被疑者・被告人の逃亡・罪証隠滅を防止することによって公正な裁判を実現するという目的のために（刑訴法60条・207条1項）、裁判所・裁判官によって決定され、未決拘禁法はあくまでもその執行を目的とすることからすれば、未決拘禁は司法的コントロールの下に置かれるべきことが要請される。刑事訴訟法と未決拘禁法の一元的関係に由来する未決拘禁の司法的コントロールである。

　ここにおいて、未決拘禁の司法的コントロールに関する国際人権法の要請を確認しなければならない。自由権規約9条3項は、「刑事上の罪に問われて逮捕され又は抑留された者は、裁判官又は司法権を行使することが法律によって認められている他の官憲の面前にすみやかに連れて行かれるものとし……」と定め、未決拘禁に対する司法的コントロールを要請している[*23]（本書第2章）。未決拘禁の司法的コントロールは、第1に、未決拘禁が適法か、その要件が備わっているかについて、裁判官が速やかに直接審査を行うことを目的としている。裁判官の速やかな直接審査という要請は、無令状逮捕が広く認められている英米法に独特のものであり、令状逮捕を原則とする日本においてはその必要性・重要性は低いとの見解がある[*24]。たしかに令状逮捕の場合、裁判官の事前の令状審査がある。しかし、それは捜査機関が提出する一方的証拠に基づいて行われるものでしかないから、そのような令状によっては本格的な未決拘禁が正当化されることはなく、勾留質問によって裁判官が自己の面前で被疑者の言い分を直接聞き、その要件について判断したうえでなければ、本格的な未決拘禁は許されないと理解すべきである[*25]。

　第2の目的は、裁判官の面前に速やかに連れて行くことによって、被疑者・被告人の警察留置を極小化するためである。捜査・取調を担当する警察の手許に被疑者・被告人の身体を置き続けると、往々にして、その身体拘束が捜査・取調に不当に利用されることになる。また、被留置者の処遇が捜査・取調からの不当な干渉によって歪められることにもなる。自由権規約9条3項は、このような危険が現実化しないように、被疑者・被告人の身体を警察の手許から速やかに引き離し、警察のコントロール下にある被疑者・被告人の身体拘束、この意味における警察留置を極小化することを要請しているのである[*26]。

　未決拘禁の司法的コントロールが、警察留置の極小化という第2の要請を含むことから、そのコロラリーとして、「捜査と拘禁の分離」が、同じく自由権規約9条3項によって要請されることになる（本書第2章）。「捜査と拘

禁の分離」としては、第1に、警察留置の極小化が要請されることになるが、被疑者・被告人の捜査・取調と被留置者の処遇とが相互に歪めあう危険を排除するという警察留置の極小化の目的からすれば、第2に、警察留置を極小化したうえでさらに、警察留置における捜査と留置の機能分化が要請されることになる。

2006年6月に制定された新しい未決拘禁法は、警察留置施設に被疑者を勾留する代用刑事施設制度を存続させた。しかし、代用刑事施設制度は、起訴前に限っても最長23日間の警察留置を認める点において、警察留置の極小化という要請に反しているといわざるをえない。また、「捜査と留置の分離」に関する十分な手続保障とその確保のための留置担当官の権限が法律上明確に規定されていない点において、未決拘禁法は、警察留置における捜査と留置の機能分化という要請にも応えているとはいえない。これら両面において、未決拘禁法における代用刑事施設制度は、国際人権法上の「捜査と拘禁の分離」の要請を満たしておらず、自由権規約9条3項に違反する。さらに、逮捕から勾留請求までの72時間を捜査機関の「手持ち時間」として、捜査・取調にフル活用するという現行実務も、未決拘禁に対する速やかな直接司法審査という要請とともに、警察留置の極小化の要請に適合しないといわざるをえない（本書第2章～第4章）。

注
* 1　法務省ホームページ　http://www.moj.go.jp/KYOUSEI/SYOGU/teigen.pdf。
* 2　村井敏邦「無罪推定原則の意義」『光藤景皎先生古稀祝賀論文集（下）』（成文堂・2001年）7頁。無罪推定の原則について、後藤昭「『疑わしきは被告人の利益に』ということ」一橋論叢117巻4号（1997年）、川出敏裕「無罪の推定」法学教室268号（2003年）、白取祐司「『無罪の推定』と未決拘禁制度——フランス法にみる沿革史的概観」『田宮裕博士追悼論集（下）』（信山社・2003年）、三島聡『刑事法への招待』（現代人文社・2004年）15～37頁など参照。
* 3　Herbert Packer, The Limits of Criminal Sanction 161 (1968).
* 4　Kitai, Presuming Innocence, 55 Oklahoma Law Review 257, 273 (2002).
* 5　渥美東洋「逮捕・勾留と無罪推定」法学セミナー376号（1986年）、同「無罪推定、挙証責任の分配と推定」法学セミナー384号（1986年）など。
* 6　「無罪の推定というのは、有罪とするための挙証責任を検察官が負うとする証拠法上の法則を意味するところとされているところでございます。したがいまして、未決拘禁者の処遇に直接かかわるものではない」との見解が表明されている（第164回国会参議院法務委員会議録〔平成18年5月23日〕〔公明党・木庭健太郎参議院議員

の質問に対する政府委員・小貫芳信法務省矯正局長の答弁〕)。
* 7 CCPR General Comment No.13: Equality before the Courts and the Right to a Fair and Public Hearing by an Independent Court Established by Law (Art. 14), para 7 (Twenty-First Session, 1984), http://www.unhchr.ch/tbs/doc.nsf/(Symbol)/bb722416a295f264c12563ed0049dfbd?Opendocument.
* 8 Manfred Nowak, U.N. Covenant on Civil and Political Rights: CCPR Commentary 254 (1993). また、Lester, Presumed Inocent, Feared Dangerous: The Eight Amendment's Right to Bail, 32 Northern Kentucky Law Review 1, 11 (2005) は、「無罪推定は、たんに裁判過程だけでなく、手続全体に適用されなければならない。……この原則の機能は、正式の刑事手続が始動した時点から始まり、事実認定の裁判が終了するときまで持続する。その機能が終了するのは、公正な裁判により有罪が確定したあとになってである」とする。
* 9 Packer, supra note 3, at 214-215.
* 10 村井敏邦「未決拘禁制度の改革と展望」自由と正義56巻10号（2005年）43頁以下。
* 11 法哲学者のアンソニー・ダフによれば、法は被疑者・被告人に対して公判期日に出頭し、あるいは司法作用を妨害しないよう要求することができ、被疑者・被告人がこの要求に違反した場合、そのことについて刑罰を科すことも、また、被疑者・被告人が違反する行為を現にしているとき、それを制止するために強制力を用いることも認められる。しかし、被疑者・被告人が将来において正当な理由なく審理期日に出頭せず、または公正な裁判の実現を妨げるであろうという可能性を理由にして、これらの行為を予防する目的からその身体を拘束し、その自由を制約することは、たとえ刑事手続の目的を確実に達成するために必要とされ、効果的な法システムが合理的に支出すべき「道徳的コスト」として正当化されるにしても、やはり、法を遵守するかどうか判断する自由を与えることなく、物理的制限措置によってこれらの行為の機会を奪おうとする点において、人は理性的で自律的な存在として尊重されなければならないという基本原理との矛盾の契機をはらんでいる（Robin A. Duff, Trials and Punishments 139-141 [1980]）。
* 12 Caballero v. United Kingdom, (2000) 30 EHRR 643, 652.
* 13 Andrew Ashworth and Mike Redmayne, The Criminal Process 209 (3rd ed., 2005).
* 14 石田倫識「保釈」刑事立法研究会編『代用監獄・拘置所改革のゆくえ』（現代人文社・2005年）参照。
* 15 CCPR General Comment No. 08: Right to liberty and security of persons (Art. 9), para 3 (Sixteenth session, 1982), http://www.unhchr.ch/tbs/doc.nsf/(Symbol)/f4253f9572cd4700c12563ed00483bec?Opendocument.
* 16 豊崎七絵「未決拘禁は何のためにあるか」刑事立法研究会・注14書8頁は、「憲法31条による適正手続保障（無罪推定法理、強制処分法定主義）、憲法33条による令状主義、憲法34条による身体拘束に関する厳格な要件と手厚い防禦権保障から、刑事

訴訟における身体拘束は最大限回避しなければならないという身体不拘束の原則を憲法規範として導き出すことができよう」としている。本文に述べたように、身体不拘束の原則が無罪推定の原則のコロラリーであるならば、無罪推定の原則を基礎づける憲法31条によって、身体不拘束の原則も要請されていると理解すべきように思われる。もともと、無罪推定の原則から、被疑者・被告人の自由の制約を必要最小限度にすべきとの要請が働くことについては、広く認められているといってよい（松尾浩也『刑事訴訟法・上〔新版〕』〔弘文堂・1999年〕227頁、鈴木茂嗣『刑事訴訟法〔改訂版〕』〔青林書院・1990年〕44頁、福井厚『刑事訴訟法〔第二版〕』〔法律文化社・2003年〕23頁）。川出・注2論文34頁は、このような要請が働くことを承認しつつ、これを「比例原則」と呼び、比例原則は「処分の対象者が誰であるかにかかわらず一般的に適用される原則であるから、その意味では、これを、敢えて無罪の推定の原則の一内容とするまでもないということもできよう」と論じている。しかし、無罪推定の原則が刑事手続における被疑者・被告人の法的地位を包括的に示す原則として捉えられるべきであることに加え、刑訴法により未決拘禁が認められている被疑者・被告人について、その身体拘束の例外性が要請され、さらに後述するように、身体を拘束された場合でも市民的権利が最大限に保障され、とくに防御権の実質的制約が許されないことも要請されていることからすれば、これらの要請全体が「比例原則」一般を超えて、無罪推定の原則によって基礎づけられていると理解することができるであろう。

＊17　Nowak, supra note 8, at 190. ノヴァックによれば、自由権規約制定過程において、英国の提案により、たんなる未決・既決の分離の要請に、未決被拘禁者の法的地位に相応しい別個の取扱いの提供という文言が追加されたという。このことからも、未決被拘禁者の取扱いにおいて無罪推定の原則を具体化することが自由権規約10条2項から要請されていることが分かる。また、未決・既決の分離については、「厳密な分離」が予定されており、その要請は、「きわめて例外的場合」にのみ免除されるにすぎない。Nigel S. Rodley, The Treatment of Prisoners under International Law 304 (2nd ed., 1999) によれば、規約人権委員会が未決・既決の分離の要請に違反すると認定した事件が2件あるのに対して、分離の要請を免除する「例外的な事情」があると認められた事件はない。

＊18　CCPR General Comment No. 21: Replaces general comment 9 concerning humane treatment of persons deprived of liberty (Art. 10), para 9 (Forty-Fourth Session, 1992), http://www.unhchr.ch/tbs/doc.nsf/(Symbol)/3327552b9511fb98c12563ed004cbe59?Opendocument.

＊19　市川正人「特殊な法律関係と憲法上の権利」『法教増刊・憲法の基本判例（第二版）』（1996年）21頁。被拘禁者の権利制約一般と未決被拘禁者の社会的コミュニケーションの権利の制約について、葛野尋之「刑事被拘禁者の法的・社会的コミュニケーション（3・完）」立命館法学297号55～74頁（2005年）（本書295～312頁）参照。

＊20　三島・注2書32～33頁は、防御権の保障と身体不拘束の原則との関係について、被疑者・被告人は無罪推定を受ける地位にある者として防御権を保障されるところ、

未決拘禁が必然的に防御権の行使を困難にすることから、無罪推定の原則のもと、未決拘禁が例外として最大限抑制されるべきと論じている。

*21　後藤昭『捜査法の論理』（岩波書店・2001年）109頁以下。

*22　未決拘禁に対する司法的コントロール、とくに警察留置の極小化の要請については、葛野尋之「未決拘禁の司法的コントロールと代用監獄」刑事立法研究会・前掲注13書69～76頁、「捜査と拘禁の分離」の二重の要請について、葛野尋之「警察留置と『捜査と拘禁の分離』」立命館法学306号（2006年）参照。なお、葛野尋之「警察留置と弁護人接見」立命館法学307号（2006年）も参照。

*23　Vladimir Kulomin v. Hungary, Communication No. 521/1992, U.N. Doc. CCPR/C/50/D/521/1992 (1996) において、欧州人権委員会は、1988年8月20日に逮捕された被疑者が、検察官の命令による身体拘束を継続された後、1989年3月29日になって裁判官の面前に連れてこられたという事案について、自由権規約9条3項違反があると判示するうえで、「当委員会は、自由権規約9条3項第一文が犯罪の嫌疑をかけられた人の身体拘束を司法的コントロールの下に置くという目的を有していることを認める」と述べている。葛野・注22「未決拘禁の司法的コントロールと代用監獄」79～82頁（本書77～79頁）が指摘したように、未決拘禁の司法的コントロールは、国際人権法のみならず、憲法34条の要請でもある。

*24　佐野文哉「刑事裁判と人権」法務省人権擁護局人権実務研究会編『人権保障の生成と展開』（民事法情報センター・1990年）268頁。

*25　福井厚『刑事訴訟法講義（第二版）』（法律文化社・2003年）100頁。

*26　Stefan Trechsel, Human Rights in Criminal Proceedings 505-507 (2005).

第1章 最終手段としての未決拘禁

1. 身体不拘束の原則と未決拘禁の最終手段性

(1) 過剰拘禁と拘禁代替措置

　日本の刑事施設は、近年、深刻な過剰拘禁に直面している。そのなか、刑事手続上、被疑者・被告人の法的地位にある未決被拘禁者の数も増加している。刑事施設の被収容者数だけでなく、警察留置施設の被留置者数の増加も顕著である（次頁図参照）。刑事施設について全国平均の収容率は未だ100％を超えていないものの、大都市部においては収容定員超過の状態が生じており、また、未決被拘禁者の場合、分離収容への配慮が必要なことから、警察留置施設においても、実質的な過剰拘禁の状態があるという[*1]。

　このような状況下、2006年7月26日、法務大臣は、法制審議会に対して、「被収容人員の適正化を図るとともに、犯罪者の再犯防止及び社会復帰を促進するという観点から、社会奉仕を義務付ける制度の導入の当否、中間処遇の在り方及び保釈の在り方など刑事施設に収容しないで行う処遇等の在り方等について御意見を承りたい」との諮問を行った（諮問第77号）。これを受け、同日、法制審議会は第149回会議を行い、被収容人員適正化方策に関する部会を設置した。2006年9月28日以降、同部会が審議を続けている。

　諮問および法制審の議論の重点は、諮問において「犯罪者の再犯防止及び社会復帰を促進するという観点」が強調されていたように、刑が確定した受刑者についての拘禁代替措置におかれており、第3回審議までのところ、部会の議論の焦点も「社会奉仕を義務づける制度の導入」に合わせられているようである。しかし、刑事施設の未決被拘禁者および警察留置施設の被留置者の顕著な増加に対処すべく、法制審議会第149回会議における法務大臣の諮問趣旨の説明にもあったように、「未決勾留段階の保釈について，例えば，有効な罪証隠滅防止制度や裁判所への出頭を確保する制度を創設すること」の検討も予定されている。

刑事施設の未決被拘禁者と警察留置施設の被留置者（1日平均）

＊各年の『犯罪白書』および『警察白書』による。

　法制審の議論がどのように展開するにせよ、被逮捕者数が比較的安定しているにもかかわらず勾留状の発付数が顕著に増加し、また、保釈率が減少するという状況のなか、未決拘禁の抑制という課題はそれ自体きわめて重要である。[*2] 身体の自由の保障とともに、被疑者・被告人の防御権の行使、「拘禁された市民」としての市民的権利の保障の両面にわたり生じる未決拘禁の弊害の除去という観点から、不必要・不相当な身体拘束を回避しなければならない。

　これまでも、未決拘禁を抑制するために、現行の保釈制度の活性化とともに、保釈制度の改革、さらにはそれと組み合わせる形での新たな拘禁代替措置の導入が提起されてきた。法制審の議論も、「有効な罪証隠滅防止制度や裁判所への出頭を確保する制度」の新設に及ぶはずである。しかし、諸外国の例が示しているのは、過剰拘禁を解消するため、あるいは未決・既決の刑事拘禁を抑制するためとして、外出制限と結合した電子監視など、さまざまな拘禁代替措置が導入されたにもかかわらず、実際に拘禁が抑制されることはなく、したがって過剰拘禁は解消されない場合が少なくないということである。このとき、拘禁代替措置の導入前には制限的措置の対象とならなかったはずの対象者に対して新たな措置がとられることになり、結局、社会統制網の拡大（net-widening）が生じる。[*3] 拘禁代替措置の導入を検討するにあた

っては、このことに最大限の注意が必要である。

(2) 本章の課題

　無罪推定の原則からは、本書序章において論じたように、被疑者・被告人の身体拘束はあくまでも例外であり、可能な限り回避されなければならず、未決拘禁の理由がある場合でも、拘禁代替措置を整備したうえで、保釈を最大限活用すべきことになる。これらの要請は合わさって身体不拘束の原則を構成する。
*4

　拘禁代替措置の導入が未決拘禁の抑制にはつながらず、むしろ社会統制網の拡大をもたらすという結果に終わらないようにするためには、刑事手続において身体不拘束の原則を徹底し、未決拘禁が例外的な最終手段としてのみ許されることを確保しなければならない。1990年、国連総会において採択された「非拘禁措置のための国連最低基準規則（東京ルールズ）」は、未決、既決の両段階にわたり、身体不拘束の原則を確認しつつ、それを実質化するためのさまざまな拘禁代替措置を提案しているが、そのなかでは、これまで拘禁代替措置の導入が必ずしも拘禁の抑制につながらなかったという現実を踏まえ、非拘禁措置の活用によって社会統制網の拡大という結果が生じることのないよう、非拘禁措置の実施における人権の尊重とともに、裁量の濫用の回避が要請されている（規則1.5）。東京ルールズは、未決拘禁について、①警察、検察など関係機関による早期の手続打切を促進したうえで（規則5.1）、②未決拘禁が犯罪捜査と被害者・社会の保護に十分配慮しつつ、刑事手続における最終手段として用いられるべきとし（規則5.2）、③未決拘禁の代替措置が可能な限り早い手続段階から活用され、④未決拘禁が目的達成のために必要最短期間において用いられ、⑤人道的に、人間としての固有の尊厳を尊重しつつ実施されなければならないとし（規則6.2）、⑥未決拘禁が行われる場合、裁判所に対して不服申立を行う権利を保障している（規則6.3）。これらの基礎には、被疑者・被告人が無罪の推定を受けるべき法的地位にあることから、身体の自由が最大限保障されるべく、未決拘禁は例外的な最終手段としてのみ許され、そのことを実質化するために拘禁代替措置が積極的に活用されるべきであるという基本的立場がある。ここにおいて確認すべきは、拘禁代替措置の積極的活用は、あくまでも未決拘禁の最終手段性が確保されることを不可欠の前提として要請されているということである。

　以下、本章は、無罪推定の原則から、身体不拘束の原則を媒介として、未

決拘禁の最終手段性が要請されることを明らかにするために、第1に、未決拘禁と保釈に関するイギリス法の基本構造を確認したうえで、保釈の拡大による未決拘禁の抑制、条件付保釈ないし拘禁代替措置の活用、保釈中の再犯防止という問題がどのように提起され、保釈法改革を促してきたかを明らかにする。第2に、未決拘禁と保釈をめぐる欧州人権条約に関する判例を概観することによって、欧州人権条約上、未決拘禁の決定に対してどのような法的保障が形成されてきたかを示し、さらに欧州評議会の政策展開のなか、未決拘禁の最終手段性がどのように提起され、具体化されようとしてきたか検討する。第3に、未決拘禁の最終手段性がどのように具体化されたかという観点から、欧州人権条約に関する判例の展開にともなうイギリス保釈法の改革を検討する。第4に、これらを踏まえて、最終手段としての未決拘禁という基本原則を確認したうえで、拘禁代替措置の導入は未決拘禁の最終手段性の確保を不可欠の前提としつつ、その実質化のための方策として位置づけられるべきことを明らかにする。そうでなければ、さまざまな拘禁代替措置の導入は、未決拘禁の抑制ではなく、むしろ社会統制網の拡大という結果をもたらすことになるであろう。

保釈をめぐる欧州人権条約に関する判例の展開、それにともなうイギリス法の改革、そこから導かれる日本法の改革に対する示唆については、すでに石田倫識の研究があり、的確な分析と説得力のある提案が示されている[*8]。また、三島聡の研究は、保釈に関するイギリス法の基本構造と特色を鮮やかに描き出している[*9]。これらの研究を踏まえつつ、本章は、過剰拘禁への有効な対処が求められ、拘禁代替措置の導入が検討されている日本の現況に注視しつつ、最終手段としての未決拘禁という基本原則がどのように形成され、どのような意義を有するのか、また、未決拘禁の最終手段性との関連において、拘禁代替措置の導入はどのように位置づけられるべきかという点に焦点を合わせることにしたい。

2. イギリス法における未決拘禁と保釈

(1) 要件と手続

まず、イギリス法における未決拘禁と保釈について、その基本構造を確認しておきたい[*10]。

1984年警察・刑事証拠法のもと、警察は、逮捕された被疑者について原則24時間以内に、正式に告発するか、釈放するか、それとも保釈するか決定し

なければならない。1998年の内務省調査によれば、被疑者の警察留置の平均時間は6時間40分であった。告発後、被告人(以下、イギリス法に関する文脈においては、正式に告発された者の意味において被告人という)の警察留置を継続できるのは、氏名・住所の不詳、不出頭の危険が認められること、再犯の危険があることなど、一定の事由がある場合に限られ、それ以外の場合には、警察は釈放または保釈を認めなければならない。

　このように、警察留置段階での保釈は、告発前、告発後ともに認められている。警察保釈についてかつて保釈条件として認められていたのは、保証人の保証のみであったが、1994年刑事司法・公共秩序法(以下、1994年法)27条によって、保釈滞在施設(bail hostel)への滞在を除いて、適切と考えるいかなる保釈条件も付することができるようになった。1997年に発表された内務省の調査研究によれば、逮捕された成人被疑者のうち52％が正式に告発され、11％が即時警告のうえ釈放、2％がマジストレイトに対する召喚状請求、10％が告発前保釈、19％が無条件釈放、6％がその他の処分によって処理されていた。保釈がなされたのは、告発前、告発後を合わせて17％であった。2001年に発表されたアンシア・ハックルスビーの調査研究によれば、警察段階において被逮捕者のうち32％が保釈されていた。このことからすれば、警察段階での保釈が近年増加しているようである。

　告発後、被告人の留置を継続したとき、警察は、告発後最初の開廷日までに被告人をマジストレイトの許に連れて行かなければならない。マジストレイトは、通常、手続の延期を決定するが、このとき、被告人を無条件に釈放するか、保釈するか、それとも未決拘禁に付すか決定する。裁判所は手続のいかなる時点においても保釈を決定することができるものの、実際上、大部分の保釈は、①被告人の初回出廷のさいに、マジストレイトによって手続延期と合わせて決定されるか、②事件が正式起訴を受け、刑事法院の審理に付されたさいに、刑事法院裁判官によって決定されるか、③マジストレイト裁判所、刑事法院のいずれかにおいて、有罪が認定された後、判決前調査のために量刑手続が延期されたさいに決定されている。

　イギリス法における保釈の起源は、裁判による確定判決を経ることなく恣意的に拘禁を行おうとする王権に対して、17世紀、裁判所が抑制を働かせようとしたことに遡る。この意味において、保釈の歴史は法の支配の歴史と重なる。20世紀半ばに至るまで、裁判所が保釈を拒否する理由として認められてきたのは、唯一、被告人に不出頭の危険があることであった。それゆえ、

保釈条件とされたのは、被告人の出頭を確保させるための条件のみであった。第二次世界大戦直後、判例上、保釈中の再犯の危険を理由にして保釈を拒否することが認められ、再犯の防止を目的とする保釈条件も付されるようになり、保証人の保証以外の保釈条件が拡大していった。制定法として再犯の危険を理由とする保釈の拒否を初めて認めたのは、1967年刑事司法法であった。[*15] 1967年法は、どのような事情のもとで保釈が許可されるべきか示したうえで、保釈決定の手続を整備した。この時期、未決被拘禁者の数が増加し、また、いくつかの調査研究によって、不必要な未決拘禁が行われているという実情が明らかにされた。これらの問題に対処するため、1976年保釈法が制定され、保釈の要件・手続が刷新された。[*16]

1976年保釈法は、保釈決定の手続を整備し、それが記録されるべきこととともに、裁判所が保釈を拒否した場合、その理由を明らかにすべきことを要求した。また、被告人は保釈を受ける権利があるとしたうえで（4条1項・2項）、権利保釈の除外事由として、①裁判所に出頭すべきときに、被告人が出頭しない危険があること、②保釈中に再犯の危険があること、③証人に対して不当に干渉するなど、司法作用を妨害する危険があること、をあげた（別表1第1章2～7条）。裁判所はこれら除外事由の存否について判断するさい、①犯罪の性質・重大性、見込まれる量刑、②被告人の人格・前歴、交友関係、コミュニティとの繋がり、③過去の保釈中の行状に関する記録、④有罪認定を基礎づける証拠の強さ、などの事情を考慮すべきとされている（別表1第1章9条）。[*17] 権利保釈の除外事由がある場合でも、裁判所は裁量により保釈を決定することができる。また、保釈の決定にあたり、裁判所は必要な条件を付することができる（3条6項）。

(2) 未決拘禁の最終手段性

イギリスにおいても、未決拘禁は例外的な最終手段としてのみ許されるべきと考えられている。この点について、ハックルスビーは次のように論じている。[*18] 第1に、身体の自由は最大限尊重されなければならず、また、被告人は有罪が確定するまで無罪と推定されることからすれば、未決拘禁は可能な限り回避されなければならない。保釈の拒否こそ、「人が、適正な裁判を経て有罪認定後に刑を言い渡されることなくしてその身体を拘束される平時における唯一の例外であり、それゆえマグナ・カルタの唯一の例外である」。

第2に、影響が直接的なものか、間接的なものか明確ではなく、また、因

果関係が明示されているわけではないにせよ、実務上、未決拘禁に付された被告人については有罪答弁をする傾向がより強く、無罪とされる可能性は低い。さらに、拘禁刑が科される可能性も高くなる。未決拘禁が自白や有罪答弁を促す圧力として作用することもある。マイクル・カバディーノとジェームズ・ディグナンによれば、有罪答弁や有罪認定の可能性の高さは、未決拘禁に付された場合には有効な防御の準備が事実上困難になることにおそらく関連しているのであろうが、たとえば、1998年、刑事法院において無罪答弁を行い、事実認定審理に付された被告人のうち、保釈されていた被告人について無罪認定がなされる割合は、保釈が否定され未決拘禁に付されていた被告人の場合に比べ5倍程度も高い。また、刑事法院において有罪答弁を行った被告人のうち、未決拘禁に付されていた被告人が拘禁刑を言い渡される割合は、保釈されていた場合よりも2倍程度高くなっていた。[*19]

　首席刑事施設査察官は、2000年12月、未決被拘禁者の取扱いの状況を包括的に調査し、『不公正な報い』と題する報告書を発表した。報告書は、未決被拘禁者が劣悪な拘禁条件のなかに長期間おかれ、不適切な取扱いを受けることによって、保釈の機会が狭められ、弁護人の法的援助へのアクセスが事実上困難となり、有効な防御の準備が実質的に妨げられるなど、刑事手続上の被告人の法的地位を有する未決被拘禁者について「公正・適正な取扱い」がなされておらず、その結果、有罪認定の可能性が不当に高くなっていると指摘した。[*20] 未決拘禁の現状が刑事手続を歪めているというのである。

　第3に、未決被拘禁者のおかれている拘禁条件は劣悪である。多数の未決被拘禁者が19世紀に建てられ老朽化したビクトリア朝様式の刑事施設に収容され、長時間居室内に留まることを余儀なくされ、施設内でアクセスすることのできる便益やサービスは非常に限られたものでしかない。首席刑事施設査察官の2000年報告書は、①未決被拘禁者の取扱いにおいて、すべからく一貫性とアカウンタビリティが欠けていること、②未決拘禁を執行する成人用の地方刑事施設（local prison）は、一般に過剰拘禁の状態にあること、③地方刑事施設の被収容者の多くが取扱いに不満を有していること、④被拘禁者の多様なニーズに職員がまったく対応できていないこと、⑤地方刑事施設においては、物的設備が不十分なばかりでなく、被拘禁者に対する適切な配慮が欠けていること、などを指摘した。[*21]

　近年、刑事施設における被拘禁者の自殺が深刻な問題となっているが、刑罰改革に積極的に取り組んできたNGO〈ハワード・リーグ〉によれば、

1995年から2004年までのあいだの自殺は合計804件であり、そのうち約半数が未決被拘禁者によるものであった。未決被拘禁者が全体に占める割合は約5分の1であるから、自殺者に占めるその割合の高さが顕著である。未決被拘禁者の場合、拘禁直後のショックが強いこととともに、過剰拘禁と相俟って、拘禁条件の劣悪さがこの要因となっていると指摘されている。[*22]

　第4に、未決拘禁は、被拘禁者とその家族に対して長期にわたる影響を及ぼしている。被拘禁者は職を失い、将来の雇用の可能性も低下する。このことは深刻な経済的影響を生じさせ、住居の喪失、債務返済をめぐるさまざまな問題などをもたらす可能性がある。被拘禁者と家族の双方に感情的問題が生じる場合も少なくない。首席刑事施設査察官の報告書も、住居の確保、就労、生活支援、社会保障の受給、家族の絆・社会的繋がりの維持、面会・信書の発受などさまざまな点において、未決被拘禁者の生活再建に向けた援助が不十分であることを指摘していた。[*23]

　以上のように、未決拘禁をめぐっては、深刻な問題がさまざま指摘されてきた。未決拘禁が可能な限り回避されるべきと考えられているのはそれゆえである。ロッド・モーガンとステファン・ジョーンズが指摘しているように、1976年保釈法が権利保釈を確立し、その除外事由を厳しく限定したのも、未決拘禁は例外的な最終手段でなければならず、不必要な未決拘禁は決して許されないという基本的立場に基づくものであった。[*24]

(3) 未決拘禁の拡大傾向

　1967年刑事司法法および1976年保釈法は、保釈の拡大と未決拘禁の抑制を目指していた。1970年代、未決拘禁の抑制について広汎な意見の一致があり、1970年代半ばには、内務省も保釈の拡大に積極的立場をとった。その結果、1976年保釈法の制定前からすでに、保釈の決定数、決定率はともに増加していった。1976年保釈法の制定は、この傾向に拍車をかけた。1976年保釈法制定から1979年までに、未決拘禁の決定率は約13％減少するに至った。保釈の拡大は、刑事施設内の未決被拘禁者数の減少をもたらした。[*25]

　しかし、1980年代から1990年代を通して、未決被拘禁者の数は顕著な増加を続け、これが大きな要因となって、刑事施設の過剰拘禁が生じた。1975年から1980年のあいだに未決被拘禁者の数は大きく減少したが、1985年には1975年と同程度にまで増加し、1987年までにはさらに顕著な増加がみられた。とりわけ事実認定前の手続に付されている未決被拘禁者の増加が著しく、

1976年から1987年までに142％増加した。この結果、全被拘禁者に占める未決被拘禁者の割合は、1976年に12％であったのに、1989年には21％となった。未決被拘禁者の数は1990年代にも増加を続け、1976年に5,090人であったのが、1999年には12,520人と2倍以上になった。未決被拘禁者が全被拘禁者に占める割合は、受刑者数の増加により僅かに低下したが、1999年にはなお19％を占めていた。

たしかに1980年代から90年代、犯罪について逮捕され、正式告発された被告人の数は増加しており、これが未決拘禁者数の増加に寄与したことは否定できない。しかし、主要な要因はむしろ、拘禁期間の顕著な長期化であった。事実認定前の男性未決被拘禁者についてみると、平均拘禁期間は1978年に24日であったのが、1987年には57日にまで長期化し、1999年にも46日となっている。

政府は、この問題に対処するため、告発から刑の言い渡しまでの期間を短縮しようとさまざまな方策を講じた。1985年犯罪訴追法22条は、被告人が未決拘禁に付されている場合、①正式起訴犯罪および審理方式選択犯罪については、マジストレイト裁判所における初回出頭から公判付託決定手続または公判審理の開始までが70日間、②略式起訴犯罪については、マジストレイト裁判所における初回出頭から公判審理の開始または公判付託決定手続までが56日間、③刑事法院に事件が付託された場合には、付託決定からアレインメントまでが112日間、などの期間制限を法定した。この期間制限を超えた場合、権利保釈の除外事由の適用が認められなくなり、被告人は必要的に保釈されることになる。1998年犯罪・秩序違反法（以下、1998年法）は、別の角度からより詳細かつ具体的な期間制限を法定した。1990年代末からは、審理の迅速化のために、さまざまな方策が新たにとられるようになった。たとえば、1996年刑事手続・犯罪捜査法に基づき、審理方式選択犯罪については、審理方式が決定される前にアレインメントを行うよう奨励されている。これらの方策は審理期間の短縮に一定の成果を収め、それにともなって未決拘禁の期間も短縮する傾向が現れてきている。しかし、なお十分とはいえず、とくにマジストレイト裁判所に比べ、刑事法院における手続の遅延は顕著である。1999年、未決拘禁に付されている被告人について、刑事法院に事件が付託されてからアレインメントまでの平均期間は65日余であった。

カバディーノとディグナンは、未決拘禁の長期化とともに未決拘禁の決定率自体の上昇が、未決被拘禁者の増加に強く寄与しており、そのことから、

不必要な拘禁が決定されているのではないかとの懸念が生じると指摘している。未決拘禁に付された被告人の事件について、どのような終局処理がなされているかをみると、マジストレイトによって保釈を拒否され未決拘禁に付された被告人のうち、約20％が無罪の認定を受けるか、手続を打ち切られており、また、刑事法院においても、最終的に拘禁刑が科されるのは半数より少ない（1999年において42％）。すなわち、2004年、マジストレイト裁判所において無罪・手続打切が17％、不出頭が5％、有罪認定・公判付託決定が78％であり（保釈中の被告人について、それぞれ25％、14％、61％）、刑事法院において無罪・手続打切が19％、不出頭が4％、拘禁刑以外の処分が24％、拘禁刑が48％（保釈中の被告人について、それぞれ27％、14％、47％、8％）であった。カバディーノとディグナンによれば、無罪認定がなされ、手続が打ち切られ、あるいは拘禁刑が科されなかったとしても、直ちに保釈の拒否がすべて誤りであり、未決拘禁は不必要であったというわけではないにせよ、未決拘禁が現在の規模で行われることに対して、重大な疑問が生じることは否定できない。さらに、不必要な未決拘禁が行われているという懸念は、被告人が保釈を拒否され、未決拘禁に付された場合、有罪答弁や有罪認定、拘禁刑の言い渡しの可能性が高くなることによって、いっそう増幅される。かくして、保釈を拡大し、未決拘禁を抑制する必要が強く提起されるのである。[31]

　保釈に関する判断がより的確になされ、不必要な未決拘禁がなされないようにするために導入されたのが、保釈情報提供スキーム（Bail Information Scheme）である。かつて、裁判所は、家庭環境、生活状況、告発された犯罪事実の具体的状況など、保釈に関する判断を行うにあたり必要とされる信頼性のある情報を十分入手できないままに判断することを余儀なくされていた。このような状況を克服するために、1987年、保釈情報提供スキームの実験的実施が行われた。このスキームは、プロベーション局が検察庁に対して、家族の絆・コミュニティとの繋がりの状況など、被告人に関する正確な情報を提供するものである。実験的実施の結果、検察官は有益な情報を入手することが可能となり、検察官が保釈の決定に反対して未決拘禁を要求する事件は減少した。それによって、保釈中の逃走、司法運営の妨害、再犯などを増加させることなく、保釈を拡大させることができた。このような成功を受けて、保釈情報提供スキームは全国に拡大し、1993年中には、裁判所ベースのスキームとして192か所、刑事施設ベースのスキームとして31か所において

実施されるようになった。[*32]

　しかし、1990年代に入り、保釈情報提供スキームに対する予算支出が制限されるようになり、その結果、その多くが縮小されるに至った。また、当初は、保釈の決定を拡大するために、検察官が保釈に反対しないよう、被告人にとって有利な情報を提供することとされていたが、後述するように保釈中の再犯防止への関心が高まるなか、1990年代末期以降は、公共の安全の維持という観点から、被告人に有利なものだけでなく、不利な情報も合わせて提供しなければならないとされた。[*33]

(4) 条件付保釈と社会統制網の拡大

　1976年保釈法3条6項は、裁判所が保釈を決定するにあたり、出頭を確保し、再犯を防止し、または司法作用の妨害を防止するために必要と認められる条件を付すことができると定めている。さらに2003年刑事司法法13条1項は、成人の場合には被告人自身を保護するために、少年の場合には少年の福祉のために、それぞれ必要と認められる条件を付すことも認めている。
　条件付保釈が初めて導入されたのは、1967年刑事司法法によってであり、未決拘禁の抑制を意図してのことであった。すなわち、条件を付すことにより保釈中の被告人に対する統制を強化し、不出頭、再犯などの危険を打ち消すことができるから、未決拘禁の回避が可能となると考えられたのである。最もよく付される条件としては、特定住所への居住、夜間外出制限、警察署への定期的報告、訴追側証人への接近禁止などがある。また、近年多用される条件としては、電子監視、薬物検査などがある。被告人が条件に違反した場合、裁判所は被告人の出頭を命じたうえで、保釈の決定を再考することとなる。導入当初から、条件付保釈は拡大を続けてきたが、1980年代から1990年代初期の調査研究によれば、保釈に付された全被告人のうち4分の1から3分の1が条件付保釈に付されていた。比較的最近の調査研究によれば、50％余りの被告人が条件付保釈に付されている。[*34]
　アンドリュー・サンダースとリチャード・ヤングは、第1に、過度に制限的な条件が付されることによって、被告人の自由が不必要に制限されていること、第2に、不出頭の危険があるとされた被告人に対して、本来、再犯防止にとって有効な条件であるはずの夜間外出制限を付するなど、その被告人に関する保釈の除外事由と直接関連性のない条件が付されることが少なくないこと、第3に、条件違反はそれ自体犯罪とならないにせよ、警察による逮

捕の理由となり（1976年保釈法4条）、裁判所による未決拘禁の決定につながりうるが、貧困者に対して重い経済的条件を付し、住居をもたない人に対して居住に関する条件を付すなど、運用上しばしば、条件が恣意的・差別的なものとなっていること、第4に、条件付保釈がなかったならば拘禁されていたであろう場合ではなく、むしろ無条件に釈放されていたであろう場合にこそ、条件付保釈が多く用いられていること、という問題を指摘している。第4の点については、確実で十分な証拠が必ずしも存在するわけではないとしているが、まさに社会統制網の拡大という問題である。[*35]

　ハックルスビーも、条件付保釈の急速な拡大は警察保釈において条件の賦課が認められたことが大きな理由であり、条件付保釈が拘禁代替措置として機能してきたことはたしかであるとしつつも、社会統制網の拡大をもたらしたとの見方も否定できないとする。[*36]南ウェールズにおける条件付保釈の運用状況について行った調査研究に基づき、ハックルスビーは、保釈全体に占める条件付保釈の割合においても、個々の被告人について付される具体的条件においても、マジストレイトごとの差異が大きいことから、実務上、条件付保釈の決定が不統一に、あるいは過剰になされているおそれが高いと指摘している。また、条件違反が未決拘禁の決定につながりやすいことから、未決拘禁の増加という結果が生じる可能性があるとしている。[*37]

　近時多用されるようになった条件として、夜間外出制限などの遵守を確認するための電子監視がある。保釈中の監視を強化することによって、拘禁代替措置としての機能を高めようとしたのである。当初、1989年の半年間の実験的実施においては、マジストレイトが適用に消極的であり、条件違反率が高く、装置の技術的問題も多く発生したため、本格的実施は見送られた。[*38]

　1998年4月から1999年8月のあいだマンチェスターとノーリッチにおいて行われた2回目の実験的実施においても、住居ないし行動の制限に関する条件が付されることが少なかったこともあり、マジストレイトが適用に積極的とはいえず、条件違反率も約3分の2と高かった。また、夜間外出制限に電子監視を付け加えるかどうかにおいても、条件違反にどれほど厳しく対処するかにおいても、マジストレイトによる差異が大きく、関係機関の連携も不十分であった。家庭内での紛争・緊張の高まりが報告される例もあった。装置の技術的問題も残った。社会統制網の拡大について、ジェニファー・エアーズらによる評価研究は、「電子監視付の夜間外出制限が未決拘禁の本当の代替措置になったことを示す確実な証拠はない。たしかに、未決拘禁に代え

てこの条件が用いられた被告人がいることは明らかである。しかし、電子監視が新たな付加的条件として用いられた被告人がいることも、同じく明らかなのである。実験的実施の結果を総合的に検討したところ、結局、未決拘禁の本当の代替措置として用いられたといえるのは、夜間外出制限の条件を付された被告人の半数余である」と結論づけた。[*39]拘禁代替措置か、社会統制網の拡大か、現実の機能は相半ばしているということである。

　未決拘禁を抑制するための拘禁代替措置の一つとして、保釈者滞在施設がある。保釈者滞在施設への一定期間の滞在が保釈条件とされるのは、被告人が自己の住居を有せず、またはなんらかの事情により自宅に戻ることができないために、裁判所に出頭しないおそれがあり、それゆえ保釈を拒否されるであろう場合である。保釈中の被告人のための滞在施設に対して内務省が財政支出することを初めて認めたのは、1972年刑事司法法であった。保釈者滞在施設は、1980年代から1990年代前期にかけて顕著に増加したが、その後、施設数も、収容定員も減少していった。1986年5月に16施設、定員240人であったものが、1994年1月には115施設、定員2,690人にまで増加し、1998年末には100施設、定員2,000人余となっている。[*40]

　保釈用滞在施設は、たんに住居を提供するだけでなく、一定の系統的プログラムを用意し、滞在者の生活再建を支援している。滞在者は、集団生活を行うための一定の規律に服さなければならない。首席保護観察査察官の1998年報告書は、保釈用滞在施設が未決拘禁に付されていたはずの「取扱いが最も困難な、最も深刻な問題を抱える、潜在的に最も危険性の高い」被告人に対する拘禁代替措置として有効に機能していると評価した。[*41]しかし他方で、保釈用滞在施設がなくても未決拘禁を決定されなかったであろう被告人も多く滞在しており、この意味において、保釈用滞在施設が社会統制網の拡大をもたらしているとも指摘されている。[*42]

　以上のように、1970年代に入り急速に拡大にした条件付保釈は、いまや保釈の典型となっている。条件付保釈が拘禁代替措置として機能してきたことはたしかであるにせよ、それがなければ無条件の保釈が決定されていたであろう被告人に対して適用されることも多く、この意味において社会統制網の拡大という結果をもたらしたことも否定できない。[*43]拘禁代替措置の導入は、常に、社会統制網の拡大という危険をはらんでいるのである。

(5) 保釈中の再犯と保釈法改正

　保釈に対しては、近時、まったく別の角度からも、強い批判がなされてきた。それは、保釈があまりにも安易に決定されており、それゆえ社会に潜在的脅威がもたらされ、また、保釈中の再犯、逃亡、証人威迫など「不成功」の割合があまりに高いとする批判である。とりわけ保釈中の再犯に対する批判は苛烈であり、しばしば「保釈盗賊（bail bandits）」という言葉が用いられた[*44]。1992年に発表された内務省の調査研究によれば、警察警告によって簡便に処理された場合を除外したとき、保釈中の再犯率は、1988年において10～12％であり、1978年の状況とほとんど変わっていない[*45]。しかし、1998年の調査研究によれば、警察警告による場合も含め、1996年における保釈中の再犯率は24％となっており、成人の再犯率が18％であったのに対し、少年の再犯率は38％であった[*46]。

　ハックルスビーによれば、1990年代初期、常習的犯罪者、とりわけ少年の犯罪をめぐって、社会はモラル・パニックにおそわれた。1993年にリバプールで発生したブルジャー事件がその象徴であった。このなか、保釈中の再犯にも高い社会的関心が寄せられた。多くのマス・メディアが、保釈中に犯罪を繰り返す「保釈盗賊」、とりわけ少年による犯罪が犯罪全体の多くを占めていると指摘し、この問題に現在の刑事司法は有効な対処をなしえないと批判した。同時期、警察サイドからも、保釈中の再犯の問題が深刻であることを強調する報告書が相次いで発表された[*47]。

　保釈中の再犯という問題に対処するために、保釈中の再犯をより正確に予測したうえで保釈の判断を行うという政策実験が実施され、また、再犯防止に向けて、怒りの感情のコントロール、アルコール・薬物濫用の防止、家族関係上の問題処理、住居の斡旋など、保釈中の社会的援助を提供するプログラム（Bail Support Scheme）も展開された。後者は、1998年法が、少年に対して保釈中の社会的援助を提供するようすべての地方自治体に義務づけることによって、法制度として確立した。電子監視の拡大も、保釈中の監視の強化によって、保釈中の再犯を抑止しようとしたものであった[*48]。

　これらにとどまらず、1980年代末から、一定類型の被告人について保釈自体を制限するための立法が行われた。対象となる被告人の範囲が限定されているとはいえ、1970年代から続いてきた保釈の促進による未決拘禁の抑制という流れが、ここにおいて転換したのである。1988年刑事司法法153条は、裁判所が謀殺、強姦、故殺について告発された被告人について保釈を決定す

るときは、理由を述べなければならないこととした。ハックルスビーは、保釈の理由が明示されない限り保釈が認められないのであるから、このような規定の実際上の意味は、これら重大犯罪について告発された被告人について、保釈ではなく、未決拘禁を原則とすることへの転換にほかならないと指摘している。[*49]

　1990年代に入っても、政府は、保釈中の再犯という問題に対処するためとはいえ保釈自体を制限することには消極的立場をとっていた。しかし、1992年、下院において、①一定状況下での保釈中の犯罪について有罪とされたことのある被告人については、その後、保釈ではなく、未決拘禁を原則とすること、②検察官の反対にもかかわらず裁判所が保釈を決定した場合、検察官がその決定に対して不服申立をすることができ、不服申立の審理中は、被告人が未決拘禁に付されること、を内容とする議員作成法案が提出された。その後、②の提案を政府が支持することと引き替えに、①の提案は法案提出者自身によって削除され、②の提案を含む法案が可決された（1993年保釈法）。実務上、裁判所は、検察官が提出した被告人の保釈中の危険性評価に従って保釈に関する判断を行い、検察官の反対があるときに保釈を決定することは少ないから、検察官が実際に不服申立を行うことはあまり多くないとされる。とはいえ、不服申立の規定が設けられたことは、保釈に関する判断プロセスにおいて、検察官の潜在的影響力が増大したことを意味している。また、1993年刑事司法法は、保釈中に犯罪を行ったことが量刑上の加重事由となることを法定した（66条6項）。しかし、それでもなお、保釈中の再犯の問題に厳格に対処すべきとする政治的・社会的要求を満足させることはできなかった。1994年法が、この問題に対処すべく、いくつかの点において保釈法を改正したのはそれゆえである。[*50]

　かくして、1994年法27条は、警察保釈においても必要と認められるいかなる条件も付すことができるとし、同26条は、裁判所保釈について、被告人が保釈中に行った犯罪について告発されており、その犯罪が正式起訴犯罪または審理方式選択犯罪である場合には、裁判所は保釈を拒否することができるとした。この場合には権利保釈を否定し、保釈するか、未決拘禁に付すかを裁判所の裁量により決定することとしたのである。さらに、同25条は、被告人が過去、謀殺、強姦、故殺、謀殺・強姦の未遂のいずれかについて有罪を認定されており（謀殺、故殺、両未遂については拘禁刑を科されているときに限る）、これらの犯罪のいずれかについて再度告発された場合には、裁判

所は保釈を決定することはできないとした。これらの場合においては保釈を絶対的に禁止し、被告人を必ず未決拘禁に付さなければならないとしたのである。1976年保釈法以来、権利保釈を確立し、その除外事由を限定してきたイギリス法の基本構造からすれば、未決拘禁を必要的なものとするこの規定は、完全な方向転換を示すものであった。[*51]

1994年法25条が保釈の絶対的禁止を定めたことについては、直後から、①政府は保釈中の謀殺、強姦、故殺が一つでも防止できれば十分有意義であるというが、これらの犯罪について過去有罪を認定された後、これらの犯罪について再度告発された被告人が保釈を決定されたという実例が示されていないので、保釈中の再犯防止のためにこのような規定が本当に必要なのか疑問があること、②過去の有罪認定に時間的限定がないので、保釈の禁止が過度広汎に及ぶこと、③強姦、故殺を対象としながら、強盗を対象としていないのは不均衡であること、④再犯防止の目的から保釈を絶対的に禁止するのは、現在告発されている犯罪についての有罪を前提として再犯の危険を措定しているからにほかならず、この点において無罪推定の原則に適合しないこと、などの厳しい批判が提起されていた。[*52] これらの批判とともに提起されたのが、⑤保釈の絶対的禁止は欧州人権条約に違反するのではないかという疑問である。

3. 欧州人権条約と未決拘禁の最終手段性

(1) 欧州人権委員会・人権裁判所の判例

欧州人権条約5条3項に基づき、未決拘禁に付された被告人は保釈を求める権利を保障され、さらに条約6条2項の定める無罪推定によっても、この権利が基礎づけられると理解されてきた。[*53] 保釈の絶対的禁止が欧州人権条約に違反しないかという問題を検討する前提として、まず、未決拘禁と保釈をめぐる欧州人権委員会・人権裁判所の判例を概観しておく。

人権のなかで侵害される危険の実際上最も高いものが身体の自由であり、国内法・国際法上許されている刑事手続上の人権制約のなかで最も強い制約をともなうものが、未決拘禁である。[*54] 欧州人権条約5条1項は、身体の自由および安全の権利を保障したうえで、「犯罪を行ったとする合理的嫌疑に基づき、権限を有する法的機関に連れて行くため、または犯罪の実行もしくは犯罪の実行後の逃亡を防止するために必要と認められる場合における適法な逮捕または拘禁」（1項(c)）が法律に定める手続により行われることを認め

ている。欧州人権条約5条3項は、「逮捕または抑留された者は、裁判官……の面前に速やかに連れて行かれるものとし」と定めており、これは、未決拘禁に対する司法的コントロールを要請しているものと理解されている。[*55] 欧州人権裁判所のシーザー対スイス事件は、裁判官がどの程度までの権限を行使することが要請されるかについて、裁判官は個別事件の具体的事情を、未決拘禁の決定を基礎づけるものも、それを否定するものも総合的に検討したうえで、「法律上の基準に従いつつ、未決拘禁を正当化する理由が存在するかどうか」判断しなければならず、もしそのような理由がなければ、被疑者・被告人の釈放を命じなければならないとした。[*56] 欧州人権条約5条3項のもと、未決拘禁の決定について、裁判官はこのような権限を有していなければならないとされるのである。

さらに、欧州人権条約5条3項は、「合理的期間内に裁判を受け、または裁判までのあいだ釈放される権利」を保障している。「または」という文言が使われているが、このことは、合理的期間内の裁判と釈放とが厳密な二者択一的関係にあることを意味しない。すでに1968年の欧州人権裁判所判決が、厳密な二者択一という解釈は締約国の意思に合致するものではなく、「締約国が裁判官その他の司法機関に対して、被疑者・被告人の釈放と引き替えに、合理的期間を超えて手続を遅延させる権限を与えようと意図していたというのは説得力がない」と指摘していた。[*57] そのうえで、この判決は、欧州人権条約5条3項によって要請されるのは、犯罪行為について告発された者は、国がたんに犯罪の嫌疑があるということだけでなく、その者の身体拘束の継続を正当化するだけの「関連性のある十分な」理由が存在することを立証しない限り、裁判までのあいだ釈放されなければならないということであると判示した。[*58] また、2001年の欧州人権裁判所判決は、「未決拘禁が正当化されるのは、被疑者・被告人が無罪と推定されるにもかかわらず、個人の自由の尊重という原則に優越する公共の利益が、個別事件の事情に即して具体的に明示された場合のみである」と判示している。[*59]

欧州人権条約5条3項の第2文が、「釈放にあたっては、裁判所への出頭が保障されることを条件とすることができる」と定めていることから、裁判までのあいだの釈放は、無条件の釈放とともに、一定の条件を付された保釈を含むことになる。このような被疑者・被告人の権利は、逮捕の後、未決拘禁の開始時点から、裁判所による有罪・無罪の認定までの期間を通じて認められる。[*60] また、欧州人権条約5条4項は、逮捕され、または未決拘禁に付さ

れた者に対して、裁判所により未決拘禁の適法性について迅速な再審査を受け、適法でない場合にはその釈放を命じるよう手続をとる権利を保障している。

　欧州人権裁判所の判例は、この規定のもと、裁判所が未決拘禁を決定するにあたっての手続要件として、弁護人は訴追側がもつ証拠に十分アクセスする権利を与えられなければならず、決定手続は両当事者間の武器の平等を確保した「真に当事者主義的」なものでなければならないとしている。また、裁判所は被疑者・被告人を釈放・保釈するか、または未決拘禁に付すか決定するさい、欧州人権条約6条2項の保障する無罪推定に適切に配慮しなければならず、合理的規則に従って、釈放・保釈を支持する意見とそれに反対する意見を記録しなければならないとされている。[*61]

　欧州人権条約に関する判例において、権利保釈の除外事由として認められてきたのは、①裁判所への不出頭の危険、②証拠・証人に不当な影響を及ぼすなど、司法運営を妨害する危険、③保釈中の犯罪の危険、④テロ犯罪など例外的な場合における公共の秩序の維持の必要、がある場合であった。いずれの除外事由についても、一貫して、未決拘禁を決定するためにはそれを基礎づける具体的根拠が必要だとされており、抽象的または包括的な理由によって未決拘禁を決定することは許されないとされてきた。[*62]さらに、これらの除外事由が認められる場合でも、裁判所は未決拘禁を決定する前に、保釈にさまざまな条件を付すなど、拘禁代替措置によって不出頭、再犯などの危険に対処することができないか検討しなければならないとされている。

　たとえば不出頭の危険についてみると、欧州人権条約5条3項のもと、被疑者・被告人を保釈したならば裁判所に出頭しないであろうとの十分な具体的根拠に基礎づけられた危険が存在する場合にのみ、未決拘禁を決定することができる。不出頭の危険を理由にして保釈を拒否することは、「個別事件の具体的事情を考慮したうえで、被疑者・被告人の逃亡から生じる結果および危難が、被告人にとって、身体拘束の継続よりも障害として小さいということが認められるだけの十分な理由がなければならない」とされているのである。このとき考慮すべき事情としては、「関係する被疑者・被告人の性格、道徳心、住居の状況、職業、資産、家族の絆、被告人が告発されている地域とのあらゆる類の繋がり」があるとされている。また、有罪が認定されたときどのような刑罰が科されうるかは、不出頭の危険を基礎づける重要な事情とはなりうるものの、それ自体独立した保釈の除外事由となるわけではなく、

それだけで未決拘禁を正当化することはできないとされている。さらに、不出頭の危険が認められる場合でも、適切かつ実施可能な条件を保釈に付することによって対処が可能である限り、裁判までのあいだの釈放が認められなければならないとされている。*63 また、保証金による保釈という制度がある場合、保証金は過度に高額なものであってはならず、個別事件の具体的事情からみて被疑者・被告人が裁判所に出頭することを確保するという目的を達成するための必要最少額として設定されなければならない。保証金の額の決定において、被疑者・被告人の経済状態を考慮することなく、告発された犯罪事実の重大性のみを考慮することは許されないとされている。*64

(2) 欧州評議会における政策展開

ジム・マードックは、欧州人権条約下での刑事拘禁をめぐる問題を包括的に検討するなか、第1に、未決拘禁は欧州人権条約6条2項の保障する無罪推定の原則との矛盾をはらみ、第2に、未決拘禁にともなう事実上の困難によって、被疑者・被告人の防御の準備が妨げられるおそれがあり、第3に、未決拘禁の理由とされた事実および国内法のいかんによっては、拘禁期間が相当長期に及ぶ場合があり、第4に、未決被拘禁者の拘禁条件は、往々にして刑罰の執行を受けている受刑者の拘禁条件より劣悪であり、第5に、長期に及ぶ身体拘束は被拘禁者の家族や雇用、その社会的再統合に重大な影響を与えうることを指摘している。マードックによれば、これらのことから、拘禁条件が適切に設定されなければならず、未決被拘禁者は可能な限り市民的権利を保障されなければならない。さらにその前提として、未決拘禁は例外的な最終手段として、可能な限り回避されなければならない。未決拘禁が許されるのは、被疑者・被告人の逃亡、再犯、司法運営の妨害などを防止するためにどうしても未決拘禁によらざるをえないとされる場合のみであり、その期間も必要最短のものでなければならない。*65

それにもかかわらず、マードックによれば、1980年代、欧州各国において未決拘禁が拡大する傾向がみられ、それが大きな懸念を生んでいるという。未決拘禁の結果、しばしば被拘禁者は社会的信用を喪失し、家族の絆を破壊され、職を失い、債務返済に追われ、身体的・精神的健康を害することとなっている。*66

このような認識に基づき、欧州評議会閣僚委員会は、1980年、「有罪であることが立証されるまでは無罪を推定されることから、犯罪行為について告

発されたいかなる者も、諸事情から厳格に必要性が基礎づけられない限り、未決拘禁に付されてはならない。それゆえ、未決拘禁は例外的手段としてみなされなければならず、それが必要的に、または懲罰目的により用いられることがあってはならない」という原則のもと（勧告1）、未決拘禁が例外的な最終手段であることを強調しつつ、それを厳格に抑制しようとする勧告を発表した。[*67]

　1980年勧告においては、裁判所・裁判官が、個別事件の具体的事情に基づき、とくに関連する場合には、①被告発事実の重大性、②問題の被疑者・被告人が犯罪を実行したことを裏づける証拠の強さ、③有罪が認定されたときに言い渡されるであろう刑罰、④被疑者・被告人の性格、前歴、人格的・環境的状況、とりわけコミュニティとの繋がりの強さ、⑤被疑者・被告人の行状、とりわけ過去刑事手続の過程において課された義務を遵守したかどうか、という事情を考慮したうえで（勧告5）、犯罪の合理的嫌疑が認められ、かつ、①逃亡し、②司法の作用を妨害し、③重大犯罪を実行する、といういずれかの危険性が認められる場合に限り、未決拘禁を決定することができるとされた（勧告3）。さらに、このような要件が満たされる場合でも、自由の剥奪が犯罪事実の性質およびその犯罪について相当とされる刑罰からみて均衡性を有しないときは、未決拘禁が決定されてはいならないとされた（勧告7）。また、未決拘禁の最終手段性を確保するために、裁判所・裁判官が未決拘禁を決定するにあたっては、具体的に列挙されたさまざまな拘禁代替措置の可能性を吟味したうえで（勧告15）、それらの代替措置を課すことによって拘禁を回避することが可能かどうか考慮しなければならないとされた（勧告9）。

　欧州評議会閣僚委員会は、国連東京ルールズを踏まえ、1992年、「コミュニティ内の制裁および措置に関する欧州規則」を採択した。[*68]この規則は、確定判決に基づく制裁・措置だけでなく、確定判決前の制裁・措置についても定めていた。規則は前文において、①法秩序の維持および犯罪被害の回復と、犯罪行為者が社会に再統合することとの均衡が必要であることを強調し、②コミュニティ内の制裁・措置の導入と適用にあたっては、対象者の基本的人権の侵害に対する保障が確保されなければならず、③これらの制裁・措置が濫用されてはならならず、④これらの制裁・措置がもたらす効用とともに、その弊害が考慮されなければならず、⑤それゆえ、たんに拘禁処分に代替させるということだけで、コミュニティ内の制裁・措置の適用が正当化されて

はならないとしている。拘禁処分は例外的な最終手段であることが、規則全体の前提におかれているといってよい。

　1994年には、欧州評議会議員会議が、「未決拘禁は、一時的で仮のもの（provisional）だとされているが、取り返しのつかない、補償することさえできないような重大な損害を、とりわけ裁判の結果無罪と認定され、または正式告発されなかった者にもたらしうる」（勧告１）にもかかわらず、各国において未決拘禁が顕著に拡大しており、それにともない拘禁条件がいっそう劣悪になっているとの認識に基づいて（勧告２）、1980年の閣僚委員会勧告が遵守されるべきことを要求した。議員会議は、そのうえでさらに、①未決拘禁は、常に選択的で例外的なものでなければならないから、有罪認定後に拘禁刑が言い渡される可能性が高い場合にのみ決定されなければならないこと、②少年の拘禁は絶対に必要な場合にしか認められず、少年と成人とは厳格に分離されなければならないこと、③裁判所・裁判官が未決拘禁を決定するにあたっては、検察官とともに、被疑者・被告人が弁護人の有効な法的援助を受けつつ参加する審問手続を経なければならないこと、④未決拘禁の期間は、軽微な犯罪については原則６月を、重大犯罪については原則８月を超えてはならないこと、などを1980年勧告のなかに付け加えるよう、閣僚委員会に対して勧告した（勧告６）。[*69]

　その後、欧州評議会閣僚委員会は、1999年、各国において拘禁処分が顕著に拡大し、過剰拘禁が深刻化するなか、未決、既決の両段階について過剰拘禁への有効かつ適切な対処方法をとりまとめ、「刑事施設の過剰拘禁および被収容者の増加に関する勧告」として採択した。[*70] この勧告は、基本原則において、「自由の剥奪は、制裁または措置として最終手段であるとみなされなければならず、それゆえ、犯罪行為の重大性からみて他のいかなる制裁または措置も明らかに不適切であるような場合にのみ適用されなければならない」とし（勧告１）、過剰拘禁への対処において、「刑事施設の新増設は例外的手段とされなければならない」としている（勧告２）。過剰拘禁に対処するためには、拘禁処分の最終手段性を確保したうえで、コミュニティ内での代替措置が拡大されるべきとしたのである。この勧告は、未決拘禁の抑制について詳しく述べており、①裁量的訴追、略式手続、裁判所外の紛争解決などの活用によって、正式起訴を減少させ、刑事司法を簡素化すること（勧告10）、②未決拘禁の決定と拘禁期間は、司法の利益を達成するために必要最小限度まで抑制されるべきこと（勧告11）、③特定住所への居住の要求、特

定の場所の出入りの制限、保釈、コミュニティ内での監督・援助、電子監視など、未決拘禁の代替措置が可能な限り広く活用されるべきこと（勧告12）、を勧告している。

　未決拘禁が例外的な最終手段であることを確保し、未決拘禁を抑制しようとする欧州評議会のこのような努力にもかかわらず、マードックによれば、未決拘禁の拡大に対処しようとする各国の政治的決意は十分なものとはいえない。それゆえ、国ごとの差異が大きく、また、ポルトガルや英国（以下、連合王国を指す）のようにタグ装着の電子監視によって、あるいはロシアのように刑事手続を刷新することによって、未決拘禁の抑制に一定の成果をあげた国もあるにせよ、欧州の大多数の国において、未決被拘禁者がなお全被拘禁者の4分の1程度を占めている。未決拘禁の抑制という課題の達成は不十分だとされるのである。[*71]

　欧州評議会閣僚委員会は、2006年1月11日、新しい欧州刑事施設規則を採択した。[*72] 新規則は、国連による国際人権法の発展、欧州人権委員会・人権裁判所の判例と欧州拷問等防止委員会の活動を反映させる形で、1987年採択の旧規則を全面改正したものである。新規則の中心は、被拘禁者の権利保障と刑事施設運営のあり方におかれていたが、前文において、「何人も、法の定める手続に基づく最終手段としての措置による場合を除いては、自由を奪われてはならない」と明言されており、また、公式解説においても、「最終手段性という原則（ultima ratio principle）が、未決被拘禁者と受刑者の双方の拘禁を抑制するために適用されなければならない」と述べられているように、[*73] 拘禁処分はあくまでも例外的な最終手段であるとの基本的立場が前提とされていた。

4. 欧州人権条約とイギリス保釈法の改革

(1) キャバレロ対英国事件

　欧州人権委員会・人権裁判所の判例が、上述のように未決拘禁の決定についてきわめて厳格な立場をとり、条件付の保釈を含む裁判までの釈放が可能な限り認められるべきとしてきたのは、未決拘禁は例外的な最終手段としてのみ許されるという基本的立場に基づくものであった。このことからすれば、イギリス1994年法25条が保釈の絶対的禁止を定めていることが欧州人権条約5条3項に違反しないのか問題となったのは、当然のことであった。

　この問題を正面から取り扱ったのが、キャバレロ対英国事件であった。申

立人キャバレロは、1987年に故殺について有罪を認定され、4年の拘禁刑を言い渡された。申立人は1988年に釈放された。その後1996年1月2日、申立人は強姦について逮捕された。申立人は告発され、同年1月4日、マジストレイト裁判所へと連れて行かれた。このとき、申立人は保釈の申請をするよう弁護人に指示した。しかし、弁護人は、1994年法25条の存在を理由に保釈申請を行わなかった。同日、マジストレイト裁判所は、申立人を未決拘禁に付すことを決定した。記録によれば、同月6日、申立人は保釈申請を行ったが、この申請は、1994年法25条に基づき却下された。同年10月、申立人は強姦未遂および傷害について有罪を認定され、4年の拘禁刑を言い渡された。申立人は量刑不当を主張して控訴したものの、1997年7月11日、控訴院はこれを棄却した。申立人は、1996年6月28日、保釈の絶対的禁止は欧州欧州人権条約5条3項に違反するなどとして、欧州人権委員会に救済申立を行った。[*74]

　欧州人権条約5条3項違反という点について、当初、英国政府は、第1に、1994年法25条の目的は「この規定に該当する事件について、将来の被害者および適正な司法運営に対して重大な弊害をもたらすことになる裁判所の判断の誤りという容認できない危険を回避すること」にあると主張した。英国政府によれば、第2に、欧州人権条約5条3項において、「合理的期間内の裁判」と「裁判までのあいだの釈放」とは二者択一的関係にあるから、締約国が、被告人が十分迅速な裁判を受ける限り、容認できない危険を生じさせるとの理由から被告人の釈放を法律上禁止することは妨げられていない。第3に、1994年法25条によって釈放の権限を制限されているとはいえ、マジストレイトは、手続を継続するために十分な証拠がないと認めたとき、あるいは手続濫用があると認めたときは手続を打ち切り、被告人を釈放する権限をなお保持しており、また、迅速な手続を確保する権限も有しているから、欧州人権条約5条3項のいう「裁判官」にあたる。それゆえ、法律によって、裁判官に対して、保釈に関する判断にあたり特定の具体的事情を考慮するよう要求し、それによって裁判所の裁量を相当に制限することが許される以上、マジストレイトがなお保持している権限によって被告人が保護されている限り、一定の事件について保釈を許可しないよう法律上定めることは正当である。[*75]

　英国政府の主張に対して、申立人は、第1に、英国政府は、1994年法25条に該当する事件において、その制定前、裁判所が保釈に関する判断を実際に誤ったという例をなんら提示していないから、政府のいう裁判所の誤りの危

険は空想的なものでしかなく、しかも政府は、1994年法25条の該当事件において被告人の再犯などの危険がより高いことを証明していないから、この規定により保釈を絶対的に禁止することは、現実に基づかない権限の濫用であると主張した。申立人によれば、第2に、英国政府は、重大犯罪について有罪を認定された後、同様の犯罪について告発されたことにより、保釈の絶対的禁止が直ちに正当化されうるとするが、このような「一網打尽的アプローチ」は、裁判所の個別具体的判断によることなく身体の自由を剥奪するものであるから、「容認しえない危険」が生じるとの政府の主張は「非論理的で、擁護しえない」ものでしかない。第3に、欧州人権委員会・人権裁判所の判例によれば、欧州人権条約5条3項において、合理的期間内の裁判と裁判までのあいだの釈放とは二者択一的にではなく、双方ともに保障されている。第4に、問題となるのは、未決拘禁の決定に関する権限が裁判官にどれほど残されているかであるから、1994年法25条によって保釈を決定する権限をすべて奪われている以上、マジストレイトは欧州人権条約5条3項のいう「裁判官」にあたらない。第5に、政府は、1999年法25条による保釈の絶対的禁止は「慎重な考慮に基づく合理的」判断によるものであるというが、欧州人権委員会・人権裁判所の判例によれば、「個別具体的事情をなんら考慮することなく、自動的に」未決拘禁を決定することは許されておらず、被告人には保釈の現実的可能性が認められていなければならない。[*76]

　1998年7月30日、欧州人権委員会は、申立を容認し、本件における保釈申請の却下には欧州人権条約5条3項の違反があると判示した。欧州人権委員会によれば、「行政権による個人の身体の自由の権利への侵害に対する司法的コントロールは、欧州人権条約5条3項に具体化された手続保障の本質であり、その目的は、被告人の未決拘禁に関する権限濫用の危険を極小化することにある。この司法的コントロールは、法の支配に含意されるものであるが、この法の支配とは、欧州人権条約前文において明示されているだけでなく、欧州人権条約全体が依拠している民主的社会の基本原則の一つである」。それゆえ、欧州人権条約に関する判例は、司法的コントロールを提供するために必要とされる一定の手続的・実体的保障を明らかにしてきた。[*77]

　欧州人権委員会によれば、司法的コントロールのための手続的・実体的保障としては、第1に、被逮捕者が「速やかに連れてこられる」ものとされる裁判官は、公平性の確保のため、行政権からも、手続の当事者からも独立していなければならない。第2に、裁判官は、「被告人を直接審問したうえで、被

告人の身体の自由の尊重という原則を覆すことを正当化するような公共の利益のためのやむをえぬ要求が存在するか否かについて、無罪推定に適切に配慮したうえで、存否いずれを基礎づける事実もすべて検討しなければならない。このような事実は、保釈の申請に対する判断において示されなければならない」。たとえば、被告人における不出頭の危険は、科される可能性のある刑罰の厳格さのみから認定されてはならず、また、被告人の前歴のみから、再犯の危険を理由にして釈放を拒否することは許さない。第3に、裁判官は、被告人の釈放を命じる権限を有していなければならない。[*78]

　本件についてみると、被告人が独立性を有するマジストレイトの面前に連れてこられたのはたしかであるが、1994年法25条の定めるところによって、裁判官が被告人の釈放について検討し、その保釈を決定する可能性は、法律の規定上、予め排除されていた。それゆえ、たとえマジストレイトが独立性を有し、他の権限をなお保持していたとはいえ、「身体拘束の継続にとって有利、不利いずれについても、個別事件の具体的事実をすべて考慮したうえでの裁判官の判断」という欧州人権条約5条3項の保障は満たされていない。欧州人権委員会・人権裁判所の判例上、裁判までのあいだの釈放と迅速な裁判とは二者択一的なものではないから、マジストレイトが未決拘禁中の被告人の取扱いに関する権限や、迅速な裁判を確保するための権限を保持しているからといって、1994年法25条によって保釈が絶対的に禁止されている以上、欧州人権条約5条3項の要請に応えているとはいえない。英国政府は、1994年法25条は「慎重な考慮に基づく合理的な危険性評価」によるものであるから、恣意的ではないと主張するが、危険性評価にあたって、個別事件における具体的事情の総合的考慮がまったく排除されている点のみにおいても、身体の自由の恣意的剥奪にあたるといわなければならない。欧州人権委員会は、以上のような理由から、1994年法25条による保釈の絶対的禁止は、被告人の未決拘禁について欧州人権条約5条3項が要請する司法的コントロールを排除するものであり、この規定に違反すると判示した。[*79]

　キャバレロ対英国事件において、英国政府は、欧州人権委員会に対して、1994年法25条を、同条が定めるような事件においては、保釈を許可すべき「例外的事情」が存在しない限り、裁判所は保釈の申請を却下しなければならないとする規定に改正するとの書面を提出していた。後述するように、このような構想に沿って、1998年法56条が設けられ、1998年9月30日に施行された。欧州人権委員会の判断を受け、英国政府は、欧州人権委員会が述べた

理由のとおり欧州人権条約5条3項および同5項の違反があることを承認した。2000年2月8日、欧州人権裁判所は欧州人権委員会の判断を支持し、また、英国政府が欧州人権条約違反を承認していたことから、1994年法25条に基づく本件の保釈申請の却下が欧州人権条約5条3項および同5項に違反すると判示した。[*80]

　アンドリュー・アシュワースによれば、欧州人権条約5条3項に関する過去の判例が、被告人を未決拘禁に付する決定は裁判所が個別具体的事情を検討したうえで未決拘禁の要件の存在を認める判断によらなければならないとしていたところ、キャバレロ対英国事件における欧州人権委員会の判断も、この流れのなかに位置している。英国政府は1994年法25条による保釈の絶対的禁止が合理的な危険性評価に基づくものであると主張していたが、過去の有罪認定から直ちに将来の危険性の存在を導き出すことはできないというのが欧州人権委員会・人権裁判所の判例であり、英国政府の主張は明らかにこれと矛盾している。未決拘禁の決定においては、個別具体的な実質的判断が不可欠とされるのである。[*81]アシュワースとマイク・レッドメインが指摘しているように、欧州人権委員会の判断においては、未決拘禁に関する決定は無罪推定とともに、身体の自由の保障という原則を踏まえて行われなければならないとされた。欧州人権委員会の判断の基礎には、これらの原則からすれば、未決拘禁は例外的な最終手段として、可能な限り回避されなければならないという基本的立場があった。[*82]1994年法25条による保釈の絶対的禁止と未決拘禁の最終手段性とは、明らかに矛盾するのである。

(2) イギリス保釈法の改革

　英国政府は、上述のようにキャバレロ対英国事件において、1994年法25条に基づく保釈の絶対的禁止が欧州人権条約5条3項に違反することを承認し、この規定の改正を行う意向を表明していた。かくして、1998年法56条が設けられ、保釈の絶対的禁止を廃止した。すなわち、1998年法56条は、被告人が過去、謀殺、強姦、故殺、謀殺・強姦の未遂のいずれかについて有罪を認定されており、これらの犯罪のいずれかについて再度告発された場合には、裁判所は、保釈を正当化する「例外的事情」が存在すると認めた場合にのみ、保釈を決定することができるとした。このように、権利保釈という原則を逆転させ、保釈の拒否を原則としたうえで、例外的に保釈を許可することとしたのである。

1998年法56条は、貴族院における法案の第三読会のなかで付け加えられたものであったが、その趣旨について、政府は、1994年法25条による保釈の絶対的禁止が裁判所の裁量を奪い、欧州人権条約に違反しているがゆえの改正であると説明した。ファルコナー議員は、この規定により「公共の保護を第一の関心事として確実に維持しながら、同時に、とりわけ深刻な事情のある重大事件において保釈に関する不適切な判断がなされないよう厳格な特別の保障措置を提供することによって不正義を防止するという一定の柔軟性」がもたらされるであろうと説明した。ロジャー・レングらは、1994年法25条による改正前も、対象となる事件において保釈が実際に決定される可能性はきわめて低く、また、1998年法56条のもとでも、「例外的事情」の存在を立証することによって保釈の不許可という原則を覆すことはきわめて困難であるから、結局、1994年法と1998年法による２度の改正の前後を通じて、保釈に関する実務は実際にはほとんど変化していないと指摘している。とはいえ、法的問題としては、保釈の絶対的禁止に比べて、1998年法56条による保釈の原則的拒否と例外的許可の方が、欧州人権条約への適合性という観点からより好ましいものであることはたしかである。

　しかし、この新規定にも問題が残った。すなわち、「例外的事情」の内容が法律上明示されていないがゆえに、なにをもって「例外的事情」の存在が認められるのか不明確なことである。また、特定類型の被告人について特別な取扱いをし、保釈の拒否を原則とすることは、「欧州人権条約の保障する無罪推定に適切に配慮」したことにならないとも指摘された。これらの点において、1998年法56条が欧州人権条約に本当に適合するかについて、なお重大な疑問が提起されたのである。

　1999年、ニコロヴァ対ブルガリア事件における欧州人権裁判所の判決は、このような欧州人権条約違反との疑いに一定の支持を与えるものと思われた。この事件において、申立人は「重大な故意犯罪」について告発されていたが、ブルガリア法においては、その場合、「疑いを容れない程度にまで、逃亡、再犯、司法妨害のいかなる予測的危険も存在しないこと」を被告人が立証しない限り、裁判所は未決拘禁を決定しなければならず、移動不可能な病気など、例外的事情がある場合に限り、その決定をしないこともできると定められていた。ブルガリア国内裁判所は、申立人の提出した医師の診断書が過去の健康状態を明らかにするものでしかないという理由から保釈申請を却下し、申立人が逃亡し、または捜査を妨害しようと試みたことがなく、また、家族

を有しており、安定した生活を送っていたという「具体的事実」を関連性がないとして考慮しなかった。欧州人権裁判所は、本件における未決拘禁の決定は「まったく形式的であり」、「実質的判断を欠いた（rubber-stamping）手続」にすぎないとして、欧州人権条約5条3項に違反すると認めた。保釈の原則的拒否を強固に定める法律に従い、個別事件の具体的事情を十分検討せずしてなされた未決拘禁の決定が、欧州人権条約違反にあたるとしたのである。

　エマーソンとアシュワースによれば、一定条件のもと保釈の拒否を原則とすること自体が、直ちに欧州人権条約5条に違反するわけではない。しかし、1998年法56条の問題は、保釈の原則的拒否を定めたことにあるのではなく、例外的許可の理由となる「例外的状況」が曖昧・不明確なため、解釈の可能性において広汎な幅が存在することにある。それゆえ、一方で、最も極端な場合を除いて、裁判所が保釈許可の裁量を実質的にすべて奪われることになる可能性もあれば、他方で、裁判所が緩やかに「例外的事情」を認定し、保釈を許可するという解釈・運用の可能性もあるのである。[*88]

　欧州人権条約に国内法的効力を認める1998年人権法が制定され、2000年10月2日の施行が近づくなか、イギリス法律委員会は、未決拘禁と保釈をめぐる欧州人権条約に関する判例を整理したうえで、イギリス法がそれに適合するかについて包括的検討を行い、必要な改革を提案した。[*89]法律委員会の報告書は、権利保釈の除外事由に関する現行規定について、削除・修正を勧告し、あるいは欧州人権条約に違反しない形での解釈・運用のあり方を提案している。報告書の基調は、欧州人権条約のもと、再犯の危険など除外事由の認定にあたっては、個別事件の具体的事情が総合的に検討されなければならず、具体的根拠に基づき現実的危険が認められたときに限り、未決拘禁が許されるとするものであった。

　保釈の原則的拒否・例外的許可を定めた1998年法56条について、法律委員会は、「例外的事情」が厳格に解釈され、裁判所から保釈許可の裁量が実質的に奪われることになれば、それは欧州人権条約5条に違反することになるとしている。法律委員会によれば、反対に、保釈の正当化を基礎づけるようないかなる事情も「例外的事情」にあたるとする解釈は、この規定の文言に適合しない。それゆえ、欧州人権条約5条3項に適合するような解釈としては、規定の文言から、裁判所はすべての関連する事情を考慮することができるが、1994年法25条による改正前の1976年保釈法があげている事情をとくに

重視しつつ、総合的判断によって「例外的事情」が認められるかどうか判断すべきであり、1976年保釈法があげている事情が存在することから直ちに保釈を拒否することは許されないということになる。法律委員会は、立法にあたって問題とされたのは、保釈中の「被告人が再犯によって公共に対して生じさせる危険」であるから、結局、「例外的事情」とは「被告人が保釈されたとしても、重大犯罪を実行する現実的危険が生じることはない場合」をいうと理解されるべきであり、このような場合には、保釈が許可されるべきであると結論づけている。[*90]

5. 日本法改革の方向

(1) 最終手段としての未決拘禁と拘禁代替措置

アシュワースとレッドメインは、未決拘禁をめぐる欧州人権条約に関する判例から、次の三つの原則が提示されているとする。[*91]それによれば、第1に、キャバレロ対英国事件における欧州人権委員会の判断が明らかにしたように、未決拘禁の決定においては身体の自由（欧州人権条約5条1項）とともに、無罪推定の保障（同6条2項）に十分配慮しなければなない。未決拘禁の決定は、これら両者に十分配慮してもなお、被告人の自由を奪うことを正当化するだけの優越的な公共の利益が認められる場合にのみ許される。

第2に、未決拘禁の決定において、一定の事情の存在から直ちに未決拘禁を決定するような形式的・自動的な判断は許されず、個別事件の具体的事情が総合的に検討される必要があり、未決拘禁を決定した実質的理由が具体的根拠に基づき示されなければならない。

第3に、未決拘禁による身体の自由の制約は、裁判所への出頭の確保、司法作用の妨害の防止など、未決拘禁を正当化する目的を達成するために必要最小限度の制限としてのみ許される。クロース対ベルギー事件において、欧州人権委員会が「被告人がさらに犯罪を重ねるのを防止し、公共の安全を保護するための代替措置が存在しないかどうか」検討することなく、裁判所が未決拘禁を決定したのは欧州人権条約5条3項に違反すると判示しているように、[*92]まず裁判所は、保釈にさまざまな条件を付すことを含め、なんらかの拘禁代替措置によって再犯の防止などの目的が達成できないのかどうか検討しなければならず、そのうえで、このような拘禁代替措置が存在しないと認めた場合に限り、被疑者・被告人の身体の自由を奪うことが許されるのである。

このような三つの原則の基礎にあるのは、未決拘禁は例外的な最終手段としてのみ許され、可能な限り抑制されなければならないという基本的立場であるということができる。未決拘禁の最終手段性こそが基本原則となっているのである。このことは、欧州評議会による国際文書を通じての政策展開において、未決拘禁の最終手段性を確保したうえで、それを実質化するための方策として、拘禁代替措置の拡大が要請されていたことにも示されている。キャバレロ対英国事件における欧州人権委員会の判断を受けて展開したイギリス保釈法の改革も、立法と解釈・運用の両面において、未決拘禁の最終手段性をどのように確保し、実質化するかを基軸にしていた。[*93]

(2) 未決拘禁の最終手段性の確保とその実質化

　これに対して、日本の未決拘禁の現状はどうか。勾留請求に対する却下率の極限的低さ（2004年、地裁において却下率は0.83％、簡裁において0.17％）、保釈率の顕著な低下（2004年、地裁において13.2％、簡裁において5.8％）などにみられるように、未決拘禁を抑制するための司法的コントロールが十分機能しているとはいえないなか、捜査段階においては逮捕・勾留が被疑者の取調と自白獲得のために利用され、起訴後においては被告人が否認し、または起訴事実を争うと罪証隠滅の「おそれ」があるとして保釈が拒否される。このような実務が久しく定着しているという。[*94]「人質司法」という厳しい批判が向けられてきたのは、このような現実である。[*95]「人質司法」のなか、被疑者・被告人は、無罪の推定を受けつつ自己の防御権を効果的に行使する手続主体としての地位を奪われてきたとされるのである。

　未決拘禁をめぐるこのような現実を克服するために必要とされることはなにか。第1に、憲法31条・33条・34条、自由権規約9条・14条2項による身体の自由の保障と無罪推定の原則のもと、身体不拘束の原則が確認され、未決拘禁は例外的な最終手段としてのみ許されるということが確保されなければならない。

　水谷規男が指摘するように、自由権規約9条3項が、欧州人権規約5条3項と同じ文言により、被逮捕者は速やかに裁判官の面前に連れて行かれなければならず、「妥当な期間内に裁判を受ける権利又は釈放される権利を有する」と定め、この「釈放される権利」には条件付の釈放としての保釈の権利も含まれると定めていることから、勾留された被告人のみならず、被疑者に対しても、被疑者が裁判官の面前で勾留質問を受け、勾留を決定された時

点から、保釈の権利が保障されなければならない。未決拘禁の最終手段性を確保するためには、勾留された被疑者にも保釈を認める、現在あまりにも広汎に認められている権利保釈の除外事由を限定するなど、根本的な法改正が必要とされる[*97]。

　また、裁判所・裁判官は未決拘禁を決定するにあたり、その要件の存在を、未決拘禁の最終手段性を確保するに足りる程度にまで厳格に認定しなければならない。勾留の要件としての被疑者・被告人が「罪を犯したことを疑うに足りる相当な理由」（刑訴法60条・207条1項）は、無罪と推定されるにもかかわらず被疑者・被告人の身体の自由の剥奪を継続することを正当化するだけの犯罪の高度な嫌疑を意味すると理解すべきである。身体の自由を奪うのであるから、捜索・差押の要件としての犯罪の嫌疑に比べてはもちろんのこと、逮捕の理由としての犯罪の嫌疑（刑訴法199条1項）に比べても、いっそう高度の嫌疑が要求されるというべきである[*98]。

　権利保釈の除外事由の認定においては、なおいっそうの厳格さが要求される。欧州人権条約に関する判例が示しているように、権利保釈の除外事由としての逃亡または罪証隠滅の危険（刑訴法89条4号・5号）は、たんなる抽象的な「おそれ」ではなく、個別事件の具体的事情が総合的に検討されたうえで、具体的根拠に基づく現実的危険として認定されなければならない。「罪証隠滅を疑うに足りる相当な理由」についてみると、川崎英明がいうように、「被告人が自ら主体的に罪証隠滅行為に及ぶという意味での『危険』」が、勾留理由の認定の場合よりも「はるかに『高度の蓋然性』」をもって認められなければならず、したがって、「罪証隠滅を疑うに足りる相当な理由」とは、「被告人に罪証隠滅の意図があり、それを具体的行動に移すということが具体的事実の裏づけをもってほぼ確実に予見される場合」を意味すると理解すべきである[*99]。村岡啓一が指摘するように、「捜査機関の主観的危惧感に由来する『抽象的なおそれ』ではなく、……『確実な裏付け資料によって認められる具体的な事実を根拠として、罪証隠滅行為がほぼ確実に予測される場合』」をいうのである[*100]。

　国際人権法上、保釈の権利が保障されるのは、被逮捕者が裁判官の面前に連れてこられ、未決拘禁に関する決定を受けるその時点からである（自由権規約9条3項）。保釈の権利保障は、未決拘禁の決定と同時に始まるのである。このことからすれば、手続が進行するにつれて権利保釈の除外事由の認定がいっそう厳格化するにせよ、裁判所・裁判官が当初、未決拘禁の決定を

行うにあたっても、権利保釈の除外事由を認定する場合と同様、個別事件の事情に即した具体的根拠に基づき、逃亡、罪証隠滅などの現実的危険を認定した場合に限られなければならない。刑訴法60条1項2号・3号のいう「相当な理由」とは、このことを意味していると理解されるべきである。起訴後の被告人にのみ保釈を認めている日本法の構造からすれば、たしかに権利保釈の除外事由の認定は、被疑者段階での当初の勾留決定にあたっての勾留理由の認定よりも厳格なものでなければならないが、本来、両者に格段の質的差異があるとみるべきではない。保釈に関する国際人権法の保障に照らしたとき、被疑者段階における当初の勾留決定においても、勾留理由は個別事件の事情に即した具体的根拠に基づく現実的危険として、権利保釈の除外事由の認定の場合に準じて厳格に認定されなければならないというべきである。

　未決拘禁をめぐる現状を克服するために第2に必要とされるのは、未決拘禁の最終手段性を実質化するために、さまざまな拘禁代替措置を開発し、活用することである。現在、刑訴法は、保証金の提出を保釈の絶対的条件としている（93条1項）。このことは、被告人の資力が乏しい場合の保釈を困難にする。イギリス保釈法の改革を参照したとき、資力の乏しい被告人も実質的に等しく保釈の機会を得られるよう、保証金以外の条件を整備することにより、保証金の提出がなくとも保釈を認めるようにすべきである。現在、法制審被収容者人員適正化部会において、新たな保釈条件とされるべき拘禁代替措置の導入が議論されているが、この問題は、未決拘禁の最終手段性を実質化するための方策として位置づけられなければならない。拘禁代替措置を導入するにあたっては、未決拘禁の最終手段性の確保が不可欠の前提とされる必要があるのである。

　また、拘禁代替措置の決定それ自体においても、対象者の自由が最大限に尊重されたうえで、必要最小限度の制限として代替措置が選択されなければならない。このことが、無罪推定の原則から導き出される身体不拘束の原則のコロラリーとして要請される[101]。未決拘禁の最終手段性とともに、このことが確保されなければ、諸外国の例が示すように、拘禁代替措置の導入は必ずしも未決拘禁の抑制につながらず、むしろ社会統制網の拡大を生じさせることになるであろう。さまざまな拘禁代替措置が設けられたとき、裁判所が未決拘禁の決定を許されるのは、被疑者・被告人の身体の自由と無罪推定の原則に十分配慮しつつ、逃亡や罪証隠滅の防止という目的をより制限の小さい代替措置によっては達成することができないか慎重に検討したうえで、どう

しても未決拘禁によらざるをえないと認めた場合に限られる。[*102] このような場合にこそ、刑訴法60条1項2号・3号のいう「相当な理由」が認められることになる。

注

*1 中川正浩「留置場の過剰収容の現状と対策について」警察学論集56巻10号（2003年）、高尾裕司「留置業務の現状と課題」捜査研究636号（2004年）参照。警察留置施設における過剰拘禁の原因としては、留置実人員の増加、留置期間の長期化、刑事施設への移監の停滞があげられているが、これらを犯罪増加や犯罪の複雑化などに起因する捜査の長期化にのみ単純に結びつけることはできず、むしろ「厳罰主義」の趨勢のなか、身体拘束に関する警察・検察と裁判所の態度の積極化が重要な要因であると指摘されている。とりわけ、刑事手続の起点に位置する警察の態度の積極化が強く寄与しているとされる。過剰拘禁の意義、要因などについては、「特集・過剰収容下の矯正」犯罪と非行131号（2002年）、浜井浩一「過剰収容の本当の意味」矯正講座23号（2002年）、同「日本の治安悪化神話はいかに作られたか──治安悪化の実態と背景要因」犯罪社会学研究29号（2004年）、河合幹雄『安全神話崩壊のパラドックス──治安の法社会学』（岩波書店・2004年）、「特集・過剰収容時代の刑事政策」刑法雑誌45巻3号（2006年）など参照。

*2 水谷規男「未決拘禁の代替処分」刑事立法研究会編『代用監獄・拘置所改革のゆくえ』（現代人文社、2005年）90〜92頁参照。ところで、ドイツにおいても過剰拘禁は深刻な状態にあり、ドイツ連邦憲法裁判所は、2002年2月27日（BVerfG, NJW 2002, 2699）と同年3月13日（BVerfG, NJW 2002, 2700）の2判決において、過剰拘禁が当初の定員を超える被拘禁者を一室に収容することによって、受刑者の攻撃性を高め、刑事施設の秩序を低下させ、拘禁の確保にも困難を生じさせるばかりか、受刑者がプライバシーを完全に奪われた状態のもとで他者との共同生活の継続を強制されることになる点において、単独室に2人以上の受刑者を収容することは基本法1条1項の保障する人間の尊厳に反すると判示した。両判決は、受刑者についてのものであったが、未決被拘禁者についても、過剰拘禁が同程度に深刻な状態に至れば、同様に考えうるであろう。注目すべき判決である。両判決について、福井厚「過剰収容とドイツ連邦憲法裁判所判決──ドイツ連邦憲法裁判諸決定の紹介」法政法科大学院紀要2巻1号（2006年）参照。

*3 「社会統制網の拡大」について、横山実「アメリカにおける少年司法システムの変革──特に、ディバージョン・プログラムの成果をめぐって」國學院法学26巻1号（1988年）、前田忠弘「ディバージョンに関する一考察──アメリカ合衆国における議論を中心として」愛媛法学会雑誌16巻3号（1990年）など参照。最近の興味深い研究として、Julian V. Roberts, The Virtual Prison: Community Custody And The Evolution of Imprisonment (2004)は、既決段階に焦点を合わせてではあるが、カナダ

やイギリスにおいて拘禁代替措置の発達が被拘禁者数の顕著な減少につながらなかったことの理由として、裁判官その他司法関係者において、社会的再統合の促進や低コストという優位性にもまして、拘禁代替措置が犯罪行為に法的非難を与えるうえでも、犯罪行為者に法的責任を問ううえでも不十分であるとの問題が広く認識されたことをあげ、この問題を克服するために、「仮想刑事施設（virtual prison）」としての「社会内刑罰（community punishment）」が拘禁刑に匹敵する厳格さを強調しつつ発達したこと、しかしそのことがまた過剰な自由制限、社会統制網の拡大など、新たな問題を生じさせたことについて分析している。拘禁代替措置としての社会内刑罰に付された厳格な条件の遵守が厳しく監視されることによって、条件違反を理由にした拘禁決定が増加しているという指摘は、とくに注目される（at 125-129）。

* 4 　豊崎七絵「未決拘禁の理論的根拠」法学69巻5号111～113頁（2006年）は、無罪推定の原則から具体的に導き出される憲法的原則として身体不拘束の原則があり、「拘束は例外中の例外」としてのみ許されるとする。

* 5 　田鎖麻衣子「社会内処遇措置のための国連最低基準規則（東京ルールズ）について」自由と正義57巻12号（2006年）参照。同誌には日本弁護士連合会仮訳が掲載されている。

* 6 　国際連合人権高等弁務官事務所（平野裕二訳）『裁判官・検察官・弁護士のための国連人権マニュアル――司法運営における人権』（現代人文社・2006年）534頁。

* 7 　国際連合人権高等弁務官事務所・注6書534頁。

* 8 　石田倫識「保釈」刑事立法研究会・注2書。

* 9 　三島聡「イングランド・ウェールズの保釈制度」季刊刑事弁護24号（2000年）。

*10 　葛野尋之「警察留置と『捜査と拘禁の分離』」立命館法学306号（2006年）58～62頁（本書89～92頁）参照。

*11 　Coretta Phillips and David Brown, Entry into the Criminal Justice System: A Survey of Police Arrests and Their Outcomes 109-111 (Home Office Research Study 185) (1998). 全被疑者中告発されたのが52％、無条件に釈放されたのが20％、警告処分を受けたのが17％、他機関への移送その他が13％であった。

*12 　Tom Bucke and David Brown, In Police Custody: Police Powers and Suspect's Rights under the Revised PACE Codes of Practice 53-55 (Home Office Research Study 174) (1997).

*13 　Hucklesby, Police Bail and the Use of Condition, 1 Criminal Justice 441 (2001).

*14 　Michael Cavadino and James Dignan, The Penal System 83 (3rd ed., 2001).

*15 　Neil Corre and David Wolchover, Bail in Criminal Proceeding 1-2 (3rd ed., 2004).

*16 　Hucklesby, Bail in Criminal Cases, in Mike McConville and Geoffrey Wilson (eds.), The Handbook of the Criminal Justice Process 116-118 (2002).

*17 　石田・注8論文118頁、127～128頁は、「1976年保釈法は、『権利保釈の除外事由』と『除外事由の存否を判断する際の考慮事項』とを明確に区別していることに一つの特徴がみられる」とし、日本法における権利保釈の除外事由を考えるうえでも、両者

の区別を明確に維持すべきとする。たしかに、刑訴法89条1号・2号は権利保釈の除外事由とその存否を判断するうえでの考慮事項とを明確に区別しておらず、問題があるといわなければならない。

*18　Hucklesby, supra note 16, at 116-118.
*19　Cavadino and Dignan, supra note 14, at 85.
*20　Unjust Deserts: A Thematic Review by HM Chief Inspector of Prisons of the Treatment and Conditions for Unsentenced Prisoners in England and Wales 4-5, 45-53 (2000).
*21　Id. at 123-125.
*22　The Howard League of Penal Reform, Briefing Paper on Prison Overcrowding and Suicide (2005).
*23　Id. at 109-117.
*24　Morgan and Jones, Bail or Jail?, in Eric Stockdale and Silvia Casale (eds.), Criminal Justice under Stress 36 (1992).
*25　Hucklesby, supra note 16, at 121-122.
*26　Morgan and Jones, supra note 24, at 37.
*27　Cavadino and Dignan, supra note 14, at 83-84.
*28　Morgan and Jones, supra note 24, at 37.
*29　Cavadino and Dignan, supra note 14, at 84.
*30　Ibid.
*31　Id. at 85.
*32　Id. at 86.
*33　Hucklesby, supra note 16, at 132-133.
*34　Id. at 128-129.
*35　Andrew Sanders and Richard Young, Criminal Justice 469-470 (2006).
*36　Hucklesby, supra note 16, at 129-131.
*37　Hucklesby, The Use and Abuse of Conditional Bail, 33 The Howard Journal 258 (1994).
*38　George Mair and Claire Nee, The Electronic Monitoring: The Trials and Their Results (Home Office Research Studies 120) (1990).
*39　Jennifer Airs, Robin Elliott and Esther Conrad, Electronically Monitored Curfew as a Condition of Bail: Report of the Pilot vi (2000).
*40　Corre and Wolchover, supra note 15, at 182-183.
*41　HM Chief Inspector of Probation, Delivering an Enhanced Level of Community Supervision: Report of a Thematic Inspection on the Work of Approved Probation and Bail Hostels (1998).
*42　Hucklesby, supra note 16, at 132.
*43　Id. at 131-132.

*44 Cavadino and Dignan, supra note 14, at 86-87.
*45 Patricia M. Morgan, Offending While on Bail: A Survey of Recent Studies (Home Office Research and Planning Unit Paper 65, 1992).
*46 David C. Brown, Offending on Bail and Police Use of Conditional Bail (Home Office Research Findings 72, 1998).
*47 Hucklesby, supra note 16, at 133-134.
*48 Cavadino and Dignan, supra note 14, at 87-88.
*49 Hucklesby, supra note 16, at 133.
*50 Id. at 134.
*51 Id. at 122.
*52 Richard Card and Richard Ward, The Criminal Justice and Public Order Act 1994, 210-211 (1994).
*53 Ben Emmerson and Andrew Ashworth, Human Rights and Criminal Justice 315 (2001).
*54 Stefan Trechsel, Human Rights in Criminal Proceedings 407-408 (2005).
*55 葛野尋之「未決拘禁の司法的コントロールと代用監獄」刑事立法研究会・注2書70〜71頁（本書61〜62頁）参照。
*56 Schisser v Swizerland, (1979-80) 2 EHRR 417, para 31.
*57 Wemhoff v Germany, (1979-80) 1 EHRR 55, para 4-5.
*58 (1979-80) 1 EHRR 55, para 12.
*59 Ilijkov v Bulgaria, (2001) ECHR 489.
*60 (1979-80) 1 EHRR 55, para 7-9.
*61 Emmerson and Ashworth, supra note 53, at 316-317.
*62 Id. at 317-319. この点については、石田・注8論文参照。
*63 Neumeiser v Austria (No. 1), (1979-80) 1 EHRR 91.
*64 Punzelt v Czetch, (2001) 33 EHRR 1159.
*65 Jim Murdoch, The Treatment of Prisoner: European Standards 175 (2006).
*66 Ibid.
*67 Council of Europe, Committee of Ministers, Recommendation No. R (80) 11 Concerning Custody Pending Trial, 27 June 1980.
*68 Council of Europe, Committee of Ministers, Recommendation No. R (92) 16 on the European Rules on Community Sanctions and Measures, 19 October 1992. この規則の概要については、海渡雄一「欧州評議会における社会内処遇に関する国際人権基準の発展」自由と正義57巻12号（2006年）参照。
*69 Council of Europe, Parliamentary Assembly, Recommendation 1245 (1994) on the Detention of Persons pending Trial, 30 June 1994.
*70 Council of Europe, Committee of Ministers, Recommendation No. R (99) 22 concerning Prison Overcrowding and Prison Population Inflation, 30 September 1999.

この勧告については、海渡・注68論文参照。
* 71　Murdoch, supra note 65, at 176.
* 72　Council of Europe, Committee of Ministers, Recommendation Rec (2006) 2 on the European Prison Rules, 11 January 2006. 新規則の概要について、海渡・注68論文参照。
* 73　Commentary on Recommendation Rec (2006) 2 of the Committee of Ministers to Member States on the European Prison Rules, in Council of Europe, European Prison Rules 40 (2006).
* 74　Caballero v United Kingdom, (2000) 30 EHRR 643, para 1, 6-8.
* 75　C.C. v United Kingdom, Opinion of the European Commission of Human Rights, 30 June 1998, Reports of Judgement and Decisions of the European Court of Human Rights 2000-II, para. 29-34.
* 76　Id. para. 35-39.
* 77　Id. para. 40-41.
* 78　Id. para. 42-44.
* 79　Id. para. 45-51. 欧州人権委員会はまた、イギリス法のもと、申立人が欧州人権条約5条3項の違反について補償を請求することができないのは欧州人権条約5条5項に違反すると判示した（para. 52-56）。しかし、権利侵害に対する効果的救済を保障する欧州人権条約13条違反の主張は容認せず（para. 57-62）、欧州人権条約5条3項違反と相俟って差別の禁止を定める欧州人権条約14条にも違反するとの主張については判断の必要がないとした（para. 63-66）。
* 80　(2000) 30 EHRR 643. 1994年法25条に基づく保釈の絶対的禁止が欧州人権条約5条3項に違反することは、S.B.C.対英国事件における2001年6月21日の欧州人権裁判所判決において再確認された（S.B.C. v United Kingdom, [2002] 34 EHRR 21）。
* 81　Ashworth, Commentary on C.C. v United Kingdom, (1999) Criminal Law Review 228, 229.
* 82　Ashworth and Redmayne, supra note 91, at 208.
* 83　Nicola Padfield, A Guide to the Crime and Disorder Act 59 (1998) citing HL Report ,31 March 1998 col 240.
* 84　Roger Leng, Richard Taylor and Martin Wasik, Blackstone's Guide to the Crime and Disorder Act 1998, 99 (1998).
* 85　Emmerson and Ashworthm, supra note 53, at 323.
* 86　Leach, Automatic Denial of Bail and European Convention, (1999) Criminal Law Review 300, 304-305.
* 87　Nickolova v Bulgaria, (1999) 31 EHRR 64.
* 88　Emmerson and Ashworth, supra note 53, at 323-324.
* 89　The Law Commission, Bail and Human Rights Act 1998 (Consulting Paper No. 157) (1999). 法律委員会報告書の内容については、石田・注8論文122～125頁が的確

に分析しているが、それによれば、第1に、権利保釈の除外事由の認定にあたっては、抽象的・一般的な「おそれ」では足りず、具体的根拠に基づく現実的危険の認定が必要だとしていること、第2に、未決拘禁の正当化根拠としての権利保釈の除外事由それ自体と、その除外事由の存否を判断するにあたっての考慮事項とが明確に区別されていること、において法律委員会報告書の提言の特徴がみられる。

＊90　Id. para 8.46. 他の「例外的事情」ももちろんありうるとしている（para. 8.47）。報告書はまた、同じく保釈中の再犯防止という目的による1994年法26条に基づく保釈中の再犯によって告発された場合における権利保釈の否定と保釈拒否についても、保釈中の再犯はさらなる再犯の危険を基礎づける事情の一つにすぎず、それ自体を唯一の根拠として保釈を拒否することは、欧州人権条約に違反することになるとしている。法改正によって保釈中の再犯を保釈に関する判断にあたり裁判所が考慮すべき事情の一つとして加え、裁判所はそれを他の事情とあわせ考慮したうえで、さらなる再犯の現実的危険を認めた場合には保釈を拒否することができるとすべきとしている（para. 4.11）。さらに、報告書は、保釈中裁判所への不出頭または保釈条件の違反を理由として被告人が逮捕された場合についても同様に、欧州人権条約5条のもと、そのことは保釈に関する判断にあたって考慮すべき事情の一つとして扱うべきとしている（para. 7.33）。

＊91　Andrew Ashworth and Mike Redmayne, The Criminal Process 208-209 (3rd ed., 2005).

＊92　Clooth v Belgium, Opinion of the European Commission of Human Rights, 10 July 1990, Publications of the European Court of Human Rights, Series A, vol. 225, para. 75.

＊93　未決拘禁の最終手段性の確保と実質化という点において、イギリス法改革には一定の限界が残っている。1998年法56条による保釈の原則的拒否・例外的許可がなお維持されていることと合わせ、2003年刑事司法法14条1項は、法律委員会の勧告に従って1994年法26条を改正し、18歳以上の者が保釈中の再犯により告発されたときは、被告人によるさらなる保釈中の再犯の現実的危険は存在しないと認めた場合にのみ保釈を許可できるとした。ただし、この規定についても、保釈中の再犯をさらなる再犯の現実的危険を判断するさいに考慮すべき事情として位置づけることは可能だとされている。この点について、石田・注8論文123頁参照。

＊94　「特集・こんな身体拘束許せるか――身体拘束制度運用の実態と問題点」季刊刑事弁護2号（1995年）、五十嵐二葉「令状主義の幻想」『井戸田侃先生古稀祝賀論文集――転換期の刑事司法』（現代人文社・1999年）、寺西和史「令状実務の実体とその批判」季刊刑事弁護17号（1999年）、「特集・保釈の実情と闘い方」季刊刑事弁護21号（2000年）、「特集・保釈の実情と闘い方――理論編」季刊刑事弁護24号（2000年）、中川孝博「裁判員制度と刑事司法改革の課題――未決拘禁システム・適正な事実認定」法律時報77巻4号（2005年）など。保釈率は1970年代半ばには地裁において50％を超え、簡裁において30％を超えていたが、その後顕著な低下を続け、2004年には地裁に

おいて13.2%、簡裁において5.8%となった。保釈率の低下の一因として保釈請求の減少があるのはたしかであるが、保釈請求の減少自体、保釈保証金の高額化、裁判所における保釈基準の厳格化に起因するものというべきであろう（藪下紀一「保釈——弁護の立場から」三井誠＝佐藤博史＝馬場義宣＝植村立郎編『新・刑事手続』〔悠々社・2002年〕）。また、被疑者の身体拘束が捜査・取調に利用されることについては、代用刑事施設としての警察留置施設に被疑者が拘束され、取り調べられることによって、社会生活・情報との遮断、全生活の支配・統制を通じて身体拘束と捜査・取調が結合し、その結果、特別な暴行・脅迫のない「普通の」取調のなかにも強い自白強要的圧力が生じることにとくに注意しなければならない（葛野・注10論文49頁〔本書54頁〕）。

*95　水谷・注2論文90～91頁。

*96　水谷・注2論文94頁。

*97　石田・注8論文127～129頁は、起訴前保釈制度の創設、権利保釈の除外事由としての刑訴法89条1号・2号の削除、罪証隠滅要件（刑訴法89条4号）の削除または厳格な解釈・運用を提案している。

*98　白取祐司『刑事訴訟法（第三版）』（日本評論社・2004年）147、157頁。

*99　川崎英明「保釈の憲法論と罪証隠滅」季刊刑事弁護24号（2000年）66頁。

*100　村岡啓一「国際人権法の利用の仕方」季刊刑事弁護24号（2000年）70頁。

*101　豊崎・注4論文116頁は、「拘禁要件が具体的且つ厳格に規定されてゆくに従って、未決拘禁制度の例外性・極小化という道が開かれてゆくと同時に、拘禁に替わる代替処分や保釈条件についても、公判廷出頭確保目的を達成するために真に必要最小限度の権利制約を超える制約は許されないことが明確化する」としているが、拘禁代替措置が必要最小限度の制限として選択されるべきこと自体、身体不拘束の原則のコロラリーとして、無罪推定の原則から導出されると理解すべきであろう。

*102　水谷・注4論文94頁は、「保釈制度は、いったん身体拘束を行ったうえで、一定の条件を付して釈放する制度であり、非拘禁を原則とする制度ではない」とするが、拘禁代替措置が保釈の条件とされ、それらによって逃亡や罪証隠滅の現実的危険への対処が不可能な場合にのみ勾留が決定されるとするのであれば、身体の拘束が保釈の前提となるわけではない。当初から身体を拘束することなく、拘禁代替措置を条件とする保釈の決定が認められるべきことになるのである。

第2章

警察留置と「捜査と拘禁の分離」

1. 代用刑事施設問題の本質

(1) 代用刑事施設の現在

　刑訴法上、被疑者・被告人の勾留状には「勾留すべき刑事施設」の記載が要求されており（64条1項・207条1項。2006年5月24日、監獄法の改正法としての受刑者処遇法が施行されるまでは「監獄」）、勾留場所として予定されているのは「刑事施設」である。しかし、未決拘禁法15条は、勾留された被疑者・被告人を「刑事施設に収容することに代えて」、警察の「勾留施設に留置することができる」としている。これが現在の代用刑事施設であり、旧監獄法下において代用監獄といわれてきたものである（1条3項）。代用刑事施設は、未決拘禁をめぐる最大の問題とされてきた。[*1]

　実際、勾留された被疑者のほぼすべてが、代用刑事施設としての警察留置施設に留置されている。2004年の1日平均をみると、刑事施設の被疑者が96人であったのに対し、移監待機中の起訴後の被勾留者が19.3%を占めるとはいえ、警察留置施設の被留置者は14,867人であった。[*2]また、同じく、勾留された被疑者のうち刑事施設に収容された者が96人であったのに対し、警察留置施設に留置された被疑者は5,444人にのぼっている。[*3]

　代用刑事施設は、逮捕・勾留された被疑者に取調受忍義務を課すことと相俟って、細部にわたる実体的真実の発見を重視し、そのために濃密で徹底した捜査・取調を求める「精密司法」を支えてきた。警察庁によれば、「留置場を勾留場所とする制度は、捜査を適正かつ迅速に行い、事案の真相を明らかにする上で極めて大きな役割を果たしており、今や刑事司法の運用上必要欠くべからざるもの」であるとされる。とくに、「臨機適切な取調べを行うためには、……被疑者の勾留場所が捜査機関と近接した場所であること、取調べ等の施設が十分に整備されていること、の二つの条件が必要」であるが、拘置所はこのような条件を満たさないから、代用刑事施設は「効果的な被疑

者取調べの実施」にとって不可欠だというのである。検察の立場からも、「最長23日間という短期間に被疑者からの十分な弁解の聴取その他の捜査を円滑かつ効率的に実施しつつ、被疑者と家族・弁護人等との接見が便利に行われるには、多数の警察官が常駐し、各地域の中心部にきめ細かく設置されている警察署の留置場に被疑者を勾留することが最も現実的な方法」であるとされている。

1972年頃までは、警察勾留施設は勾留場所として例外であるとする裁判例もみられたものの（例外説）、現在までに、判例上、裁判官は諸事情を勘案したうえで勾留場所を指定することができるとする裁量説が完全に定着するに至っている。実務上、いずれの立場からも、勾留場所の決定においては、捜査上の必要ないし取調の便宜を考慮することが認められている。裁量説の立場からも、自白強要の危険を理由にして、被疑者が被疑事実の全部または重要部分を否認し、かつ物証が乏しい場合には、拘置所を勾留場所に指定するのが相当との指摘があるものの、「物証の乏しい否認事件でも、検察官の請求どおりに、ほとんど代用監獄を指定している」というのが令状実務の現状であるといわれる。

1997年6月に開始された司法制度改革審議会の審議においては、当初、代用刑事施設の廃止という方向が打ち出されるのではないかともみられた。審議の過程において厳しい批判と廃止要求が提起される一方、肯定論もなお強かった。結局、意見の一致がみられないままに、2001年6月の『司法制度改革審議会意見書』は、被疑者・被告人の身体拘束に関して「刑事手続全体の中で、制度面、運用面の双方において改革、改善のための検討を続けるべきである」とするにとどまった。

1982年以降、刑事施設法案とあわせ三次にわたり提出された留置施設法案は、警察留置場への被疑者拘禁を正式の法制度として恒久化することを意図していた。2002年に表面化した名古屋刑務所受刑者死亡・暴行事件を契機に設置された行刑改革会議は、2003年12月、その活動の集大成として『行刑改革会議提言』を発表したが、議論の対象が受刑者処遇の問題に限定されたことから、代用刑事施設の問題を含め、未決拘禁のあり方については言及がなかった。その後、2005年5月には受刑者処遇法が制定され、未決拘禁に関する法改正は持ち越された。

現在までに警察留置施設の新築・増設が進められてきたが、設備面においては改善が顕著であるという。また、近時、拘置所同様、警察留置施設につ

いても実質的な過剰収容状況が生じており、収容条件の悪化が危惧されている。現在、収容定員増加のために、警察署に付属しない大規模独立留置施設の建設が進められている。

(2) 捜査と拘禁の結合

　代用刑事施設は、「冤罪の温床」として厳しい批判を受けてきた。代用刑事施設の廃止こそ監獄法改正、さらには刑事司法改革全体の最重要課題とすべきとされたのもそれゆえである。

　代用刑事施設は、捜査機関が「被疑者の身柄を拘束・管理しその日常生活を支配することから生ずる心理的圧力を取調べに利用するシステム[*10]」であるといわれる。このことは、被疑者の身体拘束を取調のために活用することにほかならず、ここにおいて、捜査と拘禁の結合がある。このような形での捜査と拘禁の結合は、取調目的の未決拘禁が認められるかという問題とは一応区別される。たしかに、未決拘禁が取調目的で行われる場合、取調受忍義務を媒介としつつ、取調のための未決拘禁の利用が促進されることになるであろう。しかし、取調目的の拘禁を認めない場合でも、逃亡・罪証隠滅の防止を理由に拘禁したうえで、その拘禁期間を取調のために利用することができるとする立場もありうるからである。

　日弁連人権擁護委員会に設置された誤判原因調査研究委員会は、誤判原因を解明すべく、1960年代後期から1970年代後期に発生し無罪判決を得た14事件を緻密に分析した結果、代用刑事施設について次のように指摘した。「苛酷な長時間の取調べ、拷問に近い暴行、脅迫、誘導、あるいは自白した被告人に対する優遇などは、全て代用監獄という密室内の取調べだからこそ可能なのである。密室におかれ接見禁止により、家族、友人とも切り離され、取調べも看守も全て警察官という孤立した状況下で、前記のような暴行、脅迫、誘導が行われたとき、これに抵抗しうる被告人は少ない。／しかも、代用監獄は、虚偽の自白を作り出すだけでなく、一度した虚偽自白を維持させる強い機能も持つ。時としては、その力は公判の最初の段階までも及んでいる」。「日常生活から全く切り離され、平静に考えることもできない状況下では、過去の出来事や自己の行動の想起という点でも大きな障害があり、被告人の防御権は有名無実となっている」。このように指摘したうえで、同委員会は、「代用監獄は多くの面から、いわば総合的に冤罪の温床となっている」と結論づけた。[*11]

心理学者の浜田寿美男は、被疑者取調が自白への圧力をはらむ場であることを指摘し、そこにおける被疑者と取調官の相互作用のなかで虚偽自白が生み出されるプロセスを克明に分析した。あからさまな暴行、脅迫がなされなくとも、身体を拘束されて取調を受ける被疑者にとっては、自白「強要」的というべき圧力が作用することがあるという。「普通の」取調が、実は自白強要的圧力をはらんでいることに注意しなければならない。この自白強要的圧力を生み出す要因として重要なのが、社会生活・情報からの遮断と被疑者の生活の支配・統制である[*12]。社会生活・情報から被疑者を遮断し、その生活を支配・統制するシステムとして機能しているのが、まさに代用刑事施設である。代用刑事施設によって捜査と拘禁が結合するとき、被疑者の黙秘権は、取調のなかに生じた自白強要的圧力によって危機にさらされるのである。録音・録画など取調の可視化はそれ自体重要課題であるにせよ、特別な暴行、脅迫のない「普通の」取調が自白強要的圧力を内在していることからすれば、可視化によっては解消し尽くされない代用刑事施設固有の問題があるというべきであろう。
　注目すべきことは、警察の取調によりすでに自白させられた被疑者が、勾留質問（刑訴法61条、207条）のさい裁判官の面前で否認した場合でも、勾留が決定されると警察留置施設に連れ戻されたうえで取調を継続され、否認したことを警察官から責められた結果、その後は否認することの断念を余儀なくされた事例があるという点である。勾留質問のさいの裁判官との対面は、本来、被疑者が警察取調の重圧から解放される恰好の機会となりうる。しかし実際には、勾留決定後も再び警察のコントロール下で身体拘束が継続されることにより、この勾留質問のときでさえ、被疑者は警察取調の重圧から実質的に解放されることはないのである。

(3) 新未決拘禁法と代用刑事施設

　今回の未決拘禁法改正においても、やはり最大の焦点は代用刑事施設の存廃であった。代用刑事施設の存続に対する反対意見は強かった。日本弁護士連合会は、2005年9月に発表した『未決拘禁制度の抜本的改革を目指す日弁連の提言』において、「代用監獄（警察留置場）はえん罪と人権侵害の温床であり、捜査機関である警察署が被疑者の身体を管理する異常な事態は、絶対に是正されなければならない。『代用』を恒久化することは許されず、代用監獄は是非とも廃止されなければならない」と主張したうえで、未決拘禁

の抑制、拘置所の新増設、警察留置施設の法務省への移管など、廃止の「道筋・方法」とともに、懲罰の廃止、防声具の使用禁止、医療体制の整備、監視機関と不服審査機関の設置、被疑者の移管請求権など、廃止までの暫定的課題についても提言を行った。[*13]

　2005年12月に始まった未決拘禁者の処遇等に関する有識者会議(以下、有識者会議)においても、代用刑事施設の存置意見と廃止意見が厳しく対立し、結局、迅速で効果的な捜査・取調を可能とするために代用刑事施設制度を存続させるべきとの立場が多数を占めた。[*14]2006年2月に発表された有識者会議『未決拘禁者の処遇等に関する提言——治安と人権、その調和と均衡を目指して』(以下、『提言』)[*15]は、「代用刑事施設制度に関する認識・評価の対立を背景として、その将来的な存廃について意見の対立が見られたが、このような理念的な意見の対立の故に、未決拘禁者の処遇に関する法整備が進まず、『刑事施設及び受刑者の処遇等に関する法律』の施行により生ずる受刑者と未決拘禁者の処遇上の格差を放置することが相当でない」として、「今回の未決拘禁者の処遇等に関する法整備に当たっては、代用刑事施設制度を存続させることを前提としつつ、そこにおいて起こり得る様々な問題を回避し、国際的に要求される水準を実質的に充たした被疑者の処遇がより確実に行われるような具体的な仕組みを考えるべきであり、これによって、捜査の適正な遂行と被疑者の人権の保障との調和を図ることが、国民の負託に最もよく応えるものである」と結論づけた。

　『提言』は、このような「具体的な仕組み」として、警察留置施設においてプライバシー保護や衛生環境に配慮がなされてきたこと、弁護人との接見交通の時間帯など、その制限が実際上緩和されてきたこととあわせ、「昭和55年以降、警察の捜査部門と留置部門を組織上及び運用上明確に分離することにより、被疑者の処遇の適正を図る制度的な保障がなされるに至ったこと」を「積極的に評価すべき」とした。代用刑事施設をめぐる『提言』の構造からすると、このような「積極的に評価すべき」進展があったことが、廃止意見に対して存置意見が優位におかれた有力な根拠とされている。また、『提言』は、「代用刑事施設制度の更なる改善」のために、留置施設運営の透明化に寄与する視察委員会や不服申立制度の整備、医療体制の整備とともに、「捜査部門と留置部門との分離の趣旨をより明確にするために、未決拘禁者の捜査に当たる警察官は、その者に係る留置業務に従事してはならない旨を法律上明確に規定することも必要」だとした。

有識者会議『提言』を受け、新たな未決拘禁法案が作成され、2006年6月2日、前年の受刑者処遇法と一体化して、被収容者処遇法として可決・成立した。

(4) 本章の課題
　今回の法改正をめぐる議論において、代用刑事施設制度の存続を基礎づける有力な根拠として、さらにはその運用における弊害を解消・緩和するための重要な要請として位置づけられたのが、警察内部において捜査部門と留置部門とを組織上・運用上分離することという意味での「捜査と留置の分離」であった。これまで日本政府が国際的議論のなかで、「捜査と留置の分離」を代用監獄の存置を正当化する決定的根拠の一つとしてきたことからも、未決拘禁法における代用刑事施設の正当性をあらためて吟味し、未決拘禁のあるべき形を構想するためには、「捜査と留置の分離」、さらにはこれを包含するより広い概念であり、国際人権法上要請されている「捜査と拘禁の分離」について検討することが不可欠である。

　有識者会議『提言』は、今回の法改正においては代用刑事施設の存続を容認しつつも、「代用刑事施設制度は将来的には廃止すべきとする強い意見もあることや、刑事司法制度全体が大きな変革の時代を迎えていることなどを考えると、今後、刑事司法制度の在り方を検討する際には、取調べを含む捜査の在り方に加え、代用刑事施設制度の在り方についても、刑事手続全体との関連の中で、検討を怠ってはならない」として、刑事手続のあり方をめぐるより広汎な議論のなかで、代用刑事施設制度の存廃が再検討されなければならないとした。このことからも、「捜査と留置の分離」、あるいは「捜査と拘禁の分離」について、厳密な理論的検討を加えることの必要性・重要性は依然として高い。

　以下、本章が明らかにするように、自由権規約9条3項[*16]は、未決拘禁の司法的コントロールとして、未決拘禁に関する逮捕後速やかな直接司法審査とともに、警察のコントロール下にある被疑者・被告人の身体拘束、この意味における警察留置の極小化を要請している。この第2の要請に由来して「捜査と拘禁の分離」が求められ、それはさらに、警察留置の極小化、警察留置における捜査と留置の機能分化という二重の要請から構成されている。「捜査と留置の分離」とは、この第2の要請に相当するものである。「捜査と拘禁の分離」は、被疑者・被告人の身体拘束が捜査・取調に不当に利用される

のを防止するとともに、捜査・取調からの不当な干渉を排して、被留置者の適正な処遇を確保し、その権利を保護することを目的としている。

　未決拘禁法における代用刑事施設制度は、起訴前に限っても、最長23日間の警察留置を認める点において、警察留置の極小化という要請に反しているのではなかろうか。また、「捜査と留置の分離」に関する十分な手続保障とそれを確保するための留置担当官の権限が法律上明確に規定されていない点において、未決拘禁法は、警察留置における捜査と留置の機能分化という要請にも応えていないのではなかろうか。かくして、代用刑事施設制度は、国際人権法上の「捜査と拘禁の分離」の要請を満たしておらず、自由権規約9条3項に違反するのではなかろうか。さらに、未決拘禁に対する速やかな直接司法審査と警察留置の極小化という要請からすれば、勾留請求までの72時間を警察の「手持ち時間」として捜査・取調にフル活用するという逮捕留置の現行実務は許されないのではなかろうか。

　本章は、国際人権法上の「捜査と拘禁の分離」という基盤に立ちつつ以上の検討を行った後、未決拘禁に関する手続保障を定める憲法34条からも、「捜査と拘禁の分離」が要請されるべきことを提起する。

2. 未決拘禁の司法的コントロール

(1) 自由権規約9条3項違反をめぐる対立

　自由権規約は最も重要な国際人権条約であり、日本もすでに批准している（昭和54年8月4日条約第7号）。自由権規約9条3項は、「刑事上の罪に問われて逮捕され又は抑留された者は、裁判官又は司法権を行使することが法律によって認められている他の官憲の面前にすみやかに連れて行かれるものとし……」と定めている。代用刑事施設はこの規定に違反するのではないか。[*17] これが、1980年代末以降、代用刑事施設をめぐる最大の論点となった。

　日弁連、内外の人権NGOなどが自由権規約違反を主張したのに対して、日本政府はこれを否定し続けてきた。この対立のメイン・ステージは、自由権規約の実施のために規約28条により設置された規約人権委員会による日本政府報告書（規約40条）の審査である。第2回政府報告書の審査以来、代用刑事施設の問題は最大の焦点となってきたが、もちろんそれは、国内での廃止要求の高まりを反映してのことであった。

　1987年12月の第2回日本政府報告書は、関係法令や統計の引用などにより法制度を簡単に説明するものでしかなく、代用刑事施設についての記述はま

ったくなかった。しかし、オルタナティブ・リポートの提出などにより、弁護士有志と国内のNGOが規約違反を積極的に訴えた結果、規約人権委員会は代用刑事施設問題をはじめてとりあげた。審議においては、何人かの委員が、警察留置施設への被疑者の勾留それ自体が人権侵害の危険をともなうと指摘し、自由権規約9条3項違反の懸念を提起した。規約人権委員会は、審査を経て作成した報告書において、自由権規約に適合するために明らかに改善を要する点として、「裁判を待つ被拘禁者の拘禁に警察留置場を用いる点」をあげた。[*18]

　第3回日本政府報告書は、代用刑事施設への勾留は裁判官によって決定されること、プライバシー保護などの点において留置施設の構造・設備は適切であること、被留置者の処遇には捜査官とは身分的に別の警察職員が当たっており、捜査・取調が被留置者の処遇に影響することはないことなどをあげたうえで、警察留置施設における被疑者の取扱いは「被留置者の人権を十分に保障したものであり、国連の被拘禁者処遇最低基準規則の趣旨を満たしている」と結論づけた。

　しかし、国際人権NGOが代用刑事施設の自由権規約違反を指摘する調査報告を相次いで発表し、日弁連が詳細なオルタナティブ・リポートを提出したこともあって、[*19]審議においては、多くの委員から、代用刑事施設が自白への圧力のためにのみ存在していること、代用刑事施設の制度自体が非人間的な品位を傷つける取扱いにあたりうること、財政的理由は正当化にとって十分ではないことなどが厳しく指摘され、規約違反との意見が表明された。代用刑事施設に批判的意見を明らかにした委員は、18人中12人に及んだ。

　規約人権委員会は、審査を経て発表した1993年の最終見解において、「主要な懸念事項」として、起訴前の拘禁が迅速かつ実効的に裁判官のコントロール下に置かれることなく、警察のコントロールに服している点、代用刑事施設が警察とは別個の官庁のコントロール下にない点において、自由権規約9条3項の保障が完全には守られていないことに懸念を有していると述べた。そして、この規定の完全な適用を確保するために、代用刑事施設が自由権規約のすべての要請に適合するよう実施されなければならないことを勧告した。[*20]しかし、日本政府は、この勧告は代用刑事施設の制度自体を容認したうえでの「運用」改善の勧告であるとの理解に立って、代用刑事施設の廃止に向けた措置を講じることはなかった。

　規約人権委員会の審査と並行する形で、1989年の国際人権連盟、[*21]1991年の

アムネスティ・インターナショナル、1995年の国際法曹協会[*22]、同年のヒューマン・ライツ・ウォッチ[*23]が、代用刑事施設に関する調査報告を相次いで発表し、自由権規約その他の国際人権法違反を指摘した。いずれも、国連NGOの資格を有する団体であった。たとえば、世界最大規模の国際人権NGOであり、赤十字国際委員会と並んで国連NGOの代表的存在でもあるアムネスティ・インターナショナルの調査報告は、「取調当局と拘禁当局の分離」として、勾留が裁判官により決定されていること、1980年以来警察内部で捜査と留置業務は別部門が担当していることなどに言及したうえで、取調当局と拘禁当局の正式な分離が、拷問、虐待などの人権侵害的取扱いから被拘禁者をより実効的に保護することにつながると指摘し、「当局が、この点に関して現行の実務を検討し、取調担当官と囚人の拘禁と福祉を担当する当局者を正式に分離する保障措置を導入し、そのような責任体制の導入が被拘禁者に確実に認識されるよう要請する[*24]」と結論づけた。

これらの報告書が規約人権委員会の審査に大きな影響を与えたことに疑いはない。一般に、オルタナティブ・リポート、調査報告などを通じて、規約人権委員会の政府報告書審査に対してNGOの与える影響は大きく、規約人権委員会の審査は、このようなNGOの活動を前提として、それを組み込んだ形で成り立っているからである。

(2) 規約人権委員会による第4回日本政府報告書の審査

1997年6月に提出された第4回日本政府報告書[*25]は、勾留場所を含めて勾留が裁判官により決定されることなど、被疑者勾留に関する法制度を説明した後、まず、「警察留置場における生活」について、留置施設の構造・設備はプライバシー保護に配慮し、処遇条件も良好であること、健康保持は十分配慮されていること、面会・信書発受は法令に基づき適切に行われていることなどをあげたうえで、「日本の留置場において行われている被留置者の処遇は、留置者の人権を十分に保障したものであり、国連の被拘禁者処遇最低基準規則の趣旨を満たしている」と結んだ。つづいて「捜査と留置の分離」について、政府報告書は、「被留置者の人権を保障するために、警察においては、被留置者の処遇を担当する部門と犯罪の捜査を担当する部門は厳格に分離されている。被留置者の処遇は、留置部門の職員の責任と判断によってのみ行われ、捜査官が警察留置場内に収容されている被疑者の処遇をコントロールしたり、これに影響力を行使することは不可能である」とした。かくし

て、政府報告書は、代用刑事施設「制度は極めて適切に運用されており、被留置者の人権は十全に保障されている」と結論づけた。

　今回も、政府報告書に対して、いくつかのオルタナティブ・リポートが提出された。日弁連リポートは政府報告書を厳しく批判し、代用刑事施設が自由権規約違反であることを主張した。日弁連リポートは、警察留置施設における近時の被疑者取扱い条件の向上は代用刑事施設存続のために作り出された不当な処遇格差であり、そもそも警察留置施設と拘置所のあいだで処遇格差を設けるべきではないこと、裁判官の令状審査は実効的に機能していないことを指摘した。そして、「警察による拘禁期間の短縮は刑事被拘禁者の人権保障のために最も重要な措置の一つである。代用監獄制度とそのもとにおける警察による自白強要のための取調は、規約人権委員会が指摘してきたように、明らかに自由権規約7条、9条、10条、14条3項(b)及び(d)に違反する」と結論づけ、代用刑事施設を直ちに廃止すべきと主張した。

　日本政府は、第3回政府報告書の審査において代用刑事施設の廃止が勧告されたわけではないとの理解に立っていた。しかし、規約人権委員会が審査に先立ち発表していた「最終質問事項」のなかには、「政府は、代用刑事施設の廃止に関する委員会の最終見解に従うために、どのような手段をとったのか」という質問が含まれていた。日本政府の理解にはやはり疑問がある。

　審議においては、何人かの委員が、前回勧告は代用刑事施設の廃止を含意していたことを示唆し、また、警察内部での業務分担は捜査と拘禁の分離にとって不十分であることなど、厳しい批判的意見を表明した。審査の結果、1998年に発表された最終見解は、規約人権「委員会は、自由権規約9条、10条および14条で定められている権利が起訴前の勾留においては次のような点で十分に保障されていないことに深い懸念を有する。起訴前勾留は警察のコントロール下で最大23日間可能であり、被疑者は速やかでかつ実効的な司法的コントロールのもとに置かれ」ていないと指摘したうえで、日本の起訴前勾留制度の速やかな改革を「強く勧告」した（22項）。さらに、「委員会は、取調をしない警察の部署のもとにあるとはいえ、『代用刑事施設』が別の機関のコントロール下にないことに懸念を有する。このことは、自由権規約9条および14条に定められている被拘禁者の権利が侵害される可能性を大きくしかねない。委員会は、『代用刑事施設』制度を自由権規約の要求をすべて満たすものにすべきであるとした第3回定期報告書の審査後の勧告を再度表明する」とした（23項）。

このように、規約人権委員会は、警察内部の留置管理制度は捜査と拘禁の分離にとって不十分なものでしかなく、代用刑事施設が被拘禁者の権利侵害の危険を内在する制度であると指摘し、代用刑事施設「制度」自体を自由権規約に完全に適合させるよう厳しく要求した。今回の勧告が代用刑事施設の「制度」（the substitute prison system）という言葉を用いたのは、第3回報告書審査の勧告が「代用刑事施設制度の運営（the operation of the substitute prison system [Daiyo Kangoku]）」と表現したことにより、代用刑事施設という制度自体の廃止が勧告されたわけではないとの日本政府の理解を、それは文脈全体からは無理のある理解ではあるものの、招いたためであろう。廃止勧告であることをより分かりやすい形で表明するよう意図したのである。

(3) 欧州人権条約5条3項の手続保障

　自由権規約9条3項は、被疑者を逮捕後速やかに裁判官の面前に連れて行かなければならないと定めている。このことによって逮捕後速やかに被疑者・被告人の身体拘束に司法的コントロールを及ぼすことを要請するものであり、これは、刑事拘禁に関する最も重要な手続保障の一つと目されている。[*27]自由権規約9条3項の定める未決拘禁の司法的コントロールは、どのような具体的要請を含んでいるのか。このことを明らかにするために、自由権規約9条3項と同じ文言により規定された欧州人権条約5条3項の手続保障をめぐる法的展開を概観する。

　スイスのシーザー事件においては、被疑者を裁判官ではなく地区検事の面前に連れて行ったことが問題とされた。1979年の欧州人権裁判所判決は、欧州人権条約5条3項は裁判官が「自己の面前に連れてこられた者を自ら直接聴聞する義務を負う」こととともに、「拘禁の適法性に有利・不利に作用する諸事情を審査し、法的基準に従って拘禁を正当化する理由が存在するか否かを判断し、それが存在しない場合には釈放を命じる義務を負う」ことを定めていると述べた。[*28]

　また、英国のブローガン事件においては、逮捕後、正式告発された被告人を裁判官の面前に連れて行くまでの制限時間が問題になったが、1984年の欧州人権裁判所判決は、欧州人権条約5条3項の目的は「人身の自由に対する国の恣意的干渉から個人を保護することにある」とし、「個人の自由権への行政機関の干渉に対して司法的コントロールを及ぼすこと」がこの規定の定める手続保障の眼目であるが、それは「恣意的な行政権限行使の危険を極小

化することを意図している」ものであって、「司法的コントロールは、民主主義社会の基本原理の一つであり、欧州人権条約全体が拠って立っている法の支配が含意するものである」と述べた。[*29]

　それでは、欧州人権条約5条3項が定める未決拘禁の司法的コントロールは、どのような目的を有するのか。第1の目的は、速やかな直接司法審査である。刑事拘禁による自由剥奪は人権の重大な制約であるから、警察その他の行政機関の判断による身体拘束は一時的・過渡的な仮のものとしてしか認められず、裁判官が逮捕後速やかに被疑者・被告人と対面して直接審問したうえで、身体拘束の適法性を判断しなければならないとされるのである。[*30]

　第2に、欧州人権条約5条3項は、逮捕後速やかに被疑者・被告人を裁判官の面前に連れて行くことによって、警察留置を極小化するという目的を有している。[*31]捜査・取調を担当する警察の手許に被疑者・被告人の身体を置き続けると、往々にして、その捜査・取調に身体拘束が不当に利用されることになる。また、被留置者の処遇が捜査・取調からの不当な干渉によって歪められることにもなる。被逮捕者を裁判官の面前に速やかに連れて行くのは、このような危険が現実化しないように、被疑者・被告人の身体を警察の手許から速やかに引き離し、警察留置を極小化するためなのである。[*32]

(4) 自由権規約9条3項における未決拘禁の司法的コントロール

　自由権規約9条3項の手続保障の意義についても、同様に理解すべきである。ナイジェル・ロドリーが指摘するように、自由権規約9条3項と欧州人権条約5条3項という同じ文言を用いた規定について、ことさらに異なる解釈を行うことはむしろ不合理であろう。[*33]日本の裁判例においても、すでに徳島刑務所事件の高松高裁判決が、[*34]条約解釈に関するウィーン条約を参照しつつ、「直ちにB規約（自由権規約の意味・引用者）14条1項においても全く同一の解釈が妥当するとは断定できないとしても、B規約14条1項の解釈に際して（同じ文言により規定された欧州人権条約6条1項の解釈が・引用者）一定の比重を有することは認められよう」とし、欧州人権裁判所の判例は「受刑者の裁判を受ける権利についてその内実を明らかにしている点において解釈の指針として考慮しうる」としたうえで、自由権規約14条1項は受刑者が民事訴訟に関して弁護士と接見する権利を保障しており、接見時間の制限や職員立会の許否については、そのような自由権規約の趣旨に従って判断されるべきと判示している。自由権規約の解釈において、欧州人権条約に関

する判例の展開を積極的に活用するという姿勢がとられたのである。[*35]

　欧州人権条約5条3項による手続保障の目的を参照したとき、自由権規約9条3項の定める未決拘禁の司法的コントロールは、第1に、身体拘束が適法か、その要件が備わっているか、裁判官が速やかに直接審査を行うためのものである。警察の一方的判断による身体拘束の継続を認めず、違法な拘束を速やかに排除しようとしているのである。第2の目的は、被逮捕者を裁判官の面前に速やかに連れて行くことによって、警察のコントロール下にある被疑者・被告人の身体拘束、この意味における警察留置を極小化することである。[*36] かくして、未決拘禁の司法的コントロールは、速やかな直接司法審査、警察留置の極小化という二重の要請を含むことになる。

3.「捜査と拘禁の分離」からの二重の要請

(1) 警察留置の極小化

　未決拘禁の司法的コントロールが、警察留置の極小化という要請を含むことから、そのコロラリーとして、「捜査と拘禁の分離」が、同じく自由権規約9条3項によって要請されることになる。

　「捜査と拘禁の分離」としては、第1に、警察留置の極小化が要請されることになる。この要請からすれば、被疑者を逮捕後速やかに裁判官の面前に連れて行ったとしても、再度警察の手許に連れ戻して身体拘束を続けることは、許されないことになる。裁判官の面前にいったん連れて行った後も警察留置がなお継続することになれば、警察留置の極小化という要請に明らかに反するからである。

(2) 警察留置における捜査と留置の機能分化

　もともと警察留置の極小化が要請されたのは、警察のコントロール下において被疑者・被告人の身体拘束が継続すると、被疑者・被告人の捜査・取調に身体拘束が不当に利用され、また、被留置者の処遇が捜査・取調からの不当な干渉によって歪められる危険があるからである。警察留置に内在するこのような危険が現実化しないように、警察留置の極小化が要請されたのである。このとき、被疑者・被告人の捜査・取調と被留置者の処遇とが相互に歪めあう危険を排除するという目的からすれば、警察留置を極小化したうえでさらに、捜査と留置の機能を分化することが要請されることになる。かくして、警察留置における捜査と留置の機能分化が、「捜査と拘禁の分離」の第

自由権規約9条3項の要請

未決拘禁の司法的コントロール	1	速やかな直接司法審査	
	2	警察留置の極小化	1 「捜査と拘禁の分離」
		警察留置における捜査と留置の機能分化（「捜査と留置の分離」）	2

2の要請となる。これまでいわれてきた「捜査と留置の分離」は、この第2の要請に相当する。

　国連人権センターと犯罪防止刑事司法部門が共同作成したハンドブック『人権と未決拘禁』は、実務ガイドラインとして、「被拘禁者の処遇に関する国際基準を満たすためには、官憲は、犯罪捜査および被疑者の逮捕に責任を有する当局によって管理運営されている場所に被疑者を拘禁してはならない。可能な場合には、被逮捕者の拘禁に責任を有する当局は、別個の指揮命令系統下で監督される施設のなかに位置していなければならない。警察留置施設に被疑者を拘禁しないためには、それに代わる措置をとることが不可能な場合でも、その拘禁はきわめて短時間のうちに終了しなければならず、被拘禁者の監督に責任を有する官憲は、逮捕を行う官憲および犯罪捜査を実施する官憲から独立していなければならない」と述べている[*37]。ここにおいて、警察留置の極小化、警察留置における捜査と留置の機能分化という「捜査と拘禁の分離」の二重の要請が、明確に示されている。

　「捜査と拘禁の分離」について注意すべきは、捜査と留置の機能分化という第2の要請は、あくまでも警察留置の極小化という第1の要請を前提としているということである。警察留置に内在する危険を排除するためには、これら二つの要請がともに満たされなければならないのである。第2の要請が満たされてさえいれば、第1の要請が満たされなくてもよいというわけではない。

4.「捜査と拘禁の分離」と代用監獄

(1) 警察留置の極小化と代用監獄

　日本の代用刑事施設制度は、「捜査と拘禁の分離」の二重の要請を満たしているといえるのか。ここにおいては、新未決拘禁法前の「代用監獄」制度について、この点を確認しておくことにする。

まず問題となるのは、代用刑事施設制度が、警察留置の極小化という第１の要請に反するのではないかである。代用刑事施設制度が国際人権法上の「捜査と拘禁の分離」の要請に応えていないとの批判に対して、日本政府は、警察内部での組織上の分離によって「捜査と留置の分離」が達成されていると主張してきたが、たとえそのとおりであったとしても、「捜査と拘禁の分離」の要請に応えたというためには、それだけでなく、警察留置の極小化という要請をも満たさなければならないのである。

　上述のように、日本政府は、裁判官の直接審査（勾留質問）を経て、勾留場所を含む勾留決定が行われているので、勾留決定後、警察留置施設において勾留を継続しても、自由権規約９条３項に違反することはないとの立場をとってきた。しかし、被疑者・被告人を勾留する場所として警察留置施設を用いることは、被疑者を裁判官の面前にいったん連れて行った後も警察留置を継続させることにほかならず、警察留置の極小化という要請に明らかに反している。起訴前に限っても最長23日間の警察留置を認めることが、警察留置の極小化という要請に適うとは到底いえないのである。第４回日本政府報告書を審査した結果、1998年に規約人権委員会が発表した最終見解が、「委員会は、人権B規約９条、10条および14条で定められている権利が起訴前の勾留においては次のような点で十分に保障されていないことに深い懸念を有する。起訴前勾留は警察のコントロール下で最大23日間可能であり、被疑者は速やかでかつ実効的な司法的コントロールのもとに置かれ」ていないと指摘したうえで（22項）、代用刑事施設の廃止を勧告したのはそれゆえである。[*38]　[*39]

　ところで、有識者会議『提言』は、「刑事司法手続は各国独自の歴史と国民性を背景としてきているものであり、これを度外視した『国際的基準』なるものを尺度として、個別の制度の存廃を議論すべきではない」という意見が多数を占めたとしている。しかし、自由権規約は、国際社会において普遍的に遵守されるべきミニマム・スタンダードとして、実体的・手続的な権利そのものを規定しているだけでなく、それらの権利を確保するために遵守すべき手続保障をも定めている。被逮捕者を逮捕後速やかに裁判官の面前に連れて行くことによって、速やかな直接司法審査とともに、「捜査と拘禁の分離」を要請する自由権規約９条３項は、そのような手続保障を定めた規定である。日本が締約国として、自由権規約の保障する権利を「尊重」し「確保」する（規約２条１項）ためには、このように定められた手続保障を遵守しなければならず、そのさい当然に、手続保障の要請に応えているかという観点

から、「個別の制度の存廃」も検討しなければならないことになる。かくして、警察留置の極小化という国際人権法の要請する手続保障に反するものである以上、代用刑事施設制度は廃止されなければならないのである。

(2)「捜査と留置の分離」と代用監獄

　代用刑事施設制度が、警察留置の極小化という要請に反していることを確認したうえで、以下、「捜査と拘禁の分離」の第2の要請、すなわち警察留置における捜査と留置の機能分化について検討する。

　「捜査と留置の分離」という要請に応えるべく、警察内部において行われているのが、捜査部門と留置管理部門の組織上の分離である。この組織上の分離は、1980年の警察庁組織令（政令）の改正によって行われた。被疑者留置規則においては、その4条2項が、「警察署の総務主管又は警務主管の課又は係の長（都道府県警察本部に設置される留置場に関しては主務課の課長補佐、派出所に設置される留置場に関しては派出所の長）」が「留置主任官」として、被疑者・被告人の「留置及び留置場の管理について、その責めに任ずる」ことを定めている。また、警視庁組織令8条は、「総務課においては、次の事務をつかさどる」として、その13号において、「留置場に関する管理及び関係機関との連絡についての調整に関すること」をあげている。この組織上の分離の趣旨について、被疑者留置規則の解説書は次のように説明している。すなわち、「従来も、留置業務は捜査係とは独立した看守係が担当してきており、代用監獄事務が捜査の便宜のために不当に利用されるなどということはなかったのであるが、看守係が捜査係と同じ刑事部門に属していたことから一部に誤解が生じていたように見受けられた。そこで、昭和55年4月をもって留置業務を刑事部門から捜査を担当しない一般行政管理部門へ移管し、そうした誤解が生じることのないようにした。／すなわち、警察署にあっては刑事課から総・警務課へ、都道府県警察本部にあっては総・警務部へ、警察庁にあっては刑事局捜査第一課から長官官房総務課へそれぞれ移管になったのである」[*40]と。

　また、1997年6月に規約人権委員会に対して提出された第4回日本政府報告書[*41]は、「捜査と留置の分離」として、警察内部の留置管理制度をあげつつ、留置開始時の告知、留置場出入場のチェック、日課時限の確保、食事の提供、接見や差入の扱い、身体検査や所持品検査、所持品保管、検事調べ、医療等のための護送について説明した後、「被留置者の人権を保障するために、警

察においては、被留置者の処遇を担当する部門と犯罪の捜査を担当する部門は厳格に分離されている。被留置者の処遇は、留置部門の職員の責任と判断によってのみ行われ、捜査官が警察留置場内に収容されている被疑者の処遇をコントロールしたり、これに影響力を行使することは不可能である」と述べている。

　警察関係者の説明によれば、「被留置者の起床、運動、食事、就寝など」の「日課時限」が定められているが、「捜査の便宜に左右されない、公平な処遇を行う」ために、日課時限の遵守が必要だとされており、「取調べなどの捜査もこの日課時限を考慮に入れて実施する」ことになるとされている。日課時限は「被留置者の規則正しい生活を維持するために必要な日常の一般的、基本的なプログラムであり、被留置者の人権に配慮した適正処遇を実施するうえでは欠かすことのできない要素である」から、「取調べ等の捜査を行う必要から、必ずしも日課時限を厳守することができない場合があることは事実であるが、そうした場合においても、前記の日課時限が定められた趣旨を没却するような運用がなされないよう、捜査部門に対してその趣旨および内容の周知を図る必要がある」とされている。[*42]

　これらと同旨の説明が、有識者会議においても、法務省および警察庁から行われた。[*43] 有識者会議『提言』は、上述のように、今回の未決拘禁法改正にあたって代用刑事施設を存続させることとし、「昭和55年以降、警察の捜査部門と留置部門を組織上及び運用上明確に分離することにより、被疑者の処遇の適正を図る制度的な保障がなされるに至ったこと……は、積極的に評価すべきである」とした。

　以上から明らかなように、警察内部の組織上の分離は、警察留置における捜査と留置の機能分化という「捜査と拘禁の分離」の第2の要請に応えようとしたものであることはたしかである。しかし、警察内部の組織上の分離のもと、両機能の分化が実質化しているかについては、疑問が強かった。これまで、捜査と留置の機能分化は、法律上の要請とはされてこなかった。両機能の分化において不確実さと曖昧さが残るのは、それゆえである。規約人権委員会も、上述のように、第4回日本政府報告書を審査した結果、「取調をしない警察の部署の管理下にあるとはいえ、『代用刑事施設』が別の機関の管理下にないことに懸念を有する。このことは、自由権規約9条および14条に定められている被拘禁者の権利が侵害される可能性を大きくしかねない」（23項）との最終見解を発表していた。捜査と留置の不当な結合を示す実例

も、なお報告されている。[*44] 代用刑事施設制度は、警察留置の極小化のみならず、警察留置における捜査と留置の機能分化という点においても、国際人権法の要請する「捜査と拘禁の分離」に応えてこなかったといわざるをえない。

(3) 取調受忍義務と「捜査と拘禁の分離」

　逮捕・勾留中の被疑者について取調室への出頭・滞在義務を肯定する見解が実務を支配している。この取調受忍義務肯定論の下では、実際上、留置業務は捜査・取調に従属せざるをえないことになる。被疑者が取調室に出頭する義務を負うとされる以上、捜査官が被疑者を取り調べるために取調室への出頭を要求したとき、留置業務について管理運営責任を有する警察署長の指揮命令系統のもと、留置担当官は留置業務を遂行するにあたって、被疑者に対して取調室に出頭するよう指示をするなど、出頭の確保に協力しなければならないということになるであろう。被疑者がこの指示に従わないときは懲罰を受ける可能性も否定できないから、留置担当官の指示は、被疑者に取調を受けることを間接的に強制する効果をもつことになる。[*45] また、出頭確保のために一定の有形力行使までもが認められる[*46]との理解に立つならば、留置担当官は一定の有形力を用いて被疑者を取調室に出頭させることもできるということになる。ここにおいて、捜査と留置の機能分化はありえない。[*47]

　取調受忍義務の本質が被疑者の身体拘束と取調の強制とを結合させることにある以上、取調受忍義務を肯定することは、「捜査と拘禁の分離」との根本的矛盾をはらんでいる。刑訴法の定める未決拘禁の目的からも、被疑者の黙秘権保障の趣旨に照らしても、取調受忍義務は否定されるべきであり、そのうえで、被疑者が本人の意思に反して取調のために留置場から連れ出されることはないこと、被疑者が取調室への出頭を拒否する場合、留置担当官は捜査官の出頭要求を拒否することができることが、法律上明記されなければならない。[*48]

　かりに取調受忍義務の肯定という前提に立ったとしても、本来、留置担当官は、被拘禁者の健康保持、留置業務の円滑な執行など適正な処遇の確保という観点から、日課時限に抵触するなどの場合、捜査官に対して捜査・取調の打切を求めることが認められ、捜査官はこれに従わなければならないと理解すべきであろう。[*49] 取調受忍義務が肯定されるとき、このような留置担当官の権限・義務が法律上明確に規定されない限り、捜査と留置の機能分化はありえないのである。

5. 未決拘禁の司法的コントロールと逮捕留置

(1) 逮捕留置をめぐる実務と学説

　旧監獄法下において、被勾留者については、刑事施設こそが本来的な勾留場所であり、警察留置施設が監獄法1条3項に基づく「代用」刑事施設であることに争いはなかった。他方、被逮捕者については争いがあった。

　第1の見解によれば、被疑者は、逮捕状の「引致すべき官公署」（刑訴法200条1項）へと引致された後、留置の必要がある場合にはそのまま、「引致すべき官公署」としての警察署に付属する留置施設に留置される。逮捕後の留置は逮捕に当然にともなう処分であって、逮捕後の引致場所がすなわち留置場所となるから、被逮捕者の本来的な留置場所は警察留置施設ということになる。実務はこのような理解に立ちつつ、刑訴法205条2項が勾留請求までの制限時間として定めている72時間の範囲において、逮捕後の留置時間を捜査・取調のためにフル活用することが許されるとしてきた。かつて拘禁二法案において、警察留置施設における本来的逮捕留置という理解は、留置施設法案の独自の必要性を訴えるうえで援用されてきた。

　これに対して、第2の見解によれば、裁判官による勾留質問前に逮捕留置という形で72時間（刑訴法205条2項）もの長い身体拘束が認められると理解すべきではなく、本来は、「留置の必要」が認められる場合、速やかな検察官送致（刑訴法203条1項）を経て勾留請求（刑訴法205条1項）が行われるべきであるから、送致に要する一時的・過渡的な拘束が認められるに過ぎず、通常は留置施設への収容は不必要であるとされる[*50]。

　この見解によれば、第1に、勾引状の執行を受けた被告人を引致した場合における刑事施設への留置について定める刑訴法75条が、刑訴法209条により逮捕状による逮捕の場合にも準用されていることから、逮捕の場合にも、本来的な留置場所は刑事施設と理解すべきことになる。第2に、逮捕状による逮捕後の手続について定める刑訴法203条1項および205条1項によれば、「留置の必要」とは「勾留」の必要のことをいうのであって、刑訴法は被疑者の身体拘束としては勾留以外に逮捕後の留置を認めておらず、第3に、逮捕状による逮捕後の手続について、刑訴法203条1項が司法警察員による検察官への送致の制限時間を身体拘束から48時間以内とし、刑訴法205条1項が検察官による勾留請求の制限時間を24時間以内としているのは、捜査機関の「手持ち時間」として捜査・取調にフル活用しても構わないことを定めて

いるのではなく、当時の交通事情の悪さに配慮して、許容される時間の上限を定めたものと理解されるべきことになる。すなわち、身体拘束に対する適正手続の保障という観点からは、身体拘束に関する事前の聴聞としての勾留質問の前に、逮捕留置という形で72時間もの身体拘束が認められると解することはできず、本来は速やかな検察官送致を経て勾留請求が行われるべきであるから、逮捕にともない認められるのは、送致に要する一時的「抑留」（憲法34条）に過ぎず、通常は留置施設への収容は不必要である。例外的に警察留置施設など引致場所に付属する施設への仮の収容が必要となる場合があるにしても、本来は逮捕後速やかに検察官に送致されるべきであったのだから、この場合の警察留置施設への留置は本来的留置場所への留置ではなく、刑訴法209条による代用刑事施設への留置ということになる。

　これらに対して、逮捕後引致場所における一定時間の身体拘束が、「留置」として本来的に認められるとする第3の見解が提起されている。とはいえ、第3の見解も、逮捕は勾留のための「仮の拘束」にすぎず、「留置の必要」がある場合には速やかに勾留請求を行うべきとする点において第2の見解と共通の基盤にたち、それゆえ、引致場所における「留置」はあくまでも勾留請求までの一時的・過渡的な拘束でしかなく、勾留のような本格的拘束を予定するものではないとする。[*51]

　新未決拘禁法は、被逮捕者を警察留置施設に留置するとする一方（14条2項1号）、刑事施設に本来収容されるべき被逮捕者（3条2項）を警察留置施設に代替して留置することを認めており、警察留置施設における逮捕留置が本来的留置なのか、それとも代用刑事施設への代替的留置なのかという問題に明確な決着をつけなかった。とはいえ、逮捕留置をめぐってまず問題とされるべきは、警察は被疑者を逮捕後警察留置施設に留置したうえで、勾留請求までの72時間を「手持ち時間」として捜査・取調のためにフル活用することが許されるのか、それとも逮捕後勾留請求までの拘束は一時的・過渡的なものにすぎず、身体拘束の継続が必要な場合、速やかに勾留請求が行われるべきなのかということである。

(2) 速やかな勾留請求の要請

　自由権規約9条3項は、被疑者を逮捕後裁判官の面前に連れて行くのは「速やかに（promptly）」でなければならないと定めている。締約国の多くは国内法上、「不必要な遅滞なく」連れて行くことを要求したうえで、さら

に重ねて、24時間から48時間の時間制限を定めているとされる。規約人権委員会は、一般的意見8/16（1982年採択）のなかで、「速やかに」の意味について、「より厳密な時間制限は大部分の締約国の法律により定められており、委員会の意見によれば、2〜3日（a few days）を超えてはならない」と述べている。規約人権委員会は、自由権規約第一選択議定書に基づく申立に対する見解において、裁判官の面前に連れて行くことなく5日を経過した事件において自由権規約9条3項違反があると認める一方、50時間の経過の場合には違反を認めていない。

　欧州人権条約5条3項の「速やかに」についても、欧州人権裁判所や欧州人権委員会はこの時間制限を具体的に明らかにはしていない。テロリスト犯罪の被疑者の身体拘束が問題とされた英国のブローガン事件において、1989年の欧州人権裁判所判決は、4日と6時間の経過を正当化することは「速やかに」という文言の過度の拡大解釈であって、手続保障を不当に弱め、この規定が保護する権利の本質を没却することになるとした。この事件においては、テロリスト犯罪の被疑者の身体拘束であることが特殊事情として考慮されたのであるから、当然、通常犯罪の場合には4日よりずっと短い制限時間が要求されることになるであろうと指摘されている。

　欧州人権裁判所の判例は、「速やかに」かどうかを判断するにあたって、たしかに、裁判官の面前に連れて行くまでのあいだに捜査機関が被疑者の取調を行ったこと自体をとくに問題にしているわけではない。同じ文言を用いた自由権規約9条3項においても、裁判官の面前に連れて行くまでのあいだ警察が被疑者を取り調べていたという一事をもって、「速やかに」という要請に反しているとすることは困難であろう。

　しかしながら、トレッツェルが欧州人権条約5条3項の要請について、「基本的ルールとして、被逮捕者はいかなる不必要な遅滞もなく裁判官の面前に連れて行かなければならない。捜査機関が司法機関に対してその判断のためのより確固たる根拠を提供するという目的から、いくらかの捜査・取調を行うことは許容されるであろう。しかし原則として、被逮捕者は、逮捕後遅くとも24時間以内には、裁判官の面前に連れて行かなければならない」と指摘していることからも明らかなように、逮捕から勾留請求までの72時間を警察の「手持ち時間」と捉えたうえで、捜査・取調のためにフル活用するという日本の実務は、未決拘禁に対する速やかな直接司法審査を保障していることにはならず、また、警察留置の極小化の要請に反している点において、

未決拘禁の司法的コントロールを要請する自由権規約9条3項に違反するといわざるをえない。

かくして、自由権規約9条3項のもとでのあるべき手続は、被疑者の身体を逮捕後引き続き拘束する必要がある場合には、速やかに検察官送致を経て勾留請求をするというものである。[*58] 自由権規約9条3項のもと一切の捜査・取調が禁止されるわけではないにせよ、速やかな直接司法審査、警察留置の極小化という二重の要請からすれば、勾留請求までのあいだの捜査・取調は可能な限り短時間で終了させるべきである。自由権規約9条3項の趣旨からすれば、勾留請求までに認められる捜査・取調は、捜査機関が身体拘束の継続の必要性を認め勾留請求の手続をとるかどうか判断し、裁判官が勾留の裁判を行ううえで必要な資料を収集するためのものに限定されるべきであろう。

ところで、被疑者を逮捕後速やかに裁判官の面前に連れて行くという自由権規約9条3項の定める手続保障は、無令状逮捕を広く許している英米法に特有のものであり、令状逮捕を原則とする日本においてはその必要性・重要性は低いとの見解がみられる。[*59] たしかに、令状逮捕の場合、司法審査のうえで被疑者の身体拘束が行われていることになる。しかし、その場合でもなお、未決拘禁の司法的コントロールとして、捜査機関が一方的に提出した資料による令状審査ではない、裁判官が被疑者と対面したうえでの「直接」司法審査が速やかになされるべきであり、また、被疑者・被告人の捜査・取調と被留置者の処遇とが相互に歪めあうという危険が現実化しないよう、警察留置の極小化が要請される。[*60] 令状逮捕の場合にも、これら二重の要請に応えなければならないことに変わりはないのである。

6. 新未決拘禁法における代用刑事施設と「捜査と拘禁の分離」

(1) 警察留置の極小化と代用刑事施設

以上の検討から明らかにされたように、国際人権法上要請される未決拘禁に対する司法的コントロール（自由権規約9条3項）は、逮捕後の速やかな直接司法審査とともに、警察留置の極小化を要請している。さらに、警察留置の極小化のコロラリーとして、警察留置における捜査と留置の機能分化が要請され、これら両者が国際人権法上の「捜査と拘禁の分離」の要請を構成する。その目的は、被疑者・被告人の身体拘束が捜査・取調に不当に利用されるのを防止することとともに、捜査・取調からの不当な干渉を排して、被

留置者の適正な処遇を確保し、その権利を保護することにある。

　ここにおいて再確認すべきは、国際人権法の要請する「捜査と拘禁の分離」に応えるためには、警察留置の極小化、捜査と留置の機能分化という二重の要請にともに応えなければならないということである。イギリス警察・刑事証拠法は、本書第3章において明らかにするように、警察留置を極小化し、さらに極小化された警察留置においても、被疑者の取調、被留置者の処遇の両面にわたり具体的な手続保障を定めたうえで、被留置者の適正な処遇を確保し、その権利を保護するための留置管理官の権限・義務を明確に規定することによって、捜査と留置の機能分化を図っている。

　日本の新未決拘禁法は、勾留された被疑者・被告人を、刑訴法（64条・207条1項）が勾留すべき場所として定める「刑事施設に収容することに代えて」、警察の「留置施設に留置することができる」としている（15条）。これまでと同様、起訴前に限っても、逮捕留置の期間と合わせ、最長23日間の警察留置を認めているのである。実際、有識者会議に提出された警察庁の説明資料によれば、警察留置場への平均留置日数は近年顕著に増加しており、1991年に17.0日であったものが、2004年には28.8日となっている[*61]。この点において、未決拘禁法による代用刑事施設制度は、警察留置の極小化という要請に応えておらず、国際人権法の要請する「捜査と拘禁の分離」に適うものとはなっていない。自由権規約9条3項に違反しているのである。

(2)「捜査と留置の分離」と代用刑事施設

　このことを確認したうえで、未決拘禁法は、警察留置における捜査と留置の機能分化という要請に応えているといえるか。有識者会議『提言』は、警察組織上の分離による「捜査と留置の分離」を積極的に評価したが、上述のように、今回の法改正における代用刑事施設制度の存続にとって、そのことが有力な根拠とされた。

　未決拘禁法16条3項は、有識者会議『提言』を受けて、「留置施設に係る留置業務に従事する警察官」（同2項）としての「留置担当官は、その留置施設に留置されている被留置者に係る犯罪の捜査に従事してはならない」と規定している。この規定は、イギリス警察・刑事証拠法36条5項と同じく、留置担当官が犯罪捜査に従事しないという意味における「捜査と留置の分離」を定めたものとして理解することができる。国会審議における政府参考人・警察庁長官官房長の答弁によれば、未決拘禁法16条3項における「留置担当

官」とは「留置管理係に所属する者のみならず、現に留置業務に従事する者を言う」から、現に被留置者に関する犯罪捜査に従事している捜査官がその被留置者の処遇に従事するならば、その捜査官は「留置担当官」に該当することとなり、この規定に違反することになる。イギリス警察・刑事証拠法36条5項においては、いくらか例外が認められているから、未決拘禁法16条3項は、「捜査と留置の分離」においてより徹底しているようにもみえる。たしかに、留置担当官が犯罪捜査に従事せず、捜査官が被留置者の処遇に従事しないという点においては、そのようにいえるかもしれない。

　しかし、未決拘禁法において「捜査と留置の分離」に関して定めた規定はこの16条3項のみである。全体としてみたとき、捜査と留置の機能分化は不十分であり、曖昧さを残すといわざるをえない。警察留置において、被疑者・被告人の身体拘束が捜査・取調に不当に利用されるのを防止するとともに、捜査・取調からの不当な干渉を排除して、被留置者の適正な処遇を確保し、その権利を保護するためには、本書第3章におけるイギリス警察・刑事証拠法の検討から示唆されるように、被疑者・被告人の取調、被留置者の処遇の両面にわたり具体的な手続保障を定めたうえで、それを確保するための留置担当官の権限・義務を法律上明確に規定しなければならない。

　第4回日本政府報告書が規約人権委員会に対して、代用刑事施設における「日課時限の確保」について、「必要な場合には留置担当者から捜査主任官に対し取調べ等の打ち切り又は中断を要請し、日課時限の確保に努めている」と述べていたことは、上述のとおりであるが、未決拘禁法の改正をめぐる国会審議のなかでも、被留置者が取調に「耐えられるような状態」にあるかどうかの確認はどのように行われているのかとの質問に対して、政府参考人・警察庁長官官房長は、「警察留置場におきましては、被留置者の処遇については、その健康の維持も含めまして、留置部門が責任を持って常時対処しております。／したがいまして、具体的には、取り調べ等の捜査により被留置者が留置施設から出る場合には、これは捜査担当官が被留置者の出場の目的、予定の時間等について書面に記載し、責任ある留置担当官がその適否を判断するということでございますが、その中にも、当然健康についての判断を含めて適否を判断しておりますし、さらに、食事、就寝等の時間にかかるような取り調べにつきましては、先ほど来申し上げております留置部門から捜査部門に対して取り調べの打ち切りについて検討を行うよう要請している」と答弁している。

しかし、改正後の未決拘禁法のもと、留置担当官は、捜査官が深夜被留置者を取り調べようとしているとき、それを止めさせる権限・義務を有するのかとの質問に対して、政府参考人・警察庁長官官房長は、改正案16条3項の規定の趣旨を徹底することによって、「捜査と留置の分離」は十分達成できるとしたうえで、被留置者の処遇は、原則として、起床、就寝、食事、運動などの日課時限に従って行われることになるにせよ、「就寝時間を超えて長時間の取り調べが行われるような場合には、取り調べの打ち切りにつきまして検討するよう留置担当の方から捜査担当に要請をするほか、当該被留置者の翌朝の起床時間をおくらせて十分な睡眠時間を確保するなどのいわゆる補完措置を講じているところであります。／お尋ねの点で権限があるかということでございますが、捜査担当官と留置担当官は、これは互いに指揮命令を行うような関係にはなく、御指摘のように捜査担当官に対して強制力を及ぼすような措置をとることはできません」と答弁している[*64]。留置担当官が打ち切りを要請する権限も、捜査官がその要請に従う義務も認められることはなく、結局、留置担当官が打ち切りの検討を要請した後、実際に打ち切るかどうかは捜査官の判断に委ねられるというのである。

　衆参両院の法務委員会附帯決議9は、「捜査と留置の完全な分離を徹底するため、留置担当官は捜査業務に従事してはならないこととともに、捜査担当官は担当する被疑者の留置業務に従事してはならないことを徹底し、また、被留置者の起居動作の時間帯を厳守すべく務めること」としたが、本来、「捜査と留置の分離」のための十分な手続保障とその確保に関する留置担当官の権限・義務は、法律上明確に規定されるべきものである[*65]。「起居動作の時間帯」についてみると、未決拘禁法184条は、「留置業務管理者は、内閣府令で定めるところにより、食事、就寝その他の起居動作をすべき時間帯を定め、これを被留置者に告知するものとする」と規定している。捜査・取調からの不当な干渉を排除して、被留置者の適正な処遇を確保するためには、留置担当官の責任において、食事、休憩、運動、就寝などを定めた時間帯が遵守されるべきこととともに、その時間帯に抵触する捜査・取調がなされようとしている場合には、留置担当官はそれを拒否し、また、現になされている場合には、留置担当官は捜査官に対して捜査・取調の打切を要請する権限を有していること、捜査官がその要請に基づき捜査・取調を打ち切る義務を負うことを法律上明記しなければならない。

　未決拘禁法は、このような明確な規定を有していない点において、警察留

置における捜査と留置の機能分化について決定的な不十分さと曖昧さを残している。取調室において被留置者に対する食事の提供が実際に行われていたなど、これまでの代用刑事施設制度のもとでの実務の状況からしても、両機能の分化が実質化するかはきわめて疑わしい。ここにおいても、国際人権法上の「捜査と拘禁の分離」の要請に応えていないのである。

　留置担当官における捜査・取調の打切要請の権限に関連して、イギリス警察・刑事証拠法は、被留置者が捜査官の監護の許にあるときは、その適正処遇の確保に関する責任が留置管理官から捜査官に移転することを定めている（39条2項）。これと同様、日本の未決拘禁法においても、被留置者の適正処遇の確保に関する手続保障を明記したうえで、その確保に関する権限・義務については、取調中など、被留置者が捜査官の監護の許にあるときは、捜査官がそれを有することを規定すればよいとの立場もありうる。しかし、本書第3章において明らかにするように、イギリスにおいても、捜査官への責任移転に関する規定は、被留置者が捜査官の監護の許にあるとき、捜査官が捜査と留置の両機能を同時に担うことを認めるものにほかならず、捜査と留置の機能分化を大きく制限するものとして批判されていた。「捜査と留置の分離」を徹底するためには、取調中など、被留置者が捜査官の監護の許にあるときも、その適正処遇の確保と権利保護に関する権限・義務はなお留置担当官が負うとしたうえで、食事、休憩、運動、就寝などを定めた時間帯に抵触する場合、健康状態からみて被留置者がもはや取調に耐えられない状態に至ったと認められる場合など、被留置者の適正処遇と権利保護を損なうような捜査・取調が現に行われているときは、留置担当官が捜査官に対してその打切を要請する権限を法律上明確に規定すべきである。

　国会審議において、政府参考人・警察庁長官官房長は、「捜査員が留置業務に係る処遇を利用しまして被疑者の自白を強要したり、被疑者への不当な圧力がかかったりすることのないように必要な措置をとることが」、「捜査と留置の分離」の「本来の趣旨」であると認めたうえで、改正案「16条3項の規定の趣旨を徹底することによって、その趣旨は十分に達成されている」との見解を示した。これらの規定が法律上設けられるまでのあいだは、未決拘禁法16条3項の趣旨が、「捜査と留置の分離」を効果的に達成するための要請を包含しているものと理解したうえで、その「趣旨を徹底」するために、それらを具体化した明確な施行規則を設けるべきである。

7. 代用刑事施設の憲法論

(1) 憲法34条と未決拘禁の司法的コントロール

　以上、自由権規約の定める未決拘禁の司法的コントロール、さらにはそのコロラリーとしての「捜査と拘禁の分離」という観点から、代用刑事施設制度について論じてきた。これら国際人権法の要請するところは、憲法上、どのように位置づけられるのであろうか。

　代用刑事施設をめぐる憲法問題については、これまで、代用刑事施設が自白強要的取調を可能にし、あるいはそれを促進しているとの認識に立って、被疑者の黙秘権の保障（憲法38条1項）の趣旨に反するとの見解がみられた。代用刑事施設による捜査と拘禁のなかで生じる黙秘権侵害の危険にかんがみるとき、代用刑事施設は制度として黙秘権保障の趣旨に反するといえる。あるいは、対等な一方当事者でしかない警察が被疑者を自らの手許に置き、徹底して取り調べることを可能にする点において、憲法31条の適正手続から導かれる弾劾的捜査構造の趣旨に矛盾するとも指摘された。また、代用刑事施設における被疑者の取扱がひとえに取調と自白獲得のために活用されることに着目して、その取扱は憲法31条が保障する無罪推定の原則に反するとの指摘もみられる。[*68] これらの見解は、代用刑事施設制度それ自体というより、取調や被疑者の取扱いのなかに映し出された代用刑事施設制度の憲法上の問題を指摘するものといえるであろう。

　未決拘禁の司法的コントロール、あるいは「捜査と拘禁の分離」という観点からは、代用刑事施設の憲法問題はどのように捉えられるのであろうか。代用刑事施設の憲法問題を令状主義との関連において論じる見解が注目される。

　逮捕の法的性格について、田宮裕はかつて、令状主義の趣旨、黙秘権保障の趣旨、弾劾的捜査構造を根拠として、「身柄保全的、弾劾捜査的」な英米法的逮捕観を提起し、本来、「逮捕の司法的抑制」は裁判官による事前審査だけでなく、事後的な審査（英米法における予備出頭）をも要請するものであるとして、日本の現行法においては、逮捕に続く勾留質問が予備出頭の機能を担うべきであり、被逮捕者を起訴または釈放しない場合には、逮捕後できるだけ速やかに勾留請求をすべきと説いた。[*69] 村井敏邦は、憲法33条の令状主義の要請として、被疑者を逮捕後速やかに裁判官の面前に連れて行かなければならないとしている。[*70] また、後藤昭は、憲法34条が「抑留」と「拘禁」

とを区別し、後者についてより手厚い手続保障を定めており、刑訴法もそれを受けて、勾留についてのみ理由開示や準抗告を認めているという法構造からすれば、逮捕は釈放または勾留への移行によって、できるだけ速やかに解消されるべき「仮の拘束」にすぎないと論じている。[*71]

　これらの見解によれば、憲法33条の要請として、またはその趣旨から、あるいは憲法34条の趣旨から、身体拘束を継続する必要が認められる場合、勾留質問のために被疑者を逮捕後速やかに裁判官の面前に連れて行くべきこととされる。これはまさに、自由権規約9条3項の文言上要請されている手続保障にほかならない。それでは、勾留決定後、被疑者を警察留置施設に再度連れ戻して勾留することは、憲法上許されるのであろうか。

　代用刑事施設としての警察留置施設に被疑者の身体を拘束すること自体が令状主義に違反すると説いたのは小田中聰樹である。小田中聰樹によれば、第1に、身体拘束の権限は裁判官のみにあり、捜査機関にはないこと、第2に、憲法34条は身体拘束の理由告知が裁判官によって直ちになされるべきことを要請しているから、「逮捕された被疑者は迅速に裁判官の面前に引致され、身柄の抑留・拘禁の理由について審査を受けたうえでその告知を受けなければなら」ず、この意味において、令状主義は身体拘束が裁判官の令状によることのみならず、被拘束者を裁判官の許に迅速に連れて行くことをも要請していること、第3に、令状主義の観点からは、身体拘束は裁判所の管理運営する施設において行われるのが望ましく、被疑者取調について黙秘権が保障されるシステムが整備されることを条件として、裁判所の監督権限を留保したうえで、身体拘束を行刑当局に委ねることも認められるにすぎないこと、が令状主義の意義として導かれる。このとき、代用刑事施設は制度自体として、令状主義に抵触する疑いが濃厚であるという。[*72]

　逮捕は一時的・過渡的な拘束にすぎず、釈放または起訴しない限り、速やかに勾留請求を行うべきこと、勾留質問のために被疑者を逮捕後速やかに裁判官の面前に連れて行かなければならないことは、憲法34条の規定構造に照らして明らかであろう。憲法34条において、直接には「理由を直ちに告げられ……なければ、抑留又は拘禁されない」との規定によって、このような手続保障が要請されていると理解することができる。[*73]では、警察留置施設に勾留することは、憲法上許されるのか。

　刑事法領域において一般に、これまでの判例は、国際人権法の発展に基づいて憲法解釈を行うこと、国際人権法上の要請を積極的に取り入れて、憲法

上の要請としても承認することには消極的であった。しかし、国際人権法の条文は憲法よりも詳細かつ具体的なものであることが多く、また、実施機関による解釈に関する意見などを通じて事実上の判例法の体系が構築されている。それゆえ、国際人権法の発展は憲法の解釈に対しても大きな示唆を含んでいるのであり、憲法を解釈するうえでの重要な指針として積極的に活用されるべきであろう。[*74]

　自由権規約9条3項は被疑者を逮捕後速やかに裁判官の面前に連れて行かなければならないと定めており、そのことによって、未決拘禁の司法的コントロールとして、速やかな直接司法審査とともに、警察留置の極小化を要請している。さらに、そのコロラリーとして、警察留置の極小化、警察留置における捜査と留置の機能分化という二重の要請を含む「捜査と拘禁の分離」を保障している。国際人権法の発展が憲法解釈において積極的に活用されるとき、憲法34条も、自由権規約と同様、これらの手続保障を要請していると理解することができる。このように理解するとき、代用刑事施設制度は、「捜査と拘禁の分離」の二重の要請のいずれにも応えていない点において、また、逮捕留置をめぐる現行実務は、速やかな直接司法審査の要請にも、警察留置の極小化の要請にも反する点において、自由権規約9条3項に違反するだけでなく、憲法34条にも違反することになる。日本の刑事手続が国際人権法の要請に応え、憲法に適合したものであるためには、代用刑事施設の廃止が必要なのである。

(2) 透明で客観的な刑事手続の構築

　代用刑事施設制度の存続を支持する最大の実質的根拠は、やはり、それが効率的な被疑者取調と効果的な自白採取を可能にするということにある。このことについて、有識者会議『提言』は、「代用刑事施設制度は、都道府県警察が、治安の維持に責任を負い、第一次捜査権を有し、検察官に身柄を送致した後も被疑者の取調を行う責務を有し、かつ、短期間に制限されている身柄拘束期間内にち密な捜査を遂げ、検察官において、それに裏付けられた起訴、不起訴の厳格な選別を行うという我が国独自の刑事司法制度を前提とし、その捜査を迅速・適正に遂行する上で重要な機能を果たしている」という視点から、代用刑事施設制度の廃止は不適当であるとの意見が多数を占めたとしている。未決拘禁法改正をめぐる国会審議においても、政府側答弁によって、最長23日という起訴前の身体拘束期間のなかで、「被疑者の取り調

べその他の捜査を円滑、迅速、効率的に実施するためには、津々浦々にきめ細かく設置されております留置施設に被疑者を勾留することが必要かつ現実的な方法である」との立場が、繰り返し表明された。[*75]

しかし他方で、裁判員制度の開始が間近に迫った現在、捜査機関による被疑者取調とそれによって得られた自白に頼りすぎることのない透明で客観的な刑事手続を構築するという重要課題が浮かび上がってきている。[*76]上述のように、有識者会議『提言』も、今回の法改正においては代用刑事施設の存続を容認しつつも、「刑事司法制度全体が大きな変革の時代を迎えていることなどを考えると、今後、刑事司法制度の在り方を検討する際には、取調を含む捜査の在り方に加え、代用刑事施設制度の在り方についても、刑事手続全体との関連の中で、検討を怠ってはならない」と指摘していた。

本書第3章においてイギリス警察・刑事証拠法のインパクトとして指摘しているように、「捜査と拘禁の分離」を徹底することは、被疑者取調の認められる告発前留置の極小化と警察留置における捜査と留置の機能分化とを通じて、勘と見込みに頼った逮捕、長期の身体拘束を活用した被疑者取調に依拠した伝統的な捜査手続を、より十分かつ確実な根拠に基づく逮捕、厳しく限定された告発前留置の期間内に身体拘束を不当に利用することなく行われる迅速かつ的確な取調を基調とする「新しい」捜査手続に変化させることが明らかとなった。このことから示唆されるのは、取調と自白に頼りすぎない透明で客観的な刑事手続の構築は、被疑者の取調と身体拘束のなかに「捜査と拘禁の分離」を具体化することによって可能となり、促進されるということである。

注

* 1 　代用刑事施設をめぐる議論の展開とその位相の変化について、佐藤元治「代用監獄の立法事実——趣旨と現在」刑事立法研究会編『代用監獄・拘置所改革のゆくえ——監獄法改正をめぐって』（現代人文社・2005年）、同「転換期の代用監獄問題とその改革課題」龍谷大学矯正・保護研究センター研究年報2号（2005年）参照。

* 2 　「未決拘禁者の処遇等に関する有識者会議」第1回（2005年12月6日）における警察庁説明資料　http://www.moj.go.jp/KYOUSEI/SYOGU/shiryo01-02.pdf。

* 3 　法務省説明資料・注2　http://www.moj.go.jp/KYOUSEI/SYOGU/shiryo01-01.pdf。

* 4 　警察庁刑事局「警察の留置場を勾留施設とする必要性」警察研究49巻2号（1978年）87頁以下。

*5　菊池浩「逮捕・勾留の場所――検察の立場から」三井誠ほか編『新・刑事手続Ⅰ』（悠々社・2002年）272頁。

*6　菊池・注5論文273頁。

*7　小池振一郎「逮捕・勾留の場所――弁護の立場から」三井ほか・注5書281頁。

*8　司法制度改革審議会『司法制度改革審議会意見書――21世紀を支える司法制度』（2001年）50頁　http://www.kantei.go.jp/jp/sihouseido/report/ikensyo/pdfs/iken-2.pdf。

*9　受刑者処遇法には1月未満の自由刑の執行のために警察留置施設に収容されている受刑者に関する規定がおかれたが（146条以下）、これは当時の代用刑事施設制度を前提にしたものでしかないと説明されている（林真琴「刑事施設受刑者処遇法の解説」自由と正義56巻9号〔2005年〕）。これに対しては、批判的意見もある（土井政和＝村井敏邦＝中川孝博「座談会・刑務所改革の到達点とゆくえ」刑事立法研究会編『刑務所改革のゆくえ』（現代人文社・2005年）138頁以下、飯田美弥子「代監恒久化の危険性」週刊法律新聞1628号〔2005年〕）。

*10　小田中聰樹『現代司法と刑事訴訟の改革課題』（日本評論社・1995年）224頁。

*11　日本弁護士連合会人権擁護委員会編『誤判原因の実証的研究』（現代人文社・1998年）413～415頁。

*12　浜田寿美男『自白の心理学〔新版〕』（北大路書房・2005年）339頁以下。

*13　日本弁護士連合会ホームページ　http://www.nichibenren.or.jp/ja/opinion/report/data/2005_55.pdf。

*14　法務省ホームページ　http://www.moj.go.jp/KYOUSEI/SYOGU/index.html。

*15　法務省ホームページ　http://www.moj.go.jp/KYOUSEI/SYOGU/teigen.pdf。

*16　本章は、2006年5月17日、永井国賠訴訟・控訴審大阪高等裁判所に対して弁護団から提出された葛野尋之「意見書」の一部をベースにしている。永井国賠訴訟の第一審判決は、京都地判2005年12月16日・下級裁主要判決情報　http://courtdomino2.courts.go.jp/kshanrei.nsf/c1eea0afce437e4949256b510052d736/78722ab66574e4ad492570f50035b73a?OpenDocument、LEX/DBインターネット文献番号28110281。

*17　公定訳は"detention"を「抑留」と訳している。しかし、憲法34条の「抑留」とは明らかに意味が違い、同条の「拘禁」の意味である。本章における「拘禁」はこの"detention"のことであり、公定訳の「抑留」を意味している。代用刑事施設が自由権規約9条3項に適合するかという問題をめぐる先駆的研究として、庭山英雄＝五十嵐二葉『代用監獄制度と市民的自由』（成文堂・1981年）209頁以下。

*18　第2回日本政府報告書の審査について、日本弁護士連合会拘禁二法案対策本部『資料集・国連における日本の代用監獄問題』（未公刊・1988年）。

*19　日本弁護士連合会編著『問われる日本の人権――国際人権「自由権」規約の日本における実施状況に関する日本弁護士連合会の報告』（こうち書房・1993年）。

*20　日本弁護士連合会編著『世界に問われた日本の人権――ジュネーブ1993』（こうち書房・1994年）。

*21　カレン・パーカー＝エチエンヌ・ジョデル（代用監獄廃止接見交通権確立委員会訳）『警察留置所での拘禁――日本の代用監獄制度』（悠久書房・1989年）。

*22　日本弁護士連合会編『代用監獄の廃止と刑事司法改革への提言』（明石書店・1995年）。

*23　ヒューマン・ライツ・ウォッチ＝アジア、ヒューマン・ライツ・ウォッチプリズン・プロジェクト（刑事立法研究会訳）『監獄における人権／日本・ヒューマン・ライツ・ウォッチ・レポート』（現代人文社・1995年）

*24　アムネスティ・インターナショナル調査団報告書『日本の死刑廃止と被拘禁者の人権保障』（日本評論社・1991年）34頁。

*25　日本弁護士連合会編『日本の人権・21世紀への課題』（現代人文社・1999年）38～43頁。

*26　日本弁護士連合会ホームページ　http://www.nichibenren.or.jp/ja/humanrights_library/treaty/liberty_report-4th_jfba.html

*27　Cook, Preventive Detention: International Standards and the Protection of the Individual 15-16, in Frankoski & Shelton (eds.), Preventive Detention (1992).

*28　Schiesser judgment of 4 December 1979, Series A. no. 34, para. 31.

*29　Brogan and Others judgment of 29 November 1998, Series A. no. 145-B, para. 58.

*30　Trechsel, Liberty and Security of Person 333, in Macdonald, Matscher & Petzold (eds.), The European System for the Protection of Human Rights (1993).

*31　Ben Emerson and Andrew Ashworth, Human Rights and Criminal Justice 187 (2001).

*32　Trechsel, supra note 30, at 333.

*33　Rodley, Rights and Responses to Terrorism 127, in David Harris & Sarah Joseph (eds.), The International Covenant on Civil and Political Rights and United Kingdom Law (1995).

*34　高松高判1997年11月26日・判例時報1653号117頁。

*35　北村泰三「国際人権法の解釈とわが国の裁判所」北村泰三＝山口直也編『弁護のための国際人権法』（現代人文社・2002年）を参照。とはいえ、徳島刑務所事件の最高裁判決においても明らかなように、日本の裁判所はなお、刑事法領域において、自由権規約その他国際人権法を裁判規範として活用することに消極的である。北村泰三「刑事司法分野における国際人権判例の現状と課題」北村泰三＝山口直也・同書196頁以下は、このような傾向を「国際人権消極主義」と呼び、日本の裁判所における「司法消極主義」の一つの現れと指摘している。

*36　Stefan Trechsel, Human Rights in Criminal Proceedings 505-507 (2005).

*37　United Nations Center for Human Rights & Crime Prevention and Criminal Justice Branch, Human Rights and Pre-trial Detention, para 66, HR/P/PT/3 (1994).

*38　葛野尋之「未決拘禁の司法的コントロールと代用監獄」刑事立法研究会・注1書

69〜73頁。
* 39　規約人権委員会最終見解全文の日本語訳については、外務省ホームページ http://www.mofa.go.jp/mofaj/gaiko/kiyaku/2c2_001.html。
* 40　留置業務研究会編著『留置業務の手引』（東京法令出版・1981年）11頁。
* 41　日本弁護士連合会・注25書38〜43頁。
* 42　高尾裕司「留置業務の現状と課題」捜査研究636号8〜9頁（2004年）。1989年警察庁長官官房総務課通達「被留置者の健康保持のための手続について」（平元.12.16丁総発第二52号）は、①被留置者に対する医療措置、②就寝時刻経過後の取調べ継続の場合における捜査主任官に対する取調べ打切の検討の要請、③食事、運動、入浴、就寝、健康診断を所定時刻に実施できない場合における保管措置、④被留置者が食事、運動、入浴、健康診断を拒否した場合の取扱い、⑤これらについての関係帳簿の記載、⑥留置主任官の要請に対する捜査主任官の協力・配慮、について比較的詳細な規定を置いている。このうち、就寝時刻経過後の取調べ継続の場合についてみると、同通達は、「1 被留置者の健康保持のための留置主任官の措置」として、「(2)日課時限による就寝時刻経過後においても引き続き取調べが行われているときは、捜査主任官に対して、取調べの打切りについて検討するよう要請するとともに、その旨を関係帳簿に記載すること。被留置者の取調べの打切りについて調整を必要とする場合には、警察署長にその旨報告し、報告を受けた警察署長は、事実関係を調査の上、適切な措置を採ること」と規定し、また、「2 捜査主任官の配慮事項」として、「被留置者に関する取調べ等は、就寝等について日課時限が定められている趣旨にもとらないように実施することが原則とされており、1(2)による留置主任官からの要請があったときにも、適切に協力すること」としている。たしかに詳細な規定があるが、取調打切の「検討」の要請にすぎないなど不徹底さが残り、この「要請」と「協力」が実際上厳格に行われているのか疑問である。
* 43　「未決拘禁者の処遇等に関する有識者会議」第1回（2005年12月6日）における法務省および警察庁のプレゼンテーションと説明資料については、http://www.moj.go.jp/KYOUSEI/SYOGU/gijiroku.html。
* 44　小池・注7論文280頁、小池振一郎＝青木和子編『なぜ、いま代用監獄か——えん罪から裁判員制度まで』（岩波書店・2006年）61〜62頁〔小池振一郎〕。
* 45　後藤昭『捜査法の論理』（岩波書店・2001年）168〜169頁。
* 46　伊藤栄樹他『注釈刑事訴訟法（第二巻）（新版）』（立花書房・2003年）（吉田淳一）、藤永幸治他編『大コンメンタール刑事訴訟法（第三巻）』（青林書院・1996年）162頁（河村博）。ただし、米澤慶治「取調べの理論と実務」刑法雑誌27巻1号（1986年）182頁以下によれば、法的には可能であるにしても、出頭・滞留のために強制力を用いることは実際にはなく、「取調べに応ずるべき旨説得」するにとどまるという。
* 47　被疑者が法務省の管理運営する刑事施設に勾留されている場合でも、実のところ、取調受忍義務が肯定されるとき、捜査機関による被疑者の出頭要求に拘置所職員が協力しなければならないとすれば、警察留置場に勾留されている場合と同様、取調受忍

義務を媒介とした捜査と拘禁の結合の危険が生じる。
* 48 後藤・注45書137頁。
* 49 後藤・注45書・133頁以下。刑事訴訟法と刑事拘禁法の一元的関係からすれば、このような理由によって、被疑者・被告人の刑事訴訟法上の権利を実質的に制約することは認められないが、捜査・取調権限を制約することは認められる。
* 50 村井敏邦「未決拘禁と収容問題」法律時報60巻3号（1988年）40頁。
* 51 後藤・注45書95頁。
* 52 Manfred Nowak, U.N. Covenant on Civil and Political Rights Commentary 176 (1993).
* 53 Jijon v. Ecuador (277/1988), para. 5.3.
* 54 Martinez Portorreal v. Dominican Republic (188/1984) para. 10.2.
* 55 Brogan and Others Judgment of 29 November 1998, Series A. no. 145-B, para. 58.
* 56 Trechsel, supra note 30, at 336.
* 57 Id, at 336. アメリカ合衆国最高裁の1943年マクナブ判決は、木曜日早朝2時頃逮捕した後、ようやく土曜日にマジストレイトの面前に連れて行ったという事案について、逮捕から予備出頭までのあいだに行われた取調の結果採取された被疑者の自白の証拠能力を否定した（McNabb v. United States, 318 U.S. 332 [1943]）。かくして、被疑者を逮捕後不必要な遅滞なくマジストレイトの面前に連れて行かない限り、そのあいだに採取された自白は排除されるとするマクナブ・ルールが確立された。田宮裕『捜査の構造』166頁（有斐閣・1971年）は、日本におけるマクナブ・ルールの適用を提起する。
* 58 福井厚『刑事訴訟法講義（第二版）』（法律文化社・2003年）99～100頁。
* 59 佐藤文哉「刑事裁判と人権」法務省人権擁護局人権実務研究会編『人権保障の生成と展開』（民事法情報センター・1990年）268頁。
* 60 福井・注58書100頁が説くように、令状逮捕の場合、たとえ裁判官による事前の令状審査があるにせよ、それは捜査機関の提出する一方的証拠に基づいて行われるものでしかないから、そのような令状によっては本格的な未決拘禁が正当化されることはなく、裁判官が面前で被疑者の言い分を聞いたうえでなければ、本格的な未決拘禁は許されないと理解すべきである。
* 61 警察庁説明資料・注2。
* 62 第164回国会衆議院法務委員会議録第16号（平成18年4月12日）（民主党・平岡秀夫衆議院議員の質問に対する安藤隆春政府参考人の答弁）。
* 63 安藤隆春政府参考人の答弁・注62。
* 64 安藤隆春政府参考人の答弁・注62。
* 65 葛野・注38論文73～76頁。
* 66 第164回国会参議院法務委員会議録（平成18年6月1日）（公明党・木庭健太郎参議院議員の質問に対する安藤隆春政府参考人の答弁）。

*67　安藤隆春政府参考人の答弁・注62。
*68　三島聡『刑事法への招待』（現代人文社・2004年）32～33頁。刑事拘禁法が刑訴法上の身体拘束の処分の執行を目的としているがゆえに、両者が一元的関係にあることから、未決拘禁の司法的コントロールが要請され、これによって無罪推定の原則も実質化することについて、葛野尋之「刑事訴訟法と刑事拘禁法」村井敏邦＝川崎英明＝白取祐司『刑事司法改革と刑事訴訟法（上）』（日本評論社・2007年）を参照。
*69　田宮・注57書159頁以下。
*70　村井敏邦『刑事訴訟法』（日本評論社・1996年）127頁。
*71　後藤・注45書105～106頁。酒井安行「被逮捕者留置の性質について」国士舘法学21号（1990年）は、同様の見解をとりながら、引致場所における一時的・過渡的の拘束を「留置」と呼ぶべきでないとする。
*72　小田中・注10書209～211頁。
*73　憲法34条後段は英米法における「予備審問」のような手続保障を要請しており、それゆえ勾留理由開示はその要請に適合するよう構成されるべきとの見解が、かねてより有力であった（田宮・注57書167～168頁、杉原泰雄「人身の自由」芦部信喜編『憲法Ⅲ・人権(2)』〔有斐閣、1971年〕155～156頁、光藤景皎『刑事訴訟行為論』〔有斐閣、1974年〕78～79頁など）。このような理解は、本来、憲法34条において英米法にある「予備出頭」が要請されており、したがって勾留質問は「予備出頭」として機能するよう構成されるべきとの理解に結合するであろう。英米法において、予備出頭と予備審問はそれぞれ独自の機能を有しながらも、無令状逮捕の場合における予備出頭にともなうマジストレイトによる身体拘束の「相当な理由」の再審査（「ガーシュタイン審査」と呼ばれる）とともに、違法・不当な拘禁から市民を保護・救済するための一体的な手続保障として機能しているからである（Moore, Thirty-first Annual Review of Criminal Procedure: II. Preliminary Proceedings, 90 Georgetown Law Journal 1295, 1295 [2002]）。
*74　北村・注35「刑事司法分野における国際人権判例の現状と課題」196～197、199頁。
*75　第164回国会衆議院法務委員会議録第16号（平成18年4月4日）（公明党・漆原良夫衆議院議員の質問に対する法務省矯正局長・小貫芳信政府参考人の答弁）。
*76　司法制度改革審議会・注8意見書107頁は、非法律家である裁判員が公判での証拠調べを通じて十分に心証を形成できるようにするために、口頭主義・直接主義の実質化を図ることも必要となる。これらの要請は、……裁判員が参加する手続については、裁判員の主体的・実質的関与を確保する上で、殊のほか重要となる」としている。高田昭正「直接主義・口頭主義の実質化」季刊刑事弁護33号（2003年）、河津博史「裁判員制度と事実認定」法律時報77巻11号（2005年）51～52頁、佐藤・注1「転換期の代用監獄問題とその改革課題」95頁など参照。また、裁判員制度と直接主義。口頭主義との関係について、堀江慎司「公判手続における直接主義・口頭主義」刑法雑誌43巻3号（2004年）参照。

第3章

イギリス警察・刑事証拠法における「捜査と拘禁の分離」

1. イギリス警察・刑事証拠法

(1) **本章の課題**

　国際人権法上の「捜査と拘禁の分離」からは、警察留置の極小化とともに、警察留置における捜査と留置の機能分化が要請される。これら二重の要請に応えようとした実例として、イギリスの1984年警察・刑事証拠法に基づく警察留置をあげることができる。

　イギリス警察・刑事証拠法の下での警察留置と被疑者取調、被留置者の適正処遇・権利保護に関する留置管理官の権限・義務とについて検討することを通じて、「捜査と拘禁の分離」の意義を再確認し、これら二重の要請に応えた警察留置のあり方を理解することが可能になるであろう。そのことは、日本法における「捜査と拘禁の分離」のあり方を検討するうえで有益な示唆を提供するはずである。本章の課題はここにある。

(2) **警察・刑事証拠法の成立とその基調**

　1977年、英国政府は、犯罪の捜査手続と刑事訴追の包括的改革を目的として、それに関する調査・検討、改革案の提示を行わせるために王立委員会を設置した。王立委員会に課された任務は、「犯罪行為者を司法手続に付すというコミュニティの利益と犯罪について嫌疑をかけられ、訴追された人の権利や自由という両面について、人的・物的資源の効率的で経済的な活用のための必要についても同じく考慮しつつ」、①犯罪捜査に関する警察の権限・義務と被疑者・被告人の権利・義務、②刑事訴追に関する手続と責任の所在、③これらに関連する刑事手続および証拠法の他の問題、について検討することであった。[*1]

　同時期、コンフェイ冤罪事件の原因解明を詳細に行った弁護士ヘンリー・フィッシャーの報告書が発表され、イギリス刑事手続の直面する問題と改革[*2]

課題が浮かび上がることになった。コンフェイ事件とは、1972年4月、ロンドン南部地区キャットフォードにおいて発生した殺人・放火事件において、14歳の少年、顕著な知的障害を有する18歳の青年（IQ66）、知的能力において境界域にある15歳の少年（IQ75）の3人が逮捕・告発され、ロンドンの中央刑事裁判所において、いずれも有罪とされた事件である（18歳青年については限定責任能力が認められ、「故殺」が認定された）。被告人らは控訴したものの、これは退けられ、有罪が確定した。その後、内務大臣の判断により、控訴院の再審が開始された。再審においては、自白の信用性が否定されたうえで、有罪判決は「不確実かつ不十分」なものとして破棄された。

フィッシャー報告書は、犯罪事実の存在自体については、一部を除きその存在が認められる可能性が高く、被告人らの自白もおおむね客観的事実に一致していると結論づけたが、[*3]捜査手続に重大な問題があったことを指摘した。とくに、知的能力において問題のある二人について親の立会のないまま取調が行われたこと、3人いずれについても弁護権および他者に連絡する権利について告知がなされていなかったこと、警察は18歳の青年が顕著な知的障害を有することを知っていたが、それについてなんら配慮することなく、威圧的で誘導的な取調を行ったことを厳しく批判した。報告書は、裁判官準則（Judges' Rules）に基づく取調規制と被疑者の権利保護は有効に機能しておらず、警察官や弁護人の多くも裁判官準則の重要な規定を理解さえしていないがゆえに、被疑者に対して弁護人の法的助言を受ける権利について告知しなければならないとの要請に応えていなかったとした。報告書はかくして、取調規制のルールを再編し平易なものとし、その遵守を徹底すること、警察による被疑者取調への弁護人の立会を認め、取調状況を録音すること、手続保障に違反した場合、その結果採取された自白・供述を排除すべきことなどを提案した。[*4]

ところで、15人の委員からなる王立委員会は、研究者、実務家、刑事司法専門機関、法律家団体、関係NGOなどの提出した意見書の検討を含め、約3年にわたる検討を行った結果、1981年、最終報告書を発表した。最終報告書は、現行手続の問題点を分析・検討したうえで、具体的な改革案を提示した。1982年、政府は、これに基づき警察・刑事証拠法案を作成し、英国議会に提出した。議会審議の過程で法案はさまざまな修正を施されたが、1983年5月、下院（庶民院）解散・総選挙により廃案となった。同年10月、新法案が提出され、さらに数多くの修正を加えられたうえで、1984年10月、両院

において可決された。かくして成立したのが、警察・刑事証拠法である。[*5]

　警察・刑事証拠法は、「イギリスにおける最初の包括的刑事手続法典」というべきものとされるが、その基調は、警察に対して適正な犯罪捜査を可能[*6]にするだけの権限を付与する一方、警察権限の濫用から個人の権利を保護するための厳重な手続保障を設定することにあった。[*7]すなわち、明確な手続的ルールのなかで、「必要性の原則」と「権利保護の原則」を均衡させることを目指したのである。かくして警察・刑事証拠法は、①手続上の判断において上級職員の承認を要求し、②ある手続をとる理由を被疑者に告知することとし、③警察官が被疑者に対して権利を明確に告知するよう要求し、④書面、録音・録画による正確な記録作成を要求する、などの手続保障を規定した。また、警察・刑事証拠法は、AからFの5つの運用規定（Code of Practice）を設け、これによって具体的運用のあり方を明示している。たしかに、運用規定それ自体が法律の一部というわけではなく、警察が運用規定に違反した場合、それゆえに直ちに違法となるわけではない。しかし、運用規定の違反は警察に対する不服申立の理由となり、懲戒処分や民事上の損害賠償責任の根拠となる。また、運用規定に重大に違反する手続によって採取された証拠は、刑事手続上、証拠能力を否定されることになる。[*8]

2. 警察・刑事証拠法による警察留置と未決拘禁

(1) 警察留置と未決拘禁の手続

　警察留置が行われるのは、被疑者について無令状逮捕がなされた場合である。警察・刑事証拠法と運用規定Cの定める手続は、おおむね以下のようなものである。[*9]

　逮捕の大多数は、警察・刑事証拠法24条、同25条に基づき行われる無令状逮捕である。逮捕された被疑者は、可能な限り速やかに、警察署に引致される（同30条1項）。被疑者が引致されると、警察の留置管理官（custody officer）が、正式の告発（charge）を行うに足りる証拠があるかどうか判断しなければならないが、留置担当官は、告発するかどうかの判断が可能になるまでのあいだの被疑者の留置を決定することができる（同37条1項）。これが告発前の警察留置である。留置担当官が被疑者を告発するに足りる証拠があると判断した場合には、被疑者は告発されるか、無条件釈放または保釈されることになる（同37条7項）。留置担当官が告発を行うに足りる証拠が存在しないと判断したとき、被疑者の留置が認められるのは、逮捕の理由とな

った犯罪に関する証拠を確保するため、または被疑者を取り調べることによってそのような証拠を収集するために必要と認められる場合に限られる（同37条2項）。告発前留置は、原則として、被疑者が警察署に引致された時点から24時間を超えてはならない（同41条2項(a)）。例外として、重大な逮捕可能犯罪について一定の要件がある場合には、警視以上の階級にある警察官が、警察署引致の時点から36時間以内の留置の延長を許可することができる（同42条1項・2項）。マジストレイト裁判所が留置継続の令状を発布した場合には、さらに36時間以内の延長が可能となる（同43条・44条）。

　内務省が25の警察署について、1995年4月10日に施行された改正運用規定のもとでの警察・刑事証拠法の運用状況に関して行った調査によれば、逮捕された成人被疑者のうち52％が正式に告発され、11％が即時警告のうえ釈放、2％がマジストレイトに対する召喚状請求、10％が告発前保釈、19％が無条件釈放、6％がその他の処分によって処理されていた。身体拘束から解放されることなく告発された被疑者（全体で52％）は、被疑事実が重大犯罪の場合には58％、中間的犯罪の場合には55％、軽微犯罪の場合には46％であった[10]。

　逮捕された被疑者が告発されたとき、留置管理官は、被告人の氏名もしくは住所が不詳の場合、被告人が保釈条件を守って裁判所に出頭することをしないであろうと認める場合、または被告人が逮捕可能犯罪について逮捕されており、留置がその者の新たな犯罪を防止するために必要と認める場合に限り、被告人の留置を継続することができる。これらの場合に該当しなければ、被告人を無条件釈放するか、保釈しなければならない（同38条1項）。告発後に留置が継続された被告人については、可能な限り速やかに、かつ遅くとも告発後最初の開廷日までに、マジストレイト裁判所に連れて行かなければならない（同46条1項・2項）。実務上、マジストレイト裁判所への引致は、降誕日（Christmas Day）、受苦日（Good Friday）、日曜日の場合を除いて、告発当日、または遅くともその翌日には行われている[11]。

　1981年王立委員会報告書は、被疑者の警察留置は、被疑者が警察に到着したとき、その6時間後、さらに24時間後に定期的に審査されるべきことを勧告していた。定期的審査によって、警察留置を抑制しようとしたのである[12]。警察・刑事証拠法は、この勧告に沿いつつ、いっそう厳格なものとして定期的審査の制度を設けた。すなわち、原則として、1回目の審査は、最初の留置決定から6時間以内になされなければならず、それ以降は、9時間以内に審査が繰り返されなければならない（同40条3項）。ただし、実際上審査が

不可能なとき、現に被疑者を取調中であり、取調の中断により顕著な支障が生じるときなどは、審査を延期することができる（同4項）。審査を行うのは、被疑者が告発された場合には留置管理官であり、告発前の警察留置については警部以上の階級の警察官が行う（同1項）。審査を行う警察官を審査担当官（review officer）と呼ぶ（同2項）。審査担当官は、被疑者の留置の継続を許可する前に、被疑者およびその弁護人に対して意見を述べる機会を与えなければならない（同12項）。2001年刑事司法・警察法73条によって警察・刑事証拠法が改正され、一定の条件下において、審査担当官が被疑者の留置された警察署に現在せず、他の警察署にいる場合、電話（同40条A）またはビデオ・リンク（同45条A）を通じて、留置審査、さらには告発、留置、保釈に関する判断を行うことができるとされた。

　定期的審査は、警察留置を抑制するための重要な手続保障として制度化されたものの、警察・刑事証拠法の提供する手続保障のインパクトに関するキース・ボトムレイらの調査研究によれば、警察署に引致後の留置決定と同様、とくに留置開始後6時間後の初回審査、その後9時間以内の第2回審査はルーティン化する傾向があり、抑制機能を実効的に果たしていないとされる。被疑者による意見陳述の機会は形骸化していることが多く、弁護人の意見陳述も留置継続の許可に関する判断にほとんど影響を与えていないと認識されている。[13] デヴィッド・ディクソンによれば、審査制度は警察・刑事証拠法の規定に表面的には従って行われているものの、とくに告発前の審査については、審査手続のルーティン化によって、警察・刑事証拠法の「精神」が大きく失われているという。審査担当官は、警察・刑事証拠法が想定したであろういわば準司法官的な、独立した役割を果たしておらず、審査手続がルーティン化しているために、弁護人も留置の終了を求めて積極的に争おうとはしないという「悪循環」が生じているというのである。[14]

　マジストレイトは、被告人が非常に軽微な犯罪について有罪を自認しているような場合でなければ、通常、手続の延期を決定する。被告人が最初に出頭したその日に手続が進められることは稀である。マジストレイトは一定の要件の下、無条件で手続を延期するか、または被告人を保釈するか、未決拘禁に付したしたうえで手続を延期するか決定する。1976年保釈法に基づき、被告人は保釈を決定される権利を有しており、保釈を認められない事由は明示されている。

　被告人がマジストレイト裁判所に引致されたとき、マジストレイトが未決

拘禁を決定した場合、被告人は、ほとんど例外なく刑事施設に収容されることになり、警察留置場への収容が継続することは希有である。2002年において、未決・既決を含めた全被拘禁者数は70,778人であったが、そのうち受刑者 (sentenced prisoner) は57,222人、未決被拘禁者 (remand prisoner) は12,792人、1971年出入国管理法に基づく拘禁など犯罪を理由とするのではない被拘禁者が847人であり、未決被拘禁者の内訳をみると、有罪・無罪の事実認定前段階の者が7,685人、有罪認定後刑の宣告までのあいだの者が5,049人、警察留置場の被収容者が58人であった。マジストレイトが未決拘禁を決定した場合、その期間は当初、決定当日を除外して8日間である（1980年マジストレイト裁判所法128条6項）。その後、被告人をマジストレイト裁判所に出頭させたうえで、マジストレイトは28日を超えない期間の未決拘禁を決定することができる。未決拘禁の更新は可能であり、その回数に制限はない（同128条A）。

(2) 警察留置の極小化

　以上のように、警察・刑事証拠法に基づく逮捕、警察留置から未決拘禁までの手続においては、被疑者を逮捕した後、告発前の警察留置を原則24時間以内と厳しく限定したうえで、告発後、身体拘束を継続する場合には、速やかに被告人をマジストレイトの面前に連れて行かなければならない。未決拘禁が決定された場合、被告人は警察留置場に継続して留置されることはなく、刑事施設に収容されることになる。しかも、告発前留置について、原則24時間以内というのはあくまでも制限時間であって、日本における逮捕留置の実務のように、この制限時間がいわば警察の手持ち時間として捜査・取調にフル活用されているわけではない。警察・刑事証拠法の主目的のひとつは、告発前の警察留置を必要最小限度にまで抑制することにあった。実際、1993年9月から1994年3月までのあいだにイギリス各地の10か所の警察署に逮捕され引致された被疑者4,250人について、その後どのような手続がとられたかに関して内務省が行った調査によれば、逮捕された被疑者が告発、保釈・釈放などの決定までのあいだ警察留置される平均時間は、6時間40分であった。警察留置の極小化という「捜査と拘禁の分離」の第1の要請は、このようにして満たされているのである。

　ボトムレイらとの調査研究に基づき、ディクソンらは、警察・刑事証拠法による警察留置の極小化が、警察留置期間中の取調のあり方、あるいは取調

と留置の関係を実質的に変化させたことを指摘している。ディクソンらによれば、警察・刑事証拠法は、自己の職務に対する警察官の態度において、測定不可能ながら顕著な変化をもたらしたとされる。すなわち、見込みと勘を頼りに被疑者を逮捕し、2日間留置し、取り調べて自白させ、「やってみるだけの価値はある」と判断すれば、証拠が不十分な事件でもとりあえず告発して裁判所の手続にかけるという「伝統的捜査方法」に対して、厳しく限定された告発前留置の時間内に「的確で迅速な」取調を行うという方法を重視する傾向がみられたというのである。インタビューした警察官の3分の2が、見込みと勘に頼った逮捕は警察・刑事証拠法以前ほど一般的ではなくなったと回答していた。[19] 捜査実務に対する警察・刑事証拠法のインパクトに関するバリー・アービングとイアン・マッケンジーの調査研究によれば、被疑者の逮捕の基礎になった証拠について、警察・刑事証拠法の施行前後、1970年と1986年の各100件のサンプルを比較すると、犯人識別証拠は薄弱（独立証拠の不存在）が25％から16％に、犯人識別に関する証人一人（特徴描写のみ）が27％から19％に、氏名特定、独立した証人二人以上、被害財物の所持など犯人識別証拠は強固が13％から7％に、現行犯逮捕が28％から38％に、強固な犯人識別証拠に加えて法医学的証拠または証拠書類の存在が3％から13％に変化している。このような変化から、アービングとマッケンジーは、「警察・刑事証拠法の施行後、逮捕の基礎となる証拠の質が高くなっており、その結果、逮捕・取調開始時点で警察がすでに収集している被疑事実を裏づける証拠が、より強固なものとなった」と指摘している。[20]

　ディクソンらは、このような傾向を「新しいプロフェッショナリズム」と呼んでいる。かつては逮捕後5～6時間、留置施設の居室にそのまま被疑者を置いておき、ゆっくり取調をしていたのに対して、逮捕後、被疑者の取調が許される告発前留置の時間が厳しく限定されたために、逮捕の時点までにより十分な証拠を確保しておかなければならず、さらに逮捕後も的確かつ迅速な取調をしなければならなくなった。「逮捕後まずは居室に収容し、その鍵を放り投げる」という「古い取調テクニック」は、警察・刑事証拠法のもとでは使えなくなったというのである。[21] アンドリュー・サンダースとリチャード・ヤングは、取調前に数時間居室に取り残すことで被疑者の不安と孤独感を高め、それによって自白獲得に向けての取調の圧力を強めようとする「取調テクニック」が広く用いられてきたことを指摘しているが、[22] そうである以上、逮捕前の十分な証拠収集と逮捕後の積極的かつ迅速な取調を基調と

する「新しいプロフェッショナリズム」の台頭は、警察・刑事証拠法による警察留置の極小化がもたらした取調実務の構造的変化として、重要な意義を有している。

3. 留置管理官の権限・義務

　警察・刑事証拠法においては、警察留置が極小化されたうえでさらに、警察留置における捜査と留置の機能分化が図られている。両機能の分化のなかで、被留置者の適正な処遇を確保し、その権利を保護するための責任を負っているのが留置管理官である。「留置管理官という制度こそ、手続保障のシステム全体にとっての要」であり、警察・刑事証拠法による改革の最大の眼目とされる所以である。[*23][*24]

　各警察の長は、逮捕留置に使用することができる警察署を指定しなければならず（警察・刑事証拠法35条）、各警察の長またはその指定する警察官は、指定警察署において、巡査部長以上の階級にある警察官のなかから、一人以上の留置管理官を選任しなければならない（同36条）。留置管理官は、後述する同39条2項の場合を除き、ある被疑者の留置理由となった犯罪について捜査に現に従事しているときは、その被疑者について留置管理官としての職務を行ってはならない（同36条5項）。

　マイクル・ザンダーによれば、この規定は、基本原則として、「警察留置において捜査と留置の機能が分離されなければならないことを明らかにしている」。しかし、「留置管理官が犯罪捜査に従事することの禁止は完全なものではなく」、警察・刑事証拠法および運用規定のなかに、例外規定が設けられている。すなわち、留置管理官は、被疑者の身体・衣服の捜索、身元確認、指紋採取、飲酒運転罪による逮捕の場合の酒気検査を行うことが認められており、また、逮捕または捜査に当初従事していた警察官でも、他に適任者がいない場合には、後に留置管理官としての職務に従事することができる。ザンダーは、「警察・刑事証拠法が意図し期待していたのは、明らかに、捜査官と留置管理官の役割が完全に分離されることである。しかし、（現在それは不完全であるから・引用者）それを実現するためには、同36条5項において、同一人物が同時に両方の役割を担うことが禁止されなければならない」と論じている。[*25]

　警察・刑事証拠法39条1項は、留置管理官はすべての被留置者が警察・刑事証拠法および運用規定の定めに従って取り扱われることを確保し、警察留

置に関する留置記録票を作成する義務を負うと定めている。被留置者の適正な処遇を確保し、その権利を保護することが、留置管理官の一般的権限・義務とされているのである。留置管理官の具体的権限・義務は広汎にわたり、①告発前・告発後の留置が行われるべきか判断すること、②留置記録票（custody record）という正式の記録を作成・保管すること、③被留置者の適正な処遇条件を確保すること、④正式の告発を行うべきか、留置を終了し保釈・釈放すべきか判断すること、⑤弁護人にアクセスする権利を告知し、その実現に関する責任を負うこと、⑥取調について録音・録画による記録作成を行うこと、が主要なものである。

　被留置者の処遇条件について、警察・刑事証拠法前、裁判官準則とそれに付属する運用指令においては、一般的規定がわずか２～３か条置かれていたにすぎない。これに対して、運用規定Cが処遇条件について詳細に規定し、留置管理官の責任においてその確保を要求していることは、警察・刑事証拠法の最大の特色の一つである[*26]。その主要なものをあげると、実際上可能な限り、被留置者には単独室が提供されなければならず（運用規定C8.1）、居室には適切に暖房と照明が施され、清潔でなければならならず、また、運用規定Cの2003年改正によって、施錠される閉鎖的居室においては、厳格に限定された例外的場合を除いて、さらに被留置者の身体的自由を拘束する措置をとってはならないとされた（同8.2）。寝台は清潔かつ衛生的な状態に保たれていなければならず（同8.3）、被留置者が用便や洗面のための設備を利用できるようにしなければならない（同8.4）。着衣の替えが用意されていなければならない（同8.5）。

　食事については、24時間ごとに、少なくとも２回の軽食と１回の本格的な食事が提供されなければならならず、被留置者の摂食上の要求は、可能な限り満たされなければならない。必要な場合には、健康管理の専門家の助言が与えられなければならない。食事にさいして、また、食間には合理的要求に応えて、飲料が提供されなければならない。被留置者は、家族・友人から糧食の差入を受けることができる（同8.6）。

　可能な限り毎日、戸外での短時間の運動が認められなければならない（同8.7）。原則として、警察留置施設の居室には、少年を収容してはならない（同8.8）。１時間ごとに、被留置者の許を訪れ、状態を確認しなければならならず、少年や危険性の高い被留置者については、より頻繁に状態の確認を行わなければならない（同9.3）。しかし、この状態の確認は、運用規定に基

づく被留置者の就寝・休憩の妨げになってはならない（同12.2）。不適正な処遇または違法な有形力行使がなされた場合、それを認知した警察官は速やかに留置管理官に報告しなければならず、留置管理官はその被留置者の捜査に従事していない警部以上の警察官にそのことを報告しなければならない。暴行または有形力行使がなされた場合には、留置管理官は、被留置者の診察のために医療専門家を招致しなければならない（同9.2）。このほか、運用規定C9.5ないし9.14は、被留置者に対して提供されるべき医療措置について詳細に規定している。

4. 警察留置中の取調

　逮捕された被疑者については、正式告発までのあいだに限り、被疑事実に関する取調が認められている。ザンダーによれば、わずかな例外的場合を除き、被疑者の取調が告発後に許されないのは、警察・刑事証拠法前から続くイギリス刑事手続の基本原則である[*27]が、現在は運用規定C11.6および同16.5が、そのことを明確に規定している。マイク・マグワイアは、「警察・刑事証拠法によって確立された手続保障がもたらしうる帰結のなかで最も重要なものは、不公正で抑圧的な取調の防止であり、それがひいては、『虚偽自白』または他の信用性に欠ける供述証拠に基づく冤罪を減少させることにつながるであろう」と論じている[*28]。

　被疑者の取調との関係における留置管理官の権限・義務についてみると、運用規定C12.1は、捜査官が被留置者を取り調べ、またはその存在を必要とする捜査を遂行しようとする場合、留置管理官が被留置者を捜査官の監護の許に移すかどうか判断する責任を負うと定めている。同12.2は、法定された限定的例外を残しつつ、被留置者は尋問、移動その他犯罪の捜査に関連するいかなる妨害も受けることなく、24時間内に連続8時間の休憩時間を与えられなければならないとし、同12.4は、実際上可能である限り、取調は適切な温度と照度が保たれ、適切に換気が行われている取調室において行われなければならないとしている。同12.6は、尋問され供述する者は、起立することを要求されてはならないとし、同12.8は、取調については、取調を受ける者が最後にとった食事時間を考慮しつつ、社会一般に認められている食事時間に休憩がとられなければならず、また、原則として2時間ごとに軽飲食のための短時間の休憩が挟まれなければならないとしている。

　運用規定C12.3は、留置管理官は、取調その他の捜査のために被留置者を

捜査官の監護の許に移すかどうか判断する場合、必要に応じて捜査官および適切な医療専門家と協議したうえで、被留置者が取調に十分耐えうる状態にあるか評価しなければならないとしている。運用規定C12.3は、2003年に改正された規定であるが、留置管理官はこの評価を行うにあたって、取調が行われたならば被留置者の身体的・精神的状態に対してどのようなリスクが生じるか、どのような保障措置が必要とされるかについて考慮しなければならないとしている。2003年改正によって、この点に関するリスク評価の方法について詳述した「別表G」が、運用規定Cに付け加えられた。同11.18にあげられた少年、精神障害を有する者、精神状態において脆弱な者など脆弱被疑者（vulnerable suspects）については、常に取調が一定のリスクを生じさせるものとして取り扱われなければならない。留置管理官は、取調によって被留置者の身体的・精神的状態に顕著な危害（significant harm）が生じるであろうと考えたときは、その者の取調を許可してはならない。[*29]

ヒュー・スマートによれば、これらの手続保障の目的は、留置管理官の判断において、捜査・取調の必要と被留置者の適正な処遇、とくに身体的・精神的健康の確保とのあいだの適切な均衡をとることである。被留置者の福祉に関するニーズが正当に考慮されず、両者の適切な均衡が欠けた場合、取調の結果採取された供述は、後の訴訟手続において証拠として許容されないことになるであろう。[*30]

取調は、同時録音・録画の設備がある取調室において行われなければならない（運用規定C11.7〜11.14。同E）。脆弱被疑者の場合には、「適切な成人（appropriate adult）」を取調に立ち会わせなければならず（運用規定C11.15〜17）、さらに被疑者が要求した場合には、弁護人を立ち会わせなければならない（同6.6）。これらの手続保障を確保するのは、留置管理官の責任であり、たとえば、不公正なやり方で自白を促したり、脅迫的言動が行われることを防止するために、捜査官が被疑者の収容されている居室を訪問し、被疑者に話しかけることのないよう確保することも、留置管理官の責任なのである。[*31]

5. 留置管理官の独立性

(1)告発前の留置決定

　警察留置において捜査と留置の機能分化がどれほど実効的なものとなるかは、具体的権限行使における留置管理官の独立性がどれほど確保されている

かによって決定される。この問題については、これまでさまざまな実証研究が行われてきた。その結果には、具体的局面によって、積極的評価から消極的評価まで幅がある。

多くの実証研究の一致した所見として、被逮捕者の引致後、告発前の留置決定において、留置管理官が留置を認めないことは希有である。捜査実務に対する警察・刑事証拠法のインパクトについて、全体として積極的評価を行っている研究も、この点については消極的所見を示している。また、全体的効果について消極的評価を示すマッコンヴィルらの調査研究は、この点においてこそ警察・刑事証拠法の手続保障が実効性を欠いていることが明らかであるとしている。その理由として、「留置管理官は、いくらか例外はあるにせよ、捜査官の願望に沿うように事を処理しようとしている。なぜなら、留置管理官は、捜査官の事件の見方に感情的に傾斜しており、すべての警察活動の基礎にある事件の解決という組織目標を共有しているからである」と述べ、留置管理官が「警察文化」に沈潜していることを指摘している[*32]。ロッド・モーガンらの調査研究は、このような見方は意図的行動であることを過度に強調しているとして、むしろ留置管理官の判断における「職務のルーティン化」と「官僚制的現実」をとりあげ、留置管理官にとって逮捕留置を拒否するよりも、捜査官の意見を受け入れてそれを認める方がずっと容易かつ無難な判断となっていると指摘している[*33]。

他方、警察・刑事証拠法の構造自体のなかに、留置管理官の判断が告発前留置を効果的に抑制できていないことの原因が存在するとの指摘もある。サンダースとヤングは、たしかに「独立した」留置管理官が告発前留置に関する判断を行い、留置記録票を作成することとされているが、その判断の基礎になる資料は、逮捕前の停止・捜索に関する記録など、捜査官の作成したものであることを指摘している。捜査官の判断を抑制するための留置管理官の判断が、捜査官の作成した資料に基づき行われるというのは構造的矛盾である。サンダースとヤングによれば、告発前留置が留置管理官によって認められないことは稀であり、法定の時間制限には服しながらも、結局、被疑者は捜査官の「希望どおり」に留置されることになっているとしても、この構造的矛盾からすれば決して不思議ではない。かくして、「捜査の役に立つ」という告発前留置の現実的機能は継続しているというのである[*34]。

また、ディクソンは、警察・刑事証拠法によって、逮捕後被疑者を留置したうえで取り調べることの位置づけが変化し、「ほぼすべての事件について、

被疑者の『取調』を行うことが実務のスタンダードとなった」ことを指摘している。取調の結果採取された供述が後の訴訟手続において重要な証拠になるというだけでなく、警察・刑事証拠法および運用規定Cは、取調をたんに制限するというのではなく、むしろ「捜査官に対して、攻撃されることのない確かな証拠を得ようとするのであれば、警察署内の整備された環境下において被疑者を取り調べるよう推奨し、要求している」というのである。[*35]

なにに起因するかについての見方はこのように分かれるものの、マグワイアは、それまでの実証研究をレビューしたうえで、告発前の留置決定において、「留置管理官は、その『ゲート・キーパー』としての役割を果たすにあたり、第一線の捜査官の要望や要求からの独立性を十分発揮してはいない」と結論づけている。[*36]

(2) 弁護権の告知

　弁護人の助言を受ける権利の告知について、実証研究のなかには、無料の法的助言を受けることができると被疑者に告知しなければならないという運用規定の要請にもかかわらず、実際には、法的助言を受けることが「得策」ではないと被疑者に受け止められるような仕方で権利告知がなされているとの所見を示すものがある。それが、被疑者に権利行使を思いとどまらせようとの「策略」によるというマッコンヴィルらの見方[*37]に対して、モーガンらの調査研究は、「大多数のケースにおいて、権利の告知は、法的対話が本来想定しているような『理性的』人間であれば十分理解できるであろう仕方によって行われている。しかし、そのとき『理性的』な精神状態を保っている被疑者は希有なのである」と述べ、むしろ被疑者の精神的混乱に起因するとしている。[*38]いずれにしても、警察・刑事証拠法施行前に比べれば増加したというものの、実際に弁護人の助言にアクセスする被疑者の数はなお少なく、1980年代末においても25％程度にすぎなかったのは、権利告知が不明確であり、権利行使に対する消極的意味が込められているからであるとの見方が強かった。

　その結果、権利告知の仕方に起因して被疑者が法的助言を受ける権利の行使を思いとどまることなく、実際に権利を行使するよう促すために、「被疑者に対して告知する情報を、量的にも、質的にも改善する」という目的から、運用規定Cの1991年改正が行われた。[*39]この改正により、①留置管理官は、被留置者に対して、法的助言を受ける権利を「留置されているあいだいつでも

行使できること」、弁護人との相談は「秘密にかつ無料で」行われること、弁護人は「警察から独立した立場」にあることを「明瞭に」告知しなければならず（運用規定C3.1）、②被疑者が弁護人の助言を受けるのを思いとどまらせようとすることは許されず（同6.4）、③被疑者は弁護人の助言を無料で受けることができることを、取調の開始直前、留置再審査の開始前、犯人識別の前、被疑者に身体標本の提出を求める前に繰り返し告知しなければならないこととされた（同6.5）。そのさい被疑者に交付される権利告知用の書面も改良された（同3.2）。運用規定の改正前後を比較した調査研究によれば、大多数の留置管理官は被疑者に対して十分適切な権利告知を行っており、弁護人の助言を実際に要求した被疑者も24％から32％に増加した。とはいえ、改正された運用規定に従った権利告知をしていない留置管理官も、少数ながらたしかに存在していた。[40]

(3) インフォーマルな取調

　弁護人の法的援助を受ける権利、録音・録画による同時記録、少年その他の脆弱被疑者についての「適切な成人」の関与など、警察署内の取調室で行われるべき「正式の」取調に対する法的規制を潜脱する目的から、逮捕現場から被疑者を警察署に引致する車内、留置管理官の執務室、被疑者の留置されている居室などにおいて、「インフォーマルな」取調が行われ、被疑者から自白その他不利な供述を実質的に引き出し、あるいは「正式の」取調が有利に進むことになるよう、被疑者と事前に会話を交わしておくという実務がみられるという。サンダースとヤングは、「インフォーマルな尋問は、被疑者を保護する意図から設けられたルールに関する警察・刑事証拠法の枠組を破壊するものである。……しかし、正式の取調が被疑者を保護するためのさまざまな規制によって抑制されることになった以上、インフォーマルな尋問が実務に広がることもまったく不思議ではない」と指摘している。[41]

　インフォーマルな取調の一つの手段として行われるのが、捜査官による被留置者の居室訪問である。ディクソンらは、ボトムレイらとの調査研究に基づき、一部の留置管理官が、捜査官が取調に関する厳密な同時記録作成の要請を潜脱する意図から、居室にいる被留置者を非公式に訪問し、会話することを許可していることを明らかにした。警察留置において被留置者へのアクセスを統制する責任を負っているのは、留置管理官である。しかし、ディクソンらの観察によれば、留置管理官が居室にいる被疑者を捜査官が訪問し、

会話するのを容認する程度は一様ではないものの、一般に、警察・刑事証拠法施行当初ほどには厳格な統制が行われない傾向がみられたという。このような非公式の訪問は、「福祉訪問（welfare visit）」など遠回しの表現により留置記録票に記載されることもあるが、まったく記録されることなく「裏取引」が行われる場合もあるという。[42]

　マッコンヴィルらの調査研究も、留置管理官が、留置記録票に一切記載することなく、捜査官による被疑者の居室への訪問を許可したり、被疑者を取調室に連れて行くのを認めることによって、記録外の取調が行われることに積極的に関与していたと指摘している。このような警察・刑事証拠法の規制を潜脱する実務が行われるかどうかは、個々の留置管理官、捜査官と留置管理官の関係、さらにはインフォーマルな訪問・取調がいかに「必要か」についての警察の判断によって決まるという。[43] アンドリュー・サンダースとリー・ブリッジイズは、正式の取調の開始前または休憩時間に、留置管理官の執務室や被疑者の留置されている居室においてインフォーマルな取調が行われることは、建前上は留置管理官によって防止されることになっているが、実際にはどの程度防止されているか疑問であり、このような実例がたしかに存在するとする。[44] マグワイアは、「このような実務がどれほどの範囲で行われているのか不明であるものの、すべての取調が記録されなければならないという警察・刑事証拠法の要請に明白に反するものである」としている。[45]

(4) 身体的・精神的福祉の確保

　これら消極的所見に対して、被留置者の身体的・精神的福祉の確保に関する権限行使については、留置管理官の独立性を積極的に評価する研究結果が一般的である。[46] たとえば、留置管理官は、警察・刑事証拠法前に比べ、健康状態が悪く、または酩酊した被疑者のために医師を招致することにより積極的になった。[47] 酩酊状態または薬物の禁断症状の状態に陥った被疑者の取調については、取調に十分耐えられる状態に回復するまで取調を許さず、また、精神的問題があるかどうかの評価の正確性において問題が残るものの、「適切な成人」の立会がないままでの精神的問題を抱える人の取調を許可することには、より厳格な態度をとるようになった。[48]

　ディクソンによれば、このような積極的傾向は、留置管理官が被留置者の福祉自体により強い関心をもつようになったからというより、むしろ懲戒処分の可能性をおそれるからであるという。[49] とはいえ、マグワイアは、「これ

ら警察実務の変化は、留置管理官の役割を確立したことの結果として生じた現実的な変化であり、被留置者の利益に適うものである」としている。この点に関して、デヴィッド・ブラウンは、それまでの実証研究を包括的にレビューしたうえで、「留置管理官は、被疑者の福祉を確保することにおいて決定的に重要な役割を果たしている。留置管理官がこの役割を果たす実効性は、多くの職務を迅速に処理しなければならないという圧力や、警察留置の過程においてある部分を直接監視・監督できないことによって、たしかに制約されている。しかし、留置管理官は捜査からの独立性を必要とされる水準において保持することができないという見方は、これまで蓄積された実証研究によっては十分支持されることはない」と結論づけている。[*51]

(5) 職務配転と留置管理官副次文化

サンダースとヤングによれば、留置管理官は巡査部長以上の階級にある警察官から選任されるべきとされるだけで、その職に就くにあたって、特別な研修を受けるわけではなく、また、警察組織内での留置管理官の位置づけに起因して、捜査と留置の機能分化にとって問題が生じうるという。すなわち、ある警察官が留置管理官の職にあるあいだは、担当事件の捜査に従事することは禁止されているものの、特定の警察官が留置管理官の職を長期にわたり務める地域もあれば、比較的短期間のうちに留置管理官が順次交代していく地域もあるのである。

たしかに、ブラウンらの調査研究によれば、このような勤務配転の違いが、運用規定をどの程度厳格に遵守するかにおいて差異を生じさせるわけではなく、むしろ留置管理官を長期務める者のなかには、被疑者に対する告知事項を日常的にとばし読みをしたり、運用規定の要請に忠実であるというより、自己の考えに従って職務を行っている例もみられるという。[*52] しかし、一人の警察官が留置管理官の職と捜査官の職とを交互に務めるということからすれば、「留置管理官も、根本においてなお、通常の捜査活動に従事する警察官だということである。このことは、留置管理官において、たしかに同時に留置と捜査の二つの職務を行うことはないにせよ、限られた期間のあいだに二つの任務を交互に行わなければならないという役割葛藤を生じさせる」。捜査と留置の機能分化が実質的に曖昧なものとなる危険をはらむというのである。[*53]

他方、事件の解決を組織的目標とする「警察文化」への沈潜によって、留

置管理官の独立性が損なわれているというマッコンヴィルらの上述の見方に対して、ディクソンらは、むしろ独立性を支え、促進するような留置管理官固有の「文化」が発達してきていることを指摘している。すなわち、ボトムレイらとの調査研究の結果、「留置管理官はインフォーマルな地位と独立性とを獲得しており、通例、階級のより高い者との場合も含め、積極的に捜査官と対立する立場をとっている」とした。44％の留置管理官が、警察・刑事証拠法の定める手続保障に関して捜査官の意見に賛同せず、そのとおりに許可しなかったと報告している。このような対立は、告発後の留置継続をめぐって生じることが最も多く、弁護人の援助へのアクセス、近親者への告知については、あわせて26％程度である。そして、ほとんどの対立については、警視以上の階級の警察官の判断を求めるまでもなく（警察・刑事証拠法39条6項）、留置管理官の意見に従って決着がつけられている。このような形で示された留置管理官の独立性を支えるものとして、ディクソンらは、「留置管理官副次文化ともいいうるものが、たしかに存在している。すなわち、どの時点で留置管理官になったかにかかわらず、留置管理官のなかには一定の共通する特徴がみられるのである。その一つは、見方によってはへそ曲がり、あるいは天の邪鬼（bloodymindedness）ともいえるような特徴であり、別の言い方をすれば見事な独立性なのである」と指摘している。

　ディクソンは、このような「副次文化」が形成された要因として、懲戒処分の現実的可能性が強く意識されていること、警察組織のなかで捜査官と留置管理官とのあいだに一定の対抗関係が生まれていることを指摘しているが、「私たちが調査研究の過程で接した留置管理官のほとんどは、相当高い程度の気骨を有していた。すなわち、自己の職務に傾注しており、被留置者が『公正に』取り扱われるべきことに関心を払っていた（もっとも、『公正さ』の基準が法的基準と一致しない場合もある）」と指摘している。よほど穿った見方をしないかぎり、留置管理官のなかに「捜査官としての自己認識」を見出すことはできないとしている。留置管理官の独立性について消極的評価を示したマッコンヴィルらの調査研究も、実のところ、「留置管理官の多くは、公正さ、正義、平等という意識を有しており、それがその日々の職務のなかに行き渡っている。この意識は、……留置管理官の定型的な判断のなかにも染み込んでいる」と認めていたのである。

6. 捜査官への監護移転をめぐる問題

　注目されるのは、警察・刑事証拠法のなかに、留置管理官の独立性を損なう構造的要因が内在しているという指摘である。それは、留置管理官から捜査官への被留置者の監護の移転についてである（同39条2項）。

　警察・刑事証拠法39条1項は、被留置者の処遇が警察・刑事証拠法および運用規定に従って適正に行われることを留置管理官の責任として定めているが、同条2項は、運用規定に基づき留置管理官が捜査官の監護の許に被留置者を移し、または移すことを許可したときは、被留置者の適正処遇の確保に関する責任を免れ、被留置者の監護を行う捜査官がその責任を負うと定めている。同条3項は、捜査官は被留置者を留置管理官の監護の許に戻したとき、被留置者を監護していた期間における警察・刑事証拠法および運用規定の遵守状況について、留置管理官に対して報告しなければならないと定めている。この報告に基づき、留置記録票への記載が行われることになる。同36条5項が定めているように、同39条2項による被留置者の監護の移転がなされたときは、捜査官が被留置者の適正な処遇の確保に関する責任を同時に負うこととなる。このことは、警察留置における捜査と留置の機能分化を大きく制限するものといわざるをえない。ザンダーが指摘するように、両機能を完全に分化するためには、留置管理官が捜査機能を担うことと同様、捜査官が留置機能を担うことについても、「同一人が同時に両機能を担うことが禁止され」なければならないはずである。

　この問題について、ボトムレイらとの調査研究に基づき、ディクソンらは、警察・刑事証拠法39条2項によって、「捜査機能から独立したものと考えられていた被疑者の処遇を監視・監督する機能は、被疑者に尋問する捜査官の手に移されることになる。それはやむをえないことなのかもしれないが、筋の通らないことではある。このことに対する手続保障としてあるのは、警察・刑事証拠法のなかで最も実効性に欠ける規定である。すなわち、被疑者を留置管理官の許に戻すとき、捜査官は、『被疑者が自己の監護の許にあった期間における警察・刑事証拠法および運用規定の遵守状況について、留置管理官に対して報告』しなければならないとされるのである（同条3項）。しかし、留置管理官がこのような報告を要求することはない。せいぜい行われるのは、捜査官が留置記録票に『警察・刑事証拠法は遵守された』と記載することである。このような規定の非現実的な要求や、その表面的な遵守に

よっては、法的規制に対する警察の尊重を増大させることなどほとんど不可能なのである」と論じている。また、ブラウンも、警察・刑事証拠法のインパクトに関する実証研究を包括的にレビューしたうえで、留置管理官から捜査官への監護移転をめぐる同39条2項は、捜査の要求と被留置者の適正な処遇の確保という要求との区別を曖昧にするものであり、警察・刑事証拠法の「弱点」と考えられていると指摘している。

7. イギリス警察留置と「捜査と拘禁の分離」

　本書第2章において明らかにしたように、国際人権法の要請する「捜査と拘禁の分離」に応えるためには、警察留置の極小化、警察留置における捜査と留置の機能分化という二重の要請にともに応えなければならない。

　イギリス警察・刑事証拠法は、逮捕から告発までの警察留置を原則24時間以内に限定したうえで、その制限時間内に可能な限り速やかに告発または釈放の判断がなされるよう要求し、さらに告発後、速やかに被告人をマジストレイトの許に連れて行き、身体拘束を継続すべき場合には、マジストレイトが未決拘禁を決定することとしている。未決拘禁が決定されると、被告人は刑事施設に収容され、警察留置が継続されることはない。このようにして、「捜査と拘禁の分離」の第1の要請に応えようとしているのである。

　他方、警察・刑事証拠法は、極小化された警察留置においても、捜査・取調と留置が結合し、相互に歪めあうことがないよう、被疑者の取調、被留置者の処遇の両面にわたり詳細な手続保障を定めたうえで、被留置者の適正な処遇を確保し、その権利を保護するための留置管理官の権限・義務を明確に規定することによって、第2の要請に応えようとしている。それでもなお、法構造上、警察組織上の要因により、留置管理官の独立性において不十分さが残るとされ、捜査と留置の機能分化には確実な限界が存在する。そうであるがゆえに、警察・刑事証拠法は、警察留置の極小化という第1の要請に応えていることを前提としてはじめて、「捜査と拘禁の分離」の要請に適うものとなるのである。

　イギリス警察・刑事証拠法の下での警察留置のあり方は、代用刑事施設をめぐって、日本の警察留置の改革を構想するうえで、重要な示唆を提供してくれるであろう。

注

*1　The Royal Commission on Criminal Procedure, Report 1 (Cmnd. 8092, 1981). 王立委員会報告書に関する詳細な検討として、井上正仁＝長沼範良「イギリスにおける刑事手続改革の動向──『刑事手続に関する王立委員会』の報告書について（1〜4）」ジュリスト765・766・769・770号（1982年）。

*2　Report of an Inquiry by Sir Henley Fisher into the Circumstances Leading to the Trial of Three Persons on Charges Rising out of the Death of Maxwell Confait and the Fire at 27 December Doggett Road, London SE 6 (1977). 井上＝長沼・注1論文85頁以下参照。

*3　ギスリー・グッドジョンソン（庭山英雄ほか訳）『取調・自白・証言の心理学』（酒井書店・1994年）327頁は、フィッシャー報告書は真犯人でなければ知りえない詳細な事実が含まれているとして、3人の自白の信用性を肯定したが、警察が3人に対して客観的事実の詳細をそれとなく伝達していたという可能性を考慮していないと批判する。

*4　McBarnet, The Fisher Report on the Confait Case: Four Issues, 41 Modern Law Review 455, 455-463 (1978).

*5　警察・刑事証拠法の制定過程については、Michael Zander, The Police and Criminal Evidence Act 1984, xi-xiii (5th ed., 2005).

*6　三井誠「イギリス刑事手続の改革──1984年警察・刑事証拠法及び1985年犯罪訴追法を中心に(1)・改革の概要」ジュリスト937号（1989年）63頁。警察・刑事証拠法の概要、そのもとになった王立委員会報告書の分析と改革提案などについては、この連載を参照。

*7　Tim Newburn, Crime and Criminal Justice Policy 64-65 (2nd ed., 2003).

*8　Malcolm Davis et al., Criminal Justice 153-155 (3rd ed., 2005).

*9　John Sprack, A Practical Approach to Criminal Procedure 12-33 (10th ed., 2004)による。他に、葛野尋之「刑事被拘禁者の法的・社会的コミュニケーション(1)」立命館法学295号（2004年）34〜36頁、石田倫識「保釈」刑事立法研究会編『代用監獄・拘置所改革のゆくえ』（現代人文社・2005年）参照。

*10　Tom Bucke and David Brown, In Police Custody: Police Powers and Suspect's Rights under the Revised PACE Codes of Practice 53-55 (Home Office Research Study 174) (1997). 運用規定改正前の調査結果（David Brown, Detention at the Police Station under the Police and Criminal Evidence Act 1984 [Home Office Research Study 104] [1989]）との比較によれば、被疑事実が重大犯罪または中間的犯罪である場合の告発率にはさほど変化がないのに対して、軽微犯罪である場合の告発率は61％から46％に顕著に低下し、無条件釈放の割合が増加した。

*11　Ed Cape, Defending Suspects at Police Stations 360 (4th ed., 2003).

*12　The Royal Commission on Criminal Procedure, supra note 1, at para 3.105.

*13　Keith Bottomley et al., The Impact of Pace: Policing in a Northern Force 91-92

(1991)。この調査研究は、イングランド北部の三つの警察署において、警察・刑事証拠法の施行前後4年間から選んだ2,844件の留置記録票の分析、160人の警察官との公式インタビュー、約870時間に及ぶ観察記録、内部規則と政策文書の分析、非公式の会話と議論によるものである。

*14 Dixon et al., Safeguarding the Rights of Suspects in Police Custody, 1 Policing and Society 115, 130-132 (1990). もっとも、被疑者の73%が留置開始後6時間以内に、さらに20%が6時間から15時間以内に、7%が15時間から24時間以内に告発または保釈・釈放されていたので、審査手続のルーティン化があるといっても、それによって警察留置の濫用が一般化しているというわけではないとする。なお、24時間以上留置された被疑者は1%未満であり、36時間以上留置されたのは7人にすぎなかった。

*15 Prison Statistics England and Wales 2002, 13 (2003).

*16 田端智明＝石田高久「仏・英・独の身柄拘束制度と拘禁施設の現状(3)」警察学論集49巻11号（1996年）118頁は、「英国においても、刑務所・拘置所の代わりに、受刑者を含む囚人を警察留置場に『代替収容』している例が見られる」と指摘している。たしかに1980年マジストレイト裁判所法128条7項により、マジストレイトは、ある犯罪について正式告発された者を3日まで警察留置施設に収容することを命じることができる。実務上も、このような例が少数ながらあるという。しかし、その目的は正式告発された犯罪の捜査・取調にあるのではなく、未だ正式告発されていないそれとは別の犯罪の捜査・取調にある。正式告発された犯罪についての取調は、わずかな特別の例外を除いては許されていない。それゆえ、警察留置施設への収容中、被疑者には通常の逮捕留置中の被疑者の場合と同じ手続保障が適用され、また、余罪についての捜査・取調が終了したならば速やかに、被疑者はマジストレイトの面前に連れてこられなければならない。このように、正式告発された犯罪について正式告発後も、被疑者が警察留置場に「代替収容」されているというわけではない（Zander, supra note 5, at 181-182）。なお、最近、過剰拘禁対策として、未決被拘禁者と受刑者を警察留置施設に収容することを認める「応急措置（Operation Safeguand）」がとられているが、これについては本書「はしがき」参照。

*17 勾留請求までの逮捕留置に関する日本の実務が、速やかな直接司法審査と警察留置の極小化という未決拘禁の司法的コントロールに関する国際人権法の要請に反することについて、葛野尋之「未決拘禁の司法的コントロールと代用監獄」刑事立法研究会・注9書76～79頁（本書69～72頁）。

*18 Coretta Phillips and David Brown, Entry into the Criminal Justice System: A Survey of Police Arrests and Their Outcomes 109-111 (Home Office Research Study 185) (1998). 全被疑者中告発されたのが52%、無条件に釈放されたのが20%、警告処分を受けたのが17%、他機関への移送その他が13%であった。告発前の警察留置の時間は被疑事実の重大性によって異なり、殺人、強姦など最も重大な犯罪の場合には22時間足らず、中程度の重大犯罪の場合には7時間あまり、軽微な犯罪の場合には4時間足らずであった。また、処分によっても差異があり、告発・留置継続の場合

には約 8 時間30分、告発前保釈の場合には約 8 時間、無条件釈放の場合には約 6 時間、告発・保釈の場合には約 4 時間40分、即時警告処分の場合には約 4 時間20分であった。

*19 　Dixon, et al., supra note 14, at 132.
*20 　Barrie L. Irving and Ian K. McKenzie, Police Interrogation: The Effect of the Police and Criminal Evidence Act 1984, 64-66 (1989).
*21 　Dixon, et al., supra note 14, at 132-133.
*22 　Andrew Sanders and Richard Young, Criminal Justice 286-287 (2nd ed., 2000).
*23 　Rod Morgan, Robert Reiner and Ian McKenzie, Police Powers and Policy: A Study of the Work of Custody Officers 3 (Report to Economic and Social Research Council) (1991).
*24 　Zander, supra note 5, at 135.
*25 　Id. at 136.
*26 　Id. at 292
*27 　Id. at 298.
*28 　Mike Maguire, Regulation the Police Station, in Mike McConville and Geoffrey Wilson (eds.), The Handbook of the Criminal Justice Process 91 (2002). Cape, supra note 11, at 255は、「警察の取調は、疑うべくもなく、被疑者が警察署内に留置されている期間において決定的に重要なものである。……警察が捜査過程において自白を獲得していたならば、しておかなければならない捜査活動がより少なくて済み、有罪獲得の見込みがより高くなることからすれば、それは驚くべきことではない。たとえ警察が逮捕または取調の前に広範囲にわたる捜査を行っていたとしても、取調はなお重視されることになるであろう」として、犯罪捜査の実務において取調が重要な位置を占めていることを指摘しつつ、「他方、過去10年ほどのあいだに、被疑者が虚偽の自白をなし、あるいは警察が被疑者が自白したと誤った主張をしたことから、警察の取調が虚偽の証拠を生み出してきたことが、公式に承認されてきた」として、取調の結果採取された虚偽自白による冤罪の危険が現実に存在することを指摘している。
*29 　Ed Cape, The Rivised PACE Codes of Practice: A Future Step Toward Inquisitorialism, 2003 Criminal Law Review 355は、運用規定の2003年改正について、全体としてみたとき、捜査権限の拡張という傾向がみられ、被疑者・被告人の権利保護との均衡が崩れている批判する。
*30 　Huw Smart, Blackstone's Custody Officer's Manual 403 (2004).
*31 　Sanders and Young, supra note 22, at 191.
*32 　Mike McConville, Andrew Sanders and Roger Leng, The Case for the Prosecution: Police Suspects and the Construction of Criminality 42 (1991).
*33 　Morgan et al., supra note 23, at 18-19.
*34 　Sanders and Young, From Suspects to Trial, in Mike Maguire, Rod Morgan and Robert Reiner (eds), The Oxford Handbook of Criminology 1045 (3rd ed., 2003).
*35 　Dixon, Legal Regulation and Policing Practice, 1 Social and Legal Studies 515,

525-526 (1992).
*36 Maguire, supra note 28, at 89-90.
*37 McConville et al., supra note 32, at 47-54.
*38 Morgan et al., supra note 23, at 22-23.
*39 David Brown, Tom Ellis and Karen Larcombe, Changing the Code: Police Detention under the Rivised PACE Codes of Practice 3 (Home Office Research Study 1290) (1992).
*40 Id. at 17-55.
*41 Sanders and Young, supra note 22, at 297.
*42 Dixon et al., supra note 14, at 134 .
*43 McConville et al., supra note 32, at 58-59.
*44 Sanders and Bridges, Access to Legal Advice and Police Malpractice, (1990) Criminal Law Review 494, 504-506.
*45 Maguire, supra note 28, at 90.
*46 Id. at 90.
*47 David Brown, PACE Ten Years On: A Review of Research 87-88 (Home Office Research Studies 155) (1998).
*48 Irving and McKenzie, supra note 20, at 70-73.
*49 Dixon, supra note 35, at 533.
*50 Maguire, supra note 28, at 91.
*51 Brown, supra note 47, at 89.
*52 Brown, Ellis and Larcombe, supra note 39, at 34-35.
*53 Sanders and Young, supra note 22, at 190.
*54 Dixon et al., supra note 14, at 136.
*55 Bottomley et al., supra note 13, at 100-109.
*56 Dixon et al., supra note 14, at 137.
*57 Dixon, supra note 35, at 533-534.
*58 McConville et al., supra note 32, at 186-187.
*59 2002年警察改革法は、被留置者の監護は、同様に、認可された民間捜査員、護送担当員に対しても移転することができるとした。この場合、警察・刑事証拠法39条3項に基づく報告義務も、同様に適用されることになる。
*60 Zander, supra note 5, at 136.
*61 Dixon et al., supra note 14, at 134.
*62 Brown, supra note 47, at 75. 私は、2007年9月6日、ロンドン市で最も多忙な警察署の一つとされるイズリントン警察署を訪問したさい、留置管理官のナイジェル・ワード巡査部長に対して、警察・刑事証拠法39条2項のもと捜査官が捜査機能と留置機能を同時に担うことになるという問題について質問したところ、たしかに規定上そのように定められているが、同39条1項により被留置者の適正な処遇の確保と権利の

保護について留置管理官が一般的責任を課されているので、実務上、現に捜査・取調が行われているときであっても、同運用規定に違反するような捜査・取調が行われている場合には、留置管理官においてそれを打ち切るよう要請すべきと理解されており、実際にそのようにしているとの回答を受けた。同行した警察留置施設独立訪問者委員会連合会（Independent Custody Visiting Association）の研修担当委員であるヘレン・スコフィールド氏も、実務においてはこのような理解が一般的であると話していた。

＊63　イギリス警察・刑事証拠法37条2項は、告発前の警察留置の目的として、被逮捕者の取調によって逮捕理由となった犯罪の証拠を収集すること自体をあげているが、運用規定C12.5は、「警察・刑事証拠法に基づき、逮捕の理由となった犯罪事実の証拠を収集するために取調を行う必要があるとの理由から告発前の留置に付されている被疑者は、尋問に対して回答しないと選択することができる。しかし、警察官がこの目的のための取調について被疑者の同意または承諾を要求されることはない。被疑者が、整備された取調室に向かうために自己の居室を出るのを拒み、取調室から退出しようと試みるなどして、取調を受け、または取調を継続されることを妨げるための行動をとる場合には、取調への被疑者の同意または承諾は不要であることを忠告されなければならない。被疑者は、運用規定C10の定める告知を受けたうえで、取調を受けようとせず、またはそれを拒否する場合には、居室において取調が行われうること、および取調を受けようとせず、またはそれを拒否すること自体が証拠となりうることを教示されなければならない。その後あらためて、被疑者は取調を受けるべく、取調室に向かうよう促されなければならない」と定めている。被疑者が黙秘または否認した場合、黙秘権を確保するために、一般に取調は簡単に終了し、長時間の「説得」の継続は予定されておらず、また、被疑者が法的助言を要求した場合、原則として弁護人が警察署に到着し、その助言を受けるまで、取調を開始してはならないとされているにせよ（運用規定C6.6）、告発前の留置中、被疑者は取調を拒否できないのである。しかし、一般に、身体を拘束された被疑者に取調受忍義務を認めることは、警察留置における捜査と留置の機能分化に対する本質的矛盾をはらんでいる（葛野・注17論文74〜76頁〔本書68〜69頁〕）。それゆえ、この点もまた、捜査と留置の機能分化との関係における警察・刑事証拠法の構造的限界といえるであろう。

第4章 警察留置と弁護人接見

1. 警察留置中の弁護人接見をめぐる法的問題

(1) 永井国賠訴訟における第一審京都地裁判決の論理

　逮捕・勾留され、身体を拘束された被疑者・被告人と弁護人（以下、この文脈においては、選任権者の依頼により弁護人となろうとする者も含む）との接見をめぐっては、近年もなお、その制限の適法性をめぐる争いがさまざまな形において生じている[*1]。このなか、いくつかの国家賠償請求訴訟において、警察留置中の被疑者・被告人と弁護人との接見を実現するうえでの留置担当官の権限・義務が問題とされてきた[*2]。

　他方、被疑者を警察留置場に勾留したうえで取調を行うという代用刑事施設制度については、「冤罪の温床」との批判がなされるとともに、それが自由権規約9条3項の要請する「捜査と拘禁の分離」に反しているのではないか争われてきた。しかし、未決拘禁者の処遇等に関する有識者会議（以下、有識者会議）は、「代用刑事施設制度は、都道府県警察が、治安の維持に責任を負い、第一次捜査権を有し、検察官に身柄を送致した後も被疑者の取調を行う責務を有し、かつ、短期間に制限されている身柄拘束期間内にち密な捜査を遂げ、検察官において、それに裏付けられた起訴、不起訴の厳格な選別を行うという我が国独自の刑事司法制度を前提とし、その捜査を迅速・適正に遂行する上で重要な機能を果たしている」としたうえで、「昭和55年以降、警察の捜査部門と留置部門を組織上及び運用上明確に分離することにより、被疑者の処遇の適正を図る制度的な保障がなされるに至ったこと」を「積極的に評価すべき」であるとし、代用刑事施設制度の存続を提案した。このことを受け、2006年6月に可決・成立した新しい未決拘禁法は、「都道府県警察に、留置施設を設置する」としたうえで（14条1項）、警察留置施設に被逮捕者および被勾留者を「留置し、必要な処遇を行う」こととし（同2項）、勾留された被疑者・被告人を「刑事施設に収容することに代えて」、

警察の「留置施設に留置することができる」とした（同15条）。かくして、代用刑事施設制度が存続することとなった。[*3]

未決拘禁法の全面改正が構想されるなか、2004年11月19日、代用監獄としての京都五条警察署に付属する留置場において、「捜査と留置の分離」の根幹にかかわるような形で、弁護人接見の実現における留置担当官の権限・義務が問題とされる接見妨害事件が発生した。それは、公訴提起後の被告人に対する弁護人からの接見の申出に対して、捜査担当の司法警察職員（以下、捜査官）および留置主任官らが、被告人が余罪捜査のためポリグラフ検査中であったことを理由として即時の接見を認めなかったという事案について、弁護人が京都府に対して、国家賠償法1条1項に基づき損害賠償請求を行ったものである（以下、永井国賠訴訟または本件）。

2005年12月16日、京都地裁は、この事案について、弁護人から接見の申出がされた場合、捜査機関としては、余罪について逮捕・勾留されていない限り、可及的速やかに接見を実現させるために必要な措置をとらなければならないから、被告人に対するポリグラフ検査を現場で指揮していた捜査官は、被告人のポリグラフ検査を中止して、速やかに被告人と弁護人との接見を実現すべく手配する義務があったなどとして、捜査官の措置の違法性を認め、請求を一部認容する一方、留置主任官の措置の違法性を認めなかった。[*4] 2005年12月28日、原告は、この第一審判決を不服として控訴した。

第一審判決は、留置主任官の措置の違法性を判断するにあたり、留置主任官の権限および義務について、「留置担当官（留置主任官及び留置係員）は、留置管理業務を遂行するにあたり、刑事訴訟法、監獄法その他関係法規を遵守してその職務を遂行すべき義務を負うから、接見事務に関しては刑事訴訟法39条1項に定める接見交通権を侵害するような取扱いをしてはならない反面、同条3項の検察官等の接見指定権を失わせるような事務の遂行をすることも許されないと解される。また、留置担当官は、弁護人から被疑者又は被告人に対する接見の申出を受けたときは、接見を実現させるため必要な措置を講じなければならない（被疑者留置規則29条1項、35条1項）」としたうえで、「接見申出を受けた留置担当官は、……被留置者が公訴提起後の被告人である場合には、別件の被疑者として逮捕・勾留されていない限り、刑事訴訟法39条3項による接見指定はあり得ないのであるから、直ちに接見を実現させるため接見場所を提供し身柄を同行するなどの措置をとらなければならない。そして、被留置者が余罪取調のため既に留置場から出場している場

合には、留置担当官は、被留置者の勾留と留置場の管理の権限を有するにとどまるから、捜査と留置の分離及び捜査の流動性に鑑み（捜査に介入することは許されないし、余罪について逮捕・勾留などの措置がいつとられるかわからない。）、現に被留置者に対する任意捜査を行っている捜査担当者に対し、速やかに接見申出の事実を連絡し、接見が円滑に行われるように配慮する義務があり、かつ、それで足りるものと解するのが相当である」とした。本件事案について、第一審判決は、留置主任官は必要とされる連絡・配慮義務を果たしているから、その措置に違法性はないと認めたのである。

　このように、第一審判決によれば、弁護人が代用監獄である警察留置場に留置された被告人との接見を申し出たとき、留置担当官は、その一般的義務として、直ちに接見を実現させるための措置をとらなければならない（以下、即時接見実現義務）。しかし、「被留置者が余罪取調のため既に留置場から出場している場合には」、留置担当官は、「被留置者の勾留と留置場の管理の権限」を有するにとどまり、また、「捜査と留置の分離」および「捜査の流動性」にかんがみ、留置担当官が「捜査に介入することは許されないし、余罪について逮捕・勾留などの措置がいつとられるかわからない」から、直ちに接見を実現させなくとも、捜査官に対して「速やかに接見申出の事実を連絡し、接見が円滑に行われるように配慮する義務」（以下、連絡・配慮義務）を果たすことで足りるとされたのである。

(2) 本章の課題

　以上のように、永井国賠訴訟の第一審京都地裁判決は、警察留置中の被告人と弁護人との接見をめぐる重要な法的問題を提起している。とくに「捜査と留置の分離」との関係において留置担当官の権限・義務をどのように理解するかは、「捜査と留置の分離」、さらにはこれを包含する国際人権法上の要請である「捜査と拘禁の分離」の意義に直結する重要問題である。そうであるがゆえに、代用刑事施設としての警察留置施設の正当性を吟味し、未決拘禁のあり方を構想するうえでも、理論的検討を加えることが不可欠なものである。以下、本稿は、本件第一審判決が提起した法的問題について、その論理に沿いながら検討する。具体的には、次のような論点について検討を行う。[*5]

　第1に、「被留置者が余罪取調べのため既に留置場から出場している場合」において、留置担当官は、被留置者の処遇についてどのような権限を有し、義務を負うのか。第一審判決は、「被留置者の勾留と留置場の管理の権限」

を有するにとどまるとした。ここにおいて、被留置者の「勾留」の権限ということの意味は必ずしも明らかではない。刑訴法上、被疑者・被告人についての勾留の権限は裁判所・裁判官が有するからである（60条・207条1項）。それゆえ、第一審判決の含意は、留置担当官は被留置者が留置場内に現実に滞在している場合に限り、その留置および留置場の管理に関する権限を有するにすぎないということなのであろうが、はたしてそうなのか。

　被留置者が任意捜査のために留置場から出場している場合でも、被留置者についての勾留が継続している以上、勾留裁判の執行としての「留置」は継続しているから、留置担当官は、被留置者の適正な処遇を確保し、その権利を保護する権限と義務をなお有しているのではなかろうか。あるいは、被留置者が留置場から出場している場合、たしかにその者が「留置」中であるとはいえないにせよ、被留置者についての勾留の執行が継続している以上、留置担当官は、裁判官の勾留状において「勾留すべき監獄」（刑訴法64条・事件当時。現在は「勾留すべき刑事施設」）として指定された代用監獄における被留置者の処遇に責任を負う者として、被留置者の適正処遇・権利保護に関する権限・義務をなお有しているのではなかろうか。

　第2に、「捜査と留置の分離」の要請からすれば、被留置者の適正な処遇を確保し、その権利を保護するために、留置担当官がどのような権限・義務を有することになるのか。第一審判決によれば、留置担当官は、一般的義務として即時接見実現義務を負うにもかかわらず、「捜査と留置の分離」からすれば「捜査に介入することは許されない」ので、捜査官が捜査の継続によって違法に接見を妨げている場合、たとえ直ちに接見を実現させなくとも、連絡・配慮義務を果たせば足りるとされた。はたしてこのような判断は、「捜査と留置の分離」の意義、それから導き出される留置担当官の権限・義務についての正しい理解に基づくものなのか。

　国際人権法上の「捜査と拘禁の分離」（自由権規約9条3項）は、第1に、警察のコントロール下にある被疑者・被告人の身体拘束、この意味における警察留置の極小化を要請し、第2に、警察留置における捜査と留置の機能分化を要請している。第一審判決のいう「捜査と留置の分離」は、この第2の要請に相当するものである。警察留置における捜査と留置の機能分化は、被疑者・被告人の身体拘束が捜査・取調に不当に利用されるのを防止するとともに、捜査・取調からの不当な干渉を排して、被留置者の適正な処遇を確保し、その権利を保護することを目的としている。このような目的からす

れば、捜査が接見を違法に妨げている場合には、留置担当官は連絡・配慮義務にとどまらず、むしろ現在する違法な捜査を効果的に排除して、直ちに接見を実現させるために手を尽くす義務を負うことになるのではなかろうか。このように理解することこそ、「捜査と留置の分離」の要請に適うのではなかろうか。

　第3に、被告人と弁護人との接見の取扱いに関する留置担当官の権限・義務との関係において、「捜査の流動性」とはどのような意義を有するのか。第一審判決において、留置担当官は一般的には即時接見実現義務を負っているものの、「捜査の流動性」にかんがみれば、「余罪について逮捕・勾留などの措置がいつとられるかわからない」から、直ちに接見を実現させなくとも、連絡・配慮義務を果たせば足りるとされた。はたして「捜査の流動性」が、留置担当官において即時接見実現義務を免れさせる根拠となりうるのであろうか。

　たしかに、一連の最高裁判例は、逮捕・勾留されている被疑者について、検察官から一般的指定書が送付されていた場合、あるいは「接見等の指定に関する通知書」が交付されていた場合には、留置担当官が弁護人からの接見の申出に即座に応じることなく、接見指定（刑訴法39条3項）に関する具体的措置について権限ある捜査官の指示を受けるために、合理的時間内において弁護人を待機させたとしても違法ではないとしている[*6]。しかし、本件において問題となったのは、接見指定の可能性のない被告人と弁護人との接見である。被告人は余罪捜査のために任意のポリグラフ検査を受けていたにすぎず、余罪について逮捕・勾留はなされていない。それゆえ、刑訴法39条3項の定める接見指定の前提が欠けている。本件被留置者が余罪について身体拘束をされていない以上、留置担当官は捜査官に対して余罪について逮捕がなされたかどうか直ちに確認したうえで、逮捕がなされていない場合には、直ちに接見を実現させるために手を尽くさなければならないのではなかろうか。

　本章は、これらの論点について検討したうえで、本件留置担当官の措置はその即時接見実現義務に違反する違法なものであるとの結論を導く。最後に本章は、警察留置中の被疑者・被告人と弁護人との接見において、国際人権法の要請する「捜査と拘禁の分離」、それに内包される警察留置における捜査と留置の機能分化という意味の「捜査と留置の分離」はどのように具体化されるべきか提示する。

2. 適正処遇・権利保護のための留置担当官の権限・義務

(1) 被告人と弁護人の接見交通権
(i) 接見交通権の憲法的重要性

　憲法34条は、「何人も、理由を直ちに告げられ、且つ、直ちに弁護人に依頼する権利を与へられなければ、抑留又は拘禁されない」と規定している。この憲法上の権利は、1999年3月24日の最高裁大法廷判決がいうように[*7]、「身体の拘束を受けている被疑者が、拘束の原因となっている嫌疑を晴らしたり、人身の自由を回復するための手段を講じたりするなど自己の自由と権利を守るため弁護人から援助を受けられるようにすることを目的とするもの」であり、「単に被疑者が弁護人を選任することを官憲が妨害してはならないというにとどまるものではなく、被疑者に対し、弁護人を選任した上で、弁護人に相談し、その助言を受けるなど弁護人から援助を受ける機会を持つことを実質的に保障している」ものとして理解されなければならない。すなわち、弁護人の援助を受ける権利（以下、弁護権）の実質的保障ないし有効な弁護の保障である。また、憲法37条は、身体拘束の有無にかかわらず、「刑事被告人」に対して弁護権を保障しているが、この弁護権の意義も、34条の弁護権と同様に理解されるべきである。

　刑訴法39条1項は、憲法34条を受けて、身体を拘束された被疑者・被告人と弁護人との接見交通権を保障している。先の最高裁大法廷判決は、この接見交通権について、「憲法34条の右の趣旨にのっとり、身体の拘束を受けている被疑者が弁護人等と相談し、その助言を受けるなど弁護人等から援助を受ける機会を確保する目的で設けられたものであり、その意味で、刑訴法の右規定は、憲法の保障に由来するものである」と意義づけている。

　いうまでもなく、逮捕・勾留は被疑者・被告人の防御権の制限を目的とするものではない。しかし、身体の拘束にともない、防御権の行使には事実上大きな困難が生じる。しかも、身体の拘束により、その根拠とされた嫌疑を争い、身体の解放を求めるなど、防御権の行使はいっそう重要な意義を有するようになる。このような状況下、防御権の保障を実質化するためには、弁護人とのコミュニケーションを通じて、その実効的援助を受けられるよう確保しなければならない。「弁護人との接見交通権は被疑者が防御活動を行う上で最も重要な基本権であり、まさにこの弁護権の中核に位置する」[*8]のであ

る。憲法の保障する弁護権（憲法34条。被告人の場合にはあわせて同37条3項）を実質化するために、被疑者・被告人と弁護人のコミュニケーションの保障が不可欠であるという意味において、接見交通権は、本来それ自体、憲法上の権利として理解されるべきである。たとえ、憲法的権利であることが認められないとしても、接見交通権は、最高裁判決のいうように「憲法の保障に由来する」権利として、憲法的意味においてひときわ高い重要性を有する[*9]。

　ところで、第二次内田国賠訴訟において、2000年6月13日、最高裁は、逮捕直後における被疑者と弁護人となろうとする者との初回の接見について、当日の接見を許さなかった捜査機関の措置に関して、「とりわけ、……弁護人となろうとする者と被疑者との逮捕直後の初回の接見は、身体を拘束された被疑者にとっては、弁護人の選任を目的とし、かつ、今後捜査機関の取調べを受けるに当たっての助言を得るための最初の機会であって、直ちに弁護人に依頼する権利を与えられなければ抑留又は拘禁されないとする憲法上の保障の出発点を成すものであるから、これを速やかに行うことが被疑者の防御の準備のために特に重要である」と述べたうえで、刑訴法39条3項ただし書のいう「被疑者が防御の準備をする権利を不当に制限する」ものにあたり違法であるとした[*10]。

　この最高裁判決の事案は、初回接見というだけでなく、逮捕直後の被疑者と未だ弁護人として選任されていない「弁護人となろうとする者」との接見についてのものであった。判決はこれらの点を総合的に考慮したうえで、とくに防御上の重要性が高い接見であるとして、それを許さなかった措置が刑訴法39条3項ただし書に該当すると認めたものであるが、最高裁調査官から、「その趣旨からすると、逮捕直後にされたかどうかよりも、初回接見かどうかが重要な意義を有するものといえ、本判決の趣旨は、逮捕からある程度の期間を経てされた初回の接見申出についても基本的に妥当する」との見解が示されている[*11]。また、後藤昭は、弁護人となろうとする者の初回接見の場合と同様、「逮捕前にすでに弁護人として選任されている者が、逮捕直後に接見を求めた場合でも、逮捕による被疑者の心理的動揺を考えれば、速やかな接見を認めるべき必要は大き」く、他にも「数日間接見がなかったとき、長時間の取調べが続いているとき、被疑者の側が積極的に弁護人との相談を求めたときなどにも、本判決のような考え方を適用することは可能であろう」としている[*12]。確立した最高裁判例のように、「捜査のため」の「必要」と防

御上の重要性との個別具体的な比較衡量によって接見指定の適法性を判断するという枠組を前提とするときも、接見交通権の憲法的重要性からすれば、接見の制限はできるだけ狭く限定すべきであるから、これらの例に準じて、第二次内田国賠訴訟判決の趣旨を及ぼす範囲は広く認められてよい。

本件事案のような起訴後の被告人と国選弁護人との初回接見については、後に確認するように刑訴法39条3項に基づく接見指定が許されないことはもちろんであるが、そのような接見の防御上の重要性自体は、被告人が弁護人から受ける法的援助の初めての具体的機会として、ひときわ高いと認めることができるであろう。

(ii) 接見に関する監獄法と被疑者留置規則

刑訴法39条2項は、「前項の接見又は授受については、法令（裁判所の規則を含む。以下同じ。）で、被告人又は被疑者の逃亡、罪証の隠滅又は戒護に支障のある物の授受を防ぐため必要な措置を規定することができる」と定めており、これを受けて、刑事拘禁法上の制限に関する規定が設けられている。1908年に制定された監獄法については、2005年5月、その改正法としての受刑者処遇法が制定され、2006年6月には、未決拘禁法が全面改正され、先の受刑者処遇法と一体化されて被収容者処遇法として可決・成立した。とはいえ、受刑者処遇法の施行は2006年5月24日であり、新未決拘禁法を含む被収容者処遇法の施行は2007年6月1日であったから、本件発生時点において法的効力を有していたのは、監獄法である。本件被留置者が刑事事件の被告人として勾留されていたのは警察留置場であったが、警察留置場が勾留場所に指定されていたのは代用監獄としてであるから（監獄法1条3項）、監獄法の規定が適用されることになる。

以下、本章は、本件発生当時の適用法令を前提としつつ検討を進めることにする。新未決拘禁法は、警察留置中の被疑者・被告人と弁護人との接見に関して、たしかに監獄法に比べ詳細な規定を置いているが（216条ないし220条）、「留置」の法的意味、弁護人接見における留置担当官の権限・義務など、本章の検討課題について直接影響を与えるような変更は含んでいない。それゆえ、旧監獄法を前提とした本章の検討は、大部分、新しい未決拘禁法のもとでも実質的に妥当することになるであろう。

勾留された被疑者・被告人としての未決被拘禁者と弁護人との接見について、監獄法45条1項は、「在監者ニ接見センコトヲ請フ者アルトキハ之ヲ許

ス」と規定していた。同50条は、「接見ノ立会、信書ノ検閲其他接見及ヒ信書ニ関スル制限ハ法務省令ヲ以テ之ヲ定ム」として、接見に関する制限を包括的に法務省令に委任していた。とはいえ、刑訴法39条1項が自由かつ秘密の接見交通を保障していることから、監獄法施行規則121条は、「接見ノ時間ハ三十分以内トス但弁護人トノ接見ハ此限ニ在ラス」として、弁護人の接見について30分以内の時間制限を除外し、同125条2項は、接見の申出にあたって「面談ノ要旨ヲ聞キ取」る（同条1項）ことなどをしないとしていた。また、同127条1項は、「接見ニハ監獄官吏之ニ立会フ可シ但刑事被告人ト弁護人トノ接見ハ此限ニ在ラス」として、施設職員の立会のないことを定めていた。監獄法上、未決被拘禁者と弁護人との接見の権利を実現させる権限を有し義務を負うのは監獄の長とされていた（45条1項）。[13]

本件発生当時、被疑者・被告人が代用監獄としての警察留置場に勾留されている場合、これら監獄法および同施行規則の規定が適用されることになる。また、警察留置場における留置業務については、国家公安委員会規則として被疑者留置規則が定められていた。被疑者留置規則の適用対象となるのは、警察留置場に留置された被逮捕者（1条）および被勾留者（35条）である。被勾留者は、被疑者、被告人をともに含む。

被疑者留置規則の解説書によれば、留置業務の目的は、被留置者の身体拘束の確保とともに、被留置者の適正な処遇にあるとされている。この「適正な処遇」については、「拘禁目的を阻害しない限り留置人の人権は最大限の尊重を要する」とされ、「留置人の適正な処遇は、留置人の人権保障を具体化するものであり、その意味で留置業務の重要な要素である」とされている。[14]したがって、被留置者の「適正な処遇」とは、その権利の保護を意味していると理解することができる。この場合、被留置者の権利の保護において、弁護人との接見交通権の確保はとりわけ重要である。留置された被疑者・被告人「の権利、すなわち弁護人との接見交通権や不利益供述の拒否権などのいわゆる防御権を確実に保障する必要があ」るとされるのである。[15]

警察の留置業務においては、被疑者留置規則上、警察署長（または主務課長）が、被疑者・被告人の「留置および留置場の管理について、全般の指揮監督に当たる」こととされ（4条1項）、留置主任官が、「警察署長を補佐し」、「看守者」を指揮監督しつつ、被疑者・被告人の「留置及び留置場の管理について、その責めに任ずる」とされていた（同条2項）。さらに、留置主任官が不在の場合、「当直責任者または警察署長の指定した者が留置主任官」

の職務を代行することとされていた（同条3項）。

被疑者留置規則は、被留置者と弁護人との接見の取扱いについて、いくつかの具体的規定を有している。それによれば、弁護人からの接見の申出があったとき、留置主任官は、まずその者が弁護士であるかどうか確認したうえで、「必要な措置を講じなければならない」（29条1項）。弁護人との接見に立ち会うことは許されず（30条1項）、接見は、原則として接見室において行われる（32条）。

(2)「留置」の法的意味

以上みてきたように、刑事拘禁法上、留置担当官は、被留置者と弁護人との接見の権利を実現させる権限・義務を有しているが（監獄法45条、被疑者留置規則29条1項）、憲法・刑訴法上の接見交通権の重要性にかんがみれば、接見の実現は、一切の不必要な遅延なくして、直ちになされなければならない。被疑者・被告人が弁護人の実効的援助を受けるためには、両者のコミュニケーションが、時機を逸することなく、適時に行われる必要があるからである。かくして、留置担当官は、一般に、弁護人が接見を申し出たときは、被疑者・被告人である被留置者と弁護人を直ちに接見させるべき義務（即時接見実現義務）を負うことになる。

被告人と弁護人との接見について、留置担当官が「直ちに接見を実現させる」一般的義務を負うことは、本件第一審判決も認めるところであった。では、留置担当官における即時接見実現の権限・義務、より一般的にいうならば被留置者の適正処遇・権利保護に関する権限・義務は、被留置者が留置場内に滞在している場合にのみ認められるのか。それとも、被留置者が留置場から出場している場合にも認められるのか。

第一審判決は、「被留置者が余罪取調べのため既に留置場から出場している場合には、留置担当官は、被留置者の勾留と留置場の管理の権限を有するにとどまる」とし、このことを留置担当官が即時接見実現義務を免れることの根拠としていた。被疑者留置規則において、留置担当官が責任を負うとされていたのは、被疑者・被告人の「留置および留置場の管理」である（4条2項）。被留置者と弁護人との接見に関する取扱いを含め、その適正処遇・権利保護に関する取扱いは、このうち「留置場の管理」ではなく、「留置」に含まれる事項である。また、留置場所に関する原則として、「被疑者の留置は、留置場を使用してこれを行うものとする」と定められていた（6

条)。これらからするとたしかに、被疑者・被告人が留置場から出場しており、留置場にいない場合、その者は留置されていないということになり、留置担当官の権限・義務は及ばないことになるようにもみえる。はたしてそうなのか。

　監獄法においてはもちろん、被疑者留置規則においても、「留置」の法的定義はなかった。しかし、同規則6条が「留置は、留置場を使用してこれを行うものとする」と定めていたことからすると、少なくとも、人を「留置場」という一定の場所に滞在させることが、「留置」の中心概念となるようである。そうであるならば、監獄法上の「拘禁」に相当する概念といえるであろう。

　勾留された被疑者・被告人が警察留置場に留置されるのは、裁判官または裁判所がその者の勾留を決定し、代用監獄としての警察留置場を「勾留すべき監獄」に指定した場合である（刑訴法64条1項）。この場合、裁判官・裁判所の命令による勾留を執行するために、その者は勾留状を提示されたうえで、「できる限り速やかに且つ直接、指定された監獄」としての警察留置場に「引致」され（刑訴法73条2項）、そこに「留置」されるということになる。なお、被逮捕者についてのいわゆる逮捕留置は、逮捕後、引致場所に引致されてから、釈放または勾留の決定までの期間行われ、通常、被逮捕者は、引致場所としての警察署に「付属」する留置場に「留置」されることになる。

　なお、新未決拘禁法は、「留置」という概念を二つの文脈において使用している。第1に、「留置施設」に法定の対象者を「留置」し、「必要な処遇を行う」（14条2項）、あるいは法定の対象者を「刑事施設に収容することに代えて、留置施設に留置することができる」（15条本文）という文脈においてである。この場合の「留置」は、刑事施設への「収容」に相当する意味を有し、やはり「留置施設」に人を滞在させることが、その中心概念になるであろう。第2に、「刑事施設」に「収容」する対象として、「刑事訴訟法の規定により、逮捕された者であって、留置されるもの」を定め（3条2号）、また、「留置施設」に「留置」する対象として、警察法および刑訴法の規定により「都道府県警の警察官が逮捕する者又は受け取る逮捕された者であって、留置されるもの」を定めている（14条2項1号）という文脈においてである。この場合の「留置」は第1の文脈における「留置」とは異なり、逮捕後、釈放または勾留の決定までのあいだ、引致場所などに被逮捕者を滞在させることを意味している。いわゆる逮捕「留置」の意味である。本稿の検討課題と

関連するのは、このうち第1の意味における「留置」であるが、未決拘禁法も、「留置」の法的意味をそれ以上明らかにはしていない。

(3) 勾留の執行としての「留置」

　身体を拘束された被疑者の取調受忍義務との関係において、高内寿夫は、「被疑者の勾留は裁判官の処分であるから（207条）、被疑者の勾留場所が拘置所であろうと警察留置場であろうと、拘置所職員および留置係官は裁判官の命令に基づいて被疑者の身柄を確保するのである（同73条2項）。／そうすると、被疑者は、いったん勾留されたならば、『勾留すべき監獄』から他の場所に移動する権利はないと考えるべきである。……被疑者が警察留置場に勾留されている場合であっても、勾留の執行は『警察留置場』でなされなければならないのであって、『警察署』で行うわけではない」と論じている。この見解によれば、警察留置場が勾留場所に指定された場合、「勾留の執行」こそが警察留置場への「留置」であり、それはすなわち警察留置場内に被勾留者を滞在させ、そこから出場させないことを意味することになる。

　たしかに、捜査機関が、裁判官の命令により勾留されている被疑者を、取調のために勾留の執行されている場所から連れ出すことができるとする現行実務は、裁判官の命令による身体拘束という勾留の本質との矛盾をはらんでいる。たとえ捜査機関には被疑者を取り調べる権限が認められているにせよ（刑訴法198条1項）、取調のために勾留中の被疑者を勾留執行の場所から連れ出す権限が、それに付随して当然に認められるわけではない。勾留の目的は逃亡・罪証隠滅の防止であって（刑訴法60条）、取調ではないからである。捜査機関が勾留中の被疑者を取り調べる場合でも、裁判官の命令による勾留の効果として被疑者を取調室などに連れ出すことが許されないのであれば、後藤昭が指摘するように、本来、被疑者が勾留されている場所に被疑者を訪問し、弁護人、他の一般人の場合と同様、その被疑者との「面会」として行うべきことになる。

　勾留の効果と場所に関するこのような見解によるならば、本件のように、捜査官が警察留置場に勾留された被告人を任意のポリグラフ検査のために留置場外に連れ出した場合、検査室内において勾留が執行されていると理解することはできず、勾留の執行としての「留置」はなされていないということになるであろう。とはいえ、このように留置場外に連れ出すこと自体、裁判官の命令による勾留の効果からして許されず、違法なものとなる。

(4) 留置場からの出場と「留置」

　捜査官が取調のため、あるいは他の捜査のために被疑者・被告人を留置場から連れ出しているというのが、現在までに定着した実務である。留置場から連れ出す先は、留置場と同じ警察署内にある取調室、あるいは別の警察署の取調室のこともあれば、実況見分などに被疑者・被告人を立ち会わせるために、屋外の場合さえある。いま、このような定着した実務を前提にしたとき、勾留の執行との関係において、「留置」の法的意味はどのように理解されるか。

　まず確認すべきは、現行実務の前提には、取調などのために勾留中の被疑者・被告人を留置場外に連れ出した場合でも、勾留の執行は継続しているという理解があることである。連れ出しの都度、勾留について執行停止の措置がとられるわけではない。逆にいえば、勾留の執行が継続しているからこそ、捜査官が被疑者・被告人を連れ出すことも勾留の効果と矛盾することなく許されると理解されているのである。それゆえ、勾留の執行こそが法的意味における「留置」だとすれば、被疑者・被告人が留置場外にいる場合でも、勾留の執行が継続している限り、その者は「留置」されているということになる。

　このような理解からすれば、本件のように、捜査官が任意のポリグラフ検査のために被告人を留置場から連れ出した場合でも、被告人について勾留の執行が継続している以上、被告人は「留置」されていたのであり、それゆえ留置担当官は、被告人が留置場内に現に滞在している場合と同様、被告人の「留置」に関する権限・義務を有することになる。そうであるならば、留置担当官における被告人の適正処遇・権利保護に関する権限・義務は、被告人が留置場内にいるか、留置場外にいるかによって左右されないことになる。第一審判決も認めるように、被告人が留置場内にいる場合、弁護人からの接見の申出があるとき、留置担当官が即時接見実現義務を負うとされる以上、被告人が留置場外にいる場合でも、留置担当官は同じくこの義務を負うことになる。

(5) 留置場外における適正処遇・権利保護の権限・義務

　このような見解に対しては、捜査官が被疑者・被告人を留置場から連れ出している場合、勾留の執行は継続するにせよ、その被疑者・被告人が留置場内に滞在していない以上、もはや「留置」されているとはいえないとの批判

がありえよう。たしかに、「留置」の法的意味を留置場内に現に滞在していることとして捉えるならば、このような批判が可能であろう。

　しかし、このように考えるならば、被疑者・被告人が留置場外に出場しているあいだ、その適正処遇・権利保護に関する権限・義務を誰が、どのように担うべきかという問題が生じる。この問題は、きわめて解決が困難なものである。

　留置場外における被疑者・被告人の適正処遇・権利保護に関する権限・義務については、その者を留置場外に連れ出した者が有するとの考えもありえよう。しかし、たとえば被疑者の取調中、被疑者を取り調べるために留置場外に連れ出した捜査官が、まさに自ら取り調べている被疑者の適正処遇・権利保護について、適切に権限を行使し、義務を果たしうるとは期待しづらいであろう。後述するように、「捜査と留置の分離」として捜査と留置の機能分化が要請されるのは、捜査官、留置担当官のいずれか一方が、捜査と留置の両機能を同時に担うことになると、被疑者・被告人の捜査・取調の適正さを確保するうえでも、また、被留置者の適正な処遇を確保し、その権利を保護するうえでも、重大な危険が生じるからである。このような危険が現実化しないように、捜査と留置の機能分化が要請されるのである。[*18] 捜査官が被疑者・被告人を留置場外に連れ出しているあいだ、その適正処遇・権利保護に関する権限・義務を有すると理解することは、このような捜査と留置の機能分化という要請に反することになる。[*19]

　被疑者・被告人が留置場外にいる場合でも、勾留の執行が継続しているとする以上、その適正処遇・権利保護に関する権限・義務については、留置担当官が保持していると理解すべきであろう。もともと被疑者・被告人の「留置」は、勾留の執行として行われる。勾留の執行が継続している限り、被疑者・被告人が留置場内に滞在しているかどうかにかかわらず、その者は「留置」されていると考えることができるからである。あるいは、たとえ被疑者・被告人が留置場外にいる場合、その者が「留置」されているとはいえないと考えたとしても、裁判官・裁判所により勾留を執行する場所として指定された「監獄」の担当職員——代用監獄として警察留置場が指定されたときは留置担当官——が有する勾留の執行に関する権限・義務の一部として、その適正処遇・権利保護に関する権限・義務を担うと理解すべきであろう。いずれにしても、捜査官が被疑者・被告人を取調などのために留置場外に連れ出した場合でも、なお留置担当官がその適正処遇・権利保護に関する権限・

義務を有していると理解してこそ、適正処遇・権利保護の実効性を得ることが可能となる。逆に、このように理解しない限り、実効的な適正処遇・権利保護は期待できない。
　実際、警察関係者においても、「被留置者の起床、運動、食事、就寝など」の「日課時限」が定められているが、「捜査の便宜に左右されない、公平な処遇を行う」ために、日課時限の遵守が必要だとされており、「取調べなどの捜査もこの日課時限を考慮に入れて実施する」ことになると認められている。また、日課時限は「被留置者の規則正しい生活を維持するために必要な日常の一般的、基本的なプログラムであり、被留置者の人権に配慮した適正処遇を実施するうえでは欠かすことのできない要素である」から、「取調べ等の捜査を行う必要から、必ずしも日課時限を厳守することができない場合があることは事実であるが、そうした場合においても、前期の日課時限が定められた趣旨を没却するような運用がなされないよう、捜査部門に対してその趣旨および内容の周知を図る必要がある」とされている。これらの見解は、捜査官が取調その他の捜査のために被疑者・被告人を留置場外に連れ出した場合でも、なお留置担当官が、その適正処遇・権利保護のために日課時限の遵守に関する一定の権限・義務を有しているという前提に立ったときこそ、よく理解することができる。
　このように、被留置者が余罪捜査を受けるために留置場から出場している場合でも、勾留の執行が継続している限り、法的意味における「留置」は継続しており、あるいは「留置」中とはいえなくとも、勾留の執行が継続しているのであるから、被留置者が留置場内に滞在している場合と同様、留置担当官が、その適正処遇・権利保護に関する権限・義務を有すると理解することができる。したがって、弁護人から接見の申出があったとき、被告人が留置場外にいる場合でも、留置場内にいる場合と同様、留置担当官は直ちに接見を実現させる義務を負うことになる。

3.「捜査と拘禁の分離」と留置担当官の権限・義務

(1) 警察留置の極小化と「捜査と留置の分離」

　本件第一審判決は、留置担当官は一般的義務として即時接見実現義務を負うものの、「捜査と留置の分離」からすれば「捜査に介入することは許されない」ので、捜査官が捜査を継続することによって違法に接見を妨げている

場合、たとえ直ちに接見を実現させなくとも、連絡・配慮義務を果たせば足りるとした。これは、「捜査と留置の分離」の意義、それによって導かれる留置担当官の権限・義務についての正しい理解に基づくものなのか。むしろ「捜査と留置の分離」の要請からは、留置担当官は違法な捜査を効果的に排除して、直ちに接見を実現させるために手を尽くす義務を負うことになるのではなかろうか。

まず、国際人権法上の「捜査と拘禁の分離」からの二重の要請を確認する。[*23] 自由権規約9条3項は、「刑事上の罪に問われて逮捕され又は抑留された者は、裁判官又は司法権を行使することが法律によって認められている他の官憲の面前にすみやかに連れて行かれるものとし……」と定め、未決拘禁に対する司法的コントロールを要請している。未決拘禁の司法的コントロールは、第1に、未決拘禁が適法か、その要件が備わっているか、裁判官が速やかに直接審査を行うことを目的としている。第2の目的は、裁判官の面前に速やかに連れて行くことによって、被疑者・被告人の警察留置を極小化することである。捜査・取調を担当する警察の手許に被疑者・被告人の身体を置き続けると、往々にして、その身体拘束が捜査・取調に不当に利用されることになる。また、被留置者の処遇が捜査・取調からの不当な干渉によって歪められることにもなる。自由権規約9条3項は、このような危険が現実化しないように、被疑者・被告人の身体を警察の手許から速やかに引き離し、警察留置を極小化することを要請しているのである。

未決拘禁の司法的コントロールが、警察留置の極小化という第2の要請を含むことから、そのコロラリーとして、「捜査と拘禁の分離」が、同じく自由権規約9条3項によって要請されることになる。「捜査と拘禁の分離」としては、第1に、警察留置の極小化が要請されることになるが、第2に、被疑者・被告人の捜査・取調と被留置者の処遇とが相互に歪めあう危険を排除するという警察留置の極小化の目的からすれば、警察留置を極小化したうえでさらに、警察留置における捜査と留置の機能分化が要請されることになる。本件第一審判決のいう「捜査と留置の分離」は、この第2の要請に相当する。

代用監獄制度は、「警察官署に付属する留置場」を、刑訴法が被疑者・被告人を勾留すべき場所として定める「監獄」(64条・207条1項。現在は「刑事施設」)に「代用」することを認めるものであったが（監獄法1条3項）、実務上、ほぼすべての被疑者が、代用監獄としての警察留置場に勾留されてきた。勾留された被疑者が「監獄」としての拘置所に収容される割合は、近

時減少し続けており、1971年に18.48%であったものが、2004年には1.73%にまで低下している。*24 かくして、起訴前に限っても、逮捕留置の期間と合わせ、最長23日間の警察留置が認められてきた。実際、警察留置場への平均留置日数は近年顕著に増加しており、1991年に17.0日であったものが、2004年には28.8日となっている。*25 この点において、代用監獄制度は、警察留置の極小化という要請に応えておらず、自由権規約9条3項に違反しているといわざるをえない。新しい未決拘禁法も、勾留された被疑者・被告人を「刑事施設に収容することに代えて」、警察の「留置施設に留置することができる」として（15条）、代用刑事施設制度を存続させたが、これが警察留置の極小化という要請に反していることは、新法前と変わらない。

　このことを前提としつつ、代用刑事施設制度は、警察留置における捜査と留置の機能分化という要請に応えているといえるか。「捜査と留置の分離」に関する法律上の規定は、これまで存在しなかったが、未決拘禁法16条3項は、「留置担当官は、その留置施設に留置されている被留置者に係る犯罪の捜査に従事してはならない」との規定を置いた。しかし、「捜査と留置の分離」に関する規定はこれのみである。未決拘禁法の改正をめぐる国会審議において、政府参考人の警察庁長官は、改正案16条3項の規定の趣旨を徹底することによって、「捜査と留置の分離」は十分達成できるとしたうえで、「就寝時間を超えて長時間の取り調べが行われるような場合には、取り調べの打ち切りにつきまして検討するよう留置担当の方から捜査担当に要請をするほか、当該被留置者の翌朝の起床時間をおくらせて十分な睡眠時間を確保するなどのいわゆる補完措置を講じている」ものの、「捜査担当官と留置担当官は、これは互いに指揮命令を行うような関係にはな」いから、捜査官が深夜被留置者を取り調べようとしているとき、留置業務管理者において、それを止めさせる権限・義務が認められることはないと答弁している。*26 しかし、警察留置において捜査と留置が結合し、相互に歪めあう危険を排除するためには、本来、被疑者の捜査・取調、被留置者の処遇の両面にわたり必要な手続保障を定めたうえで、それを確保するための留置担当官の権限・義務を法律上明確に規定しなければならない。全体としてみたとき、捜査と留置の機能分化は不十分であり、曖昧さを残すといわざるをえない。

　このことは、新未決拘禁法の前後を通じて変わっていない。規約人権委員会が、第4回日本政府報告書を審査した結果、「取調べをしない警察の部署の管理下にあるとはいえ、『代用監獄』が別の機関の管理下にないことに懸

念を有する。このことは、自由権規約9条および14条に定められている被拘禁者の権利が侵害される可能性を大きくしかねない」(23項)との最終見解を発表したのはそれゆえである。[*27] 捜査と留置の不当な結合を示す実例が、1980年に警察内部で組織上の分離が行われた後も、なお報告されてきた。[*28] しかし、そうであるならばなおさら、「捜査と拘禁の分離」の第2の要請に可能な限り応えるために、警察留置における捜査と留置の機能分化を徹底させる方向での法の解釈・運用が必要とされるというべきである。

(2) 留置担当官における即時接見実現のために手を尽くす義務

以上のような「捜査と拘禁の分離」の意義、とくに捜査と留置の機能分化というその第2の要請からすれば、被告人と弁護人の接見の取扱いについて、留置担当官はどのような権限・義務を有するというべきか。捜査官が被疑者・被告人を取調などのために留置場外に連れ出した場合、その適正処遇・権利保護に関する権限を捜査官が有すると理解することが、捜査と留置の機能分化という要請に適合しないことについては、すでに述べたとおりである。

ここにおいて再確認するならば、警察留置において捜査と留置の機能分化が要請されるのは、被疑者・被告人の捜査・取調にその身体拘束が不当に利用されることを防止し、また、被留置者の処遇が捜査・取調からの不当な干渉によって歪められる危険を排除するためであった。「捜査と拘禁の分離」の第2の要請がこのような目的を有することからすれば、被留置者の適正処遇・権利保護に関する権限・義務を有する留置担当官としては、捜査官がその適正処遇・権利保護を損なうような捜査・取調をしようとしたときは、断固これを拒絶すべきであり、また、そのような不当な捜査・取調が現に行われている場合には、それを効果的に排除して、被留置者の適正な処遇を確保し、権利を保護するために手を尽くさなければならない。後者の場合、不当な捜査・取調を行っている捜査官は、直ちにそれを止めることによって、被留置者の適正処遇・権利保護に協力しなければならない。このように理解してこそ、捜査と留置の機能分化の目的が達成されることになる。

被疑者・被告人と弁護人との接見について、留置担当官は、直ちにそれを実現すべき権限・義務を有している。捜査・取調からの不当な干渉がなされようとしたとき、たとえば適法な接見指定要件が明らかに存在しないにもかかわらず、捜査官があえて接見を妨害する目的から被留置者を留置場外に連れ出そうと申し出たときは、留置担当官としては、断固この申出を拒絶し、

直ちに接見を実現させる義務を負うというべきである。また同様に、接見を妨害する捜査・取調が現実に存在している場合には、留置担当官としては、それを効果的に排除して、被留置者と弁護人を直ちに接見させるために手を尽くさなければならない。このとき、接見を妨害する捜査・取調を行っていた捜査官は、直ちにそれを止めて、即時の接見実現に協力する義務を負っているというべきである。

　ところで、未決拘禁法改正をめぐる国会審議において、留置担当官は、捜査官が夜間就寝時間を超えて被留置者を取り調べていたとき、取調を打ち切らせる権限・義務を有するのかとの質問に対して、政府参考人の警察庁長官官房長は、被留置者の適正な処遇と適正な捜査の遂行との「バランス」が必要とされるとして、留置担当官は「捜査の打ち切り要請をする」ことができるにとどまり、打ち切らせる権限・義務を認められるわけではないと答弁している。[*29] 仮に被留置者の処遇と捜査・取調との「バランス」という観点から、取調打ち切り権限が認められないというのであれば、捜査・取調が弁護人接見を妨害している場合でも、留置担当官において、現在する違法な捜査・取調を効果的に排除する権限は認められないということになるようにもみえる。

　しかし、たとえ被留置者の処遇と捜査・取調との「バランス」が必要とされる場合があるにせよ、捜査と留置の機能分化という要請からすれば、その「バランス」はあくまでも、被疑者の身体拘束が捜査・取調に不当に利用されること、あるいは被留置者の処遇が捜査・取調によって不当に歪められることが排除されたうえで問題とされるべきことである。それゆえ、被留置者の処遇とのあいだの「バランス」が問題とされるべき捜査・取調は、当然、適法な捜査・取調でなければならない。たとえば個別具体的事案によっては、深夜の取調がやむをえず必要な場合もありうるのであって、相当な方法によって行われるとき、それが直ちに違法となるとは限らない。しかし、被疑者・被告人と弁護人との接見を妨害する違法な捜査・取調が現に行われている場合には、接見の権利と違法な捜査・取調との「バランス」が問題とされるまでもなく、接見の実現のために、違法な捜査・取調は直ちに排除されなければならない。留置担当官は、このことに関する権限を有し、義務を負うというべきである。

　本件第一審判決は、留置担当官は、一般的義務として即時接見実現義務を負うにもかかわらず、「捜査と留置の分離」からすれば「捜査に介入することは許されない」ので、捜査官が捜査を継続することによって違法に接見を

第4章　警察留置と弁護人接見　129

妨げている場合、たとえ直ちに接見を実現させなくとも、連絡・配慮義務を果たせば足りるとした。しかし、以上の検討から明らかなように、被告人と弁護人との接見を妨げる違法な捜査が現在するにもかかわらず、それを効果的に排除して、即時接見のために手を尽くす必要はないとすることは、むしろ、被留置者の適正処遇・権利保護という目的に適合しないことになり、それゆえ警察留置における捜査と留置の機能分化、この意味における「捜査と留置の分離」の要請に反するものである。

4.「捜査の流動性」と留置担当官における即時接見実現義務

(1)刑事訴訟法39条の構造と余罪についての接見指定

　本件第一審判決は、留置担当官は直ちに被告人と弁護人の接見を実現させる義務を一般的に負っているものの、「捜査の流動性」にかんがみれば、「余罪について逮捕・勾留などの措置がいつとられるかわからない」から、直ちに接見を実現させなくとも、連絡・配慮義務を果たせば足りるとした。はたして「捜査の流動性」が、留置担当官において即時接見実現義務を免れさせる根拠となるのか。

　たしかに、弁護人が接見を申し出た時点において余罪について逮捕・勾留がない場合でも、その後、これら身体拘束の処分がとられる可能性は否定できない。また、上述のように、最高裁判例によれば、逮捕・勾留されている被疑者について、検察官から一般的指定書が送付されていた場合、あるいは「接見等の指定に関する通知書」が交付されていた場合、留置担当官が弁護人からの接見の申出に即座に応じることなく、接見指定（刑訴法39条3項）に関する具体的措置について権限ある捜査官の指示を受けるために、合理的時間内において弁護人を待機させたとしても違法ではないとされる。

　「捜査の流動性」と接見に関する留置担当官の権限・義務との関係を検討するにあたって、まず、刑訴法39条の規定構造を確認しておきたい。同条1項は、「身体の拘束を受けている被告人又は被疑者」に対して弁護人と「立会人なくして接見し、又は書類若しくは物の授受をする」権利を保障している。そのうえで2項は、1項に基づく接見交通について、「法令（裁判所の規則を含む。以下同じ。）で、被告人又は被疑者の逃亡、罪証の隠滅又は戒護に支障のある物の授受を防ぐため必要な措置を規定することができる」と定めている。問題となるのは3項であるが、これは、「検察官、検察

事務官又は司法警察職員」が、「捜査のため必要があるときは、第1項の接見又は授受に関し、その日時、場所及び時間を指定することができる」として、接見指定について定めている。この3項にはただし書があり、それは、「但し、その指定は、被疑者が防禦の準備をする権利を不当に制限するようなものであつてはならない」と規定している。確認すべきは、3項に基づく接見指定は「公訴の提起前に限り」することができるとされており、その対象は「第1項の接見又は授受」であるから、「身体の拘束を受けている被告人又は被疑者」と弁護人との接見交通であることである。

このように、身体を拘束されていない被疑者・被告人と弁護人との接見交通について、あるいは公訴提起後の被告人と弁護人との接見交通について、「捜査のため」の「必要」を理由とする接見指定が許されないことは規定上明らかである。それは、被疑者・被告人が身体を拘束されていない限り、たとえ余罪についての任意の取調中などであっても、弁護人との接見はおよそ自由になされるべきものであり、また、公訴提起後は、提起前に比べ、捜査の必要自体が減少することに加え、公訴提起後、捜査機関が「捜査のため必要がある」との理由から接見指定をすることは、当事者主義の訴訟手続において検察官と対等な立場にある被告人の基本的地位に矛盾するからである。[*30]

たしかに、被告人が余罪捜査との関係において被疑者としての地位を有する場合には、いくらか複雑な問題が生じうる。最高裁判例によれば、被告人が余罪の被疑者として身体を拘束されており、被告事件と余罪である被疑事件の弁護人が同一人である場合、「被告事件について防禦権の不当な制限にわたらない限り」接見指定が可能だとされ[*31]、また、被告人が余罪の被疑者として身体を拘束されている場合、公訴提起された被告事件についてのみ選任された弁護人との接見についても、同様に接見指定が可能だとされている。[*32] しかし、本件のように、被告人が余罪について身体を拘束されていない場合には、たとえ余罪について捜査の必要があるとしても、接見指定は許されないとされている。[*33] このように、接見指定が認められているのは、被告人が被疑事実について逮捕・勾留され、身体の拘束を受けている場合に限られるのであり、被疑事実について身体を拘束されていない場合には、接見指定は許されない。

(2) 留置担当官の即時接見実現義務と余罪捜査

本件第一審判決は、「捜査の流動性」にかんがみれば、「余罪について逮

捕・勾留などの措置がいつとられるかわからない」とする。たしかに、本件被留置者が、余罪について逮捕・勾留される可能性は否定できない。もし現実に身体を拘束されたならば、さらに刑訴法39条3項に基づく接見指定が行われる可能性もあるから、上述の最高裁判例に従うならば、留置担当官が弁護人からの接見の申出に即座に応じることなく、接見指定に関する具体的措置について権限ある捜査官の指示を受けるために、合理的時間内において弁護人を待機させたとしても違法ではないとされるかもしれない。

　しかし、最高裁判例の事案と本件事案とを比較したとき、決定的に異なる点がある。本件においては、被告人が余罪について逮捕・勾留されておらず、「身体の拘束を受けている……被疑者」（刑訴法39条1項）としての地位を有していないことである。先に確認したように、被告人と弁護人との接見について接見指定が可能なのは、被告人が余罪について逮捕・勾留されている場合に限られる。

　これらの最高裁判例は、逮捕・勾留された被疑者に関する事案についてのものであった。そうであるがゆえに、一連の最高裁判例が確立した基準によれば、現に取調中であったり、間近で確実な取調予定があるなど「捜査の中断による支障が顕著な場合」に該当すれば、「捜査のため必要がある」（刑訴法39条3項）として、接見指定がなされるという可能性があったである。それに対して、本件の場合、被告人は余罪について逮捕・勾留されていない。本件被留置者については、余罪について逮捕・勾留される可能性があり、もし現実に逮捕・勾留されたならば、さらに接見指定される可能性があったにすぎない。結局、本件において、留置担当官の即時接見実現義務は、逮捕・勾留と接見指定という二重の可能性によって免除され、留置担当官は連絡・配慮義務を果たすことで足りるとされたことになる。

　しかし、被告人と弁護人の接見交通権が有する憲法的重要性からすれば、留置担当官における即時接見実現義務は、本来、憲法的意味において重大な義務である。また、逮捕・勾留と接見指定という二重の可能性は、現実に逮捕・勾留されている被疑者について接見指定がなされる可能性に比べ、格段に僅少なものである。ちなみに、2004年中、検察庁既済事件（交通関係業過および道交違反を除く）について、「身柄事件（警察等によって被疑者が逮捕されて身柄付きで送致された事件および検察庁で被疑者が逮捕された事件）」の被疑者は、全被疑者（法人を除く）に対して31.8％であり、勾留請求率は93.3％であった。[*34] また、有識者会議に対して法務省が提出した資料に

よれば、接見禁止の裁判（刑訴法81条）を受けた被勾留被疑者のうち、「接見指定に関する通知書」が発せられた者の割合は、1980年代後期以降大きく減少を続け、1998年にはすでに2.5％になっていた。その資料によれば、「『接見の指定に関する通知書』とは、検察官が、捜査のために必要があるときに、監獄の長に対して、弁護人による接見の日時、場所及び時間を指定することがある旨通知するもの。この通知が発せられない場合、検察官が接見の日時等を指定することは、ほとんどない」とされている[*35]。全被疑者に対する逮捕率31.8％と「接見の指定に関する通知書」の発付率2.5％とを掛け合わせると、0.8％になる。逮捕・勾留と接見指定という二重の可能性がどれほど僅少なものか、この数値から推認することができる。

　しかも本件事案のように、被告人がすでに被告事件について勾留され、身体を拘束されている場合、余罪についても「逮捕の必要」（刑訴法199条1項、刑訴規則143条の3）としての逃亡の危険は顕著に減少するはずである。また、弁護人以外の第三者との面会、信書の発受については、旧監獄法に基づき、すべて立会または内容検査が行われていたから、罪証隠滅の危険も減少するはずである。それゆえ、余罪についての逮捕の可能性、したがって逮捕・勾留と接見指定の二重の可能性はさらにいっそう僅少である。

　もともと、最高裁判例に対しては、身体を拘束された被疑者の場合でも、接見指定に関する確認までのあいだ弁護人を接見させることなく、待機させることは、接見交通権の憲法的重要性からみて許されないとの批判があった。第一次・第二次伊神国賠訴訟の最高裁判決において、45分ないし1時間50分程度の待機・遅延は「合理的な範囲」内にとどまるとして許容されるとした多数意見に対して、接見に関する権限・義務を有しているのは留置担当官であるから、取調中であること、その間近で確実な予定があることなど接見指定事由がないとき、または捜査官に連絡し、接見指定に関する指示を受けるために必要な合理的な時間が経過したときは、留置担当官は被疑者と弁護人とを接見させる義務を負うとする二人の裁判官の反対意見が付されていた[*36]。いま、「捜査の中断による支障が顕著な場合」には接見指定ができるとの前提に立ったとしても[*37]、弁護人からの接見の申出があったとき、留置担当官は直ちに接見を実現させるべき一般的義務を負っているのであるから、直ちに捜査官と連絡をとり、接見指定が存在するか確認しなければならない。接見指定の存在が直ちに確認できない場合には、被疑者と弁護人との接見交通権の憲法的重要性からすれば、未だ現実化しておらず可能性にすぎない接見指

第4章　警察留置と弁護人接見　133

定よりも、そのとき具体的に行使されようとしている接見交通権を優位に置くべきであり、接見指定はないものとして、直ちに接見を認めるべきである。接見指定の存在が直ちに確認できない場合、接見を認めなくとも「合理的な範囲」の待機・遅延であれば許容されるとすることは、結局、接見指定の存在が直ちに確認できないという意味において接見指定が存在しなくとも、接見指定の可能性があることを根拠に、接見指定が存在するのと同じように接見の制限を認めることにほかならない。このことは、接見交通権の憲法的重要性からみて、過剰な制約であるといわざるをえない。

身体を拘束された被疑者についてのこのような場合にもまして、余罪について逮捕・勾留されていない被告人の場合、憲法的意味における高度の重大性を有する留置担当官の即時接見実現義務を、逮捕・勾留と接見指定というきわめて僅少な二重の可能性によって免除し、たんなる連絡・配慮義務を果たせば足りるとすることは、接見交通権の憲法的価値をあまりに軽視しているといわざるをえない。憲法上の弁護権を実質化するために、被告人と弁護人の接見交通権の保障が不可欠であることを考えるならば、留置担当官の即時接見実現義務が、「捜査の流動性」に起因する逮捕・勾留と接見指定という二重の可能性によって免除されることはありえない。留置担当官は、弁護人からの接見の申出があるときは、直ちに接見を実現させるために手を尽くさなければならないというべきである。

本件事案のように、被告人が現実に任意捜査を受けている場合には、留置担当官としては、捜査官に対してまず逮捕がなされているか直ちに確認し、逮捕がなされていない場合には、被告人自身が拒絶しない限り、直ちに被告人を接見室に連れて行くなどして、弁護人と接見させるために手を尽くさなければならない。本件第一審判決がいうように、弁護人接見を妨害する任意捜査を継続させた捜査官の措置を違法とする一方、留置担当官においては即時接見実現義務を免れさせ、連絡・配慮義務を果たすことで足りるとすることは、被告人と弁護人との接見の実現に関して本来的権限・義務を有している留置担当官について法的責任を問うことなく、留置担当官のその権限行使に対して協力する義務を負うにすぎない捜査官については法的責任を問うという不均衡な帰結をもたらすことになる。

5. 弁護人接見をめぐる留置担当官の権限・義務

(1) 本件事案における留置担当官の措置の違法性

　以上論じてきたことをまとめるならば、第1に、被留置者が余罪捜査を受けるために留置場から出場している場合でも、勾留の執行が継続している限り、法的意味における「留置」は継続しており、あるいは「留置」中とはいえなくとも、勾留の執行が継続しているのであるから、被留置者が留置場内に滞在している場合と同様、留置担当官が、その適正な処遇を確保し、権利を保護する権限・義務を有する。

　第2に、国際人権法上の「捜査と拘禁の分離」は、警察留置の極小化とあわせ、警察留置における捜査と留置の機能分化を要請する。この第2の要請が「捜査と留置の分離」に相当するが、それは、被疑者・被告人の身体拘束が捜査・取調に不当に利用される危険とともに、被留置者の処遇が捜査・取調からの不当な干渉によって歪められる危険を排除するという目的を有している。このような目的からすれば、被告人と弁護人との接見を妨害する違法な捜査が現在するときは、留置担当官はそれを効果的に排除して、直ちに接見を実現するために手を尽くさなければならない。捜査官は、直ちに接見が実現されるよう協力する義務を負う。このように理解してこそ、「捜査と留置の分離」の要請に応えることになる。

　第3に、被告人が余罪について逮捕・勾留されていない限り、当然、接見指定が許されることはない。接見交通権の保障が憲法上の弁護権を実質化するために不可欠であることからすれば、留置担当官の即時接見実現義務は憲法的意味における高度の重大性を有している。それゆえ、逮捕・勾留と接見指定というきわめて僅少な二重の可能性によってこの義務を免除し、たんなる連絡・報告義務で足りると理解することはできない。本件事案においては、被告人と国選弁護人との初回接見という防御上とりわけ重要な接見の機会であったから、留置担当官の即時接見実現義務は、憲法的意味においてひときわ重大なものであった。

　これらのことからすれば、本件事案において、捜査官が任意のポリグラフ検査を継続することによって、被告人と弁護人との接見を妨害していたとき、留置担当官はこのような違法な捜査を効果的に排除して、直ちに接見を実現させるために手を尽くさなければならなかった。留置担当官は、たんに弁護人から接見の申出があることを捜査官に連絡し、その判断を促すだけでなく、

被告人と弁護人との接見を妨害する違法なポリグラフ検査を直ちに終了させて、被告人を接見室に連れて行くなどして、弁護人と接見させるための措置をとらなければならなかった。捜査官が本来直ちに接見を実現させるために協力する義務を負っているにもかかわらず、そうしなかったのであれば、捜査官に対して即時接見を妨げる違法な捜査を終了するよう強く働きかけるべきであった。もし捜査官がこのような働きかけにもなお応じることなく、違法な捜査を継続するときは、警察署長に対して、被疑者留置規則4条1項が認めている「指揮監督」の権限を、直ちに接見を実現させるために発動するよう強く促すべきであった。留置担当官は、このようにして即時接見実現のために手を尽くす義務があったにもかかわらず、その義務を果たしていない。それゆえ、留置担当官の措置は違法である。

(2) 「捜査と拘禁の分離」と警察留置中の弁護人接見

　新しい未決拘禁法における代用刑事施設制度は、先に確認したように、起訴前に限っても、逮捕留置の期間と合わせ、最長23日間の警察留置を認めている点において、警察留置の極小化という要請に応えていない。さらに、未決拘禁法は、「捜査と留置の分離」のために必要な手続保障と、その確保に関する留置担当官の権限・義務を明確に規定しておらず、この点において、捜査と留置の機能分化という要請にも応えていない。かくして、未決拘禁法は、これら両面において国際人権法上の「捜査と拘禁の分離」の要請に応えておらず、自由権規約9条3項に違反しているといわざるをえない。

　憲法上の弁護権の保障を実質するためには、身体を拘束された被疑者・被告人と弁護人とのコミュニケーションの保障が不可欠であることからすれば、警察留置中の弁護人接見については、被留置者の適正処遇・権利保護において、最大限の重要性が認められる。それゆえ、この点についての手続保障と、その確保に関する留置担当官の権限・義務が、明確に定められなければならない。その詳細については施行規則に明記することで足りるにせよ、重要部分はやはり、法律上規定されるべきである。[*38]

　本稿の検討を踏まえたとき、そうするにあたっては、第1に、取調などのため捜査官が被留置者を留置施設から連れ出し、被留置者が留置施設外にいる場合でも、弁護人接見の実現に関する権限・義務を有しているのは留置担当官であることを明記すべきである。

　第2に、「捜査と留置の分離」、すなわち警察留置における捜査と留置の機

能分化という要請からすれば、弁護人接見を妨害するような違法な捜査・取調が行われようとしたときは、留置担当官はそれを拒否し、また、そのような違法な捜査・取調が現に行われているときは、留置担当官はそれを効果的に排除して、直ちに接見を実現する権限・義務を有することを明記しなければならない。

　第3に、被留置者が起訴前の被疑者として逮捕・勾留されている場合、弁護人からの接見の申出があったとき、留置担当官は、即時接見実現の一般的義務を負っている以上、直ちに捜査官と連絡をとり、接見指定が存在するか確認しなければならない。接見指定が存在しなければ、留置担当官は、直ちに接見実現のための措置をとらなければならず、また、直ちに確認できないときは、接見指定の可能性を根拠にして、憲法的重要性を有する弁護人接見を制限することは許されないから、接見指定が存在しないものとして、直ちに接見を認めなければならない。[*39] 他方、被留置者が被告人として勾留されている場合には、弁護人からの接見の申出があったとき、留置担当官は、直ちに捜査官と連絡をとり、余罪について身体拘束がなされているか確認しなければならない。身体拘束がなされていなければ、接見指定の前提条件が存在しないから、接見指定の存在を確認するまでもなく、直ちに接見を認めなければならない。余罪についての逮捕・勾留の可能性と接見指定の可能性という二重の可能性を根拠にして、弁護人接見を制限することは許されない。これらのことを明記しなければならない。

　注
　*1　被疑者・被告人と弁護人との接見交通権をめぐる最近の研究として、村井敏邦「接見交通権の保障と信書の発受の秘密性」『渡部保夫古稀記念論文集・誤判救済と刑事司法の課題』（日本評論社・2000年）、寺崎嘉博「接見交通――最高裁大法廷判決とその後の小法廷判決」『光藤景皎先生古稀祝賀論文集（上）』（成文堂・2001年）、高田昭正「接見交通権の実効的保障を目指して」同書、山本正樹「接見交通権の保障について」近畿大学法学50巻2＝3号（2003年）、「特集・取調べと接見交通」現代刑事法2巻5号（2000年）など参照。また、接見制限をめぐる国賠訴訟の論点とその理論的検討について、「特集・接見交通権を確立するために」季刊刑事弁護26号（2001年）参照。
　*2　第一次若松国賠訴訟における最判1991年5月31日・判例時報1390号33頁は、一般的指定書が交付された場合について、「捜査機関は、弁護人等から被疑者との接見等の申出を受けたときは、速やかに当該被疑者についての取調べ状況等を調査して、右のような接見等の日時等を指定する要件が存在するか否かを判断し、適切な措置を採

るべきであるが、弁護人等から接見等の申出を受けた者が接見等の日時等の指定につき権限のある捜査官(以下「権限のある捜査官」という。)でないため右の判断ができないときは、権限のある捜査官に対し右の申出のあったことを連絡し、その具体的措置について指示を受ける等の手続を採る必要があり、こうした手続を要することにより弁護人等が待機することになり又はそれだけ接見が遅れることがあったとしても、それが合理的な範囲内にとどまる限り、許容されているものと解するのが相当である」と判示した。これについての批判として、安藤和平「接見交通と留置業務」柳沼八郎＝若松芳也編著『接見交通権の現代的課題』(日本評論社・1992年)。第一次伊神国賠訴訟における最判2000年3月17日・判例集未掲載、第二次伊神国賠訴訟における最判2000年3月17日・判例集未掲載も同旨。これらについて、寺崎・注1論文、斎藤利幸「留置業務の独自性」柳沼八郎＝若松芳也編著『新・接見交通権の現代的課題——最高裁判決を超えて』(日本評論社・2001年)など参照。また、1988年4月1日に施行された「接見等の指定に関する通知書」制度のもとでも、第二次若松国賠における最判2004年9月7日・判例時報1878号88頁により、同様の判断がなされている。

＊3　葛野尋之「警察留置と『捜査と拘禁の分離』」立命館法学306号(2006年)参照。
＊4　京都地判2005年12月16日・下級裁主要判決情報　http://courtdomino2.courts.go.jp/kshanrei.nsf/c1eea0afce437e4949256b510052d736/78722ab66574e4ad492570f50035b73a?OpenDocument、LEX/DBインターネット文献番号28110281。第一審判決の紹介・解説として、豊崎七絵「最新判例演習(刑事訴訟法)・余罪についてのポリグラフ検査を理由とする接見妨害」法学セミナー616号(2006年)。原告の控訴を受け、控訴審の大阪高判2006年11月29日・判例集未掲載は、①公訴提起後の被告人である被留置者の接見交通権が、当然に任意の余罪捜査権に劣後し、あるいはそれと調整すべき関係にあるとは認められないこと、②被留置者が任意の余罪取調のため留置場から出場しているとしても、留置の権限・責務を担うのは依然として留置担当官であり、捜査担当官は、留置担当官の留置権限を前提に、その枠内において留置権限を行使しうるにすぎず、留置担当官を離れて、独自の留置権限を行使しうるわけではないこと、を根拠として、弁護人からの接見の申出があった場合、留置担当官は直ちに被留置者の接見の意思を確認し、その結果に応じた取扱をすべく、被留置者が接見を希望すれば、捜査担当者からその身柄の引渡を受け、接見を実現させるべきであって、その場合、捜査担当官は、留置担当官から接見の実現のために被留置者の身柄の引渡を求められれば、これを拒むべき法的根拠はないと判示した。控訴審判決は、留置担当官に捜査権に優越する権限がない、あるいは留置担当官が捜査担当官に対し捜査の中断を求める権限および義務がないという議論をもって、留置担当官の被留置者の留置に関する権限と責務を否定することはできないとした。かくして、留置担当官は、弁護人の接見の申出があるとき、任意取調によるポリグラフ検査中の捜査担当者に対してその旨連絡し、被留置者である被告人に接見の意思を確認のうえ、接見を希望すれば、被告人を留置場に戻し、接見を実現させるための場所を提供しなければならない義務を負っていたとした。

*5　本稿の主要部分は、2006年5月17日、弁護団から永井国賠訴訟・控訴審大阪高等裁判所に提出された葛野尋之「意見書」をベースにしている。ただし、「捜査と拘禁の分離」の意義に関する部分については、加筆・修正のうえ、葛野・注3論文（本書第1章・第2章）として発表した。

*6　注2各判例参照。

*7　最大判1999年3月24日・民集53巻3号514頁。

*8　三井誠『刑事手続法(1)（新版）』（有斐閣・1997年）157頁。

*9　葛野尋之「刑事被拘禁者の法的・社会的コミュニケーション（3・完）」立命館法学297号90頁以下（2005年）（本書331頁以下）。国際人権法からみた接見交通権の保障のあり方については、葛野尋之「未決拘禁法の国際水準——代用監獄廃止と接見交通改革への視座」法学セミナー613号（2005年）、新未決拘禁法における接見交通の保障については、葛野尋之「接見交通・外部交通の改革——無罪推定の原則はどのように具体化されるか」季刊刑事弁護47号（2006年）、本書364～375頁参照。

*10　最判2000年6月13日・民集54巻5号1635頁。

*11　矢尾渉「平成12年6月13日第三小法廷判決（解説）」『最高裁判所判例解説・民事編（平成12年度）（下）』548頁、同「時の判例」ジュリスト1197号（2001年）76頁。

*12　後藤昭「逮捕直後の初回の接見申出に対する接見指定」ジュリスト臨時増刊1202号（平成12年度重要判例解説）179頁（2001年）。

*13　未決拘禁法は、刑事施設の場合、刑事施設の長が弁護人接見に関する権限・義務を有するとし（115条以下）、警察の留置施設の場合、警察署長など「留置業務管理者」がそれを有するとしている（216条以下）。

*14　留置業務研究会編著『留置業務の手引』（東京法令出版・1981年）7～8頁。被収容者処遇法の施行に合わせて、2007年5月25日、それまでの被疑者留置規則を全面改正して、「被留置者の留置に関する規則」（国家公安委員会規則第11号）が制定された。被留置者と弁護人との接見交通については、法律上の規定がより詳細なものとされたことにともない、この新規則における規定は簡略化された。

*15　山田知裕「被留置者の処遇の在り方」警察公論59巻2号（2004年）19頁。

*16　高内寿夫「逮捕・勾留中の被疑者取調べに関する一試論——刑訴法198条1項の新解釈」白鴎法学3号（1995年）77頁。梅田豊「取調受忍義務否定論の再構成——刑訴法198条1項但書の解釈についての一試論」島大法学38巻3号（1994年）も同様の見解を示す。注意すべきは、高内寿夫が指摘するように、勾留の執行は刑訴法70条1項が定める「勾留状の執行」から区別されなければならないことである。「勾留状の執行」は、検察官の指揮によって、検察事務官または司法警察職員が行うこととされている。この「勾留状の執行」とは、刑訴法73条の定める手続に従って、被告人を所定の場所に引致することをいう（平場安治『注解・刑事訴訟法（上）（全訂新版）』〔青林書院・1987年〕232頁）。所定の場所に引致されて以降、勾留は、裁判官・裁判所の命令に基づいて、勾留状に指定された「勾留すべき監獄」において執行される。

*17　後藤昭『捜査法の論理』（岩波書店・2001年）130～133頁。

*18　葛野・注3論文54〜56頁（本書63〜64頁）。高尾裕司「留置業務の現状と課題」捜査研究636号（2004年）8頁は、「捜査と留置の分離」の意義について、「捜査担当者とは別の留置担当者の責任と判断によって被留置者の処遇を行うことにより、捜査担当者が被留置者の処遇に影響力を行使しているのではないかとの疑念を払拭すること」にあるとする。取調中の被疑者の適正処遇・権利保護に関する権限・義務を捜査官に担わせることは、この趣旨に明らかに反している。

*19　イギリス警察・刑事証拠法39条1項は、留置管理官（custody officer）が被留置者の適正処遇の確保に関する責任を負うと定めているが、同条2項は、運用規定に基づき留置管理官が捜査官の監護の許に被留置者を移し、または移すことを許可したときは、被留置者の適正処遇の確保に関する責任を免れ、被留置者の監護を行う捜査官がその責任を負うと定めている。同36条5項は、同39条2項により被留置者の監護が捜査官に移転したときは、捜査官が捜査に関する責任とともに、被留置者の適正な処遇の確保に関する責任を同時に負うこととなると定めている。しかし、このことは、警察留置における捜査と留置の機能分化を大きく制限するものとして批判されており、警察・刑事証拠法の「弱点」と考えられている（David Brown, PACE Ten Years On: A Review of Research 75 [Home Office Research Studies 155] [1998]）。マイクル・ザンダーは、両機能を完全に分化するためには、留置管理官が捜査機能を担うこととのみならず、捜査官が留置機能を担うことについても、「同一人が同時に両機能を担うことが禁止され」なければならないと指摘している（Michael Zander, The Police and Criminal Evidence Act 1984, 136 [5th ed., 2005]）。この点については、葛野・注3論文76〜77頁（本書104〜105頁）。

*20　逆にみれば、捜査官が被留置者を留置場外に連れ出しているときも、その適正処遇・権利保護に関する権限を、後述するように留置担当官の権限行使に対して協力する義務の範囲を超えて有することはないということである。定者国賠訴訟において、上告受理申立書（2000年1月21日）のなか、申立人の国は、「代用監獄に逮捕、勾留されている被疑者の身柄を確保し、事故を防止しつつ、適切に押送を行うことは警察官等の職務であり、また、その責任においてなされるべきものであって、検察官が指示ないし指揮を行い、また、これにつき責任を負い得る立場にはないといわざるを得ない」と主張しており、このような立場をとっているといえる。

*21　山田・注15論文19〜20頁。

*22　高尾・注18論文8〜9頁。

*23　「捜査と拘禁の分離」について、葛野・注3論文53〜56頁（本書61〜64頁）。

*24　「未決拘禁者の処遇等に関する有識者会議」第1回（2005年12月6日）における法務省提出の「配付資料7」　http://www.moj.go.jp/KYOUSEI/SYOGU/shiryo01-01.pdf。

*25　「未決拘禁者の処遇等に関する有識者会議」第1回（2005年12月6日）における警察庁提出の「説明資料」　http://www.moj.go.jp/KYOUSEI/SYOGU/setsumei01-02.pdf。

*26 第164回国会衆議院法務委員会議録第16号（平成18年4月12日）（民主党・細川律夫衆議院議員の質問に対する安藤隆春政府参考人の答弁）。
*27 外務省ホームページ　http://www.mofa.go.jp/mofaj/gaiko/kiyaku/2c2_001.html。
*28 小池振一郎「逮捕・勾留の場所——弁護の立場から」三井誠ほか編『新・刑事手続Ⅰ』（悠々社・2002年）280頁、小池振一郎＝青木和子編『なぜ、いま代用監獄か——えん罪から裁判員制度まで』（岩波書店・2006年）61〜62頁〔小池振一郎〕。
*29 安藤隆春政府参考人の答弁・注26。
*30 山口雅高「起訴後の余罪捜査と接見指定」別冊ジュリスト148号（刑事訴訟法判例百選〔第七版〕）80頁（1998年）は、刑訴法39条3項による接見指定が公訴提起前に限られるのは、「起訴後の段階になれば、捜査機関は被告人に対して公訴を提起できるだけの証拠を収集していると考えられる一方、被告人は、自らに対する公訴について適切に防御を尽くす上から、公判準備のため弁護人と接見することが重要な立場におかれているからである」とする。
*31 最決1980年4月28日・刑集34巻3号178頁。
*32 最決2001年2月7日・判例時報1737号148頁。
*33 最決1966年7月26日・刑集20巻6号728頁。
*34 法務総合研究所編『犯罪白書・平成17年版』82頁。
*35 「未決拘禁者の処遇等に関する有識者会議」第1回（2005年12月6日）における法務省提出の「配付資料7」　http://www.moj.go.jp/KYOUSEI/SYOGU/shiryo01-01.pdf。
*36 第一次伊神国賠訴訟における河合伸一裁判官、梶谷玄裁判官の各反対意見については、日本弁護士連合会接見交通権確立実行委員会『接見交通権マニュアル（第七版）』（2005年）94頁以下。これらを基本的に支持するものとして、斎藤・注2論文。これに対して、寺崎・注1論文はむしろ批判的立場をとる。
*37 最判1978年7月10日・民集32巻5号820頁。
*38 葛野・注3論文83〜86頁（本書72〜76頁）。
*39 寺崎・注1論文244頁は、現実的解決策として、弁護人からの接見の申出があったとき、留置担当官が具体的にどのような措置をとるべきか、規程などにおいて明確に定めるべきとする。もっとも、どのような内容の規程とすべきかについては明らかにしていない。

第5章
刑事被拘禁者の法的・社会的コミュニケーションをめぐる問題状況

1. 受刑者の法的地位とその権利保障

(1) 受刑者の権利保障と二重の法的地位

　被拘禁者の法的地位は、その権利保障のあり方のなかに具体化することになる。被拘禁者の法的・社会的コミュニケーションの権利はどのような根拠から保障されるか、その制約の根拠・限界はどうかについて論じるうえでは、被拘禁者の法的地位を明確化しなければならない。未決被拘禁者の法的地位とその権利保障については、本書序章において論じた。それゆえ、本章においては、まず、受刑者の法的地位について簡単に検討し、そのうえで、被拘禁者の法的・社会的コミュニケーションをめぐる問題状況と理論的課題を提示する。

　受刑者の法的地位については、かつて、特別権力関係論が支配的であった。かつて監獄法の規定はこれに基づいていたといってよい。しかし、基本的人権の尊重と国民主権を原理とし、法の支配を確立した憲法のもと、国と受刑者との関係を包括的支配・服従関係として捉える特別権力関係論を維持することはできない[*1]。受刑者の法的地位の明確化が必要である。

　受刑者は、刑罰としての拘禁刑の執行を受けるべき地位とともに、拘禁された市民としての地位を有している。これら二重の法的地位が、受刑者という一個の人間のなかで交錯している。受刑者の権利保障のあり方のなかに、このような二重の地位とその交錯が具体化する。

(2) 刑罰の執行を受けるべき法的地位

　刑罰の執行を受けるべき法的地位からは、第1に、受刑者は、刑罰内容としての権利制約を受けることになる。憲法上の権利としては、人身の自由、苦役からの自由、懲役刑の場合、労働の自由が制約されることになる。ここにおいて、刑罰内容の明確化という課題が浮かび上がる。拘禁刑の刑罰内容

として、受刑者は身体の自由を剥奪される。また、現行刑法の「懲役」刑（12条）としては、「所定の作業」が強制され、その労働の自由が制約されると理解されている。しかし、刑罰の内容として「作業」を強制することが正当化されるのか疑問も残る。

　第2に、受刑者は、拘禁目的からの直接的・内在的制約として、刑罰執行に「当然」ともなう権利制約を受ける。たとえば、住居・移転・職業選択の自由、集会・結社の自由などの制約がこれにあたる。これらの権利については、「当然」に権利が剥奪され、恩恵的利益が裁量的に与えられるにすぎないこととなり、否定したはずの特別権力関係論と同じ帰結となる。「当然」の権利制約の範囲については、明確に限定する必要がある。

　第3に、犯罪を理由に刑罰の執行を受けている受刑者については、憲法13条の人間としての尊厳の尊重と幸福追求権に基づき社会復帰の権利、さらには憲法25条に基づき社会復帰のための積極的援助を受ける権利が認められるべきである。[*2]このとき、社会復帰に向けた処遇が有効なものとなるためにも、受刑者の自律的人格が尊重されるためにも、それは受刑者本人の理解と同意、その意味での参加を前提とすべきであって、「強制」すべきではない。

　新しい被収容者処遇法は、刑務作業、改善指導、教科指導という「矯正処遇」（84条）を受刑者に義務づけている（74条2項9号）。これによって、受刑者に対して矯正処遇を受けるよう積極的かつ強力に働きかけることが可能となり、また、受刑者の「改善更生」（30条）ないし社会復帰という行刑法の目的によって、義務づけは正当化されるとの見解が有力である。[*3]しかし、社会復帰処遇は、受刑者の「自発性」ないし参加に基礎づけられたときこそ有効であり、また、その理解と同意に基づくときにこそ正当化されるというべきである。その効果や倫理的限界に不確かさが残らざるをえない以上、社会復帰処遇の強制のなか、権限の恣意的濫用、受刑者の人格・行動への過剰な介入が行われてきたという歴史的事実を忘れてはならない。[*4]なお、強制された「矯正処遇」の有効性に疑問が残ることから、拒否を懲罰に直結させるのではなく、十分な説明、奨励、働きかけを先行させるべきとの見解があるが、[*5]注目すべきであろう。

(3) 拘禁された市民としての法的地位

　特別権力関係論が否定される以上、受刑者は、拘禁された市民としての地位を有する。したがって、一般社会においてと同様、市民としての権利（市

民的権利）を保障されるのが原則であり、その制約は例外として位置づけられなければならない（本書第7章参照）。

　拘禁された市民としての法的地位を実質化するためには、第1に、拘禁目的を阻害しない限りにおいて最大限の権利保障がなされなければならず、第2に、権利制約の根拠と限界が法律上明確化されなければならず、第3に、権利保障を実質化するための積極的措置が用意される必要がある。これらが、権利保障の一般原理である。

　まず、拘禁目的を阻害しない限り、最大限の権利保障が必要とされることから、第1に、権利制約の根拠とされるべき拘禁目的を明確化しなければならない。

　第2に、権利制約は、拘禁目的が阻害されるたんなる「おそれ」がある場合にではなく、高度の蓋然性、すなわち具体的根拠に基づき、その現実的危険が認められる場合にのみ認められるというべきである。たんなる「おそれ」や低度の蓋然性によって権利制約を認めることは、最大限の権利保障という原則に適合せず、「拘禁された市民」としての受刑者の地位を切り崩すことになる。

　第3に、制約が必要最小限度のものでなければならない。最高裁判例のように、合理的制約であればよいとの立場もあるが、そのような立場からも、制約される権利によっては、その重要性にかんがみ、たんなる合理性では足りず、必要最小限度であることが要請される場合もある。家族、友人などとのコミュニケーションの権利はその一例である。やはり、拘禁目的を阻害しない限りでの最大限の権利保障という原則からすれば、必要最小限度の権利制約が許されると理解すべきであり、その場合、LRA原則、すなわち制限の相対的にもっとも小さな手段が選択されなければならない。

　また、権利制約の根拠・限界が法律に定められなければならない。監獄法のように、権利制約の根拠・限界などを規則・省令などに包括的に委任することは、それ自体、憲法の人権保障原理に適合しない。

　さらに、刑事拘禁という状態は、それが通常の社会的・人間的関係からの隔離・遮断を必然的効果としてともなうことから、たとえ正当な制約の範囲外にある場合でも、受刑者が自由にその権利を行使することを事実上困難にする。それゆえ、受刑者の権利を確保し、「拘禁された市民」としての法的地位を実質化するためには、権利確保のための積極的措置がとられなければならない。このような意味の積極的措置、あるいはそのための社会的援助を

受ける権利が、拘禁目的を阻害しない限りでの最大限の権利保障という原則のコロラリーとして、受刑者に保障されることになる。このような積極的措置ないし社会的援助は、従来、裁量的判断ないし配慮に基づく恩恵的利益として性格づけられてきたが、むしろそれ自体、受刑者の権利として構成されるべきであろう。

2. 行刑改革と社会的コミュニケーション

(1) 被拘禁者の法的・社会的コミュニケーション

　刑事被拘禁者と外部社会とのコミュニケーションは、どのように保障されるべきか。

　被拘禁者と外部社会との接触については、これまで、刑事拘禁法の問題として扱われるときは、「外部交通」という概念が用いられることが多く、刑事手続法の問題としては、「接見交通」という概念が通常用いられてきた。これらの概念によって示される被拘禁者と外部社会との接触は、被拘禁者と外部社会の人とのあいだの意思・情報伝達に関するものと、それ以外のものとを含んでいる。いわゆる差入・宅下や物の授受をめぐる問題も、広義における被拘禁者と外部社会との接触の問題として扱われる。しかし、問題の中心におかれてきたのは、意思・情報伝達のためのコミュニケーションである。本書が検討対象とするのは、意思・情報伝達のための外部社会とのコミュニケーションをめぐる問題である。

　また、本書が検討対象としている刑事被拘禁者とは、勾留の裁判によって刑事施設に収容された未決被拘禁者と確定判決によって刑事施設に収容された受刑者とを含んでいる。さらに、未決被拘禁者については、代用刑事施設としての警察留置施設に留置された被勾留者を含んでいる。

　被拘禁者と外部社会とのコミュニケーションは、2種類に大別することができる。第1に、刑事手続上の被疑者・被告人としての法的地位を有する未決被拘禁者と弁護人との接見交通（刑訴法39条1項）、刑事施設における自己の処遇に関して民事訴訟を提起した被拘禁者と訴訟代理人である弁護士との面会、信書の発受など、法的用務の処理その他法的問題に関して、被拘禁者と弁護士その他法的業務を取り扱う専門家とのあいだで行われるコミュニケーションである。イギリス法の用例に倣い、これを法的コミュニケーション（legal communication）と呼ぶこととする。第2に、家族、友人などとの面会、信書の発受、電話通信などであり、これは法的コミュニケーション

以外のものを広く含んでいる。これを社会的コミュニケーション（social communication）と呼ぶこととする。

最近、被拘禁者の法的・社会的コミュニケーションをめぐっては、いくつかの文脈において重要な問題が提起されている。これらの問題は、被拘禁者の法的・社会的コミュニケーションが、被拘禁者の家族の絆・社会的繋がりを維持し、その社会的再統合を促進するためにも、行刑の透明性を確保することによって人権侵害を防止しつつ、人権侵害を実効的に救済するためにも、また、有効な弁護、実効的な防御を保障することによって、適正な刑事手続を確保するためにも、きわめて重要な課題であることを鮮やかに映し出している。

2002年に表面化した名古屋刑務所受刑者死亡・暴行事件を契機として、政府の行刑改革会議が設置され、2003年12月22日には、その活動の集大成として『行刑改革会議提言――国民に理解され、支えられる刑務所へ』（以下、『提言』）が発表された。[*6] この行刑改革の文脈においては、既決被拘禁者としての受刑者について、その法的・社会的コミュニケーションの保障が問題となっている。

(2) 旧監獄法における受刑者の社会的コミュニケーション

受刑者の社会的コミュニケーションについて、旧監獄法の規定を確認しておく。[*7]

面会・信書発受の相手方については、監獄法45条１項が「在監者ニ接見センコトヲ請フ者アルトキハ之ヲ許ス」としているが、その２項は「受刑者及ビ監置ニ処セラレタル者ニハ其親族ニ非サル者ト接見ヲ為サシムルコトヲ得ス但特ニ必要アリト認ムル場合ハ此限ニ在ラス」と規定し、受刑者の面会の相手方を原則として親族に限定していた。監獄法46条は、信書の発受について同様に定めていた。行刑累進処遇令61条は、４級受刑者について「親族及保護関係者」に面会・信書発受の相手方を限定し、同62条は、３級以上の受刑者について「教化ニ妨ゲナキ範囲ニ於テ」親族以外の相手との面会・信書発受を許すとしていた。これら面会・信書発受に関する許可は、施設長の裁量によるものとされていた。

監獄法上認められていた社会的コミュニケーションの手段は、面会と信書の発受のみであり、電話の使用は認められていなかった。監獄法50条は「接見ノ立会、信書ノ検閲其他接見及ヒ信書ニ関スル制限ハ法務省令ヲ以テ之ヲ

定ム」として、面会・信書発受に対する制限を包括的に法務省令に委任していた。受刑者の面会については、行刑累進処遇令により、4級受刑者は1月につき1回、3級受刑者は15日につき1回、2級受刑者は10日につき1回、1級受刑者は制限なしとされていた。監獄法施行規則121条は、面会時間を1回30分以内と定めているが、実務上さらに短時間で終了することも多かった。同規則122条は、面会を刑事施設の執務時間内に限っていた。さらに、同規則127条1項は、面会への施設職員の立会を定めており、この立会は視覚的監視とともに、会話内容の聴取を含むものとされていた。同規則139条は、このようにして聴取した内容を「身分帳」に記録することとしていた。法務省の通達により、会話内容などによっては面会の停止・打切が行われる。同規則127条3項は「教化上其他必要アリト認ムルトキハ」、また、行刑累進処遇令は2級以上の受刑者について、立会を省略できるとしていたが、全受刑者についてみたとき、面会の立会がなされないことは稀であった。

　受刑者の発信する信書については、面会の場合と同様、数の制限があったが、受信する信書の数は制限がなかった。監獄法47条は、受刑者の信書について、「不適当ト認ムルモノハ其発受ヲ許サス」と定めていた。同施行規則130条は、発受するすべての信書を施設長の検閲に付すべきと定めていた。発受の差止に至らずとも、法務省の通達により、部分的な抹消・削除が行われていた。

　以上のように、受刑者の面会・信書発受については、旧監獄法上、受刑者の権利ではなく、裁量によって与えられる恩恵的利益として性格づけられていたことが明らかである。そのうえで、相手方、回数、立会・検閲などにおいて、広汎かつ強度の制限が加えられていた。監獄法改正法案として3度国会提出されたものの結局廃案となった刑事施設法案（1991年法案92条ないし100条）は、受刑者が面会・信書発受を認められる相手方を広げ、また、面会や信書発受の態様について刑事施設の「管理運営」上必要な制限ができるとしたうえで、発言の制止や面会の停止、信書の削除・差止の措置をとる場合をある程度具体的に示していた。とはいえ、面会の職員立会を原則としつつ、立会を行わないこともできるとし、また、信書の検閲も原則としつつ、検閲をしない場合を認めるにとどまっていた。監獄法下に比べて制限が緩和されていたことはたしかであろうが、原則として自由かつ秘密の面会・信書発受を認めたうえで、例外として必要な制限を加えるという法的構造にはなっていなかった。

(3) 旧監獄法における未決被拘禁者の社会的コミュニケーション

　今般の行刑改革は受刑者に焦点を合わせていたが、未決被拘禁者についても、社会的コミュニケーションの保障は当然に問題となる。旧監獄法を概観すると、刑訴法80条が、「勾留されている被告人」について「法令の範囲内で、接見し、又は書類若しくは物の授受をすることができる」と定めていた。刑訴法81条は、裁判所は「逃亡し又は罪証を隠滅すると疑うに足りる相当な理由があるときは、……接見を禁じ、又はこれと授受すべき書類その他の物を検閲し、その授受を禁じ、若しくはこれを差し押えることができる」としている。いわゆる接見禁止の規定である。これらの規定は、弁護人以外の者との面会と信書の発受をカバーしている（被疑者について同207条1項により準用される）。

　監獄法45条、同46条は、未決被拘禁者の面会・信書発受について、相手方を限定することなく認めていた。しかし、監獄法50条の包括的委任を受けて、監獄法施行規則121条ないし128条が面会について、同130条ないし139条が信書の発受について、面会の立会、信書の検閲などの制限を定めていた。

　未決被拘禁者の面会・信書発受については、監獄法上も、一応は権利として性格づけられていたにせよ、面会の立会、信書の検閲など、やはり広汎かつ強度の制限が加えられていた。刑事施設法案（1991年法案109条ないし117条）においても、面会・信書発受の相手方に原則として制限がなく、発言の制止や面会の停止、信書の削除・差止の措置をとる場合がある程度具体的に示されているものの、面会・信書発受の態様については広く刑事施設の「管理運営」上必要な制限ができるとされ、例外なしの面会の立会と信書の検閲が定められていた。面会・信書発受の権利としての性格が一応は認められているとはいえ、なお広汎かつ強度の制限が残されていた。ここにおいても、原則として自由かつ秘密の面会・信書発受を明確に保障したうえで、例外として必要な制限を加えるという法的構造はとられていなかった。かくして、面会・信書発受の「権利」の実質が切り崩され、権利としての性格が形骸化しかねない危険があったのである。

(4) 行刑改革会議と受刑者の社会的コミュニケーション

　被拘禁者の社会的コミュニケーションに対する広汎かつ強度の制限については、これまでにも強い批判が提起されてきた。また、被拘禁者からも不満が表明されてきた。2003年10月20日、行刑改革会議第6回会議に提出された

「行刑の実情に関する調査（受刑者アンケート）[*9]」によれば、有効回答数2,562のうち「外部との面会について困ったこと」があったとの回答が41.6％あり、長期受刑者ほどこの回答の割合が高くなっている。その内容としては、「時間が短すぎる」が435人（17.0％）、「面会人の範囲を友人等に広げるべき」が217人（8.5％）、「回数制限すべきでない」が190人（7.4％）であり、「刑務官が立ち会い、会話が自由にできない」、「会話内容の制限が多すぎる」が続いている。また、「外部との信書の発受について困ったこと」があったとの回答は39.7％あり、この回答も長期受刑者ほど多くなっている。その内容としては、「発信回数・日が制限されている」が335人（13.1％）、「不当な検閲」が274人（10.7％）、「発受信の相手が限られている」が253人（9.9％）であり、「処理が遅すぎる」、「特別発信の改善」が続いている。

　受刑者の社会的コミュニケーションについて、行刑改革会議『提言』[*10]は、まず「総論」において、「自由刑は、受刑者を一定の場所に拘禁して社会から隔離し、その自由を剥奪することを目的の一つとしており、この目的からすれば、受刑者の外部交通に一定の制限があることは当然であると考えられる。／他方において、自由刑は、受刑者の改善更生及び円滑な社会復帰を図ることをも目的としており、行刑施設に入所した後に、面会や信書の発受等の外部交通を通じて、健全な社会との良好な関係を維持することは、その改善更生や円滑な社会復帰に寄与するものであることは言うまでもない」との基本的立場を明らかにし、そのうえで、親族との面会について、「親族は、一般的に、受刑者にとって、その改善更生及び社会復帰の礎ともなるべき存在である」として、「親族との良好な関係の維持に必要と認められる場合」には、面会の回数・時間を増やすこと、遮蔽板のない部屋を使用し、施設職員の立会を緩和するなど面会方法に配慮すること、土曜日・日曜日の面会に配慮することを提言した。

　さらに行刑改革会議『提言』は、「現在、一般には、親族だけではなく、友人、知人が、受刑者と社会との良好な関係の維持に重要な役割を果たすに至っている」として、「受刑者の改善更生及び円滑な社会復帰を促進するために有益な場合」には、友人・知人との外部交通を積極的に認めていくべきとした。また、「電話は通信手段として一般社会においても普及しており、遠方に居住しているなど、行刑施設に容易に面会に行くことのできない親族等との関係を維持するための手段としても効果的である」として、「まず、開放処遇を受けている者から認めるなど、一定の基準の下に、受刑者がその

改善更生及び円滑な社会復帰に有益な場合に電話による通信を行えるよう」、その内容確認についての検討と合わせて、検討すべきであるとした。

『提言』が、受刑者が「外部交通を通じて、健全な社会との良好な関係を維持することは、その改善更生や円滑な社会復帰に寄与する」との基本的視点を明確に示し、親族との面会機会の拡大、遮蔽板のない部屋での面会、面会の立会の緩和とともに、友人・知人との外部交通の積極化、さらには電話の使用を提言したことについては、積極的に評価すべきように思われる。

他方、行刑改革会議『提言』が、「行刑の基本理念」において「社会からの隔離」を強調するその基調のうえに、受刑者に対する図書差入の不許可処分を適法とした1985年最高裁判決[*11]に依拠する形で、「自由刑は、受刑者を一定の場所に拘禁して社会から隔離し、その自由を剥奪することを目的の一つとしており、この目的からすれば、受刑者の外部交通に一定の制限があることは当然であると考えられる」との基本的立場を示したことには、注意が必要である。「一定の場所に拘禁」することを超えた意味を含む「社会からの隔離」が自由刑の目的として積極的に承認されるとき、1985年最高裁判決がいうように、受刑者の外部交通は「一般的に禁止」されたうえで、恩恵的利益として部分的に禁止が解除されるという法的構成がとられやすい。これこそ旧監獄法の基本的立場であった。『提言』において、外部交通が受刑者の「改善更生及び円滑な社会復帰」にとって有害な場合に制限されるのではなく、これに「有益な場合」に限り拡大ないし許可されるという法的構成がとられたのも、それゆえである。

さらに、行刑改革会議の審議の過程で、2003年12月8日の第8回会議において事務局により提出された『行刑の在り方（提言）骨子案』[*12]にあった「受刑者の外部交通には自ずから一定の制限があるが」の「自ずから」は削除されたとはいえ、『提言』においては、「社会との隔離」という目的のために外部交通は「当然」に制限を受けるとされた。このような立場は、これまでも、自由刑の刑罰内容は身体の拘禁に尽きるとする自由刑の純化の観点から批判されてきた[*13]。たとえ自由刑の純化という立場によらなくても、「社会からの隔離」を根拠にした「当然」の権利の制限という法的構成は、制限目的においても、制限の限界においても、二重の曖昧さがあることから、結局は過剰な制限がもたらされる危険性を含んでおり、それゆえ、その後の具体的立法、さらにはその現実の運用のなかで、広汎かつ強度の制限が温存される危険が残るといわざるをえない。かくして、『提言』によっても、受刑者の外部交

第5章 刑事被拘禁者の法的・社会的コミュニケーションをめぐる問題状況　151

通について法の支配の確立はなかったのである。加えて、受刑者の「改善更生及び円滑な社会復帰」が自由刑の目的として位置づけられるにせよ、受刑者の人間としての尊厳の尊重という要請からも、また、その効果的達成のためにも、受刑者の主体性とその同意に基づく処遇参加が基礎におかれるべきとすれば[*14]、「改善更生及び円滑な社会復帰」を根拠にして外部交通が制限されることには疑問が残る。

3. 裁判を受ける権利と法的コミュニケーション

(1) 旧監獄法における法的コミュニケーション

被拘禁者の法的コミュニケーションについては、身体を拘束された被疑者・被告人とその弁護人（以下、この文脈においては選任権者の依頼により弁護人となろうとする者を含む）とのコミュニケーションと、刑事施設における違法な処遇を理由とする損害賠償請求訴訟その他民事訴訟などに関する被拘禁者と訴訟代理人その他の弁護士とのコミュニケーションに大別することができる。前者は、それ自体として、刑事手続における被疑者・被告人の防御権の行使として性格づけられ、後者は、憲法32条の保障する裁判を受ける権利の前提として位置づけられる。人権侵害の救済を求める申立などに関連する人権擁護機関と被拘禁者とのコミュニケーションも、イギリスにおいてそうであるように、法的コミュニケーションとして扱うことができるであろう。

まず、民事訴訟などに関する被拘禁者の法的コミュニケーションについて、まず旧監獄法を概観しておく。

被疑者・被告人と弁護人との面会・信書発受を除く、民事訴訟などに関する法的コミュニケーションとしての面会・信書発受については、監獄法上、特別な扱いはなされていなかった。社会的コミュニケーションとしての面会・信書発受の場合と同じように、施設長の裁量による個別的許可の対象とされていた。面会には会話内容の聴取を含む立会が行われ、信書は一律に検閲された。停止や差止の可能性もあった。かくして、監獄法上、民事訴訟などに関する弁護士とのコミュニケーションは、社会的コミュニケーションの場合と同様、「一般的に禁止」されたうえで、裁量的判断によって例外的に与えられる恩恵的利益として性格づけられていた。このような前提のうえに、広汎かつ強度の制限が認められていた。ここにおいて法の支配は確立していない。

また、刑事施設法案は、受刑者についても、「訴訟の遂行……その他……法律上……の重大な利害に関わる用務の処理」のため必要な相手方との面会・信書発受を認めているものの、受刑者、未決被拘禁者のいずれについてもなお、面会の立会、信書の検閲など広汎かつ強度の制限を認めていた。このとき、面会・信書発受の権利としての性格が形骸化するおそれがあることは上述のとおりである。しかし、自由かつ秘密の法的コミュニケーションの重大な制約が、憲法32条の保障する被拘禁者の裁判を受ける権利と矛盾しないのか問題となる。憲法上の裁判を受ける権利の保障は、いわゆる司法拒絶を禁止するが、これを市民の側からみれば、裁判へのアクセスの保障を意味しており、裁判にアクセスする権利の保障を実質化するためには、実効的な法的援助の保障が不可欠とされるからである。面会の立会、信書の検閲をはじめとする現行の広汎かつ強度の制限は、実効的な法的援助の保障を実質的に制約し、被拘禁者の裁判へのアクセスを妨げることになるのではなかろうか。

(2) 行刑改革会議と受刑者の法的コミュニケーション

　今般の行刑改革は、その対象を受刑者に限定していたが、行刑改革会議『提言』は、「総論」において、「受刑者であっても、訴訟の遂行等法律上の重大な利害に係る用務を処理することが否定されるべきではなく、その処理のためには、外部交通が重要な手段であることも明らかである。／さらに、職員が受刑者に対して人権侵害行為に及んだ場合に、受刑者が萎縮することなく、人権救済等を求めることができるようにすることが重要であり、そうした環境を整えておくことは、人権救済等を実効あらしめることに役立ち、その種事案の再発防止にも有効である」と述べ、受刑者の法的コミュニケーション一般の重要性を確認した。そのうえで、『提言』は、「訴訟の遂行等法律上の重大な利害に係る用務の処理……のためには弁護士との面会を認めることが相当であり、面会方法についても、その用務等に応じて必要と認める場合は、職員が立会いをしないなどの配慮をすることが相当」とした。法的コミュニケーションとしての弁護士との面会については、「受刑者の権利擁護に必要であったり、用務によっては受刑者の円滑な社会復帰に資するもの」であるから、「受刑者であってもこのような面会を否定されるべきではな」く、さらに「立会をしないなどの配慮」が求められたのである。

　また、信書の発受について、行刑改革会議『提言』は、「受刑者が萎縮す

ることなく、矯正当局以外の機関等に、人権救済等を求めることができる環境を整える必要がある」とし、このことが同時に、職員の暴力事案などの再発防止にも寄与するとした。『提言』は、その秘密保護について、「受刑者が、①人権救済等を求めるため、②裁判所、検察庁、法務局、弁護士会又は弁護士に信書を発信することを求める場合は、信書の検査としては、①及び②のことを確認するにとどめる。そして、これらのことが確認できた場合には、その発信を認めることが相当である。ただし、②に掲げた機関等に対する信書を用いた不正連絡事案もないわけではなく、①及び②のことを確認する過程で、その発信によって、刑罰法令に触れる結果が生ずるおそれ又は逃走等施設の規律秩序を著しく害する結果が生ずるおそれがあると認められる場合には、行刑施設の社会的責務等からして、そのまま発信を許可することは相当ではなく、全部又は一部の発信禁止処分ができる」とした。

　この提言は、非常に曖昧な表現ながら、弁護士との面会、人権救済などの目的による法的コミュニケーションについて、被拘禁者の権利としての性格を認めたものとして理解しうる。面会の立会の排除は、「その用務等に応じて必要と認める場合」に限られているが、これが原則排除を意味するのか明確ではない。少なくとも、刑事施設における違法な処遇を理由とする損害賠償請求訴訟の準備・遂行に関する面会の場合などについては、その用務の性質からして、立会を排除する趣旨であろう。旧監獄法下での実務からは格段の進歩であろう。しかし、視覚的監視にとどまらない、会話内容の聴取を含む立会を全面的に排除しなかったことには、なお注意が払われるべきである。また、信書の秘密保護についての提言内容も、たしかに旧監獄法下での実務からの大きな進歩であり、「行刑運営の透明性の確保」による人権侵害の効果的防止とその実効的救済という今般の行刑改革の主要目的が、ここに具体化されたと評価することができる。とはいえ、受刑者が発信する信書の秘密保護については具体的方法が提言されたにせよ、法的コミュニケーションとして弁護士などから受信する信書の秘密保護については触れられていない。裁判へのアクセスの保障の基盤としての、自由かつ秘密の法的コミュニケーションを通じての実効的な法的援助の保障という観点から、面会・信書の自由と秘密保護について、なお厳密な検討が必要である。

(3) 徳島刑務所事件

　被拘禁者の法的コミュニケーションをめぐって、近時、きわめて重要な判

例の展開がみられた。これらの判例には、旧監獄法とそのもとでの実務に内在している問題が鮮明に映し出されていた。

　民事訴訟に関する弁護士とのコミュニケーションについて、徳島刑務所事件においては、施設職員から暴行を受けたなどとして国家賠償請求訴訟を提起した受刑者が、訴訟代理人の弁護士との接見が不許可とされ、あるいは接見時間が30分以内に制限され、施設職員が接見に立ち会ったことについて、国家賠償請求訴訟を提起した。1996年3月15日、第一審徳島地裁は、自由権規約14条1項の要請、被拘禁者の接見の権利の重要性を踏まえつつ、施設長がとくに必要と認めた場合に限り親族以外の者との面会を許すとしている監獄法45条1項、同条2項を解釈するならば、「民事事件の訴訟代理人たる弁護士との接見は原則として許可すべきであり、特段の事情がないのに接見を拒否することは、裁量権の範囲を逸脱し違法となる」と判示し、接見時間を30分以内とした8件の措置、緊急の必要性はないとして懲罰中の接見を認めなかった措置を違法と判断した。

　控訴審の高松高裁は、1997年11月25日、裁判を受ける権利を保障する「B規約（自由権規約の意味・引用者）14条1項は、その内容として武器平等ないし当事者対等の原則を保障し、受刑者が自己の民事事件の訴訟代理人である弁護士と接見する権利をも保障していると解するのが相当であり、接見時間及び刑務官の立会いの許否については一義的に明確とはいえないとしても、その趣旨を没却するような接見の制限が許されないことはもとより、監獄法及び同法施行規則の接見に関する条項については、右B規約14条1項の趣旨に則って解釈されなくてはならない。……受刑者が自己の民事事件の訴訟代理人である弁護士と接見する権利ないし自由は、広い意味において憲法13条の保障する権利ないし自由に含まれると解することができ、その点からも、監獄法及び同法施行規則の接見に関する条項については、受刑者が自己の民事事件の訴訟代理人である弁護士と接見する権利にも配慮した解釈がなされなくてはならない」とした。

　次に判決は、「受刑者に対しても憲法32条の裁判を受ける権利の保障は及ぶものの、同権利は、……いわゆる司法拒絶の禁止を意味するものであって、受刑者が民事事件の訴訟代理人と直接面談して打ち合わせ、その際刑務所職員の立会いを排除して打合せ内容の秘密を確保することまでを直接に保障したものとは解されない」が、しかし、「受刑者であるとの一事をもって当然に憲法上の権利・自由の制約が許されるものではなく、懲役刑においては、

受刑者を一定の場所に拘禁して社会から隔離し、その自由を剥奪し、これに定役を課すことにより犯罪に対する応報を遂げることを目的の一つとするものであるから、身体的自由が束縛されることは当然としても、それ以外の権利・自由に対しては、懲役刑のもう一つの目的である受刑者の改善更生を図る処遇をすることと、行刑施設が受刑者を多数拘禁し集団として管理する施設であって内部における規律秩序を維持しなければならないという二つの要請から必要とされる場合に、その目的を達成するために合理的な範囲内で制約を加えることが許容されるにすぎない」とした。そのうえで、判決は、「憲法上受刑者に対しては外部交通権としての接見の権利が保障されているものと解されるが、外部交通権が受刑者の更生にとってきわめて重大な意義を有するものであることを考えると、接見に対する制限においては、処遇上及び刑務所内の規律秩序維持上の必要があるか否か、その制約が合理的な範囲内にあるか否かの判断については一定の厳格さが要求される」とした。

　以上を踏まえて、判決は、「受刑者とその民事事件の訴訟代理人である弁護士との接見について、当該事件の進捗状況及び準備を必要とする打合せの内容からみて、具体的に30分以上の打合せ時間が必要と認められる場合には、相当と認められる範囲で時間制限を緩和した接見が認められるべきである。また、当該民事事件が、当該刑務所内での処遇ないしは事件を問題とする場合には、刑務所職員が立ち会って接見時の打合せ内容を知りうる状態では十分な会話ができず、打合せの目的を達しえないことがありうることは容易に理解しうるところであって、現に接見の経験を有している弁護士が問題として指摘するところである。そのような状態で訴訟を進めなければならないとすれば、受刑者であることゆえに訴訟において不利な立場に置かれ、訴訟における『武器の平等の原則』に反し、裁判の公正が妨げられることになるのであるから、接見を必要とする打合せの内容が当該刑務所における処遇等の事実関係にわたり、刑務所職員の立会いがあって会話を聴取している状態では十分な打合せができないと認められる場合には、その範囲で刑務所職員の立会いなしでの接見が認められるべきである」から、これに反した接見制限と接見の立会は違法であると判示した。かくして、判決は、接見時間を30分以内に制限した2件の措置、接見に施設職員を立ち会わせた1件の措置を違法と認定したのである。

　2000年9月7日、原告、被告双方の上告を受けて最高裁は、刑務所長の措置を違法とした控訴審の判断を破棄し、事件を高等裁判所に差し戻した[*17]。判

決は、接見時間を30分以内とし、接見に施設職員の立会を要することを定めた監獄法施行規則の規定が憲法13条、同21条に違反しないことは、最高裁の先例の趣旨に徴して明らかであり、また、自由権規約14条に違反すると解することもできないとした。そのうえで、判決は、「刑務所における接見時間及び接見度数の制限は、多数の受刑者を収容する刑務所内における施設業務の正常な運営を維持し、受刑者の間における処遇の公平を図り、施設内の規律及び秩序を確保するために必要とされるものであり、また、受刑者との接見に刑務所職員の立会いを要するのは、不法な物品の授受等刑務所の規律及び秩序を害する行為や逃走その他収容目的を阻害する行為を防止するためであるとともに、接見を通じて観察了知される事情を当該受刑者に対する適切な処遇の実施の資料とするところにその目的がある。したがって、具体的場合において処遇上その他の必要から30分を超える接見を認めるかどうか、あるいは教化上その他の必要から立会いを行わないこととするかどうかは、いずれも、当該受刑者の性向、行状等を含めて刑務所内の実情に通暁した刑務所長の裁量的判断にゆだねられている」から、刑務所長の判断は、「裁量権の範囲を逸脱し、又はこれを濫用したと認められる場合でない限り」、国家賠償法上違法とは認められず、このことは、「受刑者が自己の訴訟代理人である弁護士と接見する場合でも異ならない」とした。

　本件における接見時間の制限について、判決は、「徳島刑務所の接見業務の運営状況や徳島刑務所の収容人数、収容対象等からすると、被上告人甲野に30分を超える接見を認めた場合には他の受刑者との間の処遇の公平を害し、他の受刑者から同様の接見を求められたとすると、接見業務に支障が生じ、施設内の規律及び秩序を害するおそれがあった」から、「本人尋問の準備のための打合せを目的としたものであることを考慮しても、接見時間を規則の原則どおり、1回につき30分以内に制限した所長の処分が、いまだ社会通念上著しく妥当を欠くものとはいえず」、刑務所長の判断に裁量権の逸脱・濫用はないとした。接見の立会については、頻繁に懲罰処分を受け、処遇に対する不満から拒食をし、強制給養を受けていたこともあるという受刑者の性向、行状などにかんがみると、「接見の相手方が訴訟代理人である弁護士であったとしても、接見時における不測の事故を防止するため、あるいは被上告人甲野（原告の被拘禁者・引用者注）の動静を把握してその処遇に資するために、刑務所職員を接見に立ち会わせる必要性は特に大きかった」から、接見の目的が刑務所の処遇に関して提起した国家賠償請求訴訟についての

「事実調査であるとしても、立会いを行うことがいまだ社会通念上著しく妥当を欠くものということはでき」ず、刑務所長の判断に裁量権の逸脱・濫用はないとした。

この多数意見に対して、遠藤光男裁判官は、憲法32条により受刑者も公正な裁判を受ける権利が保障されている以上、これを事実上阻害するおそれがないよう十分配慮しなければならないとの基本的立場を示したうえで、民事訴訟においては弁護士とのあいだで長時間、秘密の打ち合わせが必要となる場合もあり、また、本件において「打合せを実質上の相手方ともいうべき徳島刑務所の職員の監視の下で行わせるということは、誰の目から見ても余りにも不公平であることは明らかであり、これを容認するとすれば、公正な裁判を受けさせるという理念は完全に没却されてしまう」から、時間制限と面会の立会に関する刑務所長の措置は違法であるとの反対意見を付した。

このような下級審と最高裁とのあいだの判断の変遷からも、民事訴訟に関する被拘禁者と弁護士とのコミュニケーションの自由と秘密保護をめぐる問題が、憲法32条の保障する裁判を受ける権利、憲法13条による個人の尊厳の尊重と幸福追求権の保障などと関連して、重要な理論的課題であることが鮮明に示されるであろう。

4. 弁護権の保障と法的コミュニケーション

(1) 憲法、刑訴法における被疑者・被告人と弁護人との接見交通

憲法34条は、「何人も、理由を直ちに告げられ、且つ、直ちに弁護人に依頼する権利を与へられなければ、抑留又は拘禁されない」と規定している。この憲法上の権利は、1999年3月24日の最高裁大法廷判決がいうように[18]、「身体の拘束を受けている被疑者が、拘束の原因となっている嫌疑を晴らし」たり、人身の自由を回復するための手段を講じたりするなど自己の自由と権利を守るため弁護人から援助を受けられるようにすることを目的とするものであり、「単に被疑者が弁護人を選任することを官憲が妨害してはならないというにとどまるものではなく、被疑者に対し、弁護人を選任した上で、弁護人に相談し、その助言を受けるなど弁護人から援助を受ける機会を持つことを実質的に保障している」ものとして理解されなければならない。すなわち、弁護人の援助を受ける権利（以下、弁護権）の実質的保障ないし有効な弁護の保障である。また、憲法37条3項は、身体拘束の有無にかかわらず、「刑事被告人」に対して弁護権を保障している。この弁護権の意義も、憲法

34条の弁護権についてと同様に理解されるべきである。

　刑訴法39条１項は、憲法34条を受けて、身体を拘束された被疑者・被告人と弁護人とのあいだの自由かつ秘密の接見交通権を保障している。先の最高裁大法廷判決は、この接見交通権について、「憲法34条の右の趣旨にのっとり、身体の拘束を受けている被疑者が弁護人等と相談し、その助言を受けるなど弁護人等から援助を受ける機会を確保する目的で設けられたものであり、その意味で、刑訴法の右規定は、憲法の保障に由来するものである」と意義づけている。いうまでもなく逮捕・勾留は被疑者・被告人の防御権の制限を目的とするものではない。しかし、身体の拘束にともない、防御権の行使には事実上少なからぬ困難が生じる。しかも、身体の拘束により、その根拠とされた嫌疑を争い、身体の解放を求めるなど、防御権の行使はますます重大な意義を有するようになる。このような状況下、防御権の保障を実質化するためには、弁護人との自由かつ秘密の接見交通を通じて、その実効的援助を受けられるよう確保しなければならない。

　しかし、刑訴法39条２項、同条３項は、この接見交通に関する制限を定めている。同条３項は、公訴提起前に限り、「被疑者が防禦の準備をする権利を不当に制限」することのない範囲において、捜査機関が、「捜査のため必要があるとき」は、接見交通の日時、場所、時間を指定することができると定めている。この接見指定と、自由かつ秘密の接見交通、それを通じての有効な弁護の保障とのあいだに強い緊張関係があることはいうまでもない。これまで接見指定をめぐって、判例が大きく展開し、理論的研究成果が蓄積されてきたのはそれゆえである。[19] 接見交通権をめぐる議論の焦点は、この接見指定に合わせられてきた。

　他方、同条２項は、「法令……で、被告人又は被疑者の逃亡、罪証の隠滅又は戒護に支障のある物の授受を防ぐため必要な措置を規定することができる」としている。この規定は、刑事拘禁法と重要な接点を有するものとして理解されている。しかし、この規定の具体的意味、旧監獄法の規定との関係、自由かつ秘密の接見交通権や有効な弁護の保障との関係などについては、必ずしも十分明らかとはいえない。さらには、未決拘禁法の改正に対してどのような影響を与えるかも問題となる。今回、身体を拘束された被疑者・被告人と弁護人との接見交通をめぐる本書の検討は、これらの問題に焦点を合わせることとする。高田昭正が指摘するように、「接見交通権の実効的保障が果たされるような法的現実を全体としてどのように構想し、その構想をどの

ように実現するか、ということが『決定的に重要』」なのであれば、接見指定の問題に限らず、これら刑事拘禁法と刑事手続法の交錯領域にある重要問題に理論的検討を加えることが必要だからである。

(2) 旧監獄法における弁護人との接見交通

　身体を拘束された被疑者・被告人と弁護人との接見交通について、監獄法施行規則121条ただし書きは、30分以内との接見時間の制限を除外し、同125条2項は、接見の申出にあたって「面談ノ要旨ヲ聞キ取」る（同条1項）ことなどをしないとしていた。同127条1項は、「接見ニハ監獄官吏之ニ立会フ可シ但刑事被告人ト弁護人トノ接見ハ此限ニ在ラス」として、施設職員の立会がないことを定めていた。同条2項は、「逃走不法ナル物品ノ授受又ハ罪証湮滅其他ノ事故ヲ防止スル為メ必要ナル戒護上ノ措置ヲ講ス可シ」と規定しているが、一般に、これらは刑訴法39条2項のいう「法令」として理解されていた。実務上、遮蔽板の備え付けられた接見室における閉鎖面会が行われてきた。また、刑事施設法案は、弁護人との面会について執務時間外、人数制限（3人）を超える面会の申出がある場合、刑事施設の「管理運営」上支障があるときには応じなくてもよいとしていたが（1991年法案110条3項）、結局、広く刑事施設の管理運営上の支障という理由から接見交通が制限されることになり、被疑者・被告人の接見交通権が過度に制約されることになるから、このような規定をおくことは、刑訴法39条2項との関係においても認められないとの批判が強かった。[21]

　身体を拘束された被疑者・被告人と弁護人とのあいだの信書の発受については、刑訴法上、それが同39条1項の「接見」にあたるのか、「書類若しくは物の授受」にあたるのか議論があり、この規定により信書の秘密性がどのように保障されているか理解が分かれているが、旧監獄法、同施行規則においては、これに関する特別の規定が存在しなかった。実務上、「所長ニ於テ処遇上其他必要アリト認ムルトキハ前項ノ制限ニ依ラサルコトヲ得」とする同規則129条2項によって、信書の数を制限されないことを除き、社会的コミュニケーションとしての信書の発受と同じ取扱いがなされ、一律の検閲が行われていた。後述するように、このことは刑訴法39条1項による自由かつ秘密の接見交通、その基礎にある憲法34条による弁護権の実質的保障に矛盾するのでないか問題とされてきた。刑事施設法案も、被拘禁者が国・地方公共団体の機関や弁護人から受信する信書については、「その旨を確認する限

度において」検査することとし、不明確ながらも内容の閲読を排除しているようであるが（1991年法案114条2項）、被拘禁者が発信する信書については、なお検閲を行うこととしていた。

(3) 髙見・岡本国賠訴訟

　身体を拘束された被疑者・被告人と弁護人との信書の秘密保護をめぐっても、重要な判例の展開がみられた。

　いわゆる髙見・岡本国倍訴訟においては、大阪拘置所に勾留されていた刑事事件の被告人と弁護人とのあいだの34通の信書が検閲され、その内容が記録化されていた。信書発受の状況に関する公判立会検察官の照会に応じて、拘置所長がこの記録に基づき回答書を作成し、回答したので、検察官はそれを刑訴法81条による接見禁止、刑訴法321条1項2号後段に基づく特信性を立証する資料として用いた。これに対して、刑事事件の弁護人であった弁護士が、拘置所長および検察官の処分は秘密の接見交通権を侵害する違法なものであるとして、国家賠償請求訴訟を提起した。

　2000年5月25日、大阪地裁は、まず、「接見における秘密交通権の保障が憲法に由来する重要なものであることを考慮すると、書類若しくは物の授受の場合においても、被拘禁者と弁護人との間の意思及び情報の伝達が問題になる場面においては、同項は、秘密交通権の一態様として、その秘密保護のためのできる限りの配慮を要求しているものと解するのが相当であり」、「書類の授受の中でも、少なくとも被拘禁者と弁護人との間の信書の授受については、他の書類の授受や物の授受とは別個の考慮が必要であるというべきである。かような信書の授受は、正に弁護人と被拘禁者の意思及び情報の伝達が問題になる場面であり、信書の授受による意思及び情報の伝達も、被拘禁者の防御権及び弁護人の弁護権にとって重要なものであり、それらが捜査機関、訴追機関及び収容施設側に対して秘密性が保障される必要性は接見における口頭の場合と実質的にはさほど異なるところはないと考えられるからである」として、「被拘禁者と弁護人との間の信書の授受についても、刑訴法39条1項は、できる限り接見に準じ、その内容についての秘密保護を要請している」との基本的立場を示した。そのうえで、判決は、被拘禁者と弁護人とのあいだの信書について、一切の開披が認められないわけではなく、「混入物の存否や実際に弁護人との間の信書であるか否か等の確認を許容する以上、その目的の限度で信書を開披し、その内容を収容施設側が閲読すること

も、許容されているといわざるを得ない」とした。

　これを踏まえて、判決は、信書の一律検閲とその記録化について定める監獄法、同施行規則の規定は、弁護権に関する憲法、秘密の接見交通権を保障する刑訴法の要請に適合するよう解釈されなければならず、監獄法46条１項の解釈としては、まず、信書の発受自体を禁止することはできないとした。また、「同規則130条に基づいて発信の信書は封緘をせずに所長に差し出させ、受信の信書はこれを開披し、いずれもその内容を閲読することまでは許されるが、それは、あくまで、……信書以外の物や第三者の信書又は第三者宛の信書が含まれていないかどうか、更には弁護人からの信書かどうかを確認する限度で行われるべきもので、それ以上に、その内容を精査することは許され」ず、「同規則139条については、弁護人との間の接見の場合と同様に（この場合には接見の内容の要旨が記載されることはあり得ない。）、その内容の要旨を記載することは、……きわめて例外的な場合を除いては同条からは除かれており、それを記載することは、『処遇上其他参考ト為ル可キ事項』としても、禁止されている」と判示した。

　かくして、判決は、被拘禁者の発信する信書を封緘させずに差し出させ、また、弁護人から受信した信書を開披したこと自体は違法でないが、被拘禁者と弁護人とのあいだの信書についても、他の信書と区別することなく記録化していたこと、検察官の照会に応じて回答したことは違法であるとした。また、検察官の照会と立証資料としての回答の使用は、被拘禁者の防御権、ひいては原告である弁護人の弁護権を侵害するものとして違法であるとした。この判決は確定した。

(4) 高野国賠訴訟

　このように、髙見・岡本国賠訴訟の大阪地裁判決は、自由かつ秘密の接見交通権という要請に照らして監獄法、同施行規則を限定解釈することによって、身体を拘束された被疑者・被告人と弁護人とのあいだの信書の一律の検閲・記録化について違法とした。しかし、いわゆる高野国賠訴訟において、最高裁は、2003年９月５日、信書の検閲を適法とする判断を明らかにした。

　高野国賠訴訟の争点は多岐にわたるが、信書の検閲については、東京拘置所に勾留中の被告人と弁護人とのあいだで発受された信書が検閲されたことから、この弁護人である原告が、被疑者・被告人と弁護人との信書の一律の検閲の根拠となっている監獄法50条および同施行規則130条は憲法34条に違

反するなどと主張して、国家賠償請求訴訟を提起した。

2000年3月27日、第一審の浦和地裁は、「未決勾留によって拘禁されている被告人に対し、外部との自由かつ秘密の通信を許すならば、逃亡や罪証隠滅、更には監獄内の規律及び秩序を乱す行為に出る計画の通謀を行うことなどが予想されるところであり、その結果、前記未決勾留の目的を達成することができなくなるに至ることは明らかである。そして、外形的事情のみから通信の内容を推測することは必ずしも容易ではないから、これらの事態を予防する対策として、未決勾留によって拘禁されている被告人の発受する信書を検閲し、その内容を知る必要があ」る一方、「未決勾留によって拘禁されている被告人が弁護人との間で発受する信書を検閲することは、被告人の発受する信書の検閲の対象が弁護人との間で発受するものに限られるわけではないことに照らしても、逃亡又は罪証隠滅の防止並びに監獄内の規律及び秩序の維持を目的とするものであり、右コミュニケーションそのものの制約を目的とするものではないことが明らかであり、また、被告人と弁護人とは、そのコミュニケーションの方法を信書の発受のみに限定されているわけではなく、拘置所等において立会人なしに口頭により自由に接見することが保障されているのである（刑訴法39条1項）」から、身体を拘束された被告人と弁護人とのあいだの信書の検閲は、「右コミュニケーションの手段又は方法を規制する効果を有するにすぎないと認めるのが相当であって、右検閲が右権利に加える制限の程度は、なお必要かつ合理的な範囲にとどまるもの」であって、信書の検閲は憲法に違反せず、違法でもないとした。控訴審の東京高裁判決も、この判断を支持した[24]。

2003年9月5日、最高裁は、被拘禁者の信書の発受に関する制限を定めた監獄法50条および同施行規則130条の規定が憲法21条、34条、37条3項に違反するものでないことは、最高裁判所の先例の趣旨に徴して明らかであり、これらの規定が、自由権規約14条3項、同17条に違反すると解することもできないとして、原告の上告を棄却した[25]。

この多数意見に対しては、梶谷、滝井両裁判官が、詳細な反対意見を付している。反対意見は、憲法34条に由来して刑訴法39条1項が自由かつ秘密の接見交通権を保障していることを前提として、同条2項の「必要な措置」の意味を解釈しなければならず、したがって、逃亡や罪証隠滅に関する「具体的危険性がうかがわれる等の特段の事情がないにもかかわらず、一般的、抽象的なおそれがあるというだけの理由で、拘置所長が一律に信書を検閲する

ことは、障害防止のために必要かつ合理的制限の範囲を超えるものというべきであって……、そのようなことは、同条2項も、同条1項が規定する接見交通権の重要性にかんがみ、『必要な措置』として想定していない」とした。反対意見は、真に弁護人とのあいだの信書であるか、信書に別の「物」が封入されていないか検査することはできるものの、秘密の接見交通を保障するためには、口頭による場合と同様、信書についても内容の秘密保護が要請されるから、弁護人とのあいだの信書であることが明らかである以上、その内容の閲読は認められないとしたのである。

以上のような判例の展開からも、刑訴法39条1項の保障する自由かつ秘密の接見交通権、その基礎にある憲法34条の弁護権の実質的保障との関連において、身体を拘束された被疑者・被告人と弁護人とのあいだの信書の秘密保護が、理論的にも、実践的にも、きわめて重要な問題であることが明らかとなる。

5. 本書の課題

(1) 理論的課題

以上のような問題状況から、刑事被拘禁者の法的・社会的コミュニケーションをめぐる重要問題が浮かび上がってくる（166頁の図を参照）。

第1に、被拘禁者の社会的コミュニケーションをめぐっては、まず、その法的性格が問題となる。監獄法において、受刑者の社会的コミュニケーションが権利として性格づけられていなかったことは明らかとしても、憲法上、未決被拘禁者も含めた被拘禁者の社会的コミュニケーションはどのように位置づけられるのか。このことが、現行の被収容者処遇法の解釈・運用においても、さらなる立法的改革を構想するうえでも、出発点となるはずである。この問題には、自由刑の法的性格、「社会からの隔離」や「社会復帰」という目的の位置づけなどが関連してくるであろう。また、刑事事件の被疑者・被告人である未決被拘禁者の社会的コミュニケーションについては、防御権の保障と密接に関連しているということが、正しく踏まえられなければならない。

そのうえで、面会、信書の発受の自由と秘密保護について、その意義と限界が明らかにされなければならない。これまでのような広汎かつ強度の制限が果たして認められるべきか、十分な検討が必要である。また、刑訴法81条、同207条1項は、未決被拘禁者の社会的コミュニケーションについて、逃

亡・罪証隠滅の防止という目的のための裁判官・裁判所の判断による制限を認めているが、この制限と刑事拘禁法上の制限との関係が解明されなければならない。面会方法としては、遮蔽板の備えられた面会室における身体接触の不可能な閉鎖面会に代えて、一定の身体接触を許容する開放面会の導入が問題となるであろう。さらには、新しいコミュニケーション手段としての電話の使用についても問題となる。

　被拘禁者の社会的コミュニケーションについて論じるとき、被拘禁者の家族の絆・社会的繋がりの維持という目的が強く関連する。この目的のために、社会的コミュニケーションの保障がどのようになされるべきか問われるとともに、これらを維持するための社会的援助が構想されるべきである。そのような社会的援助としては、貧困な家族に対する面会費用補助という経済的援助だけでなく、面会のために刑事施設を訪問した家族、友人に対する情報や助言の提供という対人サービスについても構想されるべきであろう。

　第2に、民事訴訟などに関する法的コミュニケーションについて、まず、その法的性格、とくに憲法上の権利としての性格が問題となる。この問題には、憲法32条の保障する裁判を受ける権利、裁判にアクセスする権利が重要な意味を有している。

　そのうえで、このような法的コミュニケーションの保障のあり方、それに対する制限の根拠と限界が明らかにされなければならない。徳島刑務所事件の最高裁判決がいうように、被拘禁者の法的コミュニケーションを制限し、その内容を聴取・閲読することが広く認められてよいのであろうか。それとも、被拘禁者の裁判にアクセスする権利を実質的に保障するために、これまでのような広汎かつ強度の制限は認められるべきでないのか。これは理論的にも、実践的にも重要な課題である。

　第3に、身体を拘束された被疑者・被告人とその弁護人とのコミュニケーションをめぐる問題がある。とくに、髙見・岡本国賠訴訟、高野国賠訴訟において問題となった被疑者・被告人と弁護人とのあいだの信書の秘密保護が最大の焦点となる。

　この問題をめぐっては、刑訴法39条1項の定める自由かつ秘密の接見交通権、その基盤にある憲法34条による弁護権の実質的保障ないし有効な弁護の保障が決定的重要性を有することに疑いはない。そのうえで、信書の秘密保護との関係における刑訴法39条1項の意味、同条2項に基づく制限の意義とその限界、この規定に基づく制限と刑事拘禁法上の制限との関係が問題とな

被拘禁者の法的・社会的コミュニケーションをめぐる重要問題

	受刑者	未決被拘禁者
社会的コミュニケーション		刑訴法81条による接見禁止
	家族の絆・社会的繋がりの維持	
	面会・信書の自由と秘密保護	
	電話の使用	
法的コミュニケーション		刑訴法39条1項と信書の秘密保護
		刑訴法39条2項による接見交通の制限
		刑訴法39条3項による接見指定
	民事訴訟などに関する面会・信書の自由と秘密保護	
	電話の使用	

る。

(2) 行刑改革における日本とイギリス

　このように、被拘禁者の法的・社会的コミュニケーションをめぐる問題は、刑事拘禁法と刑事手続法の交錯領域に位置し、非常に複雑な形で現れるが、本書次章以降はこれらについて検討を加え、日本法の改革構想の骨格を示すことを課題とする。

　このような課題にアプローチするうえで、本書は、イギリス法の展開を比較法研究の題材とする。それは、被拘禁者の法的・社会的コミュニケーションの保障において、とくにこの20年、イギリス法が大きな発展をみせているからである。この間、イギリス法は、かつての裁量による恩恵的利益の付与と広汎かつ強度の制限という法的構造を克服し、基本的権利としての保障と法律に基づく正当な目的のための必要最小限度の制限という法的構造の確立に向けて発展してきた。面会における会話内容の聴取をともなう立会の排除、信書についての一律検閲の廃止、法的コミュニケーションにおける自由と秘密保護の徹底などはその成果としてある。このような発展は、欧州人権条約に関する人権委員会・人権裁判所の判例によって牽引されたが、2000年10月1日の1998年人権法の施行にともない、欧州人権条約が国内法的効力を有するに至ったことによって、いっそう促進された。

　また、行刑局のイニシアティブにより、一定の身体接触を許容する開放面会の原則化、ほぼ全面的な電話アクセスと個人暗証番号式電話の使用、法的コミュニケーションのための開放面会用の個室など、さまざまな先進的実務

が開発され、積極的に取り入れられてきた。さらに、貧困な被拘禁者の家族に対する面会費用補助という経済的援助においても、広汎かつ強固なNGO活動を基盤にした対人サービスとしての被拘禁者の家族、友人に対する情報・助言、支援の提供という面においても、被拘禁者の家族の絆・社会的繋がりを維持するための社会的援助がめざましく発達してきた。

かくして、日本法の改革構想を打ち立てる基本的視座を獲得し、さまざまな具体的示唆を得るために、イギリス法は比較法研究の恰好の対象となるように思われる。

1990年の刑事施設暴動を契機として、イギリスも全面的な行刑改革に取り組んだ。1991年には、ウールフ控訴院判事を責任者とする政府設置の委員会による原因調査と改革提案が報告書として発表された。いわゆるウールフ報告書である[*26]。政府はウールフ報告書を踏まえ、行刑改革のマスター・プランを示した『収容、ケア、公正――イングランド・ウェールズにおける行刑の将来像』を発表し、具体的改革を実施していった[*27]。

たしかに、イギリスの刑事施設は、とくに1992年10月1日の刑事裁判法施行以降、量刑の厳格化の所産としての過剰拘禁に悩まされてきた（次頁の図表参照）。近年のイギリス刑事司法の法と実務は、被害者保護とともに、過剰拘禁の解消を基軸として展開しているといってよい。過剰拘禁は深刻である。内務省の発表によれば、2004年2月2日現在、定員66,802人に対して、被拘禁者数は過去最高の74,594人であり（収容率111.7%）、1年前から2,608人増加している[*28]。一人用に設計された居室に二人で収容されている被拘禁者は、2002年には前年より20.0％増加して13,445人に上った。過剰拘禁は今後ますます深刻になることが予想されているが、これが被収容者処遇の質を低下させ、実効的改革を妨げていることは否定できない。

過剰拘禁や苛酷で劣悪な収容条件とも関連して、被拘禁者の自殺も深刻な問題となっている。2002年度の自殺者は、前年より21人増加して94人に上った[*29]。被拘禁者の死亡事件防止のために活動するNGO〈インクエスト〉の共同ディレクターのコウルズとショウが「刑事施設内の自殺を、苛酷で劣悪な刑事施設の収容条件、孤立、貧弱な医療的ケアと切り離して論じることはできない。これらは、人間の精神的・身体的健康状態に有害な作用を及ぼすからである」と論じているとおりである[*30]。

とはいえ、日本の行刑改革を具体化していくうえで参考にすべき点が多くあるのも事実である。とりわけ、刑事施設オンブズマンや刑事施設査察局、

1日平均刑事施設被収容者数

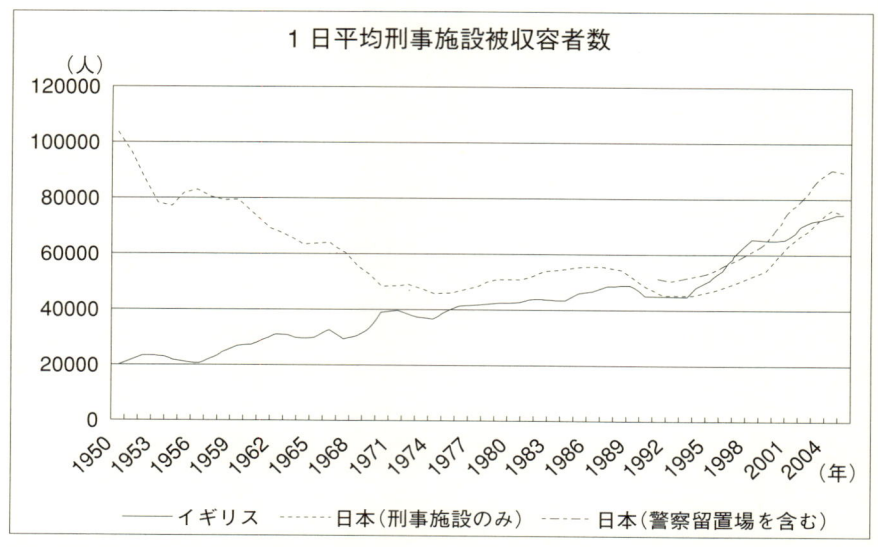

――― イギリス　　 ……… 日本(刑事施設のみ)　　 ----- 日本(警察留置場を含む)

出典：犯罪白書平成17年版。警察庁の統計。イギリス2002年まで、Home Office, Prison Statistics England and Wales 2002. イギリス2003年以降、Home Office, Offender Management Caseload Statistics 2004 (Home Office Statistical Bulletin 17/05) (2005).

　イギリスについては、2002年までは1日平均被収容者数であり、2003年以降は年末被収容者数。また、2002年までは警察留置施設の被留置者数を含み、2003年以降は含まない。警察留置施設の被留置者について、イギリスの場合は告発前留置された被疑者を含まず、未決拘禁の決定を受けた者だけであり、日本の場合は逮捕留置された被疑者その他すべての警察留置施設の被留置者を含む。

刑事被拘禁者の国際比較（2002年）

	被拘禁者数	人口100,000あたりの被拘禁者数	刑事施設の定員100に対する被拘禁者数
イングランド・ウェールズ	71,324	137	111
北アイルランド	1,029	61	―
スコットランド	6,405	126	101
フランス	53,463	87	112
ドイツ	70,977	86	90
日本	67,353	53	107
アメリカ合衆国	2,019,234	702	―

出典：Home Office, Prison Statistics England and Wales 2002, at 40.
イギリスについては警察留置施設の被収容者数を含むが、日本についてはこれを含まない。

市民参加による刑事施設独立監視委員会による実効的な処遇監視と人権救済の制度、人権侵害の防止と社会復帰処遇の提供におけるNGOその他の市民参加の制度は先進的である。[*31] 上述のように、法的・社会的コミュニケーションの領域においても、日本法の状況と対比したとき、さまざまな点においてイギリス法が先進性を有していることは否定できない。もっとも、イギリス法においても、過剰拘禁、それにともなう拘禁条件の劣悪さのほかにも、一部のグループないしクラスの被拘禁者に対する保安措置の極端な強化など、さまざまな重大な問題がなお残されている。保安措置の強化は、当然、被拘禁者と外部社会とのコミュニケーションに対しても否定的影響を与えている。しかし、日本法の改革を構想するとき、イギリス法の直面する問題に学ぶことも、それ自体有益であるに違いない。

　本書第6章は、まず、複雑な立法と行政命令の体系から構成されているイギリス刑事拘禁法の枠組を整理したうえで、被拘禁者の家族の絆・社会的繋がりの維持という目的と関連させつつ、被拘禁者の社会的コミュニケーションの意義を明らかにする。そのうえで、社会的コミュニケーションの手段としての面会、信書の発受、電話の使用について、法の支配の確立に向けた法の発展、具体的な保障状況、制限の根拠と限界に焦点を合わせつつ順に検討する。

　さらに、第6章は、被拘禁者の社会的コミュニケーション、とくに面会をめぐって、その家族の絆・社会的繋がりを維持するための社会的援助としての刑事施設面会費用補助制度（Assisted Prison Visit Scheme）（以下、面会費用補助制度）と刑事施設面会者センター（Prison Visitors' Centre）（以下、面会者センター）を紹介する。面会費用補助制度は、被拘禁者の貧困な家族に対して交通費、宿泊費などの面会費用を補助する経済的援助の制度である。また、面会者センターは、被拘禁者との面会のために刑事施設を訪問した家族、友人などに対して面会の前後の心地よい待合い場所を提供するとともに、被拘禁者の社会的再統合と家族の福祉のために必要な情報、助言、支援を提供する機能を担っており、その多くがNGOによって、刑事施設から独立して運営されている。限られたものでしかないが、ロンドンにある3か所の面会者センターの訪問調査の記録も付けておく。被拘禁者の面会の機会を現実的に拡大し、その質を向上させることによって、社会的コミュニケーションを被拘禁者の家族の絆・社会的繋がりの維持という目的に実質的に結び付けていくうえで、このような社会的援助の実例に学ぶことはたいへん有益であ

ろう。

　続いて第6章は、被拘禁者の法的コミュニケーションについて、その意義と権利の発展に検討を加える。刑事手続における被疑者・被告人の防御に関するものも、民事訴訟などに関するものも、被拘禁者と弁護士とのコミュニケーションについては、被拘禁者の裁判を受ける権利、裁判にアクセスする権利の保障にとって不可欠の前提をなすものとして、また、刑事手続における弁護権の実質的保障の本質的要素として特別な意義が認められ、その自由と秘密保護のための法的保障が発展してきた。これら法的コミュニケーションは基本的権利として認められ、それに対する制限が正当化されるためには、正当な目的のための必要最小限度の制限であることが厳格に要求されている。かくして、被拘禁者の裁判にアクセスする権利、その弁護権の実質的保障のために、自由かつ秘密の法的コミュニケーションの実質的制約に及ぶような制限は排除されている。このような法の支配の確立に向けた発展は、欧州人権条約に関する人権委員会・人権裁判所の判例による強い影響を受けつつ、1998年人権法の施行によって、ますます促進されている。ここにおいて、本書は、法的コミュニケーションの秘密保護に関連して、コモン・ロー上形成され発展してきた法原則としての法曹特権（legal professional privilege）の意義を明らかにし、さらに、欧州人権条約における自由かつ秘密の法的コミュニケーションの保障の発展に検討を加える。そのうえで、第6章は、イギリス法における法的コミュニケーションとしての面会、信書の発受、電話の使用について、とくに一部の被拘禁者に対するきわめて厳重な保安措置との関連において現れる問題にも言及しつつ概観する。

　本書は、以上のようなイギリス法の比較法研究を踏まえて、第7～9章において、社会的コミュニケーションの法的保障、被拘禁者の家族の絆・社会的繋がりの維持のための社会的援助の構築、民事訴訟などに関する法的コミュニケーションの保障、身体を拘束された被疑者・被告人と弁護人とのコミュニケーションの保障について、日本法の改革構想の骨格を示す。

注
* 1　太田達也「刑事施設・受刑者処遇法下における矯正の課題――矯正処遇を中心として」犯罪と非行146号（2005年）5頁。
* 2　葛野尋之「死刑廃止――共に生きる社会のために」法学セミナー41巻10号（1996年）73～75頁。
* 3　川出敏裕「監獄法改正の意義と今後の課題」ジュリスト1298号28頁（2005年）。

太田達也8～9頁も、「受刑者自身の『真の利益』に叶うためという教育目的と、社会の安全を確保するという刑罰の目的から、……処遇を義務づけることは必要且つ相当であ」り、「適切な自己判断ができない者」に「選択肢の判断を完全に委ねてしまうことは、一見、人権保障的にみえても、実は責任の放棄である」と論じている。しかし、第1に、「判断を完全に委ねる」というより、十分な説明のうえで、受刑者本人の理解と参加を促すことが必要かつ重要なのであり、それがないままに社会復帰処遇を強制してもどれほど効果的か疑問であることからすれば、そのような働きかけが適切に行われる限り、あげられている社会の安全確保という「刑罰の目的」と行刑の「教育目的」とを前提としても、「責任の放棄」とはいえないであろうし、第2に、受刑者すべてに矯正処遇を義務づけるのであるが、その理解と参加を促すための十分な説明が行われたうえでなお、受刑者すべてがこの問題に関して「適切な自己判断ができない者」ということができるか疑問である。

＊4 　行刑の医療モデル（medical model）に対して公正モデル（justice model）がかつて提起されたのは、科学万能主義や人種差別と相俟って、このような現実が顕著になったからにほかならない。この点について、David Fogel, We Are the Living Proof: The Justice Model for Correction (2nd ed., 1979) 参照。

＊5 　川出・注3論文29頁、名執雅子「刑事施設・受刑者処遇法と矯正処遇の充実について」犯罪と非行146号（2005年）80頁。

＊6 　今般の行刑改革については、石塚伸一「刑務所の中の健康診断」法律時報75巻3号（2003年）、「特集・名古屋刑務所事件と受刑者の人権」法学セミナー583号（2003年）、村井敏邦「名古屋刑務所事件と行刑改革のゆくえ」季刊刑事弁護36号（2003年）など参照。

＊7 　法的・社会的コミュニケーションに関する監獄法を解説したものとして、鴨下守孝『新行刑法要論』（東京法令出版・1991年）89頁以下など参照。また、行刑改革会議第2分科会第7回会議（2003年11月10日）において、法務省矯正局の代表者が、刑事施設法案の内容も含めて詳細に説明している。行刑改革会議のホームページ http://www.moj.go.jp/KANBOU/GYOKEI/BUNKA02/gijiroku07.html。

＊8 　宮崎繁樹＝五十嵐二葉＝福田雅章編著『国際人権基準による刑事手続ハンドブック』（青峰社・1992年）124頁以下、316頁以下〔五十嵐二葉〕、水谷規男「被収容者の外部交通権の現状」刑事立法研究会編『入門監獄改革』（日本評論社・1996年）、金子みちる「被収容者の外部社会との接触──面会・信書の発受」刑事立法研究会編『21世紀の刑事施設』（日本評論社・2003年）など。国際人権NGOのリポートとして、ヒューマン・ライツ・ウォッチ『監獄における人権／日本・1995年』（現代人文社・1995年）31頁以下。同書には、1979年当時の府中刑務所「所内生活の手引き」が掲載されており、面会・信書発受に関する制限が示されている。

＊9 　行刑改革会議のホームページ http://www.moj.go.jp/KANBOU/GYOKEI/KAIGI/gaiyou06.html。

＊10 　行刑改革会議『行刑改革会議提言──国民に理解され、支えられる刑務所へ』

（2003年）http://www.moj.go.jp/KANBOU/GYOKEI/KAIGI/teigen.pdf。
* 11　最判1985年12月13日・民集39巻8号1779頁。
* 12　行刑改革会議のホームページ　http://www.moj.go.jp/KANBOU/GYOKEI/KAIGI/gaiyou08.html。
* 13　自由刑の純化について、宮崎繁樹ほか・注8書344頁以下（福田雅章）参照。これによれば、自由刑の純化は「自由刑の処遇に際して国家の干渉しえない受刑者の人権の範囲を原則的に明らかにするという意味において、処遇の消極性を要求する原則」であり、「その人権を実質的に担保するために処遇環境の積極的な形成を要請する原則」としての処遇の社会化とともに、「受刑者の『人間としての尊厳』を確保するために求められる同じコインの両面を形成して」おり、欧州刑事施設規則をはじめ、国際人権基準のなかで承認されている。
* 14　宮崎繁樹ほか・注8書362頁以下（福田雅章）、藤井剛「個別的処遇計画の実施——『処遇の個別化』から『個別化された援助』へ」刑事立法研究会編『21世紀の刑事施設』（日本評論社・2003年）など参照。
* 15　徳島地判1996年3月15日・判例時報1597号115頁。
* 16　高松高判1997年11月25日・判例時報1653号117頁。
* 17　最判2000年9月7日・判例時報1728号17頁。
* 18　最大判1999年3月24日・民集53巻3号514頁。
* 19　村田和宏「接見交通権と取調べの関係について」九大法学78号（1999年）、特集・接見交通権を確立するために」季刊刑事弁護26号（2001年）、柳沼八郎＝若松芳也編著『新・接見交通権の現代的展開』（日本評論社・2001年）など。
* 20　高田昭正「接見交通権の実効的保障を実現するために」季刊刑事弁護26号17頁（2001年）。
* 21　後藤昭「弁護人との接見をめぐる問題点」法律時報60巻3号（1988年）、山本正樹「拘置所接見の機会と時間についての考察」季刊刑事弁護26号（2001年）など。
* 22　大阪地判2000年5月25日・判例時報1754号102頁。
* 23　浦和地判1996年3月22日・判例時報1616号111頁。
* 24　東京高判1997年11月27日・公刊物未掲載。
* 25　最判2003年9月5日・裁判所時報1347号1頁、判例時報1850号61頁。
* 26　Prison Disturbances April 1990, Report of an Inquiry by the RT Hon Lord Justice Woolf and His Honor Judge Stephan Tumin (1991).
* 27　Home Office, Custody, Care and Justice: The Way Ahead for the Prison Service in England and Wales (1991). これについて、刑事立法研究会「イギリスの行刑白書」警察研究63巻11号～64巻5号（1992年～1993年）。
* 28　行刑局のホームページ　http://www.hmprisonservice.gov.uk/statistics/dynpage.asp?Page=18。
* 29　Prison Statistics England and Wales 2002, p. 189, Cm 5996, Home Office, HMSO: London, 2003.

＊30　Cole and Shaw, Suicide Show Need for Prison Review, The Guardian, 22 January 2004.
＊31　萩原聡央「イギリス訪問者審議会の機能と歴史的展開」岡山大学大学院文化科学研究科紀要5号（1998年）、土井政和「刑務所のアカウンタビリティ――イギリスの制度を中心として」『井上正治追悼論集・刑事実体法と裁判手続』（九州大学出版会・2003年）、福島至「刑事施設におけるNGOの役割」・本庄武「刑事施設のアカウンタビリティと第三者機関の役割」・緑大輔「市民による施設監視とコミュニティの討議民主主義」刑事立法研究会編『21世紀の刑事施設――グローバル・スタンダードと市民参加』（日本評論社・2003年）など参照。

第6章
刑事被拘禁者の法的・社会的コミュニケーションをめぐるイギリス法の展開

1. イギリス刑事拘禁法の枠組と社会的コミュニケーション

(1) イギリス刑事拘禁法の枠組

(i) 刑事拘禁法と刑事拘禁規則

　被拘禁者の法的・社会的コミュニケーションについて検討する前提として、イギリスにおける刑事拘禁法の枠組を概観しておきたい[*1]。

　イギリスにおいては、1952年刑事拘禁法（Prison Act）が、刑事拘禁に関する基本法として存在している。さまざまな改正がなされてきたものの、制定後50年間、大改正はなされていない。その理由は、刑事拘禁法が「授権法（enabling legislation）」としての性格を強く有しているからである[*2]。刑事拘禁法は、刑事拘禁に関する規則の制定権限を広く内務大臣に授権しており、内務大臣は、この権限に基づき刑事拘禁規則（Prison Rules）を制定した。

　刑事拘禁法は、刑事施設の運営や諸規則の実施について誰が責任を負うかなど、ごく基本的な事項についてのみ定めており、行刑のより具体的な基準や方法、手続については規定していない。したがって、刑事拘禁法は被拘禁者の権利や被拘禁者に対する国の責務に関する規定をほとんど有していない。これらについてのより具体的な規定は、刑事拘禁規則のなかに置かれている。刑事拘禁規則は、当初1964年に国会下院に提出され承認され、法律としての効力を認められた。かくして、刑事拘禁規則は、たんなる内務大臣の行政命令ないし行刑局の内部規則ではなく、刑事拘禁法の委任に基づく委任立法（statutory instrument）として、制定法としての地位を有する。ただし、刑事拘禁法が一次的法律とされるのに対して、刑事拘禁規則は二次的法律とされる。

　刑事拘禁規則には、刑事拘禁の目的（規則3）など一般的な政策規定とともに、行刑を担当する独立行政法人である行刑局に課された責務や被拘禁者

の権利に関する規定が置かれている。その他に、要件、手続、効果などにわたる懲罰に関する規定もある。

　刑事拘禁規則は、被拘禁者の権利や行刑局の権限と責務について、なお一般的に定めるにとどまり、裁量の余地を残している。行刑局は、刑事拘禁規則の規定を具体的にするために、刑事拘禁規則施行令（Standing Order）（以下、規則施行令）、行刑局規則（Prison Service Order）、行刑局通達（Prison Service Instruction）というさまざまな行政命令を定めており、日常的な行刑はこれらに依拠して行われている。

　刑事拘禁規則については、すべての刑事施設に適用される刑事拘禁の最低基準を定めたものとするよう全面改正すべきとの意見が強い。ウールフ報告書も、刑事拘禁の最低基準を明確にしたうえで、それを刑事拘禁法の直接の授権に基づく刑事拘禁規則のなかに規定することにより、司法審査を通じて法的に実施可能なものとするよう確保することを勧告していた。しかし、このような全面改正はなされておらず、1999年には、1964年以降の実務の変化を盛り込んで大規模な改正が行われたものの、刑事拘禁規則の基本的性格は変更されなかった。その後も、いくらかの改正が行われている。

　かくして、刑事拘禁の具体的運営は、行刑局のさまざまな行政命令に強く依拠している。規則施行令は、特定問題についての具体的政策と裁量行使の具体的基準を定めており、収容開始、釈放、一時釈放、コミュニケーション、刑期算定など、具体的問題ごとに制定されてきた。被拘禁者と外部社会とのコミュニケーションについては、規則施行令５Ａがある。行刑局規則と行刑局通達は、規則施行令の規定をアップデイトするために、必要に応じて適宜発表されてきた。また、一時帰休の基準変更のように、政策変更のために発表される場合もある。

　これらの行政命令は刑事施設の長や施設職員に宛てた文書であり、刑事拘禁法および刑事拘禁規則の規定する範囲を越える場合には直接の法的効力を有しないが、違法な実務の根拠となっている場合には司法審査の対象となる。また、行刑局が被拘禁者を直接どのように扱うべきか定めているため、被拘禁者の法的権利を具体的に明確化する基準として機能しうる。このようにして具体化される法的権利の保障のあり方は、司法審査の対象である。

　これら刑事拘禁法の系統のほか、1967年刑事司法法、1991年刑事司法法、1997年犯罪（量刑）法、1998年犯罪秩序違反法など、さまざまな刑事立法が、刑事拘禁に直接関連する規定を有しており、パロール、早期釈放、保釈、刑

期算定などについて定めている。

　さらには、世界で最も包括的かつ先進的な実施システムを有する国際人権法としての欧州人権条約が、イギリス刑事拘禁法の発展に大きな影響を与えてきた。国際法と国内法の効力関係について、伝統的に二元主義的立場をとってきた英国において、英国が1951年に批准した欧州人権条約（1953年9月3日に発効）は直ちに国内法的効力を有するものではなく、また、欧州人権委員会・人権裁判所への個人申立手続（英国は1965年に受諾）を通じて出される欧州人権委員会の判断や欧州人権裁判所の判決は、それ自体として強制的効力は有していない。しかし、イギリス国内の裁判所の判例やイギリス政府の政策形成に対する間接的ながらも多大な影響力を通じて、これらがイギリス刑事拘禁法の発展をリードしてきたことは明らかな事実である[*3]。さらに、1988年人権法が2000年10月2日に施行され、これによって欧州人権条約はイギリスにおいて国内法的効力を有することとなった。被拘禁者の権利の制約について、伝統的に内務大臣と施設長の多大な裁量を許容してきたイギリス刑事拘禁法において、近時、法の支配の確立に向けて国内裁判所の判例の積極的展開がみられるが、1998年人権法の施行によって、さらに確固たる法の支配の基盤が形成されたのである[*4]。

(ii) 刑事施設と被拘禁者の分類

　刑事施設および被拘禁者の保安上の分類について、被拘禁者の法的・社会的コミュニケーションにも関連する場面があるので、簡単に紹介しておきたい[*5]。

　刑事施設は二つに大別される。第1に、地方刑事施設（local prison）および未決拘禁センター（remand centre）である。その主要な機能は、裁判所の命令により未決被拘禁者を収容し、裁判所に押送すること、一定の刑期以上の受刑者について調査と分類を行うことである。第2に、受刑者について刑罰の執行を行うための刑事施設であり、若年者用施設（young offenders' institution）と成人用施設に分けられる。このうち後者は閉鎖施設と開放施設に分けられ、さらに被拘禁者の保安上の分類に対応して、刑事施設の保安措置の厳重性による等級がある（受刑者および未決被拘禁者の構成比率については次頁図参照）。

　すべての成人受刑者は、1966年に導入された基本的枠組に従って、A、B、C、Dいずれかの保安上の等級に分類される。最も厳重な保安措置の対象と

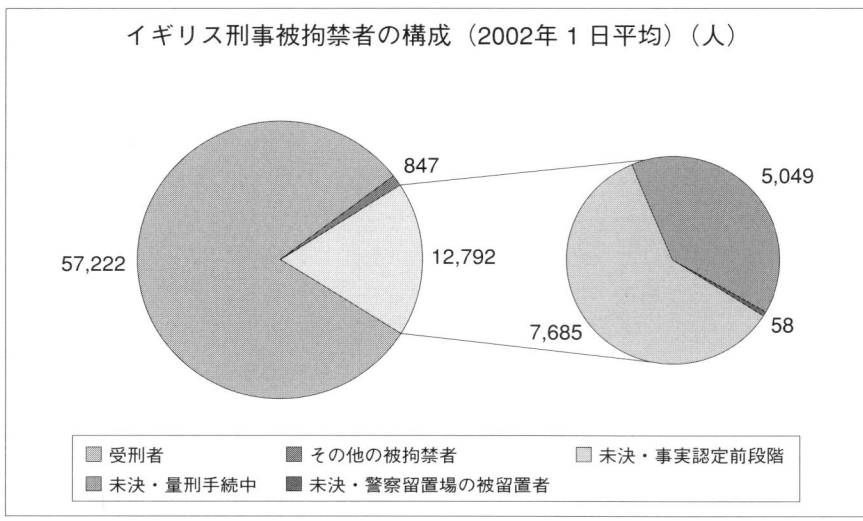

イギリス刑事被拘禁者の構成（2002年1日平均）（人）

- 受刑者: 57,222
- その他の被拘禁者: 847
- 未決・事実認定前段階: 5,049
- 未決・量刑手続中: 58
- 未決・警察留置場の被留置者: 7,685
- (中計): 12,792

出典：Prison Statistics England and Wales 2002, Cm 5996, Home Office, HMSO: London, 2003.

なるのはA級被拘禁者である。A級に分類されるのは、その者の逃走によって一般市民、警察または国家の安全に高い危険を生じさせる場合であり、逃走の現実的可能性の大小によって決められるのではない。A級被拘禁者はさらに、最高厳重保安措置対象者（exceptional risk）、特別厳重保安措置対象者（high risk）、高度厳重保安措置対象者（standard risk）に細分される。A級被拘禁者は、B級、C級被拘禁者を主として収容している全国5か所の刑事施設に設けられた厳重保安措置区画に収容されている。1966年当時、A級被拘禁者として想定されたのは120人程度であったが、1999年においてその数は700人以上に及ぶという[*6]。

　D級被拘禁者は逃走のおそれがないと十分に信頼できる者であり、開放処遇の対象となる。B級、C級被拘禁者は閉鎖施設に収容されるが、B級被拘禁者は高度に厳重な保安措置までは必要ないにせよ、逃走をきわめて困難とするような保安措置が必要な者、C級被拘禁者は、開放処遇の対象とまではできないまでも、逃走の危険が低い者とされる。未決被拘禁者は、稀にA級に分類される場合を除いて、B級に分類される。

(2) 社会的コミュニケーションの意義
(i) 社会的コミュニケーションと家族の絆・社会的繋がり

　歴史を振り返ったとき、被拘禁者と外部社会とのコミュニケーションに関する法と政策は大きな変遷を遂げてきた*7。17世紀から18世紀において、刑事施設と外部社会との境界はむしろ柔軟なものであった。商売や売買春のために外部から刑事施設に人が入り込んでいた。裕福な被拘禁者は、自己の居室において外部からの訪問者を手厚くもてなすこともできた。しかし、18世紀末から19世紀初頭、状況は一変した。この時期、刑罰改革者たちは、犯罪を行った被拘禁者の人格を改善するための最善の方法として、外部社会の快楽や堕落から被拘禁者を隔離すべきと説いた*8。この時期、刑事施設においては沈黙というルールが敷かれ、被拘禁者と外部社会との接触はきわめて厳しく制限されることとなった。今に至るまでに、被拘禁者と外部社会との接触に対する厳しい制限は、ほとんど撤廃されている。とくにこの20年、外部社会とのコミュニケーションの権利が明確に認められ、それに対する制限は大きく緩和されてきた。

　ウォルフ報告書は、被拘禁者に一般に提供されるべき便益を明確化したうえで、そのような便益は特権として恩恵的に与えられるものではなく、被拘禁者が当然に期待できるような形で、その権利として性格づけられるべきと勧告した*9。あらゆる基本的便益を権利として性格づけることは、1998年人権法の施行によって欧州人権条約が国内法的効力を有することになったため、ますます明確なものとなっている*10。かくして、被拘禁者の社会的コミュニケーションも、たんに裁量的に付与される恩恵や特権ではなく、明確に被拘禁者の権利として保障されるべきことになる。法的コミュニケーションの意義については、本章6において論じるので、ここにおいては、被拘禁者の社会的コミュニケーションの意義を明らかにしておきたい。

　社会的再統合の促進という観点から、被拘禁者の家族の絆・社会的繋がりを維持する手段として、拘禁者の社会的コミュニケーションの重要性が強調されている。ウォルフ報告書は、「被拘禁者が再犯をしない見込みがより高まるように、刑事拘禁にともなう有害効果を低減させるべきである以上、可能な限り、被拘禁者と家族やコミュニティとの繋がりを維持することが決定的に重要である。それゆえ本報告書は、面会と一時帰休の機会を拡大するよう勧告する」。「私たちが入手した証拠すべてが示すように、広義において家族の絆といわれるものは、被拘禁者にとってきわめて重要であることが明ら

かである。家族の絆の維持は、被拘禁者が刑事拘禁されているあいだにも最大限保護されるべき人間関係の中核に位置づけられる」と指摘した。[11]この指摘を踏まえ、1991年の内務省行刑改革白書『収容、ケア、公正』は、「行刑局がそのケアの対象とする被拘禁者に対して果たすべき責任の最も重要な要素のひとつ」として被拘禁者の社会的コミュニケーションの保障を位置づけた。[12]これらの基礎にあったのは、被拘禁者の家族の絆・社会的繋がりの維持が社会的再統合を促進し、受刑者の場合には再犯を減少させるという経験科学的実証研究の所見の蓄積であった。[13]確固たる経験科学的根拠に基づいて、被拘禁者の家族の絆・社会的繋がりの維持という政策目的が設定されたのである。この政策目的は、刑事拘禁の最重要目標として被拘禁者の社会的再統合、受刑者について釈放後の再犯の減少が据えられる限り、否定されることはない。

　1999年刑事拘禁規則4は、第1に、被拘禁者が家族とのあいだの繋がりを維持するために特別の配慮がなされなければならず、第2に、家族の利益とともに、被拘禁者自身の社会復帰が最もよく促進されるような形において、被拘禁者が外部社会との繋がりを拡大するよう奨励・援助されなければならない、と規定している。刑事施設において積極的に提供される処遇自体の社会復帰促進の効果に対する信頼が低下するにしたがい、被拘禁者の社会的繋がりの維持は、刑事拘禁にともなう有害効果を緩和するものとして、おそらく最も重要な社会復帰を促進するための手段として位置づけられるようになってきたのである。[14]

　また、社会的排除局による2002年報告書『刑事施設釈放者による再犯の減少』は、住居、雇用、教育、社会福祉など、あらゆる局面における社会的排除の解消と社会的統合の促進という観点から、刑事施設釈放者による再犯の防止という問題を包括的に論じたが、そのなかで、経験科学的実証研究の成果を踏まえて、再犯の防止と社会的再統合の促進のために家族の絆を維持することの重要性を強調した。報告書によれば、「家族の良好な関係が存在し、それを維持することが再犯の減少に寄与し、釈放にさいしての家族や友人の支援がコミュニティへの犯罪行為者の復帰の成功を導くであろうことは、これまでの調査研究の成果から明らかに示されている」。それにもかかわらず、現状においては、「家族のための支援や助言は限られたものでしかなく、多くの場合、面会のための便益は不十分である。犯罪問題に取り組むためのプロセスに家族が関与することは稀にしかなく、また、家族の関係が崩壊しや

すい最も危険な時期であるにもかかわらず、釈放後の支援はほとんど提供されていない」。実際、自己申告調査によれば、受刑者の43％、未決被拘禁者の48％が、刑事拘禁の開始以降に家族との接触を失ったという。刑事施設査察局とプロベーション査察局が共同発表した2001年報告書は、自宅から50マイル以上離れた刑事施設に収容されている被拘禁者が50％を超えており、また、法的に認められた1か月の最低面会回数は2回であるが、現実に1か月2回以上の面会を受けている被拘禁者は、地方刑事施設の場合に64％、保安分類B級およびC級用の刑事施設の場合に47％、開放施設の場合に84％しかなかったことを指摘している[*15]。かくして、社会的排除局の報告書は、家族の絆の維持による再犯の防止という観点から、刑事施設における被拘禁者の処遇における家族の有意義な関与、コミュニティにおける家族支援の充実とともに、被拘禁者と家族とのコミュニケーションが促進されるべきことを提起したのである[*16]。

　被拘禁者の社会的コミュニケーションの重要性は、国際機関の活動においても強調されている。1997年の英国調査に基づき作成された英国政府に対する欧州拷問防止委員会の2000年報告書は、「被拘禁者にとって外部社会と良好な繋がりを維持することは、非常に重要である。なかでも、被拘禁者にはその家族や友人との関係、とりわけその配偶者またはパートナー、子どもとの関係を良好に保つための機会が保障されなければならない。このような関係の継続は、なかんずく被拘禁者の社会復帰の促進という文脈において、関係者すべてにとって決定的に重要であろう。指導原理とされるべきは、被拘禁者と外部社会との接触を促進することである。したがって、そのような接触に対するいかなる制限も、適切な保安上の関心または利用可能な人的・物的条件に関する考慮にのみ基づくものでなければならない」と述べている[*17]。被拘禁者の社会的コミュニケーションが家族の絆・社会的繋がりを維持することに寄与し、それを通じて被拘禁者の社会的再統合を促進することが的確に指摘されている。

(ii) 社会的コミュニケーションと被拘禁者の家族の福祉
　他方、被拘禁者の社会的コミュニケーションは、被拘禁者の家族の福祉それ自体にとっても重要であると認識されている。家族自身が有罪判決を受けたわけではもちろんないにせよ、家族の誰かが刑事施設に収容されているあいだ自分たちの生活が重大に制約されるという意味において、刑事拘禁の有

害効果は家族にも及ぶのである。被拘禁者と家族とのコミュニケーションの促進は、このような家族に対する有害効果を緩和することにも役立つと認められている。このとき、とりわけ面会に関連して、拘禁された刑事施設の場所がその現実の可能性を左右することになる。被拘禁者は、刑事施設の場所が家族の生活する場所から遠く離れるにつれて、家族との繋がりを維持するのが困難になるからである。刑事拘禁の場所について、ウールフ報告書は、被拘禁者が収容されるのは最も緊密な繋がりを有するコミュニティに近接した刑事施設、すなわちコミュニティ・プリズンでなければならないと勧告していた。[*18]

　コミュニティ・プリズンの構想は、本来、自己完結的なサービス提供の克服、刑事被拘禁者の処遇とコミュニティとの繋がりの形成、施設職員のリクルート、その組織を含む刑事施設の運営体制の改革、刑事施設の立地条件や建築様式の変化などをも含意するものであり、行刑改革の原理的指針となりうるものである。[*19] コミュニティ・プリズンの構想のなかで社会的コミュニケーションは、被拘禁者の家族の絆・社会的繋がりを維持するための手段としてきわめて重大な意義を有しているのである。

(iii) 刑事拘禁規則の規定

　ここにおいて、刑事拘禁規則の法的・社会的コミュニケーションに関する規定を訳出しておきたい。刑事拘禁規則は上述の性格を有しているので、この規定だけをみると、法的・社会的コミュニケーションに対して裁量に基づく広汎かつ強度の制限が許容されているようにみえるが、その具体的限界や内務大臣、施設長の裁量行使の限界が規則施行令その他の行政命令によってかなり明確に定められており、結果として制限の程度は刑事拘禁規則から受ける印象に比べて遙かに低い。これらの行政命令は公開されている。しかし、刑事拘禁規則それ自体において権利の限界が曖昧であることに対する批判はなお強く、それを明確に規定した、処遇最低基準を明示したものとなるよう刑事拘禁規則を全面改正すべきとの意見があることは、上述のとおりである。

　法的・社会的コミュニケーションに関する規定については、2000年第1回規則改正により、規則34に技術的修正が加えられたのに続き、2000年第2回改正により、1999年規則に大規模な修正が加えられた。1999年規則は比較的簡潔に記述されていたが、2000年第2回改正により、制限の要件などが比較的詳細に示され、電気通信のプライバシーおよび個人データの取扱いに関す

る欧州連合規則が盛り込まれる形で、規則35Aないし35Dが新設された。2003年改正によっても、規則35に技術的な語句修正が加えられた。訳出したのは、2003年改正を経た刑事拘禁規則である。[*20]

規則4　外部社会との繋がり
(1)　被拘禁者とその家族との繋がりが、双方の最善の利益にとって望ましいものとなるよう維持されることに、特別な配慮がなされなければならない。
(2)　被拘禁者は、その家族の利益および自己の社会復帰を最も促進するであろうと刑事施設の長が認めるような形において、刑事施設の外部の人および機関とのあいだの繋がりを形成し維持するよう推奨され援助されなければならない。

規則34　コミュニケーション一般
(1)　1952年刑事拘禁法6条および9条が規定する場合および本規則がとくに定めた場合を除き、被拘禁者は、刑事施設の外部にいるいかなる人ととのあいだでもコミュニケーションを行うことを許可されてはならない。ただし、担当国務大臣がとくに許可した場合および規則8の定める特権として許可された場合は除く。
(2)　(1)項の規定にもかかわらず、本規則がとくに定めた場合を除き、担当国務大臣は、いかなる個別の面会または一定類型の面会についても、コミュニケーションを許可するにあたり、いかなる制限または条件を課すこともできる。ただし、その制限または条件が以下の条件を満たすものと認める場合に限る。
　(a)　何人の欧州人権条約上の権利をも侵害しないこと、または、
　(b)　(i)　(3)項に明示した理由のために必要であること、
　　　(ii)　欧州人権条約に示された権利の制限理由に適合した理由に基づくこと、かつ、
　　　(iii)　達成しようとする目的と均衡がとれた制限または条件であること。
(3)　(1)項において述べられた理由とは以下に掲げるものをいう。すなわち、
　(a)　国の安全という目的、
　(b)　犯罪の防止、捜査、解明もしくは訴追、
　(c)　公共の安全という目的、
　(d)　刑事施設の保安もしくは良好な秩序および刑事施設における規律の確保もしくは維持、
　(e)　健康もしくは道徳の保護、
　(f)　他者の社会的評価の保護、
　(g)　司法の権威および公平性の維持、または、
　(h)　何人もの権利および自由の保護。
(4)　(2)項の定めに従い、担当国務大臣は、いかなる個別の面会または一定類型の面会についても、被拘禁者と他者とのあいだの身体的接触を制限しまたは防止するための特別な構造を有する場所において行うよう要求することができる。

(5) 被拘禁者とのいかなる面会も、担当国務大臣が指示した場合を除いて、刑事施設の職員または刑事施設の長により本規則の目的のために権限を与えられた刑事施設の被用者（本規則においては「権限ある被用者」という）の視野に入る位置において行われなければならない。また、本項の目的のために、被拘禁者との面会は、それが有線テレビ・システムを手段として刑事施設の職員または権限ある被用者によって見られる場合には、刑事施設の職員または権限ある被用者の視野に入る位置において行われるよう撮影されなければならない。
(6) 規則38の定めに従い、被拘禁者とのいかなる面会も、担当国務大臣が指示した場合を除いて、刑事施設の職員または権限ある被用者がその話を聞くことのできる位置において行われなければならない。
(7) 担当国務大臣は、被拘禁者が面会を受けることのできる日および時間について、一般的にまたはいかなる面会またはいかなる類型の面会に対しても指示を行うことができる。
(8) 本規則において、
  (a)「コミュニケーション」には、面会中のコミュニケーションが含まれ、
  (b)「コミュニケーションの制限および条件」とは、コミュニケーションの許可時間、継続時間および頻度に関連する制限および条件が含まれ、かつ、
  (c)「欧州人権条約上の権利」とは、1998年人権法のいう欧州人権条約上の権利を意味する。

規則35　個人的用務に関する面会および信書の発受
(1) (8)項の定めに従い、未決被拘禁者は、担当国務大臣が一般的にまたは個別的に指示した限界と条件の限りにおいて、望む限りの数の信書を発受し、望む限りの回数の面会を受けることができる。
(2) (2A)項および (8)項の定めに従い、受刑者は、以下に掲げる権利を保障されなければならない。すなわち、
  (a) その者の刑事施設への収容を開始したさい、およびその後においては1週につき1回、信書を発受すること、かつ、
  (b) 4週につき2回、面会を受けること。ただし、担当国務大臣が指示した場合には4週につき少なくとも1回とすることができる。
(2A) 断続的拘禁命令に関連して拘禁刑を執行されている受刑者は、刑事施設の長が、その者が遵守事項を定めて一時釈放されている期間においてその友人および家族と会うことがどの程度まで不可能であろうか考慮したうえで望ましいと認めた場合に限り、面会を受けることを許されなければならない。
(3) 刑事施設の長は、(8)項に基づく特権として、または被拘禁者自身もしくはその家族の福祉のために必要な場合には、被拘禁者に許される信書の発受および面会の回数を増やすことができる。
(4) 刑事施設の長は、被拘禁者が認められた面会を受ける代わりに、信書を発受するこ

とを許すことができる。
(5) 刑事施設の長は、隔離拘禁の期間が終了するまで、面会を受ける被拘禁者の権利を延期することができる。
(6) 訪問者委員会（the Board of Visitors）は、特別な事情のある場合には、被拘禁者の信書の発受および面会の回数を増やすことができ、また、通常の制限時間を超えて面会を行うよう指示することができる。
(7) 担当国務大臣は、いかなる被拘禁者またはいかなる類型の被拘禁者についても、その信書の発受および面会の回数を増やすことができる。
(8) 被拘禁者は、以下に掲げる者からの面会を認められない。すなわち、
　(a) 親族または友人であるかないかを問わず、その者が規則73に基づく禁止の対象者とされている期間、その者との面会、または、
　(b) 担当国務大臣の許可がある場合を除いて、親族または友人以外のいかなる者との面会。
(9) 規則35A以下に定められたいかなる信書の発受または面会も、規則35に定められた信書の発受または面会として、その回数を計算してはならない。

規則35A　コミュニケーションの傍受
(1) 担当国務大臣は、いかなる刑事施設の長に対しても、いかなる被拘禁者またはいかなる類型の被拘禁者によるいかなるコミュニケーションについても、刑事施設においてその傍受を指示することができる。ただし、担当国務大臣が、その指示が以下に掲げるものであると認める場合に限る。すなわち、
　(a) (4) 項において示された理由のために必要であること、かつ、
　(b) 達成しようとする目的と均衡がとれていること。
(2) 担当国務大臣によるいかなる指示にも従い、刑事施設の長は、いかなる被拘禁者またはいかなる類型の被拘禁者によるいかなるコミュニケーションについても、刑事施設において刑事施設の職員または権限のある被用者によりその傍受を行うための措置をとることができる。ただし、刑事施設の長が、その措置が以下に掲げるようなものであると認める場合に限る。すなわち、
　(a) (4) 項において示された理由のために必要であること、かつ、
　(b) 達成しようとする目的と均衡がとれていること。
(3) 刑事施設の職員または権限ある被用者は、被拘禁者によるいかなるコミュニケーションについても、刑事施設内で伝達されているあいだに、それを打ち切ることができる。ただし、刑事施設の職員または権限ある被用者が、その打ち切りが以下に掲げるものであると認める場合に限る。すなわち、
　(a) (4) 項において示された理由のために必要であること、かつ、
　(b) 達成しようとする目的と均衡がとれていること。
(4) (1) 項 (a)、(2) 項 (a) および (3) 項 (a) において述べた理由とは以下に掲げるものをいう。すなわち、

(a) 国の安全という目的、
　(b) 犯罪の防止、捜査、解明もしくは訴追、
　(c) 公共の安全という目的、
　(d) 刑事施設の保安もしくは良好な秩序および刑事施設における規律の確保もしくは維持、
　(e) 健康もしくは道徳の保護、
　(f) 他者の社会的評価の保護、
　(g) 司法の権威および公平性の維持、または、
　(h) 何人もの権利および自由の保護。
(5) 刑事施設における電気通信システムを手段とするコミュニケーションの傍受、またはそのコミュニケーションから傍受した資料の開示もしくは保管については、(4) 項において示されている理由から (f) を除外しなければならない。
(6) 本規則において「傍受」とは以下に掲げるものをいう。すなわち、
　(a) 電気通信システムを手段とするコミュニケーションについては、受信されるコミュニケーションの内容の全部または一部が、それが伝達されているあいだに、発信者またはコミュニケーションの受け手として意図された人とは別人が受信するためのシステムまたはその操作に関連してとられるいかなる措置を意味し、また、このときコミュニケーションの内容は、それが伝達されているあいだにそのような別人が受信するために迂回または録音される場合には、それが伝達されているあいだにそのような別人が受信できるように措置され、かつ、
　(b) 書かれ、または描かれたコミュニケーションについては、コミュニケーションの開披、閲読、検査または複写が含まれる。

規則35B　コミュニケーションの常時通信記録（permanent log）
(1) 刑事施設の長は、被拘禁者により発信または受信されるすべてのコミュニケーションについて、その常時通信記録を保管するための措置をとることができる。
(2) (1) 項において述べられた通信記録には、刑事施設内の電気通信システムを手段とするコミュニケーションについては、受信先、継続時間およびコミュニケーションの費用が含まれ、また、あらゆる書かれた、または描かれたコミュニケーションについては、コミュニケーションの発信者および宛先の記録が含まれる。

規則35C　資料の開示
刑事施設の長は、刑事施設の職員、担当国務大臣の職員または権限ある被用者以外のいかなる者に対しても、いかなる傍受資料、規則35Bに基づき保管された情報または面会中に使用された有線テレビ・システムを手段として獲得された資料も開示してはならない。ただし、以下に掲げる場合は除かれる。すなわち、
　(a) 刑事施設の長が、その開示が以下に掲げるものであると認めるとき。すなわち、
　　(i) 規則35A (4) に示された理由のために必要であり、かつ、

(ⅱ) 達成しようとする目的と均衡がとれていること。または、
  (b)
    (ⅰ) 傍受された資料または面会中に有線テレビ・システムを手段として獲得された資料である場合には、コミュニケーションまたは面会のすべての当事者が開示に同意し、もしくは、
    (ⅱ) 規則35Bに基づき保管された情報の場合には、その情報の関連するコミュニケーションの当事者である被拘禁者が開示に同意したとき。

規則35D　資料の保管
(1)　刑事施設の長は、いかなる傍受された資料または面会中に有線テレビ・システムを手段として獲得された資料も、その資料が傍受されまたは面会中に有線テレビ・システムを手段として獲得された日から起算して3か月を超える期間にわたり保管してはならない。ただし、刑事施設の長が、3か月を超えてその資料を保管することがつぎに掲げるものであると認める場合は除く。すなわち、
  (a)　規則34A (4) に示された理由のために必要であり、かつ、
  (b)　保管の継続によって達成しようとする目的と均衡がとれていること。
(2)　(1) 項に基づきそのような資料を3か月を超えて保管した場合には、刑事施設の長は、もはやそれを保管すべきでないと判断するときまで、保管の継続について定期的に見直しを行わなければならない。
(3)　(2) 項に基づく最所の見直しは、(1) 項に基づき資料の保管を継続すると判断したときから3か月以内に行われなければならない。また、その後の見直しは、3か月以内の期間ごとに行われなければならない。
(4)　刑事施設の長が、(2) 項に基づき行った見直しのさいまたは別の機会に、その資料の保管の継続が (1) 項に示された要件を満たすと認めなかった場合には、その資料を破壊するための措置をとらなければならない。

規則36　警察の取調べ
　警察官は、被拘禁者が任意に応じる場合に限り、幹部警察官（the chief office of police）の発した命令により、またはその代理として被拘禁者の取調べを行うことができる。

規則37　釈放の確保
　保証人を見つけることができず、または保証金を支払うことができないために刑事施設に拘禁されている者は、刑事施設からその者を釈放するための措置をとるために、平日の合理的時間であればいかなるときでも、いかなる親族または友人ともコミュニケートし、またはその面会を受けることもできる。

規則38　法的助言者
(1)　民事訴訟か、刑事訴訟かを問わず、いかなる訴訟手続についても、被拘禁者がその当事者となっている場合には、被拘禁者の法的助言者は、その訴訟手続に関して、施設職員が見ることはできるけれども、話が聞こえることはないような位置において、被拘禁者と相談するための合理的な便益を提供されなければならない。
(2)　被拘禁者の法的助言者は、担当国務大臣により発せられたいかなる指示にも従う限りにおいて、刑事施設の職員が見えるけれども、話を聞くことはできないような位置において、他のいかなる法的用務についても被拘禁者と相談することができる。

規則39　法的助言者および裁判所との通信
(1)　被拘禁者は自己の法的助言者およびいかなる裁判所とも通信することができる。この通信については、規則39の定めに従って、刑事施設の長のみが、それを開披し、閲読し、または差し止めることができる。
(2)　規則39が適用される通信については、刑事施設の長が、禁制品が同封されており、その同封物に本規則の他の規定に従って対処しなければならないと認める合理的理由がある場合に限り、それを開披することができる。
(3)　規則39が適用される通信については、刑事施設の長が、刑事施設の保安もしくは他者の安全を危険にさらし、または他の犯罪を構成するような内容が含まれていると認める合理的理由がある場合に限り、それを開披し、閲読し、差し止めることができる。
(4)　被拘禁者は、規則39が適用されるいかなる通信についても、それが開披される場合には、開披に立ち会うことを認められ、また、その通信または同封物が閲読され、または差し止められる場合には、閲読または差し止められたことを告知されなければならない。
(5)　被拘禁者は、その請求により、(1)項の目的のために必要な文房具を与えられなければならない。
(6)　本規則において、「裁判所」には、欧州人権委員会、欧州人権裁判所および欧州裁判所が含まれている。「禁制品」には、本規則の他の規定に基づき所持することが許可されないようなあらゆる物品および被拘禁者自身、その法的助言者または裁判所以外の者とのあいだで発受されるいかなる通信も含まれる。

2. 面会

(1)面会の種別と回数

　まず、社会的コミュニケーションの手段としての面会について検討する。[*21]
　刑事拘禁規則35(2)aは、被拘禁者はその権利として、4週につき2回の面会を受けることができると定めている。ただし、内務大臣の指令により4週につき1回に減らすことも認められている。この面会のことを、規則施行令

5Aは「権利面会（statutory visit）」と名づけている。権利面会においては、面会数と職員数から判断して不可能であるため30分にまで短縮される場合を除き、1時間以上の面会が認められる。権利面会の機会は、懲罰として剥奪されてはならない。

　例外的に面会の差止が認められる場合がある。すなわち、施設長は、被拘禁者が隔離拘禁されている期間において、被拘禁者の行動や態度から、面会の実施のため隔離拘禁室から被拘禁者を外に出すことが明白に実際上不可能であるか望ましくないと認めるときは、面会を差し止めることができる（規則施行令5A(9)）。とはいえ、隔離拘禁されている場合でも、懲罰の一種として、あるいは被拘禁者の行動を変化させるための圧力として、面会の差止が認められるわけではない。面会が差し止められた場合でも、被拘禁者は権利面会の許可回数を積み立てるか、その代わりに「権利信書（statutory letter）」の発信回数を増やすことができる。

　権利面会に加えて、「裁量面会（privilege visit）」が認められている。この裁量面会は、施設長によって（刑事拘禁規則35(3)）、または各刑事施設に設置された独立監視委員会（Independent Monitoring Board）（かつての訪問者委員会）によって（刑事拘禁規則35(6)）認められる。さらに、内務大臣は、特定の被拘禁者または特定の集団について、面会回数の増加を認めることができる（刑事拘禁規則35(7)）。施設長の認める裁量面会は、被拘禁者およびその家族の福祉の増進のために必要な場合、または1995年に導入された「報奨制度（incentive and earned privilege scheme）」の下で認められている。規則施行令においても、裁量面会が認められるべき最低回数やその詳しい基準は明らかにされていない。それゆえ、施設長はそれぞれの施設の人的・物的条件にしたがって決定することになる。その結果、面会回数や面会条件において、施設間に差異が生じている。

　面会が困難な場所にある刑事施設に収容されている場合、被拘禁者は、許可された面会回数を一定期間積み立てることによって、家族や友人の住所に近接した施設への一時的移送を請求することができる。この一時的移送の期間は、通常1か月程度であり、その間に積み立てた分の面会を行う。A級被拘禁者は全国5か所の厳重保安措置区画を有する施設に収容されることになるが、家族や友人の住所から遠く離れた施設に収容されることが多いので、とくにこの一時的移送の申請を活用するよう奨励されている。積立が可能なのは最少3回から最多26回までであり、一時的移送は年1回しか認められな

い（規則施行令5A(11)）。

　これらのほかに、「特別面会（special visit）」が認められている。これは、被拘禁者が本人または家族に関する重大な用務を処理する場合、あるいは被拘禁者自身または家族が重篤な病気の場合において特別に認められる面会である。この特別面会は、法的コミュニケーションとしての法的助言者（弁護士およびとくに委任を受けた法律事務職員［advocate］）との面会、法的コミュニケーションに準じて扱われる保護観察官、国会議員、牧師その他の聖職者、領事館職員、国会行政管理官、警察官などとの面会と同様、被拘禁者に許可されている面会回数としてカウントされない。

　未決被拘禁者については、「担当国務大臣が一般的にまたは個別的に指示した限界と条件に従う限り」、望むだけの回数の面会が認められる（刑事拘禁規則35(1)）。現在、月曜日から土曜日まで、1日につき通常15分以内の面会が認められている。しかし、職員配置に照らして、この基準に従うことが実際上できない場合には、行刑局の地域管理官は、1週につき平均90分の面会時間が確保されている限りにおいて、面会回数の制限を認めることができる（規則施行令5A(4)）。実務上、1週間の面会を3回程度にまで制限し、各回の面会時間を15分より長く認めることが一般化している[*22]。後述する面会要望書（visiting order）の必要がないことなどを除き、未決被収容者についての面会の実施は受刑者の場合と同様である。

(2) 面会の相手方
(i) 家族・近親者との面会

　面会の相手方としてとくに重視されているのは、被拘禁者の家族その他の近親者である。それは、面会の重要な目的が、被拘禁者の社会的再統合の促進、受刑者の場合には再犯の防止という観点から、被拘禁者の家族の絆・社会的繋がりの維持にあるとされているからである[*23]。社会的コミュニケーションの手段のなかでもとりわけ重視されているのが面会である。社会的排除局の2002年報告書によれば、「被拘禁者は、信書や電話を通じても家族との接触を維持することが可能である。しかし、……多くの被拘禁者はコミュニケーションのための基本的スキルの程度が低いため、信書によるコミュニケーションには困難がともなう。電話の利用は限られており、通話用カードを購入することができるだけの十分な収入があるかどうかにかかっている。通話用カードは被拘禁者の収入からすれば相対的に高価である。それゆえ、被拘

禁者とその家族が接触を維持する手段としてとりわけ重要なのが面会である」と指摘している。[24]

　この近親者について、規則施行令5A(30)は、配偶者もしくは被拘禁者が拘禁される前に同居していた夫もしくは妻、親もしくは親代わり、子どももしくは被拘禁者が親代わりとなっている子ども、兄弟、姉妹または婚約者（施設長が結婚する真摯な意思があると認めた場合に限る）と定義している。施設長は、これら近親者との面会を保安および良好な秩序の維持という理由から不許可とすることを認められているが、それは例外的場合に限るとされている（規則施行令5A(31)）。被拘禁者の近親者が別の刑事施設に収容されている場合には、保安上の必要と移送や居室の利用可能性の限度内で、3か月ごとの面会が認められる。

(ⅱ)近親者以外の者との面会

　近親者以外の者との面会も許されるが、施設長は保安および良好な秩序の維持という理由からそれを不許可とすることができる。さらに、施設長は、被拘禁者の社会復帰の重大な妨げになると認めた場合にも、面会を不許可とすることができる。施設長の不許可処分は、被拘禁者と相手方双方の権利の侵害となる可能性があるため、司法審査の対象とされる。北アイルランドのマッカートニー事件において、1987年の北アイルランド控訴院判決は、IRA[25]に所属する受刑者に対するシン・フェーン党の地方議員の面会に関する内務大臣の不許可処分について、地方議員による本件被拘禁者の訪問が刑事施設の保安を具体的に脅かすとの主張はなかったにもかかわらず、シン・フェーン党が当時IRAの武力闘争を支持しており、「この地方議員による訪問を不許可とする判断がなされたのは、その議員が有しているであろう政治的意見を理由とするのではなく、シン・フェーン党が政治的目的を達成するために暴力的手段をとることを支持しているという理由によることは明らかである」として、この不許可処分は合理的であるとした。[26]

　面会不許可の処分は、当然、欧州人権条約8条に関する審査の対象となる。「通信」の場合と異なり、面会の保障は同規定において明示されていないため、より一般的で広汎な家族生活を尊重される権利の問題として審査されることになる。欧州人権条約のもと、被拘禁者も家族生活を尊重される権利を有し、それゆえ被拘禁者は家族との繋がりを維持するために刑事施設の援助を受ける権利を保障されるということがすでに定着している。しかし、一般

に、この問題に関する欧州人権委員会・人権裁判所の判例は、少なくとも面会不許可の処分がとくに近しい家族についてのものである場合や、被拘禁者と外部社会との接触を実質的に禁止することになる場合でない限り、信書の発受の場合と比較して、不許可処分についてあまり厳密な審査をしているとはいえないと指摘されている。このような場合でない限り、欧州人権裁判所や欧州人権委員会は、施設当局に対して被拘禁者の面会許可に関する裁量的判断の余地を比較的広く与えているというのである。[*27] 欧州人権委員会・人権裁判所の判例においては、母親と子どもとの関係については特別に手厚い保護が与えられており、また、個別事件において欧州人権条約違反との判断はしていないが、被拘禁者がその家族の住所から遠く離れた場所にある刑事施設に収容された場合、そのことは欧州人権条約8条違反となる可能性があることを認めている。[*28]

これに対して、PおよびQ事件における2001年のイギリス控訴院判決は、[*29] 面会不許可処分が欧州人権条約8条の保障する権利を侵害しないかについて厳格な審査を行うという基本的立場をとり、法の支配の確立という観点から、国内裁判所における欧州人権条約8条の適用において施設当局の広汎な裁量的判断が認められることはないとした。この事件においては、被拘禁者と家族との面会が問題となったのではなく、刑事施設内の母子区画に関する行刑局の運営基準が欧州人権条約8条に違反しないかが争われた。二人の女性被拘禁者が、例外なく乳児が生後18か月までのあいだに母親である被拘禁者と引き離されることは、被拘禁者と乳児双方の権利を侵害し違法であると主張した。判決は、この母子区画の運営基準自体が子どもの福祉を目的としていること、欧州人権条約8条の適用においても、母親と子どもの利益が一致して、母親の刑事拘禁にともない生じるであろう不利益に優越する場合には例外が認められるべきことを理由として、母親との分離が子どもにとってどれほど悲惨な結果をもたらすか、母子区画から離れた後、子どもにとってどれほど十分な養育環境が用意されているか、刑事施設外の昼間ケアと組み合わせて養育することがどれほど望ましいか、などを個別具体的に考慮することなく、一律に生後18か月までに乳児と母親を分離することはできないと判示した。

このように判示するうえで、判決は、欧州人権条約8条に基づく家族生活を尊重される被拘禁者の権利に関する欧州人権委員会・人権裁判所の判例を検討し、欧州人権条約上、次のような基準が確立しているとした。すなわち、

「①家族生活を尊重される権利は、被拘禁者がその刑事拘禁を理由に必然的に失うことになるものではない。②他方、裁判所が国によるこの権利に対する制限が必要かつ重要であるか判断するとき、次の2点を考慮することができる。すなわち、(a)刑事施設の組織と保安についての合理的要請、(b)恣意や差別が存在するようにみられないために、刑事施設において統一的運営基準を維持することの望ましさ、である。③一般原則がたとえ正当化されるにせよ、欧州人権条約のもと、裁判所は、個別事件にその一般原則を適用するかどうか考慮し、その事件において権利に対する制限が達成されるべき具体的な正当目的と均衡がとれているか判断することを要請されている。④特定の事件において、制限が重大になるにしたがって（母親と非常に幼い子どもを分離することにまさる重大な制限はないであろう）、より厳格な正当化が必要とされることになる」[*30]。1998年人権法の施行によって、欧州人権条約は国内法的効力を有するようになった。ここにおいて、被拘禁者の欧州人権条約上の権利の制約については、たんに正当な目的のための合理的制限であればよいというのではなく、達成すべき正当目的と均衡がとれた必要最小限度の制限でなければならないという厳格な司法審査の基準が提示されている。

　犯罪行為に関連しての警察官の面会は、警察刑事証拠法および運用規定Cに従って行われなければならない。警察官の面会については、施設職員が見ることのできる位置で行われなければならず、施設職員が話を聞くことのできる位置で行わせることもできる。また、被拘禁者は、警察官が取調べの目的を説明するのに必要な時間を超えて取調べを受け続けるよう強制されることはない（規則施行令5A（39.4））。このように、被疑事実について逮捕された場合でない限り、いわゆる取調べ受忍義務は否定されている（逮捕された場合については、本書第3章注63参照）。

(3)ジャーナリストとの面会

　ジャーナリストとの面会については、規則施行令上も特別に扱われており、最近、その許否や実施上の制限をめぐり重要な判例の展開もみられる。

　一般に、職業上の立場におけるジャーナリストとの面会は許可されないとされ、施設長はその判断により不許可処分を行うことができる。面会が個人的立場において行われる場合には、施設長は、面会の相手方に対して、面会によって入手したいかなる情報・資料も報道その他いかなる職業上の目的のためにも用いることはないと約束するよう要求することができる（規則施行

令5A(37))。規則施行令5A（37A）によれば、施設長は、職業上の立場におけるジャーナリストとの面会であっても、「施設長が個別インタビューごとに明示の許可を与えた被拘禁者以外の者に対してインタビューを行うことはなく、インタビューは施設長が必要と認め定めた他の条件に従って行われ、インタビューから得られたいかなる情報・資料も施設長が許可した場合を除いて職業上の目的のために用いることはない、との約束を文書で交わしたときに限り」、例外的に許可することができる。全面禁止ではないものの、このように強度の制限がなされている。[*31]

シムズ事件においては、規則施行令5A（37A）に基づく不許可処分の適法性が問題となった。相手方のジャーナリストが約束文書へのサインを拒否したため、面会不許可とされた二人の被拘禁者が、その処分について司法審査を求めたのである。第一審の地方裁判所は、被拘禁者の表現の自由の不必要な制約であると判断したのに対し、1999年の控訴院判決は、有罪の確定した被拘禁者は、刑事拘禁の当然の含意として、ジャーナリストと口頭でコミュニケーションをする「権利」を一切失うという見解を示した。[*32]このような立場によれば、受刑者は刑事施設に収容されると、家族、弁護士などを除いて、誰からの面会を受ける権利も保障されないということになる。リーチ事件における控訴院判決はすでに、ジャーナリストと面会する権利が法的助言者と面会する権利のアナロジーとして認められるべきとの主張を否定していたので、[*33]ジャーナリストとの面会の不許可処分については、正当な目的のための必要最小限度の制限かという厳格な基準ではなく、保安および良好な秩序の維持のために合理的制限かどうかという司法審査の基準が適用された。控訴院は不許可処分の合理性を認めたが、被拘禁者にはジャーナリストとの信書によるコミュニケーションの自由が残されているということ以外には、その理由を明示できなかった。

これに対して、2000年、上告審の貴族院は、[*34]表現の自由という権利の制約の問題として不許可処分を捉えたうえで、本件において被拘禁者たちは自らが冤罪による誤判と主張する有罪判決からの司法的救済を得るという目的でジャーナリストとのコミュニケーションを望んでいたという表現目的を重視した。具体的表現の価値が個別具体的に評価され、それに応じて保護の程度が決せられるべきとの基本的立場からである。判決は、本件において被拘禁者は、司法的救済を得るために、ジャーナリストの口頭のインタビューに応じることによって、ジャーナリストに対して自己の有罪判決の正当性を調査

し、その調査結果を報道することを求めようとしていたが、このような表現は表現の自由と裁判にアクセスする権利の交錯領域に位置するものとして、きわめて高い価値を有し、したがってその自由が原則として保障されるべきとした。判決によれば、「個別事件における自由な表現の価値は、個別具体的に評価されなければならない。たとえば、いかなる被拘禁者も、ポルノ・グラフィを出版し、あるいはいわゆる差別的・憎悪的発言（hate speech）を行うためにジャーナリストのインタビューを受けることを許可されることはないであろう。また、拘禁刑の目的にかんがみると、被拘禁者はジャーナリストのインタビューを受けるという方法を通じては、経済的・政治的問題に関する議論への参加を求めることもできないであろう。これらの点において、被拘禁者の表現の自由の権利は、裁判所の判決による自由の剥奪、そして刑事施設における規律と秩序のための必要によって制約されるのである。しかし、本件において問題とされている表現の自由は、質的にまったく異なる意義を与えられるべきである。被拘禁者が刑事施設に収容されているのは、正当な有罪判決を言い渡されたと考えられるからである。被拘禁者は希望すれば、自己の有罪判決の正当性を争うことができるのである。被拘禁者にとって、表現の自由が果たしうる機能として、原則として、これ以上重要な機能を想定することは困難である」[*35]。

判決は、規則施行令5A（37）・（37A）それ自体の適法性を否定することはなかったが、個別具体的判断として、本件における包括的な面会制限は、保安および良好な秩序の維持という目的のための手段として過剰なものであるから正当化されることはなく、それゆえ違法であると判示した。判決は次のように述べている。すなわち、「この判決が判示したことは、法の支配の原則が国会による一次的法律と同じように、下位の法令にも適用されるということである。一般的意味における刑事拘禁に関する諸規則は、基本的人権によって条件づけられる。たしかに、これらについては有効性の推定が働く。しかしまた、刑事拘禁の諸規則が正当に解釈されたとき、たんに被拘禁者の一般的な表現の自由を制約するというだけでなく、被拘禁者が裁判にアクセスすることを可能にするような仕方での表現行為を抑圧してしまう包括的制限までも許容されているとすることはできない」[*36]。

最近、ハースト事件においても、面会ではなく電話を手段とするコミュニケーションについてであるが、ジャーナリストを相手方とするコミュニケーションの制限が争われた。原告の被拘禁者は、被拘禁者の権利擁護のために

活動する団体〈被拘禁者協会〉の事務局長であった。協会設立以降、この被拘禁者は数回のラジオ・インタビューに応じていたが、施設長はこれ以上インタビューに応じることはないよう命じていた。それにもかかわらず、この被拘禁者は自己の関与した手続の司法的再審査について電話を通じてラジオのインタビューに応じたので、刑事拘禁規則51(22)に基づき、施設長の適法な命令に従わなかったとして懲罰を科された。この被拘禁者は、別施設に移送された後、新しい施設長とのあいだで、正当な公共の利害に関する事柄について事前録音によってインタビューに応答することを許可されるとの約束を交わすことを要望した。この被拘禁者はいくつかの条件を提示したが、そのなかには、施設長が放送前にインタビューの内容をあらかじめチェックすることを認めるという事項も含まれていた。この要望が拒絶されたので、この被拘禁者は、刑事施設の保安という正当な目的のためであるにせよ、ジャーナリストとのコミュニケーションに対する制限は過剰なものであり、欧州人権条約10条の表現の自由の侵害であると主張して、司法審査を求めた。

　2002年の高等法院女王座部判決[*37]は、メディアとのコミュニケーションを行うための電話使用の制限は、それ自体拘禁刑の要素であるとは認められないとしたうえで、被拘禁者の権利や利益に影響を与える事項に関する表現について、その制限が拘禁刑に必然的にともなうものとすることはできず、それゆえ厳格な均衡性テストを満たすものでなければならないとした。この判決は、2000年人権法の施行後において、被拘禁者の基本的権利の制約において法の支配を及ぼし、権利に対する制限を正当化するうえで正当な目的によることとあわせ、厳密に必要最小限度の制限であることを要求した点において、大きな意義を有するとされている。判決は次のように述べている。すなわち、「……原則として、欧州人権条約10条の保障する権利に対する制限が欧州人権条約10条2項の定めている正当な目的に適合するものとなっていること、すなわちとられた手段が制限の目的との合理的関連性を有していること、さらに、欧州人権条約上の権利の制約がその目的を達成するために必要最小限度を超えていないことを立証する責任は、そのような制限を課す側が負うべきである。しかしながら、権利の制約が実効的な刑事政策を実施する必要についての慎重な考慮に基づく措置である場合には、裁判所が必要最小限度の制限という原則を適用する余地は実際には小さい。正当な有罪判決は一定状況下での表現の自由の行使を否定する効果を内在的にともなうものと決定されたのであれば、そのような制限目的を確保するために有罪判決以外の措置

は必要ないことになる。しかし、有罪判決によって直ちにそのような効果が生じないのであれば、表現の自由の制限はそれとは異なる、より緩やかなものとなるであろう。このような状況においては、問題は、刑罰の一部としての表現の自由の制限が、達成されるべき特定の目的、すなわち必要な目的として考えられるものを達成するために必要最小限度であるかだけではない。たとえ望ましい正当な目的を達成するために必要最小限度の制限であっても、欧州人権条約上の権利を均衡性が失われる程度にまで制約していないかが問題なのである」。判決はさらに続けて、「国が刑罰の一部として被拘禁者からその権利を剥奪することを慎重な考慮のうえで選択した場合、とりわけその選択が民主的意思を反映している場合には、裁判所はその判断に干渉することには消極的であろう。しかしその場合でもなお、権利の剥奪が刑罰目的と均衡性が欠ける程度にまで至っているときは、裁判所の干渉が必要となる。この判断は、主として制約される権利の重要性によって決せられる。／対照的に、被拘禁者が有罪判決の後にもなお権利として有している表現の自由については、理論的枠組は同じであるにせよ、実際上、均衡性の原則は異なる形で適用されるように思われる。すなわち、刑罰目的の達成以外にも、欧州人権条約10条2項の規定の文言に合致するという意味において、表現の自由の制約について正当な目的がさらにありうるであろう。しかし、法がこのような制約を許容している場合には、国は、この権利に対する制限の仕方がその正当な目的を達成するために必要とされる程度を超えていないことを立証しなければならない。いま問題となるのは行刑局規則4400（6.10）であり、その規定は『例外的状況』の場合を除いてメディアに電話をかけることを禁止している。このような政策の目的は、被拘禁者から欧州人権条約上の権利を慎重な考慮のうえで剥奪することにあるとはいえない。欧州人権条約は表現の自由を保障し、個別具体的な目的を達成するために必要最小限度においてその権利の制約を許しているのである。裁判所はより積極的に、欧州人権条約上の権利の必要最小限度とはいえない制約にあたるのでないか確認するために、表現の自由の制限について厳格な審査を行うことができる」。

このように述べたうえで、判決は、原告の提示した条件が守られるならば当然に電話使用が許されるべきとの立場には与せず、電話を通じてメディアと接触する権利は施設当局により例外的にのみ認められると考えたものの、保安と良好な秩序の維持のためにその全面禁止が正当化されるとの内務省の主張を否定した。また、判決は、メディアとのあいだの信書の発受が認めら

れるから、それが電話インタビューに十分代替する機能を果たしうるとの主張も退けた。かくして、判決は、「行刑当局は、その正当な権限において、被拘禁者がメディアと接触する手段として、電話の使用を例外的なものとしてのみ許すことができる。しかし、この原則に関して現在とられている政策は、……柔軟性に欠ける。信書によって情報を伝達することにより、被拘禁者の目的は常に、少なくともほとんどの場合達成されると考えられるかもしれない。しかし、ジャーナリストの発言にかんがみると、このような仮定は成立しえないように思われる。信書を用いることで十分な場合もあるであろうが、常にそうとは限らないのである。したがって、刑事施設および被拘禁者をめぐる公共の利益に関する事項について発言しようとする目的がある場合でも、いかなる状況においても原告が電話を通じてメディアと接触することを全面禁止するという政策は違法であるとここに宣言する[*40]」とした。このように、たとえ正当な目的によるとしても、被拘禁者の表現の自由に対する均衡を逸した、すなわち厳密に必要最小限度とはいえない制限であるとの理由から、電話によるマスメディアとの通話の全面禁止は欧州人権条約10条の保障する被拘禁者の表現の自由を侵害すると判示したのである。

(4) 面会の実施方法
(i) 面会手続と面会可能時間

　受刑者との面会の場合、法的助言者などとの面会や特別面会の場合を除き、権利面会であるか、裁量面会であるかを問わず、相手方は有効な面会要望書（visiting order）を所持していなければ、施設内に立ち入ることを許可されない。個々の受刑者に対して面会要望書が交付され、受刑者それぞれが自己の面会の相手方に送付するのである。面会要望書は、面会が認められる時期が来たならば遅滞なく面会が可能となるよう、時間的余裕をもって受刑者に交付されなければならない（規則施行令5A(22)・(23)）。面会要望書の有効期間は一律に決まっていないが、収容開始後初めての面会については、面会要望書は収容開始後間もなく交付され、受刑者は7日以内にそれを相手方に送付しなければならず、その有効期間は28日間である[*41]。

　未決被拘禁者の場合、面会要望書を送付する必要ない。しかし、受刑者であるか、未決被拘禁者であるかを問わず、現在ほとんどの刑事施設において、面会の事前予約が要求されている。すなわち、面会の相手方が刑事施設に対して事前に電話をかけ、面会の日時、相手方の名前、人数などを伝えておか

なければならないのである。これは、施設職員の配置と面会実施とをうまく調整するための手段である。[*42]

　面会が可能な日時は、刑事施設ごとに異なっている。同じ施設においても、未決被拘禁者と受刑者とのあいだで差異があることもある。月曜日から金曜日まで、さらには午前または午後に限る施設もあれば、土曜日と日曜日について可能な施設もある。通常の執務時間終了後にも面会を認めている施設も少なくない。各施設についての可能な日時は、行刑局ホームページ内の各刑事施設のページなどにおいて広報されている。2004年3月、後述する面会者センターの調査のために訪れたロンドン近郊の刑事施設の例をあげるならば、地方刑事施設であるベルマーシュ刑事施設の場合、日時が指定されておらず、すべて24時間前の事前予約が必要とされているのみである。ワームウッド・スクラブズ刑事施設の場合、未決被拘禁者については、月曜日から金曜日の午前9時から10時45分、日曜日の午後1時15分から3時とされており、受刑者については、月曜日から木曜日、土曜日の午前8時から11時45分と午後1時15分から3時15分、金曜日の午後1時15分から3時15分である。双方とも、電話による事前予約が要求されている。ハロウェイ刑事施設の場合、未決被拘禁者、受刑者ともに、月曜日から金曜日の午前10時から11時30分、午後1時30分から2時30分、午後3時から4時、土曜日の午前9時15分から10時15分、午前10時45分から11時45分、受刑者についてのみ日曜日の午後1時30分から2時30分、2時45分から3時45分となっている。やはり、事前の電話予約が要求されている。

　私が2004年9月2日に訪問した西ヨークシャーのドンカスター民営刑事施設の例も紹介しておきたい。ドンカスター民営刑事施設は未決・既決の成人男性を収容している地方刑事施設であるが、未決・既決の少年男性をも収容しており、収容定員は2004年2月24日現在で1,120人であった。社会的コミュニケーションとしての面会について、面会時間は、月曜日から金曜日が午後12時30分から6時、土曜日・日曜日が午前10時から午後6時と定められていた。副施設長のヴィッキー・リード氏によれば、被拘禁者は「報奨制度」に基づき1級（enhanced）、2級（standard）、3級（basic）の3等級に分類されており、3級・1級に分類されている被拘禁者が25％程度、2級が50％程度とのことであった。面会許可回数と各回の面会許可時間は、3級の場合、受刑者が1月につき2回、各回20分、未決被拘禁者が土曜日・日曜日を除く毎日、各回20分であり、2級の場合、受刑者が1週につき2回、各回

45分、未決被拘禁者が毎日、各回45分であり、1級の場合、受刑者が1週につき3回、各回90分、未決被拘禁者が毎日、各回90分であった。9月1日の面会実施件数は、受刑者、未決被拘禁者を合わせて、1級が2件、2級が110件、1級が36件であった。8月29日の日曜日には、2級について130件、1級について47件であった。リード氏によれば、土曜日・日曜日に面会時間を設定することは、平日通勤・通学している家族や友人が面会に訪れる機会の現実的拡大をもたらし、被拘禁者の家族の絆・社会的繋がりの維持にとって有用であるという。

(ii) 面会に関する保安措置

　面会の実施条件については、「可能な限り人間味のある条件下」で実施されるべきことが一般的に定められているに過ぎない（規則施行令5A(24)）。実務上、面会実施の条件については、施設ごとに大きな差異がある。1990年代中頃、厳重保安措置施設からの逃走事件が続き、社会的批判が強まったことを契機として、刑事拘禁の運営の厳格化を求める政治的立場が台頭した。被拘禁者の家族支援を行うNGOにおける活動経験を有するウナ・パデルは、その頃から、面会の実施条件が以前よりも格段に厳しくなったと指摘している。[*43]

　保安上特別な配慮が必要と認められる場合を除き、面会は被拘禁者と相手方とのあいだにも、面会中の各組のあいだにも遮蔽板のない広い面会室で行われる。開放面会である。B級、C級被拘禁者を収容する閉鎖施設の場合、面会室の広さは、通常、40組ないし50組が同時に面会を行うことのできる程度であり、その部屋に職員が10人程度配置されているという。被拘禁者と相手方は背の低いテーブルを挟んで座り、軽い身体接触を行うこともできる。[*44] 通常、1回に3人までの面会が許可されるが、10歳未満の子どもはその人数には含まれない。1998年、行刑局規則4400として子どもの保護に関する運用基準が定められ、施設長は子どもに害悪を及ぼす可能性のある被拘禁者を特定したうえで、そのような被拘禁者については、例外的場合を除いて、自分自身の子どもと兄弟の面会のみを許可することとした。

　刑事拘禁規則34(6)は、法的コミュニケーションとしての法的助言者との面会の場合を除いて（刑事拘禁規則38）、社会的コミュニケーションとしての面会は、施設職員が見ることのでき、その会話を聞くことのできる位置において行われなければならないとしている。面会位置について、規則施行令

典型的な地方刑務所における面会に関する保安措置

1993年	1998年
面会者は身分証明書を要求されることはない。	面会者は、名前、住所、署名の入った身分証明書を要求される。住所は、面会要望書に記された住所と一致していなければならない。
面会者は面会室に携帯バッグ、乳幼児の着替えや襁褓、哺乳瓶を持ち込むことができた。	所持品はすべて、刑事施設の入口または面会者センターにあるロッカーに預け入れなければならず、刑事施設内への持込は許されない。
子どもは、面会にさいして玩具を持ち込むことを許された。	玩具はすべてロッカーに預けなければならず、子どもは、刑事施設の提供する玩具がある場合には、それで遊ぶことのみ許される。
通常、面会者が軽い身体接触をともなう身体検査を受けることはなく、靴を脱ぐこと、金属探知装置の通り抜け、口の中の検査、頭髪内の検査、手形の採取、上着や靴の透視検査はなかった。面会者は容貌を映像に記録されること、紫外線発光インクの判を押されることもなかった。	面会者は、子どもを含めすべて、軽い身体接触をともなう身体検査を受け、靴や上着の透視検査、金属探知装置の通り抜け、口の中や頭髪内の検査を受ける。被拘禁者と同性の面会者は手形を採取され、通行証に容貌の映像が記録され、紫外線発光インクの判を押されるのが通常である。
麻薬探知犬は使われていなかった。	面会者が刑事施設に立ち入るとき、通常、麻薬探知犬の検査を受ける。
有線テレビカメラが面会室に設置されていることは稀であった。	有線テレビカメラによる監視が行われているのが通常である。
面会室には、多くの場合、テーブルと椅子が備えられていた。	面会室には、多くの場合、固定式のテーブルと椅子が備えられており、子ども、身体障害者、妊婦は困難を強いられる。
被拘禁者も、面会者も、面会中に洗面所の使用を許された。	多くの刑事施設において、被拘禁者も、面会者も、幼い子どもを含め、面会中には洗面所の使用を許されない。

Padel, It's Not Just Visit, (1998) 43 Prison Report 18 をもとに作成。

5A(25)は、保安上必要があると認められるときは、施設職員が話を聞くことのできる位置において実施しなければならないとしている。しかし実際には、施設職員が面会の行われる面会室にいて、視覚的監視を行っているというだ

けで、会話内容の聴取はしていないのが通常である。とはいえ、施設長は、保安および良好な秩序の維持のために必要と認めた場合には、より厳しい制限的措置を行うよう指示することもできる。規則施行令5A(26)は、「一般に、面会条件の制限は、当の刑事施設においてとられている通信の検閲の程度に応じてなされなければならない」と定めているが、施設長の許可がない限り、筆記、写真などにより記録を採ることは一般に認められない。また、法的コミュニケーションとしての面会の場合を除いて、面会のさいの録音も認められない。

　規則施行令5A（24.2）は、保安および良好な秩序維持のために必要な場合には、遮蔽設備のある部屋において面会を実施するとしている。実務上、このような閉鎖面会（closed visit）が行われるのは、第1に、被拘禁者が最高厳重保安措置対象者として分類されている場合であるが、このような分類が行われることは稀有である。第2に、被拘禁者が施設内への薬物持込を認定されたことがある、または施設内の薬物検査において陽性反応がでたことのある場合である。閉鎖面会の適法性が争われた事件において、1997年の控訴院判決は、被拘禁者がとくに純然たる言語的コミュニケーションを行うには未だ幼い子どもと身体的接触を行うことの重要性を認めながらも、保安および良好な秩序の維持のために特別に高い危険性を有する類型の被拘禁者について閉鎖面会を行うことは不合理とはいえないとした。[*45]

　面会にさいして、被収容者と相手方双方に対して身体検査が行われる。一般に、施設長は、必要と認めるときに被拘禁者の身体検査を行うことができるとされているが、面会の前後の実施が日常化しており、近時ますますその頻度が高まっている。[*46]相手方の身体検査については、到着時における衣服の上からの軽い身体接触をともなう身体検査と金属探知器による通り抜け検査が日常化している。[*47]身体検査は乳幼児に対しても行われるが、それは1996年にいくつかの刑事施設において乳幼児の襁褓のなかに隠された薬物が発見されてからである。[*48]相手方は身体検査を拒否することができるが、拒否した場合、施設内への立ち入りを許可されないことになる。より徹底した身体検査が行われることもある。その場合には、相手方のより明確な同意を得たうえでなされなければならず、あるいは、警察官を呼んだうえで警察・刑事証拠法に基づき行われるべきとされている。

　ウェインライト事件においては、被拘禁者と面会しようとした母親と21歳になる脳性小児麻痺の子が薬物検査の目的のため裸体検査をされたが、薬物

は発見されなかった。二人は、この裸体検査が屈辱的で苦痛を生じさせる違法なものであり、これによって息子は心的外傷後ストレス障害を患ったと主張して、二人について人格権侵害、息子について暴行を理由とする損害賠償請求訴訟を提起した。第一審のリーズ・カウンティ裁判所は二人について人格権侵害を認めたので、被告の内務省が控訴した。

2001年の控訴院判決[*49]が扱った主要な問題は、原告の母子はプライバシー侵害の不法行為を理由として損害賠償請求をすることができるかという点であったが、これについて判決は、コモン・ロー上そのような不法行為は認められていないとして、損害賠償請求ができるとは認めなかった。息子についての暴行を理由とする損害賠償請求に関して、判決は、母子が身体検査同意書に署名をしたという事実があるにせよ、母子は十分な説明を受けていなかったから、被告の内務省は相手方の同意があるとの抗弁をすることはできないとした。また、内務省は、当時の1964年刑事拘禁規則39(2)が被拘禁者の身体検査について、「隠匿された物の発見と均衡する限りにおいて節度ある方法によって行われなければならない」と定めているのに対して、面会者の身体検査に関する刑事拘禁規則86(1)は「節度ある」方法により行うべきことを規定していないことを指摘し、面会者の身体検査については「節度ある」方法による必要はないと主張した。判決は、「第一審においてこのような主張が認められたのを残念に思う。犯罪を行ったわけではなく、被拘禁者の家族は被拘禁者と面会する権利を有するという承認された社会的政策に沿って刑事施設を訪問した人に対して、刑事拘禁規則86のように広汎な権限の行使を定めた規則は、決して国会の意図に適うもはずはなく、行刑当局に対して広汎で無限定な権限を付与しているという点において、正当化されることはない」[*50]と判示して、このような主張を否定した。判決は、たとえ母子の真摯な同意が存在したと仮定しても、その同意が一般的裸体検査についてのものであるとの主張を認めなかった。たとえ同意があったにせよ、母子は、厳格に必要最小限度を超えることのない「節度ある」方法による身体検査に同意したにすぎないとしたのである。

(iii) **薬物持込に関する保安措置**

面会にさいしての保安措置をめぐる最大の関心事は、刑事施設内への薬物の持込である。これについては、とくに行刑局命令3610「面会にさいして薬物を持ち込んだ面会者および被拘禁者に対する措置」が定められている。基

本的には他の禁制品の持込の場合と同様の措置がとられるが、薬物持込の場合には、措置がより厳格なものとなっている。すなわち、社会的コミュニケーションとしての面会にさいして、家族を含む面会者が薬物持込を発見された場合、刑事拘禁規則73に基づき、原則として少なくとも3か月はその者との面会を許可されないこととなる。個別具体的な事情に照らして、そのような措置をとらない理由が明らかな場合に限り、例外が認められるのみである（行刑局命令3610(3.2)）。3か月以上の面会不許可という措置が例外的にとられなかった場合には、施設長は、その面会者といかなる被拘禁者との面会についても、少なくとも6か月間は閉鎖面会ないし身体接触が不可能なような方法によって行うよう命じなければならない（行刑局命令3610(3.3)）。3か月を超える面会不許可処分については、3か月ごとに再審査が行われる。また、面会の相手方が薬物持込を発見された場合、被拘禁者も、強制薬物検査の対象とされ、懲罰を科される可能性がある。このような事実は、報奨制度における評価、自宅外出禁止処分の適格性の判断にあたっても、不利な事情として考慮されることになる。さらに、面会の相手方による薬物持込が一般市民に対する危険をもたらし、または逃走の危険を生じさせると認められる場合には、被拘禁者の保安上の等級について、見直しが行われる可能性もある。

　身体検査により禁制品が発見されたときは、面会が認められない。禁制品の持込禁止規則の違反は、その者について、将来の面会を不許可とする理由となりうる。しかし、その者が近親者であるとき、とりわけ持込や受渡をした禁制品がそれ自体さほど重大なものではない場合、逃走とは関連性のない物品である場合、あるいは施設内への薬物持込ではなかった場合には、全面禁止や相当長期の禁止は、上述した規則施行令5A(31)のいう「例外的状況」による制限とはいえない過剰な制限であり、また同時に、家族生活を維持する権利を保障した欧州人権条約8条に違反する疑いが強いとの指摘がある。[*51]

　施設職員が暴力行為を防止するために必要と認めたとき、禁止されている物品の受渡が行われたとき、許可なく録音が行われたとき、秘密裏の受渡など規則違反行為の疑いがあるとき、逃走、犯罪行為、証拠隠滅その他適正な司法作用の妨害に関する計画や準備にわたる会話を職員が聴取したときは、面会を打ち切ることとされている（規則施行令5A(25)）。

(iv) **A級被拘禁者との面会**

　A級被拘禁者との面会については、面会の相手方はすべて、行刑局本部に

よる許可を受けなければならない。まず、被拘禁者が面会を希望する相手方の氏名、住所などを詳しく施設当局に申し出ると、施設当局は警察に対してその相手方の調査を依頼する。警察は相手方の写真を撮影し、それをファイルに登録し、また、その者の犯罪歴を調査する。警察の調査は、通常、数週間を要する。この調査に基づき許可が出された後はじめて、面会の具体的日時などが決められる。[*52]

A級被拘禁者の面会の相手方は、より厳重な身体検査を受けるよう求められることが多い。また、厳重保安措置区画からの被拘禁者の逃亡事件を受けて発表された1994年のウッドコック報告書は、面会の前後において被拘禁者の裸体検査をより頻繁に行うよう提言したが[*53]、実務もその方向へと変化していった。行刑局『保安マニュアル』は、A級被拘禁者のうち最高厳重保安措置対象者について、厳重保安措置刑事施設部長が遮蔽設備のない場所における面会を行うことに同意した場合を除いて、閉鎖面会を行うよう定めている。[*54]

3. 家族の絆・社会的繋がりを維持するための社会的援助

(1) 面会費用補助制度

(i) 意義

イギリスにおいては、上述のように、被拘禁者と外部社会との繋がり、とりわけ家族の絆を維持することの重要性が強く認識されているが、この目的のためにいくつかの社会的援助が用意されている。ここにおいては、そのなかでとくに重要と思われる二つの制度、すなわち面会費用補助制度と面会者センターについて、その目的、概要、運用状況などを簡単に検討しておく。

面会費用補助制度は、受刑者、未決被拘禁者の双方を含む被拘禁者と面会するための刑事施設訪問の費用について貧困な家族に対して経済的援助を提供するものであり、面会者センターは、しばしばNGOがその運営を担いながら、面会のために刑事施設を訪問した家族、友人などに対して、心地よい待合い場所を用意するとともに、さまざまな情報や助言、支援を提供するものである。スコットランド、北アイルランドにおいても同様の社会的援助の制度が存在する。

社会的排除局の2002年報告書は、上述のように、家族の絆を維持することにより、受刑者の場合には再犯が効果的に防止されるとしたうえで、家族の絆を維持するための重要な手段として面会を位置づけたが、被拘禁者の面会

を拡大・充実させるための優れた実務として、面会費用補助制度をあげた。報告書によれば、「被拘禁者と面会するために刑事施設を訪問することは、家族に多大な出費を強いることがある。家族の複数人が訪問し、あるいは刑事施設が家から遠く離れた場所にある場合には、とくにそうである。面会費用補助制度は1988年に導入されたが、所得額に関連した公的扶助を受けている、特別な健康上の問題を抱えている場合などに、近親者やパートナーに対して経済的援助を提供する制度である。面会費用補助制度がカバーするのは、交通費、食費、子どもの世話などにかかる費用であり、宿泊費が補助される場合もある」と述べている。そのうえで報告書は、面会費用補助制度をめぐる問題点について、「刑事施設の面会区画、地域就職紹介センター、『1-2-3』と題された刑事被拘禁者用の新入時説明のための新しい小冊子などにおいては、面会費用補助の申請に関する情報提供と援助が行われている。しかし、なおも面会に訪れた家族は情報不足を訴えており、なかにはこの制度の存在を数か月知らなかったという家族もいる。申請手続をめぐる官僚主義的要素が強いとすれば、申請手続のやり方を理解し、それを進めていくことに困難を感じてしまう家族もあるであろう」と指摘している。[*55]

NGO〈市民援助局〉によれば、面会費用補助制度に基づく経済的援助が受けられない場合でも、プロベーション・サービスを通じて経済的援助が提供されることもあるので、それを申請することも可能であり、また、一定の条件下で、地方社会保障事務所に対して緊急借入を申し込むこともできる。[*56]とはいえ、面会に関する経済的援助において圧倒的に大きな位置を占めるのは、もちろん面会費用補助制度である。

面会費用補助制度の起源[*57]は、1950年代、独立行政委員会である全国支援委員会（National Assistance Board）が被拘禁者の家族に対して、年1回の面会のための訪問について費用の一部補助を開始したことに遡る。このときの補助対象は、主として被拘禁者の妻であった。1967年、生活保護者に対する付加給付金として、2か月につき1回の訪問費用について補助を行うようになった。1969年、未決、既決を問わず、3か月以上の拘禁期間を有する被拘禁者またはすでに4週間以上拘禁されている被拘禁者との面会のための訪問について、4週につき1回、費用補助を認めるようになった。

1971年、面会費用補助制度の運営については内務省が担当することとなったが、費用補助の支出は社会保険庁の地方事務所からなされていた。1980年代、社会保険庁の担当業務量が全体として増大したことから、政府は、被拘

面会費用補助課のオフィス。中央通路を挟んで右側のセクションがイングランド北部の経緯施設を、左側のセクションがイングランド南部の刑事施設を担当する。電話による申請に対しては長時間対応する必要がある場合も多いという。

補助金の支出事務を担当するチーム。

利用者からの電話相談などに対応する主任ケースワーカー。

禁者の家族に対する面会費用補助を行刑局の運営する郵送申請による制度に一本化することを決定した。かくして、1988年、バーミンガム市において行刑局内に面会費用補助課が開設された。その後1994年、費用補助は2週間につき1回の面会へと拡張された。2000年頃から費用補助の対象が拡張され、2004年には祖父母も補助対象とされた。2005年3月2日訪問当時、面会費用補助課においては、25人の職員が、制度運営、政策形成、管理業務を行っていた（207頁写真参照）。

(ii) **概要**

　面会費用補助制度については、行刑局規則4450が個別規則として定められている。以下、イングランド・ウェールズ行刑局とスコットランド行刑局が共同で発行している小冊子『刑事施設面会費用補助制度についての利用者ガイド』によりつつ、この制度の概要を紹介する。この小冊子には申請書とともに、面会訪問のさいに刑事施設からその証明を受けるための書式が挟み込まれている。後述する面会者センターの訪問調査のさい、私はこの小冊子が用意されていたのをみることができ、また、面会者センター職員から、実際に小冊子や申請用紙をみながら面会者に対して申請方法を説明することがしばしばあるとの話を聞いた。[*58]

　まず、面会費用補助制度の目的が、「所得の低い近親者やパートナーによる面会のための刑事施設訪問の費用を補助することによって、家族の絆を強化すること」と宣言されている。申請資格については、18歳以上の近親者、パートナー、子どもの引率者、老人や身体障害者、病人の引率者のほか、定期的面会をしている唯一の人についても認められている。近親者とされるのは、被拘禁者の妻、夫、父、母、兄弟、姉妹、息子、娘、祖父母であり、養子縁組された血縁のないまたは異父母の兄弟・姉妹、継子、継父母も含まれる。18歳未満の近親者については、18歳以上の人に引率してもらわなければならず、その引率者が申請することになる。法律上の妻または夫でなくとも、刑事拘禁の前4か月間同居していた人は、パートナーとして申請可能である。定期的面会をしている唯一の人としては、被拘禁者が通常は1か月あたり他者の面会を2回以上受けていない場合に申請可能であるが、最初の面会訪問のとき刑事施設から「唯一の面会者」としての証明を受け、その後3か月ごとに更新する必要がある。

　所得要件については、生活保護、求職者手当、児童税額控除、障害者税額

控除、年金税額控除のいずれかの受給者、または健康診断書においてHC2ないしHC3と診断された人が申請資格を有する。申請可能なのは、受刑者または未決被拘禁者がイングランド・ウェールズ、スコットランド、北アイルランド、ガーンジー島、ジャージー島にある刑事施設に収容されている場合である。

　面会費用補助が認められるのは、2週につき1回、12か月間に26回までの施設訪問についてである。この限度まで面会費用補助を受けなかった場合、最多13回まで次の12か月に繰り越すことができる。施設長は、被拘禁者や家族の福祉のために特別に面会が必要と認める場合があり、それにはケース検討会議や家族の接触に関する特別プログラムへの参加も含まれる。このための施設訪問の費用補助は、補助回数として算入されない。また、受刑者については、許可された面会回数を積み立て、面会者の住所に近接した刑事施設への一時的移送を請求することが認められているが、この期間内は、12か月間の最高回数を超えない限りにおいて、面会費用補助がより頻繁に認められる。

　面会費用補助に含まれるのは、鉄道、バスなど公共交通機関、自家用車（1マイルにつき12ペンス）、貸自動車（1日あたり38ポンドに加え1マイルにつき12ペンス）、一定の場合のタクシーや飛行機などの交通費、訪問に5時間以上を要する場合の軽食・飲料代金（5時間以上の場合は2.55ポンド、10時間以上の場合は5.10ポンド）、必要な場合の宿泊費（ロンドンおよびイングランド南東部の場合、成人1泊25.50ポンドまで、子ども1泊13.80ポンドまで、その他の地域の場合、成人1泊18.00ポンドまで、子ども1泊9.00ポンドまで）、必要な場合において付添・引率や子どもの世話を依頼したときの費用である。一定の手続を践むことによって、事前支払を受けることもできる。

(iii) 運用状況

　面会費用補助制度の運用状況については、公式統計が発表されておらず、それに関する調査研究も発表されていないので、詳しく知ることはできない。2004年3月17日、行刑局本部において被拘禁者の法的・社会的コミュニケーションと家族の絆に関する問題を担当するグラント・ダルトン氏と面談したさい、面会費用補助制度の運用状況に関する情報提供を依頼したところ、3月25日、ダルトン氏が電子メールを通じて一定の情報を提供してくれた。そ

れによれば、2002年度において、面会費用補助制度に基づき67,564件の請求が受理された。このうち約85％が、イングランド・ウェールズにある刑事施設への面会訪問のための費用補助を請求するものであった。請求1件あたりに対する平均支出額は、銀行手数料、印刷費用、外国語への翻訳、聴覚テープの作成費用、郵便費用など運営経費を含め、約25ポンドであった。とはいえ、現実の交通費その他の請求額には大きな幅があり、5ポンド程度の請求から250ポンドほどの請求まである。また、行刑局面会費用補助課は、点字、聴覚用テープにより利用者ガイドなどの入ったパックを用意しており、また、英語のほかに、アラビア語、ベンガル語、オランダ語、フランス語、ドイツ語、グジャラート語、ヒンディー語、イタリア語、パンジャブ語、ロシア語、スコットランド・ゲール語、ウルドゥ語、ウェールズ語について用意している[59]。

面会費用補助課においては、2002年以降、利用者調査を行っている[60]。2004年7月の調査においては、無作為抽出により1,000人の利用者に対して郵送調査が行われ、349人から回答を得た。その結果によれば、被拘禁者との関係については、子が最も多く43％、続いて配偶者が24％、パートナーが14％、兄弟姉妹が8％、父母が1％となっている。

「被拘禁者への面会開始後、面会費用補助制度のことを知らずに面会を行っていた期間があるか、どれくらいか」との質問に対しては、1月未満が41％、1～2月が11％、2～3月が10％、3～6月が13％、6月以上が25％となっている。「どのようにして費用補助制度について知ったのか」との質問に対しては、「面会者センターにおいて知った」との回答が最も多く26％、「被拘禁者から教えられた」が18％、「刑事施設において」が17％、「他の面会者から聞いた」が11％、「家族支援団体から教えられた」が7％、「保護観察局から教えられた」が6％、「社会サービス局から教えられた」が5％であった。

「申請書類をどこで入手したか」との質問に対しては、面会者センター・刑事施設が50％、面会費用補助課からの送付が31％、家族支援団体から入手が5％、保護観察局からが4％であった。96％が「最初の申請書入手は容易であった」と回答している。「申請書類の作成が簡単である」と回答した人は87％であった。95％が「申請書には十分な情報が記載されている」と回答し、94％が「情報は明確で、容易に理解できた」と回答している。面会費用補助課に照会電話をかけたことのある回答者は36％おり、89％が電話によ

り十分な情報が提供されたと回答し、96%が電話対応したケースワーカーは丁寧で礼儀正しかったと回答している。

　利用者調査の結果からは、制度の利用しやすさ、情報入手の容易さが示されているが、制度運営担当主任のマーク・マルリーン氏によれば、調査票の内容を十分理解し、それを記入し、返送することが困難な利用者も少なくなく、そのような利用者の回答が含まれていないために、回答結果としては、利用者全体の水準よりも好結果が示されると認識しているとのことであった。同氏および課長のアラン・ジョーダン氏によれば、実際には利用資格があるにもかかわらず、面会費用補助制度を知らない家族も多いはずであるから、さまざまな形での制度広報の徹底とともに、面会費用補助課としては、利用者からの紹介電話に対して時間をかけて丁寧に必要な情報提供と説明をすることを重点目標としているとのことであった。とはいえ、独力での申請が困難な利用者であるほど、利用者と直接接触する場面での情報提供や説明、支援が必要かつ重要であり、その意味において、面会者センターにおける対人サポートの提供、地域コミュニティにおける家族支援NGOの活動の果たしている役割は大きいとのことであった。[*61]

　面会費用補助制度については、たしかに、広報の不十分さから、被拘禁者の家族のなかには存在自体を知らない人もいること、申請手続を理解しにくく、複雑でやりにくいと感じる人もいること、宿泊費、食費などの補助額がいくらか低額であることなど、問題がまったくないわけではない。被拘禁者と家族が面会の機会を実際に生かすことができるよう、経済的援助が提供されていることは積極的に評価すべきように思われる。このような手厚い社会的援助としての面会費用補助制度には、面会を通じて被拘禁者と外部社会との繋がり、とくに家族の絆を維持することがいかに重要であるか、その明確な認識が反映しているのである。

(2) 面会者センターの意義と機能

(i) 意義

　被拘禁者との面会のために刑事施設を訪れる家族、友人などに対してどのような便益が提供されるかについては、刑事施設ごとに大きな差異がある。近時、被拘禁者との面会は全体として顕著な減少傾向にあるが、その要因としては、訪問する刑事施設までの距離の遠隔、高額の訪問費用、面会の事前予約の困難さ、面会手続の煩雑さ、過剰なまでの保安措置と身体検査、施設

職員の対応のまずさや態度の悪さに加え、これらにも関連して面会にさいして家族、友人などが経験するストレスと疲労があるとされる[*62]。かくして、被拘禁者の家族の絆・社会的繋がりを維持するために、面会者に対して十分な便益を提供し、被拘禁者との面会を現実的に拡大し、その質を向上させることが重要な政策課題となる。このような目的のために、面会者に対して、面会前後の心地よい待合場所とともに、さまざまな情報や助言、支援を提供するために、多くの刑事施設がそれぞれ、刑事施設面会者センターを設置している。面会費用補助制度についても、それが実効的に機能するためには、対人支援としての十分な情報提供や申請手続の丁寧な説明と援助が必要であるといわれる。かくして、面会者センターは、被拘禁者の家族の絆・社会的繋がりを維持するための重要な社会的援助として位置づけられるのである。

また同時に、面会者センターは、被拘禁者の家族に対する社会的援助の一環としても位置づけられている。被拘禁者の家族は、しばしば「刑事拘禁の忘れられた被害者」とさえ表現されてきたが、面会者センターは、その社会的援助のために重要な役割を担っている[*63]。

1998年、行刑局が発表した『刑事施設面会者センターの実務ガイドライン』によれば、面会者センターの目的は、面会者が必要とする場所に設置されなければならず、家族や友人などが刑事拘禁によって引き起こされた実際的問題や情緒的問題について支援を求めることのできる機会を提供するために設置される。このような面会者センターの目的が、次のように述べられている。「面会者センターは、家族や友人との面会のため刑事施設を訪れる成人および子どものニーズに応えるために存在している。面会者センターは、すべての面会者が尊厳と敬意をもって応対されるような安全で心地よい環境を提供し、面会者が必要とする便益を提供し、情報、支援とともに、面会者が直面している困難な問題について秘密に話し合うことのできる機会を提供することにある」。このような目的のもと、面会者センターは、刑事施設、面会者センターの職員やヴォランティア、さらには被拘禁者自身のため以上に、その面会の相手方である家族、友人などのためにサービス提供を行うものとされ、そのためには、施設当局が面会センターを直接運営するより、施設当局から独立して運営された方がよいとされている[*64]。

実際、面会者センターの多くは、被拘禁者の家族支援に取り組むNGOなどにより、施設当局から独立して運営されている。面会者センターの運営に携わった経験を有するウナ・パデル氏によれば、このことは、家族や友人が

直面している問題や悩みを安心して打ち明け、相談できるような環境や人間関係を形成するために重要であるという。施設当局が面会センターを運営し、施設職員がローテーションで配置されている場合、施設職員は被拘禁者の家族などがどのような問題や困難に直面しているかについての具体的理解が十分ではないため、相手方が実際に必要としているような情報や助言、支援を適切に提供するのは困難であり、安心できる環境や人間関係の形成も難しいという[*65]。内務省・刑事施設被拘禁者生活再建担当の運営責任者であるギル・ボルトン氏も、被拘禁者の家族や友人は刑事施設の制服職員に対してどうしても警戒心を抱きがちであるから、一般市民のヴォランティア多数の参加を得つつ、NGOが面会者センターの運営を担うことは、面会者にとって心地よい待合い場所を用意するうえでも、また、信頼感に基礎づけられた相談を通じて、有益な情報、助言、支援を提供するうえでも、本質的に重要であると語っていた。ボルトン氏によれば、面会者センターの提供するサービスは、被拘禁者と家族・友人との面会の機会を現実的に拡大させるとともに、その質を向上させることになり、刑事施設の提供するさまざまな積極的プログラムと相俟って、被拘禁者の家族の絆・社会的繋がりを維持することに貢献している[*66]。

(ⅱ) **機能**

　社会的排除局の2002年報告書は、被拘禁者の面会を拡大・充実させるための優れた実務として面会者センターを評価したうえで、「現在、約90の刑事施設が刑事施設の入口の外に面会者センターを設置している。被拘禁者の家族は、刑事施設に入っていくまで面会者センターのなかで待つことができるが、面会者センターは、被拘禁者との面会がより積極的で有意義な経験となるよう努めている。しかし、面会者センターにおいて提供されるサービスの質には大きなばらつきがある」と指摘している[*67]。このような多様性を認識しつつ、面会者センターの果たしている役割を大掴みに理解することは本書の課題にとって重要である。

　被拘禁者の家族支援に取り組むNGOの代表的存在である〈被拘禁者の家族のためのアクション〉と、行刑改革や被拘禁者の人権の問題に取り組むNGOの代表的存在である〈刑罰改革トラスト〉が、共同プロジェクトとして、外部の研究者であるナンシー・ルークス博士に対して、イングランド・ウェールズだけでなく、英国全体の面会者センターについての調査・研究を

委託した。この成果は、2002年、きわめて詳細な報告書として発表された。[*68]
以下、この報告書によりながら、面会者センターの担っている役割に関連する事項に焦点を合わせつつ、面会センターの現状や機能、課題などを概観しておく。

〔1〕方法

　面会者センターは、被拘禁者との面会のための刑事施設訪問を快適なものにするとともに、しばしば刑事拘禁の「忘れ去られた被害者」とも表現されてきた被拘禁者の家族に対してよりよりサービスの提供を行うための重要な手段である。調査当時、スコットランド、北アイルランドを含め英国全体で約80か所の面会センターが存在していたが、各面会者センターは、刑事施設との関係、運営主体、職員配置、財源、開館時間、面会手続への関与の有無などの点において大きく異なっている。面会センターの機能は、1990年代後期以降、保安措置の厳格化やそれにともなう面会規制の強化、さらには被拘禁者数の激増にともない大きく変化してきた。

　このような状況にかんがみ、面会センターの現状、機能、課題などを明らかにしたうえで、改革提言をまとめた報告書を作成するため、2001年4月から同年9月にかけて、75か所の面会センター運営責任者と138人の施設長に対して質問票を送付して回答を依頼したところ、56人の運営責任者（回答率75.0％）と100人の施設長（回答率72.5％）から回答を得た。有効回答数には、質問事項による差異がある。この回答に分析を加えるとともに、より深い理解のため6か所の面会センターを訪問し、関係者へのインタビューを行った。

〔2〕利用者数と施設・設備

　運営責任者の解答によれば、開設時期について、1990年以降のところが80％、過去5年以内のところが43％を占めている。開館時間については、77％が刑事施設の面会許可時間中のみならず、その前後にも開館しており、面会者は面会の前後に休憩したり、面会終了後息抜きをして平静に戻るために利用することが可能である。しかし、残り23％は面会許可時間にだけ開館しており、なかには面会許可日の一部あるいは面会許可時間の一部にしか開館していないところもある。

　年間利用者数においても幅が広い。この点について回答があった40の面会者センターのうち、10,000人以下のところが12か所、10,000人台が6か所、20,000人台が6か所、30,000人台が4か所、40,000人台が6か所、50,000人から60,000人台が4か所、70,000人以上が4か所であった。回答数37のうち、24か所が面会者に占める子どもの割合は約5分の1と見積もっていた。

　建物については、96.4％の面会センターが刑事施設の建物から分離して建てられており、41か所（73.2％）が刑事施設の所有する場所、または民営刑事施設の場合には施設が借り受けている場所であった。92.9％が国有地に建てられている。賃貸契約を結んで

子ども用の設備（回答数55）

	面会者センター数	パーセンテージ
玩具	48	87.3%
子ども用の本	47	85.5%
ゲーム	37	67.3%
図画・工作用具	28	50.9%
遊技用施設	18	32.7%
ビデオ	14	25.5%
その他	7	12.7%

面会者センターの遂行する業務（回答数44）

	センター数	パーセンテージ
面会手続	35	64.8%
面会者の私物を保管するためのロッカー	34	63.0%
面会室における子どもの世話	25	46.3%
面会室における軽食・飲料の提供	15	27.8%
面会を許可されなかったことの通知	14	25.9%
子どもの面会のための援助	13	24.1%

回答数42のうち37の面会者センターが、正式またはインフォーマルな仕組を通じて、面会者の苦情、要望、意見などを集め、それを運営にフィードバックしていた。

いる建物を使用している面会センターもわずかにあった。

　設備の点でも差が顕著である。73.2%が面会者センター用に建てられた建物を使用しているが、この回答のなかにはプレハブの移動式建物の使用も含まれていた。9か所は軽食・飲料の提供をしておらず、自動販売機が設置してあるだけの面会者センターも8か所あった。35か所（62.5%）において、簡単な食堂が設置され、そこに職員が配置されていた。調理された温かい食事を提供できるところも14か所あった。面会者センター内に洗面所を備えていないところが2か所あり、乳幼児の襁褓を替えるための設備のないところが3か所あった。大多数の面会者センターが子ども用の設備を有しており、それのまったくないところは2か所であった。17の面会者センターが子ども用の設備の場所に職員を常置しており、必要に応じて職員を配置するところが10か所あった。

　ほとんどの面会者センターが、面会者のためのさまざまな他の設備を有している。回答数49のうち43か所が面会者用の公衆電話を設置しており、14か所が寄付された衣類や「緊急」用の子ども用衣類を無料または有料で提供している。保健衛生専門ワーカー、薬物専門ワーカー、精神衛生専門ワーカーなどの配置された医療施設、NGO〈市民相談局（CAB）〉、カウンセリング、釈放前の支援、刑事施設内での作業製品の販売、交通案内などを備えた面会者センターも少数あった。

33の面会者センターが刑事施設とは別個の電話回線を有しているが、そのなかには公衆電話のみのところが3か所、自動応答電話のみのところが1か所含まれていた。回答数54のうち49か所が、刑事施設とのあいだの内部直通回線を備えていた。

〔3〕主目的と業務
　　面会者センターの主目的について、運営責任者からの回答によれば、多数が面会者を暖かく迎え入れ、刑事施設では得られないような親しみやすい環境のなかで情報や助言、支援を提供することがあげられていた。しかし、少数ではあるが、面会手続を迅速に進めるための準備や情報を提供することをあげる回答もあった。
　　面会者センターは刑事施設に代わってさまざまな業務を遂行している。これには、面会者センター内だけでなく、刑事施設内の面会室におけるサービスの提供も含まれている。この表にあげられたもののほか、刑事施設内で行われる委員会における弁護活動（representation）、記録保管、被拘禁者への説明会や講習課程の提供、貴重品の一時預かり、交通手段の提供などが行われている。面会者の身体検査を行うところも1か所あった。面会不許可の通知などの業務は、面会者センターに配置された刑事施設の職員によって行われることが多く、子どもの世話、軽食・飲料の提供などの業務は、刑事施設から独立した一般人の職員により行われることが多い。

〔4〕情報提供
　　すべての面会者センターが、小冊子、掲示物、口頭伝達などの手段により、面会者に対して情報提供を行っていた。提供する情報としては、面会時間などのように当座の情報もあるが、薬物濫用、いじめ、自殺・自傷行為、ドメスティック・バイオレンス、健康によい食事と生活、喫煙の影響、面会費用補助制度、物品の差入、社会保険、住宅手当、支援提供機関、公営住宅など、より一般的な事項に関する情報が含まれていた。身体検査手続、薬物探知犬の役割、電子監視タグ、他の刑事施設への移送、終身刑に関する情報を提供しているところもあった。とくに初めて刑事施設を訪問した面会者のために用意した情報を提供しているところも数か所あった。情報提供のための特別サービスを行う日を設定しているところ、家族支援チームの職員が配置された情報提供デスクを設置しているところが各1か所あった。回答数52のうち41か所（78.8％）が、面会センター自体に関する情報を提供していた。多くの面会センターが、面会時に持参すべきもの、その他面会時の用意、面会に関する基本的規則、初めての面会者や子ども連れの面会者のための情報を掲載した小冊子を用意していた。
　　刑事施設が面会者センター内での掲示用に提供する情報は、「公式の」事項、すなわち保安措置と身体検査、薬物問題、薬物探知犬、いじめや自殺に関する政策、行刑局の「人種・民族問題に関する政策宣言」や「目的宣言」などに集中する傾向があった。とはいえ、救援電話相談や外部機関の電話番号などを含んでいるところもあった。面会者センター内での掲示用になんらの情報も提供していない刑事施設は2か所のみであった。刑事施設の居室や通路の写真を提供している刑事施設も1か所あった。

面会者センターを利用した面会者が抱える問題やその質問する事項

(回答数50。複数回答)

	センター数	パーセンテージ
被拘禁者への物品の差入	23	46.0%
面会手続一般・刑事施設の手続一般	19	38.0%
被拘禁者の福祉に関する問題	18	36.0%
面会予約の仕組	15	30.0%
面会費用補助制度	14	28.0%
薬物問題・薬物探知犬・身体検査	13	26.0%
家族に対する刑事拘禁の影響	9	18.0%
交通情報・交通手段に関する問題	9	18.0%
面会の不許可・閉鎖面会とされたこと	4	8.0%
刑事施設における生活	4	8.0%
面会要望書に関する問題	3	6.0%
軽食・飲料がないこと	3	6.0%
その他	12	24.0%

　21の面会者センター（38.9%）においては、外国語の文書が用意されていた。それは通常、面会費用補助制度や社会サービス上の権利に関する小冊子であるが、身体検査手続に関する文書を用意しているところも1か所あった。ただし、翻訳言語や口頭説明のための通訳利用には厳しい制限があった。

〔5〕温かい応対と支援の提供

　刑事施設が運営している1か所を除いて、ほぼすべての面会者センターは、なんらかの方法により初めて刑事施設を訪問した面会者を把握しようとしていた。面会者の応対専門の職員またはヴォランティアを配置しているところもあり、また、多くの面会者センターが、初めての面会者については、ともに席に着いたうえで面会手続について説明し、助言やサービスを提供するようにしていた。

　面会者に温かく応対するための努力はとくにしておらず、あるいは面会者がそれを求める様子を示したときだけ温かく応対するようにしているとの回答もわずかにあったが、たいていの面会者センターは、微笑みかけ、挨拶の声をかけ、施設内を清潔に保ち、テーブルに花を飾り、一般に親しみをもって丁寧に接するなどして、面会者が温かで和やかな気持ちになれるよう努力していた。そのために、面会者と一緒に席について説明や助言などを行うよう心がけているところが多かった。もっとも、職員数の不足により、なかなか十分に対応できないと回答したところもあった。

　運営責任者の回答によれば、面会者は、面会者センターの職員からさまざまな事項について情報や助言、支援を受けることを求めていた。面会者は刑事施設への訪問にあたりさまざまな問題をかかえ、疑問を有していることが分かるが、面会者の問題・質問事

項が以下の表にあるようなものであることから、被拘禁者の面会には必ずといってよいほど緊張がともなうことが明らかである。面会のための交通費が高額になること、面会費用補助制度の申請用紙を入手することの難しさが、面会者に共通する困難な問題であった。被拘禁者の家と拘禁施設とが遠く離れていることが、面会者のみならず、釈放にあたって被拘禁者をその地元の機関や支援と結びつけるうえでの障害となっている。被拘禁者が精神的問題や特別な悩みを抱えている場合、被拘禁者の福祉がとりわけ大きな関心事となる。また、面会予約については、予約電話回線の混雑、とりわけ面会者が家庭外で働いている場合、電話受付時間に電話することの困難に関連することがほとんどであった。刑事施設によっては、週末の面会時間が設定されていないことも問題とされていた。身体検査手続や薬物探知犬についても問題とされていた。とりわけ幼い子どもが面会する場合、重大な問題となることがある。

　面会者の問題や質問事項は、すべての面会者センターに共通する傾向があったが、その運営形態によって一定の差異もみられた。被拘禁者の福祉に関する問題は例外的に含まれていたものの、刑事施設が直接運営する面会者センターにおいて出された問題・質問事項はほとんどすべて、規則や制限、訴訟手続、交通費など制度上・手続上の問題に関連するものであった。刑事施設の制服職員が運営する面会者センターのなかで、家族それ自体に関する問題を回答したところはなかった。これに対して、刑事施設の制服職員のいない、通常は外部組織の職員により運営されている面会者センターのなかには、社会的烙印、子どものトラウマ、面会にあたっての幼子の世話、一部刑事施設の職員の態度（すなわち自分が犯罪者であるかのように扱われているとの認識）、パートナー不在で、あるいは子どもを抱えて生活することの困難など、家族に対する刑事拘禁の影響を回答するところが多かった。このような差異からは、面会者は刑事施設の制服職員に対しては、個人的問題について率直に話をし、その支援を受けようと求めようとはしないということが分かる。ここにおいて、制服職員だけの運営による面会者センターはその果たしうる役割を十分に果たしえないということになる。

　面会者センターが支援を提供する方法は、どのような問題や質問事項に対してのものかによって決まる。通常、面会者に対して小冊子を渡し、口頭で説明し、あるいは適当な人物に委託するという方法がとられている。また、たとえば刑事施設内の会議や施設長との懇談の機会にその問題を提起し、刑事施設と交渉し、あるいは問題が解決するまでフォロー・アップするなどして、面会者と刑事施設または外部機関とのあいだを仲介するための役割をより積極的に果たしているところも2か所あった。面会者センターにおいて職員やヴォランティアが提供する精神的支援の重要性を強調する運営責任者も3人いた。

　面会者に対する援助は、外部機関への委託をともなうことも少なくない。たいていの面会者センターは、小冊子を渡し、電話番号を教え、ときには面会者に代わってさまざまな機関に電話をかけ、面会者センター内で面会者に電話をかけさせるという方法によって、この委託を行っていた。このような委託を行った場合、可能な限りその成り行きをフォロー・アップしていることにとくに言及したところも2か所あった。面会者セン

ターにおいて面会者と外部機関の職員とが会うよう段取りをつけると回答したところ、面会者と外部機関職員が話し合う機会をもつために懇談会を催しているところが各1か所あった。刑罰改革と被拘禁者の社会的再統合支援に関する最大のNGO〈ナクロ(Nacro)〉が1998年から1999年に行った調査によれば、被拘禁者のなかで自らコミュニティの支援機関と連絡を取っている者は8％にすぎないという調査結果が示されていることからも、面会者センターは被拘禁者やその家族の孤立を防ぐために重要な役割を果たしていることが分かる。とはいえ、より消極的なところも少なくない。外部機関への委託をまったく行っていないところが2か所、たんに小冊子などを渡すだけで、面会者自身が連絡を取らなければならないと回答したところが4か所あった。

〔6〕コミュニティとの繋がりと家族の絆の維持

　回答数49のうち19か所（38.8％）が、外部機関の職員が面会者センター内で仕事をするために駐在していると回答した。駐在の形態はほとんどすべて定期的または不定期の訪問と一定時間の滞在であるが、近々、薬物使用者の家族支援を行っている代表的NGOの〈アドファム（ADFAM）(薬物使用者の家族・友人のための全国チャリティー)〉の職員を常駐させる予定のところも1か所あった。

　駐在している外部機関としては、〈アドファム〉の職員が駐在しているところが多く、被拘禁者の家族支援を行っている代表的NGOの〈被拘禁者の家族・友人協会（Prisoners' Families and Friends Society)〉の職員駐在が3か所、〈アウトマス(Outmas)〉の職員駐在が2か所あった。やはり被拘禁者の家族支援に取り組んでいるNGOの職員駐在が多い。このほか、コミュニティの学生組織から宗教関係機関の職員まで、さまざまな外部機関の職員が駐在しており、このことによって、面会者センターの提供する情報や助言、支援の量・質が拡大・向上するとともに、多くの場合に被拘禁者の家族である面会者、さらには被拘禁者とコミュニティとの繋がりを維持することが可能となる。

　運営責任者の回答のなかには、面会者センターはそれなしでは存在しえないような面会者と刑事施設とのあいだの架け橋となっているとの指摘があった。面会者センターは面会者と刑事施設、さらに必要な場合には外部組織とのあいだの関係の形成に寄与しうるというのである。また、少なくとも10人の運営責任者が、被拘禁者とその家族の絆を維持する手段として面会者に対する継続的支援が重要であることに言及していた。この継続的支援は、とりわけ子どもがいる場合や家族関係に困難が生じている場合、家族全体に対して行われるべきものである。面会者センターは、家族に面会を促し、刑事施設まで連れてくるなど、そのサービスを通じて家族の絆の維持に寄与していると認識されていた。多くの回答者は、面会者センターの役割を基本的なもの、すなわち面会の前後に落ち着いてくつろぐことのできる場所を用意することとして認識していたが、面会者センターはこのような場所を用意し、情報や助言、支援を提供し、面会自体をより心地よい、質の高いものとすることによって、結局は家族の絆の維持に寄与しているのである。

他方、面会者センターは家族の絆の維持にはなんら寄与していないと回答した運営責任者も4人いたが、この4人はすべて刑事施設が直接運営するところの運営責任者であった。また、家族の絆の維持に関する質問に回答しなかった8か所のうち5か所が、刑事施設の直接運営による面会者センターであった。

〔7〕財政
　面会者センターの財政規模についてみると、年額、10,000ポンド未満が4か所、10,000ポンド台が6か所、20,000ポンド台が5か所、30,000ないし40,000ポンド台が2か所、50,000ないし60,000ポンド台が6か所、70,000ポンド以上が6か所との回答であった。これ以外に、建物の維持・管理、電話代、保安経費、公共料金、印刷、清掃、家具、建物賃貸料、文具などについて、予算に計上されない形で刑事施設からの費用支給を受けている面会者センターが多い。
　回答数55のうち54の面会者センター（98.2％）が、なんらかの形で刑事施設からの資金提供を受けていた。これには、公共料金の支払いや建物の維持・管理費の負担から年額約48,000ポンドまでの幅があった。さらに、15か所は外部の財団からの資金提供や寄付を受けていたが、これにも年額約1,000ポンドから約15,000ポンドまでの幅があった。年額200ポンドから38,000ポンドまでの勤労所得を運営費用に充てているところも17か所あった。しかし、ほとんどの面会者センターにおいて、資金不足が強く認識されていた。

〔8〕職員
　職員配置の状況についても、面会者センターによる差が大きい。有給職員がいないところが3か所あり、1～2人が15か所、3～4人が16か所、5～9人が14か所、それ以上が4か所であった。とはいえ、大部分の職員の勤務形態はパート・タイムである。回答数43のうちパート・タイム職員のいないところは7か所しかなかった（16.3％）。逆に、職員がすべてパート・タイムというところが22か所あり（51.2％）、さらに半数以上がパート・タイムであるところが12か所あった（27.9％）。
　そこで、面会者センターにおいて同時に勤務している職員数をみると、回答数49のうち、1人のところが13か所（26.5％）、2人のところが15か所（30.6％）であった。同時に勤務している職員が4人ないし5人いるところは9か所（18.4％）、5人のところは1か所であった。残り11か所については、日によって0～3人までの幅がある。有給職員に通常含まれるのは、運営責任者、副責任者であるが、有給の専門ワーカーや刑事施設の制服職員が含まれることもある。
　行刑局に雇用されている職員が勤務していると回答したところは26か所あったが、そのうち15か所（57.7％）においては、その職員は面会以外にも刑事施設における他の業務に従事していた。また、面会業務専従の刑事施設の職員がいるところが9か所あった（34.6％）。
　ヴォランティア職員のまったくいないところも14か所あったが、そのほとんどは刑事施設の直接運営による面会者センターであった。働いているヴォランティアが10人以下

のところが11か所、10人台が13か所、20人台が7か所、30人台が5か所、40人以上が5か所であった。最高で130人のヴォランティア職員を擁するところがあった。同時に働いているヴォランティアの数としては、回答数40のうち、1～2人のところが25か所（62.5％）、0～5人と回答したのが5か所（12.5％）、2～7人と回答したのが10か所（25.0％）であった。ヴォランティアとして従事する頻度にも幅があるが、回答数55のうち、少なくとも週1回としたのが30か所（54.5％）、少なくとも月1回としたのが19か所（34.5％）であった。

　ヴォランティアの仕事に含まれるものとしては、回答数39のうち、軽食・飲料の提供が29か所（74.4％）、遊び場の補助が15か所（38.5％）、面会者に対する情報・支援の提供が13か所（33.3％）、面会者の受付が13か所（33.3％）であった。ヴォランティアが面会者センターのすべての業務に従事しているとしたところが4か所あったが、それは先にあげられたような業務すべてを指すのであろう。多くの面会者センターにおいて、ヴォランティアはより重大な公的責任を負うべき業務、すなわち受付での身元確認、それに照らしての面会者センター記録の更新、建物入口の鍵の開閉、面会業務を担当する刑事施設の主任職員との連携などに従事しており、面会者のために面会手続を行っていたところも2か所あった。回答数38のうち、ヴォランティアに対してなんらの研修も実施していないとしたところが3か所あったが、他はなんらかの研修を行っている。ただし、それには経験豊かな職員に付いての実地研修のみのところも15か所（39.5％）含まれていた。より系統的な初期研修を実施しているところは14か所（36.8％）であった。

　回答数55のうち、20の面会者センター（36.4％）において刑事施設の制服職員が業務に従事していた。さらに、制服職員がもっぱら休日業務を担当しているところが1か所あった。この20か所のうち7か所は、外部機関が運営している面会者センターである。したがって、刑事施設の直接運営によるところのうち7か所は制服職員がいないということになる。外部機関運営の面会者センターのうち5か所においては、制服職員は被拘禁者に差し入れる物品の受取り、保安上の検査（人物特定用に紫外線発光インクの判を手に押す業務、写真撮影など）、面会室への面会者の案内、面会相手の被拘禁者のいる区画を担当している職員との連絡、面会手続をとることなどの業務を担当している。残り2か所においては、面会者の記録作成に従事している。これらの業務は、刑事施設の直接運営による面会者センターにおいても同様である。制服職員が情報や助言、支援の提供に従事していると回答したのは1か所のみであった。

　制服職員以外の刑事施設の職員がいる面会者センターは少なく、回答数53のうち10か所（18.9％）であった。4か所については、運営責任者が刑事施設によって雇用されている場合であり、3か所においては、制服職員以外の刑事施設の職員が面会手続の業務を担当していた。刑事施設に雇用されている教員や看護士が週1日、面会者センターにおいて勤務しているところも1か所あった。

〔9〕運営主体と組織形態

　56の面会者センターのうち28か所が登録チャリティー団体によって運営されている

今後18か月内に改善・改革を希望する点 （回答数48。ただし複数回答）

	センター数	パーセンテージ
物質面での質の改善	23	47.9%
職員数とその実働時間の増加	6	12.5%
ヴォランティアの増加	6	12.5%
外部機関との連携の改善	6	12.5%
刑事施設との連携・関係の改善	4	8.3%
面会者のための支援の向上	4	8.3%
職員・ヴォランティア、面会業務担当職員の研修の改善	3	6.3%
開館時間の延長	3	6.3%
面会予約の仕組の改善	3	6.3%
家族面会の拡大	2	4.2%
運営委員会の活動の積極化	2	4.2%
その他	12	25.0%

今後5年以内に改善・改革を希望する点 （回答数39。ただし複数回答）

	センター数	パーセンテージ
建物の改築・増築	15	38.5%
サービスの向上	7	17.9%
外部機関との連携の改善	5	12.8%
財政基盤の拡大または安定化	4	10.3%
刑事施設との連携・関係の改善	3	7.7%
職員数の増加	3	7.7%
家族面会とそのための施設の拡大	2	5.1%
なし・判然としない	3	7.7%
その他	8	20.5%

（50.0％）。面会者センターを直接運営している刑事施設は20か所であるが（35.7％）、このなかには私企業に運営が委託されている刑事施設（民営刑事施設）4か所が含まれていた。運営責任者が刑事施設と登録チャリティー団体の共同運営によると回答したところが1か所あった。他の面会者センターは、ヴォランティアの運営委員会、地元ヴォランティア、プロベーション・サービス、2か所が独立組織により運営されていた。回答数52のうち36か所（69.2％）が運営委員会ないし諮問委員会を設置し、それへの報告を制度化していた。刑事施設の直接運営による20か所のうち11か所は、このような報告制度を有していなかった。登録チャリティー団体運営の面会者センターで報告制度を有していないのは、回答数29のうち3か所であった。

　運営委員会・諮問委員会の委員となっているのは、多くの場合、訪問者委員会（現在

面会センターの役割を十分果たすための障害（回答数42。ただし複数回答）

	センター数	パーセンテージ
資金不足	29	69.0%
場所の狭さ	6	14.3%
刑事施設からの援助の不十分さ	6	14.3%
時間の不足	4	9.5%
刑事施設の職員の常態的配置転換	4	9.5%
刑事施設の職員の不足	3	7.1%
ヴォランティアの確保	2	4.8%
保安上の制約	2	4.8%
その他	11	26.2%

の刑事施設独立監視委員会）の委員、聖職者、プロベーション・オフィサー、面会者センター職員、ヴォランティア、刑事施設の代表者であった。

〔10〕刑事施設との連携

　提供するサービスの水準に関して刑事施設とのあいだで正式の協定を結んでいると回答した面会者センターが15か所あった。13か所がそのような協定はないと回答し、ほかに7か所が刑事施設の直接運営による面会者センターなので協定の必要はないと回答した。

　ほとんどの場合、刑事施設と面会者センターは、刑事施設が面会者センターに影響を与えるような事項について判断を行うにあたり、さまざまな方法により相談する機会を設けている。このような相談はインフォーマルな日常的対話を通じて行われているが、よりフォーマルな形でメモ、電話、訪問、会議などを通じて行われることも多い。しかし、刑事施設の判断に対してなんらまたはほとんど影響を与えることはないと回答したところも6か所あった。いくつかの面会センターからの回答において、刑事施設とのあいだの話し合いの不足により、憤慨や誤解、不満などの問題が生じることがあると指摘されていた。刑事施設との効果的連携の構築については、問題も多く残されている。

〔11〕改善・改革の希望とその障害

　面会者センターからは、短期的にも、中・長期的にも、改善・改革を望む点が数多く指摘された。しかし、実現のための障害も認識されており、その第1位は他を遙かに引き離して資金不足であった。

〔12〕刑事施設側の見解

　質問票を送付した施設長138人のうち、回答したのは100人であった。そのうち、面会者センターを設置していると回答した施設長が53人（うち1人は他の施設と共同利用し

面会者センター開設前後でどのような変化が認められるか

(回答数25。複数回答)

	センター数	パーセンテージ
快適で心地よい待合室。そのため面会者のストレスが低減したこと	12	48.0%
面会者への情報提供の充実	8	32.0%
面会者と刑事施設の関係改善	6	24.0%
面会者のための支援の充実	5	20.0%
サービスと手続の効率化	4	16.0%
刑事施設の職員が助けられること	2	8.0%
その他	4	16.0%

ていると回答)、設置していないと回答したのが47人であった。

　面会者センターを設置していないと回答した施設長から、その最大の理由としてあげられたのは資金不足である。すなわち、回答数40のうち（複数回答）、資金不足が16人（40.0%）、敷地不足が9人（22.5%）、開放施設であるため被拘禁者が外出可能であることが6人（15.0%）、刑事施設の施設・設備で十分足りているというのが5人（12.5%）、面会者・面会数の少なさをあげるのが4人（10.0%）であった。

　面会者センターが設置された刑事施設の施設長は、さまざまな点についてその意義を指摘していた。これは、洗面所や面会者の私物の保管のような日常的便益の提供から、多様な支援の提供や家族の絆を維持するための意義にまで及んだ。ある女性用刑事施設の施設長は次のようなコメントを返したが、このなかには意義として指摘された点がほぼ網羅されている。すなわち、面会者センターは「刑事施設の職員と面会者とのあいだの緩衝器として機能し、面会の実施前後において心地よい環境を提供してくれる。また、面会者との接点として、面会者はここから最新の重要情報を入手することができ、刑事施設、施設職員、面会者、被拘禁者のニーズを知ることができる。さらに、面会者センターは、面会業務の一般的運用を監視する機能を果たし、事態がおかしな方向に動き出したとき、それを早期に察知し、施設長に知らせてくれる。そのおかげで、深刻な事態の回避と問題の早期解決も可能となる。面会者センターは、面会者の苦情、時間制限に関する問題、物品の差入、我慢ならないような面会者への対応など、面会にまつわるさまざまな問題を上手に提起してくれる。面会者センターの問題提起がなければ、これらの問題に対処することはできないであろう。面会者センターにおいては、愛する人が刑事拘禁されたことに関連するさまざまな理由から動揺している面会者に対して、上手にカウンセリングが行われている。面会者センターは面会者にとってとても心地よい場所であり、思いやりがあり親身になってくれる人との最初の接点となっている」。

　有意義な点はなにもないと回答した施設長がただ1人いたが、施設長の説明によれば、この面会者センターは無計画に運営され続けており、財政基盤もまったく整備されてい

ない。すべてがヴォランティアによって運営されており、面会者センターの運営のための専任コーディネイターもいない。その結果、この面会者センターはいつも閉館しており、保守管理も悪く、設備も不十分であるため、面会者もほとんど利用していない。

　回答数49のうち、39人の施設長が面会者センターが存在することによってなんら不都合は生じていないと回答した。指摘された不都合としては、費用に関連する問題が一番多く（9人）、その運営責任を負わなければならないこと（5人）が続いた。また、刑事施設がもっぱら責任を負うべき政策に面会者センターが関与しようとすること、ヴォランティアに依存しすぎていることをあげた施設長もいた。

　面会者センターを比較的最近開設した刑事施設の施設長は、開設前後の変化を指摘した。面会業務の実施全体にわたる緊張の緩和が、最も多く指摘された点である。面会者と施設職員の関係改善が、被拘禁者と施設職員の関係を改善することに寄与するという波及効果を有していると指摘した施設長もいた。

〔13〕調査結果の分析

　面会業務を担当する施設職員や施設長の定期的な交替の影響もあり、面会者センター、さらには面会業務一般を重視していない刑事施設も少なくないが、このことからすれば、被拘禁者の面会が有する意義も十分認識されていないようである。すでに明らかにされているように、家族の絆は被拘禁者の社会的再統合を確保することに寄与する。この理由からだけでも、被拘禁者の面会を奨励することには意味がある。面会はさらにさまざまな意義を有している。しかし、面会者は被拘禁者との面会にあたり、長距離の移動、面会時間の短さ、多額の出費、親しみにくく嫌になるような環境、社会的烙印、屈辱的応対、冷ややかな対応など、さまざまな困難に直面する。しかも、面会をするよう奨励されることはほとんどない。それゆえ、首席刑事施設査察官の1999～2000年報告書にあるように、1月に2回という権利面会の最低回数の面会を実際に行っている被拘禁者は2分の1ほどでしかない。また、1999年にナクロが実施した調査によれば、半数近い被拘禁者が刑事拘禁されて以降、家族との接触をまったく失ってしまっている。かくして、面会者センターを通じての面会支援を充実させることは、被拘禁者の家族の絆・社会的繋がりを維持するための効果的方法なのである。

　現在、面会者センターが面会支援のために実際に果たしている役割は多様なものであろうが、その潜在的役割がきわめて大きいことはたしかである。この潜在的役割が十分果たされるためには、十分な施設・物的設備も重要であるが、それ以上に重要なのは、質の高いかつ熱意ある職員が、望むべくはヴォランティアの安定した支援を受けつつ、また、十分な安定した財政基盤と施設職員と施設長の支援と敬意に支えられながら働くことである。しかし、現在の状況においては、大多数の面会者センターが資金不足と有給職員の不足に直面している。財政基盤が強化され安定することによって、働く職員数が増加し、それによってサービスの質の向上と範囲の拡大が可能になるであろう。有給職員のいない面会者センター、とりわけ専任または主任の運営責任者が定められていない場合には、面会者や刑事施設に対して有意義なサービスを安定的に提供することは困

難であろう。
　刑事施設の制服職員が運営する面会者センターは、面会業務の効率的運営をその主要目的として位置づけることが多く、逆に、面会者の意見・苦情を運営にフィードバックし、運営委員会を設置し、ヴォランティアの助力を得ることは少ない。また、面会者センターは家族の絆や被拘禁者の社会復帰に対して有意義な役割を担っていると考えることも少ない。例外はあるにせよ、このような傾向が明らかに存在した。
　面会者センターの運営形態をめぐっては、刑事施設の制服職員の運営による方がよいか、一般人職員の運営による方がよいか争いがある。刑事施設からの面会者センターの独立性が決定的に重要であると指摘した施設長や運営責任者もいた。それに対して、面会者センターに制服職員が配置されていることは、面会者、面会者センター職員、刑事施設とのあいだの障壁を除去するための効果的手段であるという指摘もあった。調査結果からは、一般人職員に比べ、面会者センターに勤務する制服職員は面会者に対して詳しい情報を提供し、その関心事を汲み取ることができないと示されていた。しかし、面会者センターから制服職員を厳格にまたはインフォーマルに「排除」することには、面会者、面会者センター、刑事施設のあいだの「奴らと我ら」という障壁を強めることになる危険がともなう。制服職員の運営か、それを排除した一般人職員の運営か、どちらか一方を極端に強調することは、面会者センターが面会者に対して最高のサービスを提供することを困難にするであろう。調査結果から示されるのは、面会者センター職員のあり方として重要なのは、制服職員がいるかいないか以上に、面会者のニーズの全体を深く理解した一貫して献身的な職員チームが存在するかどうかである。
　調査結果から明らかなのは、面会者が面会予約を行うことに困難がともなうことである。刑事施設それぞれに面会時間が異なり、異なる予約電話回線をもち、作成すべき書類も異なり、さらには面会に関する施設固有の規則や実務に違いがあることも多い。面会者にとって刑事施設ごとに異なる面会予約の仕組と面会手続を理解し、うまく利用することは困難であることから、被拘禁者と現実に面会することにもまさるストレスが生じる可能性がある。また、刑事施設に到着してから実際に面会を行うまでのストレスや遅延によっても、面会者センターの提供するサービスの意義が損なわれることになるかもしれない。調査結果から示されるのは、面会予約を行い、面会手続をとるなどの事項について援助的な役割を果たすことが非常に有意義であり、実際にそのような方向にサービスを改善しているところもあることである。
　調査結果全体から浮かび上がるのは、面会者センターが面会者にとって面会をよりやりやすいものとし、刑事施設の面会業務をよりよいものとし、被拘禁者にとって面会の機会を拡大し、その質を向上させることに有意義な貢献をしていることである。面会者センターを有する刑事施設の施設長はほぼすべて、総合的にみて面会者センターの意義を積極的に評価していた。面会者センターがなかったならば無視されてしまうような人々に対する支援の提供という役割は、きわめて大きな意義を有している。

〔14〕勧告

　面会者の利用のしやすさについて、面会者のいる刑事施設はすべて、適切な財政基盤や施設・設備、職員、運営の仕組を備えた面会者センターを設置すべきである。開放施設のように、面会者がいないため面会者センターを設置していない刑事施設は、家族と連絡を取りあい、家族に情報と支援を提供するための正式の手段を用意すべきである。また、刑事施設は面会者が容易に訪問できるような場所、少なくとも被拘禁者の家から訪問可能な場所に設置されなければならない。

　財政基盤について、面会者センターが直面している危機的財政状況は、緊急課題として対処されなければならない。安定して不足のない財政基盤が、面会者センターの日常的運営にとっても、長期計画にとっても不可欠である。

　運営基準について、「面会者センター運営基準」を定めることが、その目的を明らかにし、最低基準を設定し、提供するサービス水準に関する刑事施設との協定を結ぶのに役立つであろう。面会者センターと刑事施設とのあいだのサービス水準に関する協定は、必要不可欠なものとして認識されるべきである。その協定には、提供するサービスについての費用負担の内訳、少なくとも年1回のレビューが含まれていなければならず、施設長がサインしなければならない。面会者センター職員とヴォランティア、刑事施設の職員に対して、とりわけ被拘禁者の家族に影響を及ぼす事項について、仕事を開始する時点および仕事をしている途中で、適切かつ十分な研修が用意されなければならない。そのための費用負担がなされなければならない。面会者からのフィードバックを含むサービスの評価が定期的に、望むべくは標準化された方法により行われるべきである。

　広報と支援の提供について、行刑局とともに、個々の刑事施設は、刑事施設とコミュニティとのあいだの架け橋として、一般市民に対する広報活動の手段として、（たとえば拡大家族面会や釈放前活動のために）被拘禁者とその家族のための有意義な中立的な場所として、面会者センターを最大限に活用すべきである。また、面会者センターは被拘禁者とその家族にとって、地元のヴォランティア機関、NGOとの接点となりうる。NGO〈被拘禁者の家族支援団体連合会〉（現在、〈被拘禁者の家族のためのアクション〉）の提供する面会者センター全国支援ネットワークが強化されるべきである。同時に、地域ごとのネットワークもこの連合会によって支援されるべきであり、必要な場合にはその支援が強化されなければならない。このような全国的、地域的ネットワークは、サービス水準に関する協定、面会者への情報提供のための小冊子についてのひな形を行刑局と協力して作成することを通じて、面会者センターへの情報提供を強化するために機能すべきである。また、このひな形には、費用負担申請書、費用内訳、面会者センターが自己のサービスを評価するために使用する標準的方法などが含まれることになる。〈被拘禁者の家族のためのアクション〉は、さまざまな事項についての標準的研修プログラムと女性用刑事施設、青少年用施設など特定の種別の刑事施設に関する問題についてのガイダンス・プログラムを用意すべきである。

　面会者センターと刑事施設の連携について、施設長とともに、担当の制服職員が、両者の連携を図るために活動しなければならない。施設長とこれら制服職員の双方が面会

者センター運営会議または連携会議に定期的に出席することがきわめて重要である。面会者センター職員が、刑事施設内の関連する委員会の委員として選任されるべきである。このような委員会参加をカバーするための職員配置用の資金提供がなされなければならない。面会者センターは、刑事施設のヴォランティア参加を担当するコーディネイターと緊密な連携をとりつつ活動すべきである。

　被拘禁者とその家族のための情報提供について、面会者センターは、望むべくは刑事施設と協力しつつ、刑事拘禁が家族全体に対してどのような影響を与えるか被拘禁者が認識を深めるようにする役割を担うべきである。被拘禁者の家族に対する情報提供は平易な英語を用いて行われるべきであり、また同時に、どのような言語が重要か地域ごとに検討したうえで、異なるさまざまな言語によってなされなければならない。面会者が最大限の情報にアクセスできるようにしなければならない。これには、言語使用能力の限界その他の問題にかんがみ、音声録音媒体や映像記録媒体などによる情報提供も含まれるべきである。居室の写真、家族相談、家族懇談日などを通じて、被拘禁者の日常生活に関する情報が十分提供されるべきである。面会者センターが被拘禁者の援助者としての役割を担っていることが認識され、その役割が強化されなければならない。自殺・自傷行為、精神衛生その他の問題に関する被拘禁者の危険性について、刑事施設の職員にとって最も重要な情報源は家族であることが認識されるべきである。刑事施設の制服職員と面会者とのあいだの積極的で建設的な交流を拡大するための機会が設けられるべきである。保安および秘密保護に関する面会者センターの政策は、面会者センター内に掲示されるべきである。

　面会予約について、適切に設計された面会予約のための仕組を用意することが、すべての刑事施設にとって緊急課題とされるべきである。そのために、面会予約に関する最低基準の作成が不可欠である。面会者の立入許可のための身元確認、とりわけ子どもの身元確認について、すべての刑事施設共通の標準化された仕組がなければならない。

　記録作成・保管について、刑事施設を訪問した面会者の数、年齢、性別、人種・民族について、正確な記録が作成・保管されるべきである。この記録には、特定の文化的ニーズを見定め、それに応じたサービスを提供することが可能となるよう、人種・民族と宗教に関する情報が含まれていなければならない。また、面会が不許可とされた人の数、その理由について、記録が作成・保管されるべきである。業務日誌などを通じて、面会者センターに対してなされた質問事項についついても、記録が作成・保管されるべきである。

(3) ロンドン面会者センター訪問調査記録
(i) NGO〈パクト〉

　以上の報告書の要約から、面会者センターの全体像がかなりの程度理解できるように思われるが、面会者センターについてはこれまで日本において紹介されたことがないので、その担う役割とともに、その雰囲気についての理

解を補助する目的から、ロンドン市内の刑事施設に設置されている面会者センターについて、私が日本から来た他の研究者とともに行った訪問調査から得られた所見を、首席刑事施設査察官の報告書、行刑局発行の雑誌記事などにより補足しつつ記しておきたい。私たちが訪問したのは、2004年3月12日、ハロウェイ刑事施設、同年3月15日、ベルマーシュ刑事施設、同年3月16日、ワームウッド・スクラブズ刑事施設である。[*70]これらの刑事施設は異なる性格を有し、面会者センターもそれぞれ異なる特徴をもっていた。訪問にさいして、私たちは各面会者センターの運営責任者、この運営にあたるNGOの統括責任者などにインタビューを行った。私たちは面会者センターとあわせ、各刑事施設の面会室やそれに関連する施設も参観し、担当職員の話を聞き、一定の質問をすることができた。

　これらの刑事施設には、NGO〈刑事施設に関する助言とケア・トラスト(パクト)(PACT)〉の運営による面会者センターが設置されている。〈パクト〉は、これらを含め、ロンドン市内5か所とイングランド南西部3か所において面会者センターを運営している登録チャリティー団体である。[*71]〈パクト〉において、面会者センターの目的については、「面会者センターは、刑事施設に収容された近親者または友人と面会する成人および子どものニーズを満たすために存在する。安全で心地よい環境を提供し、そこにおいてすべての面会者が尊厳と敬意をもって応対され、面会者の必要とする便益が用意され、情報と支援、そして面会者が直面している困難について秘密のうちに話し合う機会を提供することを目的とする」と述べられている。また、面会者センターにおいて提供されるサービスとしては、①面会前と帰宅までのあいだ面会者が待合室として利用できる温かな心地よい環境の用意、②面会手続を含む刑事施設についての情報の提供、③刑事施設の職員との連絡・交渉と面会者のニーズの伝達、④関連する支援・助言を提供する団体・機関についての情報提供、⑤感情面での支援として、職員が面会者の話を聞き、自己の判断を加えることなく秘密を守りつつ助言すること、⑥薬物・アルコール問題を抱えた家族のための支援と指導、⑦被拘禁者の子どもを養育している親や養育者のための情報提供と指導、⑧交通および安価な宿泊施設に関する情報提供と経済的援助、⑨刑事施設内の面会室における職員の配置された子どもの遊び場の提供、⑩安価な軽食・飲料を用意している食堂の運営、⑪洗面所と乳幼児の世話のための場所の提供、があげられている。[*72]私が面会者センターについて詳しい人々からインフォーマルに聞いたところでは、〈パ

クト〉は、面会者センターにおいて最高水準のサービスを提供するNGOの一つとして評価されていた。

(ⅱ)ハロウェイ面会者センター

　ハロウェイ刑事施設は、ロンドン市内北部に位置するイギリス最大の女性用刑事施設であり、2004年2月27日時点で収容定員は495である。既決被収容者のほか、イングランド中部・南部の未決拘禁センターとして多数の未決被拘禁者を収容している。また、定員40の青少年用母子区画を有している。首席刑事施設査察官の1995年報告書が施設・設備だけでなく、運営上のさまざまな問題を厳しく指摘したことを受け、職員の入れ替えを含む大規模な改革が行われた。刑事施設査察局の2000年追跡報告書は、一定の成果を指摘しつつも、なお多くの問題が残ることを指摘している。[*73]

　ハロウェイ刑事施設の一般面会室には、移動可能なテーブルと椅子4脚が約50組用意されており、10人程度の職員が、見ることはできるが会話内容は聞くことができないような位置に立ち、監視業務に当たっていた。私たちが訪問したときには、80%程度のテーブルが埋まっていた。面会者数は多いが、面会者センターに立ち寄るのはそのうち約半数程度であるという。運営責任者のアンジェラ・ホール氏によれば、事前予約制度がとられて以降、面会時間直前に到着し、面会者センターに立ち寄ることなく面会手続を行い、面会終了後そのまま帰る人が増えたという。かくして、面会者センターにおいて情報や助言、支援の提供を受ける面会者数が減少したというのである。

　面会者センターは刑事施設の敷地の門を入ってすぐのところに位置し、築後5年程度の新しい大規模な施設であった。敷地の門を出入りするさいには、特別な保安上の検査や身元確認はなかった。全体に内部は清潔であり、洗面所や子どもの世話用の設備も整っていた。入口すぐのところに専用の受付があり、ヴォランティアが対応していた。面会者の身元確認を行ったうえで、面会者センターの紹介、基本的な面会規則と手続、面会費用補助制度などに関する基本的情報を掲載した文書、小冊子類が、受付において面会者に手渡されている。〈パクト〉の有給職員が2人おり、運営責任者のホール氏は、新入被収容者の緊急のニーズを発見し、それに対処するためのさまざまな段取りをつける「ハロウェイ最初の夜（First Night in Holloway Project）」の運営責任者も兼務していた。全体に明るく心地よく、かつ親しみやすい雰囲気に満ちており、美しい熱帯魚のいる水槽が印象的であった。

面会者用のテーブルとベンチ・椅子。テーブル2個ごとに簡単な区切りがあり、それが4つ奥に並ぶ。面会者を撮影しないようにしたため、全体を撮影することはできなかった。

熱帯魚の水槽と奥に掲示板。写真はアンジェラ・ホール氏（右）と〈パクト〉の家族支援サービス運営責任者であるポーリン・ホール氏

子ども用の遊び場。

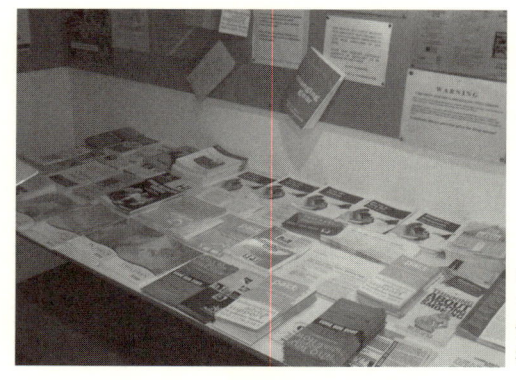

さまざまな小冊子・パンフレット類。イギリス各地域の被拘禁者家族支援のNGO５団体が協力して行っている被拘禁者家族電話相談の案内などがある。

専用サテライト・ブースに常駐している〈アドファム〉の薬物専門ワーカー。このようなブースが３つある。ブースの広さは椅子を並べて３～４人と話ができる程度。

　面会者センター内にはNGOの専用サテライト・ブースが設置されており、〈パクト〉のほかに、薬物問題を抱える被拘禁者の家族・友人の支援を行っているNGO〈アドファム〉の職員が常駐していた。横20メートル、奥行き40メートルほどあり、面会者と職員、ヴォランティアが周囲をあまり気にすることなく、落ち着いた和やかな雰囲気のなかで席に着き、話をすることができる。ヴォランティアを含め、職員はすべて女性で、皆明るく、親しみやすい雰囲気を醸し出していた。女性用刑事施設であることから幼い子ども連れの面会者が多いとのことで、ビデオ設備、玩具、すべり台などを備えた比較的広い子ども用の遊び場が用意されていた。被拘禁者が刑事施設内の作業により制作した陶器、絵はがきが販売されており、その売上金は母子区画の運営費用に充てるという。面会者への情報提供のため、数々の掲示物のほか、

さまざまな小冊子、パンフレットが用意されていた。刑事施設査察局の2000年追跡報告書は、「前回の査察の後に開設された面会者センターは、きわめて充実した卓抜のものであり、私たちがこれまで査察対象としてきた面会者センターのなかで最高のものであって、賞賛されるべきである」と述べ、ハロウェイ刑事施設における優良実務のひとつにあげていた。[*74] さらに、首席刑事施設査察官の2002年報告書は、「卓越した面会者センターが〈パクト〉により運営されており、刑事施設の正面入口の外側すぐの場所に位置している。運営責任者は経験豊富なばかりか、有能で、熱意に満ちている」と再び最高の評価を与えていた。[*75]

ホール氏によれば、刑事施設との関係は比較的良好であるという。ホール氏は、面会者センターが刑事施設から独立した外部のNGOにより運営されることが、面会者からの信頼を得て、その問題を率直に話してもらううえで必要であり、このことが面会者のニーズに適した質の高いサービス提供にとって不可欠であると指摘していた。刑事施設から運営費用の一部が出されていることにより、面会者センター運営の独立性が疑われることにならないか心配であると述べていた。また、数少ない女性用刑事施設であることから、被拘禁者の出身地は広域に及び、そのため面会者からは、面会のための交通費・宿泊費が多額に及ぶこと、多くの時間がかかることについての不満がよく聴かれるという。多くの場合、面会者の最大の関心事は被拘禁者の健康と福祉であり、最大の問題は被拘禁者の子どもの養育・教育に関連する問題であるという。

(ⅲ) ベルマーシュ面会者センター

ベルマーシュ刑事施設はロンドン市内南東部に位置し、市中心部から車で約30分の距離にある。収容定員は2004年2月27日時点で921人であり、未決・既決の男性被拘禁者を収容しているが、保安分類上のA級被拘禁者を130人程度収容していた。反テロリズム法違反の嫌疑により未決拘禁されている人も収容されている。そのため、きわめて厳重な保安措置がとられていた。私たちは、一般面会者ではなく、弁護士などと同様の身体検査を受けたうえで施設に入ったが、それでもなお厳重な検査であり、麻薬探知犬の検査も受けた。一般面会者の身体検査はさらに数段厳重とのことである。

ベルマーシュ刑事施設の一般面会室には、移動可能なテーブルと椅子4脚が約70組用意されており、私たちの見たときには約60組の面会が行われてい

た。一般面会室には軽食・飲料を出す場所が付設されており、これをとりながら面会することができる。同時に約30室の弁護士面会室があり、それも多くが使用中であった。保安措置の厳重さは面会にも及んでおり、薬物その他禁制品の持込などの経歴に照らして特別な注意を要すると判断された被拘禁者は、他の被拘禁者とは異なる色のベストを着用して面会に臨んでいた。それらの被拘禁者は面会の前後において裸体検査を受けるという。他の被拘禁者についても、その10％にランダムな裸体検査を実施しているという。約15人の制服職員が一般面会室の壁沿いに立って、面会の監視を行っていた。とはいえ、会話内容は聴取していなかった。要注意とされた被拘禁者の周辺には、監視の職員が多めに配置されていた。また、面会の様子は有線テレビ（CCTV）を通じて2人の職員により監視されており、カメラの照準は適宜移動していたが、要注意の被拘禁者に対して向けられる時間は相対的に長い。有線テレビ監視室と一般面会室の監視職員とは、無線連絡を取り合っていた。

　面会者センターは広大な敷地の門を入ってから300メートルほどのところにあり、1991年に刑事施設が開設された後しばらくして建てられた。面積はハロウェイ刑事施設と同じくらいで、横20メートル、奥行40メートル程度であった。刑事施設の制服職員が面会手続を開始する部屋が付設されている。この場所で面会者は、パスポート、運転免許証などにより身元確認をされ、顔写真入りの名札が作成され、さらに本人識別のため手に紫外線発光インクの判を押される。その後、面会者は刑事施設の入口で厳重な身体検査を受け、さらに一般面会室に入るさいに麻薬探知犬の検査を受ける。面会者センター内に面会者用ロッカーが設置されており、弁護士を含め、ほぼすべての面会者がここに私物を預け入れたうえで、面会手続に入る。3〜5脚の椅子のあるテーブルが約15組置いてあり、私たちが訪問したさいには、食事をする一般面会者のほか、書類を見ながら面会準備をしている弁護士も3〜4人いた。ハロウェイ面会者センターに比べ、人の出入りが多く、そのせいでなにか落ち着かない感じがした。これは訪問時間の違いによるのかもしれない。面会者センターを運営する〈パクト〉の事務室があったが、他のNGOの専用サテライト・ブースはなかった。しかし、週に数回、〈アドファム〉の薬物専門ワーカーがここを訪問するとのことである。情報提供のための掲示や文書のコピー、小冊子などが置かれていた。ハロウェイほどの設備はなかったが、子ども用の遊び場も用意されていた。

　〈パクト〉の面会センター統括責任者ケート・ケンドール氏およびベルマ

ベルマーシュ面会者センターの外観。左側に出ている部分が、制服職員が面会手続を開始する部屋である。保安上の理由から内部の写真撮影は認められなかった。

ーシュ面会者センター運営責任者パトリシア・サマセット氏によれば、面会者が提起する問題として一番多いのは保安措置や身体検査の厳しさであるという。また、最大の関心事は、やはり被拘禁者の福祉と生活であるという。私たちが訪問したとき、〈パクト〉の面会者センターに対して資金提供を行っているチューダ・トラストの理事・事務局長ロジャー・ノースコット氏が同席していた。ノースコット氏によれば、チューダ・トラストは主として社会福祉領域の諸活動に対して資金提供を行っているが、面会者センターは被拘禁者の家族支援を通じてその福祉の増進に寄与するとともに、家族の絆の維持は被拘禁者の再犯を減少させ、社会全体の利益にもつながることから、〈パクト〉の面会者センターに対して資金提供をしているとのことである。2003年度、チューダ・トラストは総数700件、総額約16,000,000ポンドの資金提供を行っていたが、〈パクト〉に対しては、面会者センター運営責任者の給与として75,000ポンドの資金提供を行っていた。[*76]

　私たちとの会話のなか、ケンドール氏は面会者センターの意義として、家族の絆の維持に役立ち、それが被拘禁者の再犯の現実的減少につながることを強調していた。翌日、ワームウッド・スクラブズ刑事施設においてケンドール氏から聞いたところによれば、ノースコット氏が釈放後の再犯防止に対する効果についてのケンドール氏と私たちとのやりとりを聞き、強く関心をもち、面会者センターの役割と被拘禁者の再犯に対する影響に関する新規の調査研究に対してチューダ・トラストから近い将来資金提供が行われる可能性が示唆されたそうである。

第6章　刑事被拘禁者の法的・社会的コミュニケーションをめぐるイギリス法の展開　235

(iv) ワームウッド・スクラブズ面会者センター

　ワームウッド・スクラブズ刑事施設は、ロンドン西部アクトン地区の住宅街に位置し、未決・既決の男性被拘禁者とともに、終身刑受刑者を収容している。ヒースロー国際空港に近いことから、出入国管理法違反、薬物の密輸などの嫌疑により外国人も多く収容されているという。2004年2月27日時点で、収容定員は989人である。1998年には、被拘禁者に対する職員の暴力事件が数多く問題となったが、その後運営改革が実施され、主席刑事施設査察官の2001年報告書は、改革の成果が未だ及んでいない点も少なくないにせよ、被拘禁者に対する暴力や脅迫の存在を疑わせるような証拠はないとした。[*77] 19世紀末に建てられた煉瓦造りの建物正面には、二人の刑罰改革者、ジョン・ハワードとエリザベス・フライのレリーフが埋め込まれている。私は施設内に入るさい、一般面会者が通常受けるのと同じ身体検査を体験させてもらったが、衣服のうえからだけでなく、口のなか、衣服のポケットのなか、靴、ベルトまで検査する厳重な検査であった。

　一般面会室には、移動可能なテーブルと椅子3〜4脚が約50組用意されており、私たちが訪問したときは、被拘禁者と面会者によって80％程度のテーブルが使用されていた。約10人の職員が面会室の周囲の壁にそって立ち、被拘禁者と面会者の会話内容を聞くことはせずに監視業務に当たっていた。軽食や飲料をとりながらの面会が認められていた。ケンドール氏によれば、飲食しながらの面会は気持ちを和ませ、話をはずませるうえで効果があるが、保安上の配慮から自家製弁当の持込は認められていないとのことである。幼い子どもを抱きかかえてあやす被拘禁者の姿が見られ、また、かなり長時間抱擁していた若いカップルもいた。面会室に隣接して子ども用の遊戯室が設置されており、〈パクト〉の専任有給職員とヴォランティアがその運営にあたっていた。通常、被拘禁者自身の子どもは面会室で面会を行うので、この遊戯室を利用するのは主として面会に訪れた友人の子どもであるという。また、被拘禁者自身の子どもも座っているのが飽きると、この場所で過ごすこともあるという。遊戯室の運営責任者である〈パクト〉職員の話によれば、面会室のなかで子どもが走ったり騒いだりしないので、落ち着いて面会でき、また、監視にあたる職員も業務に集中することができるとのことである。

　一般面会室のほかに、15室程度の弁護士面会室があり、さらに、家族面会室が設置されていた。家族面会室においては、被拘禁者とその家族がより落ち着いた、和やかな雰囲気のなかで面会できるよう配慮して、5〜6組のテ

ーブルや椅子が配置されており、また、子どもが多少動き回ることができるようにテーブル間のスペースが広くとってあった。子ども連れの家族面会の機会に、簡単なクリスマス・パーティや子どもの誕生祝いを行うこともあるそうである。毎週月曜日午前には、刑事拘禁中の父親と幼い子どもとの絆を強化する目的で子ども面会が実施されている。また、火曜日午前には、より落ち着いた環境を作るために大人だけの面会を実施している。『行刑局ニュース』誌2004年3月号においては、ワームウッド・スクラブ面会者センターでの祝祭の家族」と題する以下のような記事が、幼子を抱きながら微笑む被拘禁者とその妻と思われる写真を添えて掲載されていた。[*78]

「ワームウッド・スクラブ刑事施設においては、数人の被拘禁者に愛する人とともにクリスマスを祝う機会が与えられる。面会者センター職員が祝祭シーズンのパーティーを催すのである。

クリスマスの子ども面会によって、被拘禁者はわが子とともに祝祭シーズンを有意義に過ごすことができる。この催しには、被拘禁者が子どもと過ごす機会を与え、わが子の成長を確かめ、有意義な思い出づくりに参加し、わが子に対する責任とケアとを示す機会を与え、子育ての現実を自覚させることなど、いくつかの目的がある。

被拘禁者は家族とともに、午前中ずっと自由に行動し交流することを認められる。また、お絵かき、ぬり絵、テーブル・フットボールのゲーム、卓球などの活動に参加することもできる。給食担当の職員によってビュッフェが設けられ、面会者センターの職員が用意したプレゼントが被拘禁者から手渡される。面会業務担当の主任職員アラン・ベリーは、『被拘禁者にとっても、その子どもにとっても、本当に特別な1日となります。そして、この催しは、刑事施設の雰囲気をより和やかで親身なものとしてくれます』と話した。」

ワームウッド・スクラブズ刑事施設においては、4～5人の職員が面会予約業務にあたっていた。最近、面会予約専用のコンピュータを導入したそうであるが、ケンドール氏によれば、多くの面会者が面会予約に苦労するという。首席刑事施設査察官の2003年報告書も、「最近導入されたコンピュータ化された面会予約システムについては、導入初期段階の問題が存在していた。担当者は、電話予約を行いながら、同時に大量の面会要望書の手続を処理するのに困難を感じていた。電話予約には通話順番待ちの機能が備わっておらず、回線がつながるのにたいへん苦労する。私たちは何度も試してみたが、一度もつながらなかった」と厳しく指摘している。[*79]

ワームウッド・スクラブズ面会者センターは、訪問した他の2か所に比べ

ワームウッド・スクラブズ刑事施設の正面。

ると小規模で、移動可能な丸テーブルと椅子4〜5脚が4組、そのほかに椅子が5〜6脚ほど置いてあった。狭いが子どもの遊び場もあり、玩具などが用意されていた。情報提供のための掲示や小冊子、パンフレットも置いてある。面会者の大多数がロッカーに私物を預け入れるため、面会前後に立ち寄ることになる。また、軽食・飲料を出す簡単な食堂も併設されていた。ケンドール氏とともに、私たちに応対してくれた運営責任者のノーマ・トムリン氏によれば、利用者の数に比べてやはり手狭であり、そのせいで必要としていた情報や助言、支援を受けることなく帰ってしまう面会者がいるのではないか気がかりだという。しかし、狭いからこそかえって、より親しみやすく和やかな雰囲気を作ることも可能なので、面会者の様子を見つつ、皆に挨拶の声をかけるようにしているという。とくに、刑事施設を初めて訪れた面会者を察知したときは、近くに寄っていき丁寧に声をかけるようにしているそうである。初めて訪問した面会者用に、基本的情報の入った文書、小冊子、パンフレットをまとめて封筒に入れ、パックにしている。他の面会者に聞かれたくないような話は、3室ある〈パクト〉職員、ヴォランティア用の個室に入って相談するそうである。また、英語を必ずしも上手に使えない外国人の面会者もときおり訪れるそうで、外国語の小冊子やパンフレットを渡すほか、必要に応じて、外国語通訳を行うヴォランティアやNGOを紹介することもあるという。

〈パクト〉のもう一人の若い有給職員の話によれば、彼女は学生ヴォランティアとして面会者センターの仕事をはじめ、大学卒業後も第一線の対人支援としてのこの仕事を続けたいと考え、〈パクト〉職員となったそうである。

ワームウッド・スクラブズ面会者センター内の掲示とパンフレット類

食堂において私たちにお茶を用意してくれた運営責任者トムリン氏。

ワームウッド・スクラブズ刑事施設内の面会室。手前は幼児用の遊技場であり、NGO〈パクト〉が運営している。右上方に写っているのが面会室であり、移動可能なテーブルと椅子が配置されている。

第6章 刑事被拘禁者の法的・社会的コミュニケーションをめぐるイギリス法の展開　239

面会者にはできるだけ明るく接し、じっくり話を聞くよう心がけているそうである。面会者との話し合いは精神的負担を生じさせることも少なくはないが、それでもとてもやり甲斐のある対人支援の仕事であると話していた。首席刑事施設査察官の2003年報告書は、設備面での不十分さを指摘しつつも、「この面会者センターは実に熱意ある人々により運営されており、さまざまな関連する情報の載った文書が用意してあるだけでなく、これらの人々が口頭での助言や支援を提供している」と述べている。[*80] ワームウッド・スクラブズ面会者センターを訪問した後、面会者センターにとって、施設・設備以上に、そこで働く人が重要であるように感じられた。

(v) 面会者センターとコミュニティ・プリズン

　3か所の刑事施設いずれにおいても、面会業務担当の制服職員は面会者センターの意義を積極的に評価しているように思われた。とくに、反テロリズム法関係の被疑者・被告人を収容しており、保安措置の最も厳格なベルマーシュ刑事施設においては、面会にさいしての保安措置、身体検査、持込不許可物品などについて、初めての面会者に対して面会者センターの職員・ヴォランティアが丁寧に説明してくれることにより、刑事施設内でのトラブルが確実に減少しているはずだとの意見が聞かれ、また、ワームウッド・スクラブズ刑事施設においては、面会者センターが被拘禁者の家族、友人など面会者と刑事施設のあいだに入るいわば緩衝器として機能し、面会にさいしてのトラブルが事前に予防されるとともに、面会の機会が気持ちのよいものとなることで、面会の質が向上し、ひいては家族の絆・社会的繋がりが維持されているとの意見が聞かれた。面会者センター職員と刑事施設の制服職員との関係も良好なようであった。

　しかし、厳重な身体検査や麻薬探知犬による検査、とりわけ乳幼児に対する検査、電話による面会予約の煩雑さなどに関する評価は分かれていた。面会者センターがこれらについて消極的評価をするのは、日常的に接している面会者の意見を反映したものである。とはいえ、評価が分かれているからこそ、刑事施設サイドは面会者センター側からの意見を汲み取り、運営にフィードバックすることにより、それがなかったならば得られないようなサービス改善の機会を得ることができるわけである。[*81]

　イギリスにおいては、ごく一部の例外として閉鎖面会があるものの、ほぼすべての面会が開放面会として行われる。また、社会一般における薬物問題

の広がりも深刻である。このような事情から、一般に面会者に対してはかなり厳重な身体検査が行われる。[*82]保安上の配慮から、身元識別の手続も厳格である。それゆえ、被拘禁者の面会をめぐっては、保安措置の厳重さと面会者の負担とのバランスをどのように設定するかということが、最大の問題の一つとなる。このことは、面会業務にあたる刑事施設の職員の関心事であるだけでなく、面会者センター側にとっても、被拘禁者の面会機会の拡大とその質の向上を通じて家族の絆・社会的繋がりを維持しようとするうえで重大な問題となる。

このとき、保安措置と面会者の負担との適切なバランスの設定のためにも、面会者センターの役割は重要である。〈パクト〉面会者センター統括責任者のケンドール氏は、刑事施設サイドは事故をおそれるがゆえに、どうしても保安措置に重きを置きがちであるから、面会者センターが面会者の声を汲みあげ、面会手続の負担についての正確な情報を刑事施設サイドに伝えることにより、結果的に面会者の被る負担にも適切に配慮したバランスが達成されるであろうと話していた。このような点においても、面会者センターは刑事施設と面会者、ひいてはコミュニティとのあいだの架け橋として機能するのである。面会者センターがコミュニティ・プリズンの理念を具体化したものとされる所以である。

4. 信書の発受

(1) 欧州人権条約と信書発受の権利

信書による社会的コミュニケーションも、被拘禁者にとって重大な意義を有している。家族の居住する家や地元コミュニティと収容されている刑事施設の遠隔などの理由から、面会が事実上制約されていることにかんがみると、信書によるコミュニケーションは、被拘禁者の家族の絆・社会的繋がりを維持する手段としても重要である。以下、信書の発受をめぐるイギリス法を概観しておきたい。[*83]

社会的コミュニケーションとしての信書の発受に関する現在のイギリス法の基礎を形成したのは、シルバー事件における欧州人権委員会・人権裁判所の判例である。この判例については、すでに国際法学者の北村泰三が国際人権法の観点から詳しく論じているので、[*84]ここにおいては、社会的コミュニケーションとしての信書の発受に対する制限の限界に焦点を合わせて、簡単な紹介をするにとどめる。

信書の発受に関連する規定として、欧州人権条約 8 条は、私生活および家族生活を尊重される権利について規定している。

欧州人権条約 8 条
第 1 項　何人も、その私生活、家族生活、家庭および通信を尊重される権利を有する。
第 2 項　この権利の行使については、国の安全、公共の安全もしくは国の経済的福祉のために、無秩序もしくは犯罪の防止のために、健康もしくは道徳の保護のために、または他者の権利もしくは自由の保護のために民主主義社会において必要とされる限りにおいて、法律に基づきなされる制限のほかには、いかなる制限も公権力によりなされてはならない。

　これまで、欧州人権委員会・人権裁判所の判例において、非常に広範囲にわたる被拘禁者の権利が、この規定との関連において問題とされてきた。欧州人権条約 8 条をめぐって問題とされた被拘禁者の権利には、社会的コミュニケーションとしての信書と面会、個人情報の開示、居室内の捜索と監視、自宅からの刑事施設の距離、移送の与える影響、刑事施設間での面会実施、子どもと親の交流と分離、家族生活に対する親の権利と子どもの権利とのバランス、夫婦面会、人工授精などの問題が含まれている[*85]。とはいえ、被拘禁者の信書の発受は、それらのなかでも最も重要な問題のひとつである。
　シルバー事件において、訴えはもともと自己の信書に関して多数の被拘禁者から提起されたものであったが、欧州人権委員会はこのなかから、6 人の被拘禁者と 1 人の近親者にかかわる1972年から1976年のあいだに発信が差し止められた62通の信書について、その差止や検閲が欧州人権条約に違反しないか審査することとした。これらの信書には、近親者のほか、弁護士、国会議員、ジャーナリスト宛のものが含まれていた。発信差止の理由はさまざまであり、刑事施設内での苦情処理手続が尽くされていないのに処遇に関する民事訴訟の提起について弁護士に相談していたこと、被拘禁者が事前に許可を得ることなく近親者や友人でない人への信書の発信を要求したこと、当時の刑事拘禁規則33(3)により発信が禁止されていた「問題のある（objectionable）」ものと認められる内容を含んでいたことなどであった。
　1981年、欧州人権委員会は原告の主張を認め、信書の発信差止は欧州人権条約 8 条に違反すると判断した[*86]。欧州人権委員会は、信書の発受について刑事拘禁に通常ともなう合理的制約は認められるべきにせよ、被拘禁者も自由な個人と同じように自己の信書を尊重される権利を有することが出発点であ

るから、条約8条2項に列挙された目的に照らして制限の合理性が具体的に吟味されなければならないという基本的立場を明らかにした。

　まず問題となるのは、「法律に基づき」なされた制限かどうかである。欧州人権裁判所の先例によれば、「法律に基づき」とは、実質的には、市民が自己の行為を統制することが可能となるような十分な明確さをもって行為規範が示されていることを意味している。本件の制限について、欧州人権委員会は、信書はそれが「問題のある」内容を含むと認められる場合には制限されるという単純な刑事拘禁規則の文言からは、そのような制限は予見不可能であったと判示した。たしかに、規則施行令や行刑局通達はどのような内容の信書が「問題のある」ものにあたるか判断するための基準をより明確に定めているものの、これらは被拘禁者やその近親者にはアクセスすることのできない文書である。ただし、公衆を扇動するために刺激し、刑事施設の規律を乱そうとした文書、あるいは暴力を加えるとの脅迫を含む、または他者の犯罪について述べている文書であるという理由からの制限に限っては、刑事拘禁規則33(3)の文言から予見可能であると判示した。

　また、欧州人権委員会は、本件の制限は過度に広汎であり、民主主義社会において必要なものとはいえないから、欧州人権条約8条2項に定められた要件を満たしておらず、同条項に違反すると判示した。このような判示はとくに、処遇に関する苦情を弁護士に訴える前に刑事施設内の苦情処理の手続を尽くさなければならないとする「施設内手続前置主義」、事前の許可を得ていない友人、近親者以外の人への発信であるとの理由による制限、そして数多くの内容的制限についていえるものであった。この内容的制限には、公表・出版を意図した文書、被拘禁者の裁判における有罪認定や刑の宣告に関する記述、刑事施設の処遇に関する苦情、公的請願の勧奨、ひどく不適切な言葉を含む文書を含む信書の禁止が含まれていた。ただし、予見可能であるとの理由から「法律に基づき」なされた制限として認められた制限については、無秩序を防止し、または他者の自由の保護を確保するために必要であるとして、正当な制限にあたると認められた。

　1983年、欧州人権委員会から本件を付託された欧州人権裁判所は、欧州人権委員会の判断をほぼそのまま支持した。[*87] 判決は、通信の制限について、「欧州人権条約の下、『民主主義社会において必要』であるとは、この権利の制約がなかんずく、『差し迫った社会的必要』に対処するものであり、かつ『達成すべき正当な目的と均衡がとれた』ものであることを意味している」[*88]

と確認したうえで、本件の一部の制限は「民主的社会において必要」なものとはいえず、したがって欧州人権条約8条に違反すると判示した。

1981年の欧州人権委員会の判断に対応して、英国内務省は、被拘禁者がどのような内容の信書の発受が差し止められることになるかよりよく予測できるように、被拘禁者と外部社会とのコミュニケーションに関する規則施行令5を公開し、被拘禁者の信書発受の相手方について原則として制限しないこととし、信書の発受の回数を増やすことができるとし、また、信書の内容的制限を大幅に緩和して、保安および良好な秩序の維持、犯罪の防止などの理由のみから認められることとした。さらに、「施設内手続前置主義」が廃止され、被拘禁者は刑事施設内での苦情処理手続と並行して、処遇に関する苦情を信書に記述することができることとした（施設内手続並置主義）。信書の検閲はなお認められているが、その実施基準の見直しも行われた。かくして、現在の法の骨格が形成されたのである。

刑事拘禁規則のなかに「コミュニケーション一般」と題された規則34が新設されたのは、欧州人権条約への適合を意図してのことである。規則34において、被拘禁者と外部社会とのコミュニケーションに対する内務大臣によるいかなる制限も欧州人権条約上の権利を侵害してはならないこと、また、欧州人権条約8条2項に示された根拠に基づく制限でなければならないことが明確に確認された。行刑局通達57/2001として改訂された行刑局『保安マニュアル』36もまた、欧州人権条約の遵守を強調している。このように、信書の発受だけでなく、被拘禁者の法的・社会的コミュニケーション一般に関する現在のイギリス法が、欧州人権条約の強い影響下において形成されていることが明らかである。

(2)信書の種類とその許可回数

刑事拘禁規則34および35における信書の発受に関する規定は、もうひとつの主要なコミュニケーション手段である面会に関する規則と密接に関連している。規則施行令5B(1)は、信書の発受について、次のように一般原則を示している。すなわち、「行刑局の政策は、定期的な信書の発受を通じて外部社会との接触を維持するよう奨励し、可能な限り被拘禁者が発受する信書のプライバシーを尊重し、可能な限り信書が送達されるよう確保することである」。規則施行令5B(33.1)は、家族、友人、他の機関とのあいだの信書として「一般信書」を定義し、規則施行令5B(34)が、それに関する制限につい

て定めている。この一般信書にあたらない信書、すなわち法的助言者、国会行政監察官、刑事事件再審委員会、欧州人権委員会・人権裁判所を含む裁判所とのあいだの信書は、一般信書とは区別されて扱われるが、これについては法的コミュニケーションの保障として後述する。

　刑事拘禁規則35(2)(a)は、「権利信書（statutory letter）」について定めている。権利信書については、公費によりその郵便代金が支出され、また、懲罰としても、懲罰期間中にもその発受が差し止められてはならない。受刑者については、1週につき1通の権利信書の発信が認められている。刑事拘禁規則35(1)は、内務大臣が指示した限界と条件の範囲内において、未決被拘禁者がその希望する限りの信書を発受することができるとしている。実際、発受する信書の数に制限が設けられることは稀である[*91]。また、未決被拘禁者については、1週につき2通の権利信書の発信が認められている[*92]。

　このほか、施設長がその裁量により、あるいは報奨制度に基づき認める特権として、「裁量信書（privilege letter）」の発信が認められる。規則施行令5Bによれば、被拘禁者は、検閲業務のための職員の配置から許される限度において、希望するだけの数の裁量信書を発信することができるとされている。全信書の一律検閲が実施されている場合、施設長はその裁量により、裁量信書の発信数を定めることができるとされるが、少なくとも1週につき1通の発信を認められなければならない。権利信書の場合と異なり、裁量信書の発受については、懲罰として、または懲罰期間中に差し止めることができる。

　さらに、被拘禁者には「特別信書（special letter）」の発信が認められる。この特別信書は、①被拘禁者が別の施設に移送された場合、②営業上の用務処理の緊急の必要がある場合、③被拘禁者またはその家族の福祉のため必要な場合、④釈放にあたっての住居や就職に関してプロベーション・オフィサーその他の担当期間と接触する場合、⑤国会行政監察官に宛てて発信する場合、⑥英国籍を有しない被拘禁者が自国の領事や国連難民高等弁務官事務所宛てに発信する場合、において認められる。また、施設長の裁量により、クリスマス時期にも認められることがある。移送にさいしての信書の発信は、公費により郵便代金を支払うこととされ、他の場合には、施設長の裁量により公費の支出が認められる（規則施行令5B(7)）。通常、被拘禁者の私費により支払われているという[*93]。

(3) 信書の検閲と発受の制限

　シルバー事件における欧州人権委員会・人権裁判所の判例を受けて、刑事拘禁規則34および35が改正され、それにともない規則施行令における具体的規定も改正された。しかし、欧州人権委員会と欧州人権裁判所が最も重大な問題として考えたのは、信書の発受に対する制限の包括性ないし過度広汎性であった。欧州人権条約の要請が満たされているのか、シルバー事件の判決の後もなお問題とされた。制限の包括性ないし過度広汎性を問題とする一方、欧州人権委員会と欧州人権裁判所は、刑事施設の保安と良好な秩序の維持、刑事施設内外の人の権利・自由の保護という制限目的については、その正当性を認めていた。したがって、これらの目的のための制限が過度広汎なものではなく、より限定的であるならば、正当化されるであろうことが示唆される。

　しかし、イギリス国内の裁判所は、信書の発受に対する制限の適法性を審査するうえで均衡性テストを用いており、その制限が「差し迫った社会的必要」に応えるものであるか、そして達成されるべき正当な目的と均衡がとれているか検討している。このような審査方法による場合、下品な (indecent) 言葉を用いた信書や公表を意図した資料を含む信書についての制限は、やはり正当化されないことになるであろう。[*94]

　被拘禁者の信書発受の相手方は、かつては特定の人に限定され、それ以外の人とのあいだの発受には特別な許可が必要とされていた。しかし、現在は特定の相手方に限定しておらず、いかなる相手方とのあいだでも発受が認められるのが原則である（規則施行令5B(19)）。

　ただし、相手方から被拘禁者の発信をやめるよう要求することができるほか、次のような場合については制限がある（規則施行令5B(21)〜(28)）。第1に、親権者が要求した場合、未成年者への発信は差し止められ、また、刑事拘禁されている未成年者について、その親権者は、未成年者の配偶者以外との人とのあいだの発受を差し止めるよう要求することもできる。第2に、施設長は、親や後見人の意見を聞いたうえで未成年者の利益に適うものでないと認めるとき、刑事拘禁中の未成年者と他者との発受を禁止することができる。第3に、受刑者間の発受は、近親者である場合、共犯関係にあり、信書がその事実審理や量刑に関連している場合にはただちに認められるが、それ以外の場合には両施設の施設長の許可が必要とされる。第4に、元受刑者とのあいだの発受が認められるのは、施設長が被拘禁者とその元受刑者双方の社会

復帰の妨げにならない、または刑事施設の保安や良好な秩序に対する危険を生じさせないと認めるときに限られる。第5に、被拘禁者が被害者への発信を希望する場合、施設長にその旨申請し、施設長が被害者に不当な苦痛を生じさせるものではないと認めたときに限り、発信が許される。この制限は未決被拘禁者には適用されず、また、被害者が近親者である場合、すでに被拘禁者宛の信書を発信していた場合にも適用されない。第6に、施設長が、刑事施設の保安または良好な秩序に対して重大な現実的危険を生じさせるような行動またはその計画についてのものと認める合理的理由がある場合には、いかなる人または団体とのあいだの発受も差し止められる。第7に、被拘禁者が文通相手を募集する広告を出すことができるのは、その広告の文面を提出したうえで、施設長が許可した場合に限られる。なお、数多くのNGO、ヴォランティアが、主として信書を交換する家族、友人のいない被拘禁者に対する精神的支援の一環として、被拘禁者の文通相手になる支援を提供している。[*95]

　信書の内容に関する制限もある（規則施行令5B(34)）。すなわち、①脅迫的な、下品なまたは非常に問題のある内容、誤りであることがすでに知られている内容、②犯罪または規律違反行為の遂行を援助する傾向を有するような計画または内容、③逃走計画または刑事施設の保安を危険にさらすような内容、④国の安全を危険にさらすような内容、⑤武器、爆発物、毒物その他破壊装置の製造または使用の説明、⑥意味不明なまたは判読不可能に暗号化された文章、⑦1953年郵便法に基づき下品なまたはわいせつとされる内容、⑧郵便法4400条に基づく子ども保護のための措置として、子どもの福祉を危険にさらすような内容、⑨人種的憎悪を煽るものも含め、明白な脅迫となり、または人に対する暴力や身体的危害の現在の危険を生じさせるような内容、⑩出版や放送に公表することを意図した文書であって、報酬を受け取るために、被拘禁者自身の犯罪や犯罪歴に関する場合（ただし、有罪判決や刑の宣告についての真摯な意見や刑事司法制度についての意見の一部を構成している場合は除く）、⑪刑事施設の職員または他の被拘禁者を個人として特定するような場合、または信書に関する他の制限に違反するような場合、⑫受刑者の場合、弁護士の委任、有罪判決後における仕事の整理、個人的資産の移転や売却、設定された限界内での個人的経済取引を除いて、商行為にあたるような内容、についての発受は差し止められる。

　信書の発受が差し止められた場合、被拘禁者に対してそのことを通知しな

ければならず、信書に禁止される内容が含まれていた場合、被拘禁者に対して書き直す機会が与えられる。

　規則施行令5B⒅によれば、発信する信書の封書には、被拘禁者は、発信人の名前と刑事施設の住所を含んだ、特定の書式に従って書かなければならない。発信人の名前が明らかにされていない信書の発信は許可されず、申請により施設長が許可した場合にのみ、刑事施設の住所を書かないでおくことができる。また、被拘禁者が受信する信書も、通常は発信人の名前と住所が明らかにされていなければならない。

　信書の分量については、一般に制限はない。「被拘禁者の信書は、問題のある内容を含んでいるとの合理的疑いがある場合、または被拘禁者が保安分類上A級とされている場合を除いて、検閲されるべきではない」というウルフ報告書[*96]の勧告以降、被拘禁者すべてについての全信書の検閲は顕著に減少した。規則施行令5B（32.1）は、①被拘禁者自身の保安上分類は問わず、最高厳重保安措置のとられた刑事施設の被拘禁者、②そのような刑事施設から一時的に別施設に移送されている被拘禁者、③保安分類上A級の被拘禁者、④被拘禁者自身の保安分類は問わず、A級被拘禁者の収容のために設置された隔離区画に収容されている被拘禁者、⑤逃走の可能性が高い者としてリストにあげられた被拘禁者、については全信書の一律検閲が行われなければならないと定めている。規則施行令5B⒉⑵によれば、これら以外の被拘禁者について、全信書の一律検閲が認められるのは、犯罪行為または刑事施設の安全と良好な秩序に対する危険の予防または発見に役立つ、信書が定められた制限に違反するものである、あるいは深刻に落胆している被拘禁者が悪い知らせを予期しているときのように、被拘禁者自身の利益に適うと施設長が判断した場合の「例外的措置」としてのみである。行刑局『保安マニュアル』36によれば、全信書の検閲が行われる場合には、被拘禁者にそのことを告知しなければならず、必要性のある期間に限り、必要最小限度でのみ検閲が許され、少なくとも6か月ごとにその見直しがなされなければならない。全信書の検閲は、例外的措置として、必要最小限度において行われるべきとされているのである。もっとも、施設長は、禁制品が同封されていないか検査するために、すべての信書を開披することができる。しかし、規則施行令5B（31.2）によれば、開放施設において開披検査が認められるのは、禁制品が同封されていると疑うに足る理由がある場合に限られる。

　原則として信書の分量について制限はないが、全信書の検閲が行われる場

合には、施設長は、A5判4ページ以内に収めるよう分量を制限することができ、また、被拘禁者が発受する信書の数にも制限を設けることができる。被拘禁者が発信する信書1通につき、受信できる信書が1通に制限される。この場合には、クリスマス時期、特別に1通の信書と12通のクリスマス・カードを発信することが認められる[*97]。分量や発受数の制限が設定されるのは、検閲業務に動員可能な職員数の限界のゆえであるから、全信書の検閲が行われない限り、実務上、このような制限はなされない。全信書の検閲がなされない場合でも、無作為抽出による一部検閲が行われることがある。行刑局『保安マニュアル』36によれば、無作為抽出による一部検閲は、全信書の5％以下についてのみ認められる。

　施設長は、一定の場合には被拘禁者の信書を複写し、他者に開示する権限を有している（規則施行令5B(38)・(39)）。これが許されるのは、刑事施設からの逃走を防止し、誤判を防止もしくは明らかにし、または犯罪収益の没収を促進するため、あるいは国の安全もしくは公共の安全に影響が生じる場合に限られる。批判のあるところであるが、実務上、犯罪捜査や有罪確保のための証拠収集という目的のためにも、信書の複写や開示が行われている。開示される相手方には、警察のほか、出入国管理局、税務局、軍事情報部5部（MI5）、重大経済事件特別捜査局が含まれる。これらの捜査機関は、被拘禁者の信書の開示を施設長に対して要求することができる。しかし、施設長は、開示される情報が具体的に特定されていることを確認しなければならず、探索的情報収集のための開示をすることは許されない。このような複写と開示の対象から、法的コミュニケーションとしての信書は除外される[*98]。

　上述のように、実務上、未決被拘禁者について、発受する信書の数に制限が設けられることは希有であるにせよ、一定の検閲の対象とはなる。通常、被拘禁者が受信する信書については、禁制品の同封がないか検査するために開披されるが、内容を閲読されることはない。被拘禁者が発信する信書についても、全信書の検閲が行われることは原則ない。しかし、保安分類A級の未決被拘禁者について、あるいは逃走を防止するためにとくに必要とされる例外的状況において、施設長は全信書の検閲を行うことができる。

5. 電話による社会的コミュニケーション

(1) 意義

　イギリスにおいて被拘禁者は、一定の条件のもと、電話による社会的コミ

ュニケーションを認められてきた。社会一般において電話によるコミュニケーションがますます重要な位置を占めていることからすれば、このことは、被拘禁者の社会的コミュニケーションの促進、それを通じての家族の絆・社会的繋がりの維持にとって大きな意義を有しているであろう。

　刑事拘禁規則のなかには、2000年第2回改正によって追加された被拘禁者のコミュニケーションの傍受、記録、開示、保管に関する規定はあるものの、面会や信書の場合と異なり、電話の使用についての具体的規定はない。被拘禁者の電話の使用については、行刑局規則4400「被拘禁者のコミュニケーションに関する規則」第4章のなかに、具体的規定が置かれている。行刑局規則4400(3.1)は、「被拘禁者の電話の使用に関する行刑局の基本政策は、被拘禁者に対して、その家族および友人との緊密かつ有意義な繋がりを維持するための責任を引き受けるよう奨励すること、刑事施設の保安および良好な秩序の維持ならびに規律を損なうことなく合理的に可能な限りにおいて、被拘禁者の通話のプライバシーを尊重すること、被拘禁者が許可なく犯罪被害者に接触する危険性を極小化することである」と規定している。以下、被拘禁者による電話の使用について概観しておきたい。[99]

　かつて、被拘禁者は電話の使用を施設長に対して要求することを認められていたが、通話が許されたのは、法的コミュニケーションのために法的助言者とのあいだで、あるいは家族に関する重大用務に対処するために近親者とのあいだでのみであった。電話の使用は限定的なものであった。しかし、1988年、刑事施設のなかにカード式電話が導入されたことにより、被拘禁者による電話の使用は拡大していった。

　1991年、ウールフ報告書は、電話が被拘禁者と家族、外部社会のより頻繁で有意義な接触のための効果的手段となることを指摘し、被拘禁者による電話の使用の拡大を促した。[100] また、ウールフ報告書は、信書の検閲を例外的なものへと大胆に縮小するよう勧告したが、電話設置の拡大が信書の検閲の縮小につながることを指摘した。[101] 一般に、被拘禁者は、電話というコミュニケーション手段を用いることによって、被拘禁者が刑事拘禁という環境のもとで有するに至った感情を効果的に表現することができる。とりわけ若年の被拘禁者にとって、電話を通じて家族と頻繁に接触することは刑事拘禁による孤独感を低減させるための重要な方法である。かくして、1991年には、特別厳重保安措置区画を除いて、刑事施設のすべての区画にカード式電話を設置することが決められた。さらに1994年、大規模な逃走事件を受けてのウッド

コック報告書が、ホワートムーア刑事施設特別厳重保安措置区画における公用電話の濫用を指摘したのを受け、電話の使用が、特別厳重保安措置区画の被拘禁者も含め、すべての被拘禁者について認められることとなった。[*102]

(2)実施方法と傍受・録音

　一般に、被拘禁者が電話の使用を認められるのは、収容開始時点、自由交流時間、他の一定の機会においてであるが、外国籍などの被拘禁者については、後述するように、一定の機会に国際電話をかけることが認められている。行刑局規則4400によれば、カード式電話を使用するにあたり、被拘禁者は刑事施設用の特別な通話用カードを希望するだけの枚数購入することが認められているが、通常、一時に所持が認められる未使用カードは２枚以下である。カード代金は被拘禁者の私費によって支払われる。許可された枚数以上のカードを所持していることは、懲罰事由となる。

　刑事施設のカード式電話は、不特定の多人数による同時参加型の会話が可能なチャットライン・サービスや番号案内には電話がかけられないよう設定されている。被拘禁者が特定の電話番号を調べたいと思ったときは、施設職員に対してなぜその電話番号を知りたいのか説明したうえで、電話番号の調査を申請しなければならない。市外局番の調査についても、施設職員に申し出なければならない。犯罪の被害者に対する電話が認められるのは、信書の場合と同様、限られた条件下においてのみである。また、一般市民が、行刑局に対して、特定の被拘禁者から電話をかけられなくないと連絡した場合には、その人に対する電話は禁止されることになる。

　さらに、通話そのもの、または通話に含まれる情報が公表や放送のために用いられる場合には、メディアとの通話を一切禁止している。このような通話の全面禁止は、信書の場合の制限よりも広い。メディアとの通話の全面禁止に対する不服申立を受け、バンバー事件における1996年控訴院判決は、その措置を適法と認めた。[*103] この判決は、信書の場合には事前の検閲が可能であるが、被拘禁者が通話のなかで規則に違反するような話をするかどうかについては、その話が実際になされるまで確認が不可能であるとの国の主張を支持したのである。この事件においては、被拘禁者は、家族との接触の維持のためではなく、公論への参加のための外部社会との接触の権利をどの範囲において保障されるかという問題が提起され、控訴審決定の後、欧州人権委員会への申立がなされた。これに対して欧州人権委員会は、被拘禁者も欧州人

権条約上の表現の自由の権利を保障されることを認めたものの、刑事施設が電話によるコミュニケーションをコントロールするために不可欠であるとして、メディアとの通話の全面禁止が欧州人権条約に違反するとの主張は「明白に根拠不十分（manifestly ill-founded）」であるとの判断を下した。[104]

　行刑局『保安マニュアル』36.35によれば、保安分類A級の被拘禁者や逃走危険者リストにあげられている被拘禁者は、自己の通話カードを所持することを認められない。これらの被拘禁者も、他の被拘禁者の場合と同様、私費により通話カードを購入することは認められている。しかし、購入した通話カードは施設当局により保管され、電話の使用は施設事務室において行うこととされている。これらの被拘禁者は、施設長に対して事前に申し出たうえで、通話を許可された相手方とのみ通話することができる。また、通話において英語以外の言語を使用することについて事前の許可を受けていない限り、英語を用いなければならない。[105]

　施設長は、すべての通話について、傍受し録音することができる。信書の差止と同じ理由に基づき、通話を差し止めることもできる。行刑局規則4400(8.1)は、「被拘禁者の通話の録音および傍受は、行刑局『保安マニュアル』15に定められている手続に従って行われなければならない」と規定している。かくして、通話の傍受と録音は無作為抽出された通話についてのみ行われ、通話は傍受され録音されることがあるとの掲示が、カード式電話の付近になされている。この傍受と録音、さらにはその開示は、1984年データ保護法により規制されており、2000年改正により、刑事拘禁規則のなかに規則35Aないし35Dが新たに設けられた。

　これに対して、保安分類A級の被拘禁者、脆弱者リストや逃走要注意者リストにあげられた被拘禁者、猥褻な電話をかけまたは手紙を送ったことを理由として未決拘禁処分に付され、または刑罰を科された被拘禁者については、全通話が傍受され、録音されることになる。この録音媒体は、司法手続や懲罰手続において証拠として提出されうることになる。

(3) 個人暗証番号式電話の導入と公用電話の使用

　現在、カード式電話に代えて、個人暗証番号式電話の導入が進められている。個人暗証番号式電話は1999年から実験的に使用されはじめたが、2004年7月時点で、カード式電話からの切換がほぼ達成されている。この切換の背景には、被拘禁者のあいだで通話カードの恐喝や売買、譲渡が広がったこ

とに対処する必要があった。さらに、1997年嫌がらせ防止法に基づき、裁判所は犯罪の被害者に対する被拘禁者のいかなる接触も禁止する命令を発することができるが、被害者に対する被拘禁者の接触を不可能とすることや、被拘禁者と家族や友人との電話によるコミュニケーションの機会をより拡大することも、個人暗証番号式電話への切換の理由であった。[*106]

　個人暗証番号式電話の使用手続は、行刑局命令4400によって定められており、それはおおむね次のようになっている。[*107]

　電話の使用方法としては、原則自由通話と事前登録通話とがある。原則自由通話は、カード式電話の場合と同様、緊急サービス、問い合わせサービスなど刑事施設が予め特別に定めた通話不許可番号を除いて、被拘禁者がいかなる通話先とも通話できるというものである。現在、保安分類A級、B級の被拘禁者すべてとC級被拘禁者の多くについて、原則自由通話は認められていない。

　事前登録通話においては、まず被拘禁者は、社会的コミュニケーションのための通話先として20件、法的コミュニケーションのための通話先として15件を予め届け出て、施設長の承認を受けなければならない。刑事施設の状況が許すならば、さらに15件、登録を追加することができる。この届出通話先は、原則、1月につき1回のみ変更することができる。広く自殺防止のための相談活動を行っている全国組織のNGO〈サマリタンズ（Samaritans）〉や刑事事件再審委員会などの外部組織が登録している通話無料の電話番号（グローバル・コールと呼ばれる）に対しては、届出通話先とは別に電話をかけることができる。これらグローバル・コールへの通話や法的コミュニケーションのための通話は、通常の制限を受けることなく、また、後述するように、そのような通話であることが判明した時点から、傍受も録音もなされない。登録通話先のなかには、携帯電話の番号も入れることができるが、携帯電話については許可されない場合もあり、また通常は、同一人について携帯電話と通常電話の両方を届け出ることはできない。被拘禁者からの電話を受け取ると、相手方は通話に先立ち、その被拘禁者が刑事施設内からかけていることを伝えるメッセージを聞くことになる。相手方はこのメッセージを聞いたうえで、応答するかどうか判断する。相手方が応答を拒否した場合、その被拘禁者からの電話をその後受け取らないようにするための措置を要求することができる。拒否した相手方の電話番号を届出通話先リストのなかに残しておくためには、その相手方の承諾が必要とされる。

届出通話先リストが承認されると、被拘禁者は個人暗証番号を与えられる。被拘禁者は電話をかけるさい、相手先の電話番号の前に、この個人暗証番号を入力しなければならない。この個人暗証番号は、被拘禁者が自分で決めた番号であり、別の刑事施設に移送された後も変わらない。個人暗証番号が入力されると、相手先の電話番号が届出通話先リストにある限り、通常の電話と同じように通話することができる。他の被拘禁者の個人暗証番号を用いて通話することは懲罰事由となり、また、その被拘禁者は、一定期間電話使用を禁止されることになる。

　個人暗証番号式電話による通話は、預入金方式をとっている。被拘禁者は、私費により通話のための預入金を１ポンド単位で登録することができる。この預入金には一定限度額が定められている。被拘禁者が個人暗証番号を入力すると、預入金残高が示される。預入金残高は、通話料金に応じて減少していくことになる。刑事施設の個人暗証番号式電話の通話料は、１ペニー単位で公衆電話と同じように計算され、英国電気通信会社（BT）の市内・市外通話料金体系が適用される。

　新しく導入された個人暗証番号式電話については、届出通話先の数が限られていること、刑事施設内からの電話であるとのメッセージが相手方に流されることなどをめぐって、コミュニケーションの自由の侵害を主張する訴訟も提起されているという。しかし、その帰趨は未だ明らかではない。[*108]

　被拘禁者は、法的コミュニケーションのための通話の必要のほか、個人的なあるいは家族に関する用務を処理する緊急の必要がある場合には、公用電話の使用を申請することができる。施設長が、公用電話の使用を許可するか、それともカード式電話や個人暗証番号式電話による通話を要求するか判断することになる。公用電話の使用許可は限定的であり、許可した場合でも、通話料金をその被拘禁者に請求しているのが実務である。[*109]

　被拘禁者は、一般に、カード式電話または個人暗証番号式電話を用いて国際通話をすることも可能であるが、外国籍の被拘禁者などの家族の絆・社会的繋がりを維持するために、国際通話について特別な配慮がある。家族や友人が外国に居住している場合、前月にその面会を受けている場合は除き、被拘禁者は、通常は毎月１回、公用電話を使用して５分間の国際通話を行うことを認められている。被拘禁者は私費によってこの国際通話の費用を支払う要求される。それゆえ、外国籍または家族や友人が外国に居住している被拘禁者については、国際通話への使用のためには、自己の金銭の使用に関する

制限が緩和される。[*110]

6. 法的コミュニケーションの意義とその権利の発展

(1) 法的コミュニケーションの権利の発展

(i) 欧州人権条約上の発展

　法的コミュニケーション、すなわち弁護士ないし法的助言者との法的用務に関するコミュニケーションについては、刑事弁護としてのものか、民事訴訟などに関するそれ以外のものかを問わず、多くの重要な点において、社会的コミュニケーションとは異なる取扱いがなされている。[*111]

　身体を拘束された被疑者・被告人にとって、弁護人との自由かつ秘密のコミュニケーションの保障は、その弁護権の中核をなすものであり、それゆえ適正手続の本質的要請として位置づけられる。また、すべての被拘禁者にとって、たとえば刑事施設における処遇の違法性を訴え、国家賠償請求訴訟を提起している場合などに、訴訟手続に関する弁護士との自由かつ秘密のコミュニケーションは、実効的な法的援助を受けるために不可欠なものであり、被拘禁者が裁判にアクセスする権利の本質的要素を構成するというべきであろう。イギリスにおいて、被拘禁者に対して、自由かつ秘密の法的コミュニケーションが社会的コミュニケーションの場合以上に手厚く保障されてきたのは、このような理由からである。法的コミュニケーションに対する制限は大きく緩和され、面会のさいの会話聴取をともなう立会や信書の内容閲読にわたる検閲は排除されている。

　自由かつ秘密の法的コミュニケーションの保障に向けての法の発展をリードしたのは、信書の発受における自由と秘密保護の拡大であった。1970年代前期、当時の1964年刑事拘禁規則によれば、社会的コミュニケーションとしての信書の場合と同様、被拘禁者と弁護士とのあいだの信書はすべて検閲され、広汎かつ曖昧な理由からの差止が認められていた（規則33）。また、弁護士との面会について、被拘禁者が当事者となっている民事・刑事の訴訟手続に関する面会の場合には制限されることがなく、会話内容の聴取は禁止されていたが、訴訟手続に関する面会でなければ、弁護士との面会も内務大臣が認めたときに限られ、視覚的監視がなされるだけでなく、会話内容が聴取されることとなっていた（規則37）。

　法的コミュニケーションの領域においても、欧州人権条約に関する人権委

員会・人権裁判所の判例が、イギリス法の発展を牽引したといってよい。これに呼応する形でイギリス国内の裁判所の判例が展開し、両者が一体となって自由かつ秘密の法的コミュニケーションの保障を強化していった。欧州人権条約に関する判例は、国際法学者の北村泰三によってすでに詳しく紹介され、その意義が検討されているので、以下、とくに欧州人権条約に関する判例については、その展開の軌跡を確認するにとどめたい。[*112]

嚆矢となったのは、ゴルダー事件における1975年の欧州人権裁判所判決である。[*113]この事件においては、被拘禁者が施設職員に対して損害賠償請求の民事訴訟を提起しようと考え、内務大臣に対して弁護士との面会を要求したところ、これが不許可とされ、また、弁護士宛の信書の発信が差し止められた。当時、刑事施設内の処遇に関する訴訟や施設職員に対する訴訟については、「施設内手続前置主義」が定められていた。この事件においては、すでに提起された訴訟の手続ではなく、施設内での苦情処理手続を尽くす前における訴訟提起の準備のための弁護士との面会であったことから、面会は不許可とされ、信書の発信も差し止められたのである。

欧州人権裁判所は、民事訴訟の提起を検討する場合でも、本件における面会の不許可は欧州人権条約6条の保障する公正な裁判を受ける権利の侵害にあたると判示した。判決によれば、欧州人権条約6条は明文としては規定していないにせよ、裁判所にアクセスする権利が否定されたとき、公正な裁判を受ける権利は無意味なものとなるから、欧州人権条約6条は裁判にアクセスする権利を保障している。申立人は、施設職員に対する損害賠償訴訟の提起を準備するために、内務大臣に対して弁護士との面会を要求していたが、「ゴルダーは訴訟手続を開始しようと考え、弁護士との面会を正当に要求することが可能であった。内務大臣が、提起準備中の訴訟の見通しを評価することはできない。提起される可能性のある訴訟の請求について判断を下すのは、独立の公平な裁判所なのである。要求されていた面会許可を与えなかったことにより、内務大臣は、欧州人権条約6条1項によって保障される裁判所に訴訟を提起する権利を尊重しなかったことになる」。[*114]

また、判決は、弁護士宛の信書の発信差止について、被拘禁者が欧州人権条約上の権利を行使するさいには固有の限界（inherent limitation）が存在するという英国政府の主張を否定したうえで、被拘禁者が欧州人権条約8条の権利を行使するさい、それに対するいかなる適法な制限も欧州人権条約8条2項が示している限界においてのみ認められるとした。判決によれば、

「施設内手続前置主義」に基づき弁護士に宛てた被拘禁者の信書の発信を差し止めることは、欧州人権条約8条2項にあげられたいかなる理由からも正当化されない。「申立人が弁護士とのあいだで信書を発受することは民事訴訟を提起するための準備段階であったことから、欧州人権条約6条によって規定された権利の行使にあたる。このことにかんがみれば、内務大臣の措置は、『民主的社会において必要』なものとは認められない」[*115]。かくして、欧州人権裁判所は、弁護士宛の信書の発信差止が欧州人権条約8条に違反するとしたのである。

ゴルダー事件に関する欧州人権裁判所判決は、法的コミュニケーションの保障において、面会と信書発受の自由と秘密保護を大きく発展させただけでなく、「固有の限界」論を否定し、欧州人権条約のもと、被拘禁者の権利に対して法の支配を及ぼした点においても重大な意義を有していた[*116]。信書の発受については、シルバー事件における欧州人権委員会・人権裁判所の判例によって、ゴルダー事件判決の判示がいっそう明確に確認された[*117]。シルバー事件においては、上述のように、主として社会的コミュニケーションとしての信書の発受が問題にされたが、法的コミュニケーションの手段としての信書についても、「施設内手続前置主義」のもと、刑事施設内の苦情処理手続において未だ問題が提起されていないという理由から弁護士宛の信書の発受を差し止めることは、欧州人権条約8条2項において示された制限理由のいずれにも該当せず、「民主主義社会において必要な」制限とはいえないから、欧州人権条約8条に違反するとされた。

さらに、キャンベルおよびフェル事件において、被拘禁者が施設職員による身体傷害についての損害賠償請求訴訟の提起を準備するために弁護士との面会を要求したところ、当時の刑事拘禁規則37(2)に基づき、視覚的監視だけでなく、会話内容の聴取を含む施設職員の立会という条件が付されたうえで面会が許可された。これについて、1982年、欧州人権委員会は次のように述べ、欧州人権条約6条1項違反を認めた。すなわち、「すでに提起されたまたは提起を準備中の訴訟に関する弁護士とその依頼者とのあいだの会話は、依頼者が弁護士に対して自己の事柄について不安を感じることなく、また、考えている訴訟提起のいかなる理由をも歪めることなく打ち明けることができるよう特別な保護を与えられるという原則が、締約国において一般に認められている。欧州人権委員会の意見によれば、訴訟の提起を考えている潜在的当事者が、国内法により通常与えられるこのような特別な保護を否定され

た状況下においてしか裁判所へのアクセスを認められないとすれば、それは原則として、欧州人権条約6条1項が保障している裁判にアクセスする権利の侵害にあたる。／欧州人権委員会は、弁護士と依頼者とのあいだの連絡に対しても、一定の個別具体的状況下においては、いくらかの制限が正当化されうることを認める。……しかしながら、欧州人権委員会の意見によれば、訴訟を実際に提起するまで弁護士と被拘禁者とのあいだの特別に保護された連絡が、個別具体的な保安上の考慮によって禁止されるのではなく、すべて一律に禁止されるというのは、裁判にアクセスする権利を過度広汎に制約するものであり、欧州人権条約6条1項に適合するものとは認められない。この点について、欧州人権委員会は、訴訟提起前の連絡に特別な保護を与えることが、実際に訴訟が提起された後に特別な保護を与えることに勝るとも劣らず重要であると考える。訴訟提起前の段階における弁護士との相談の多くは、依頼者の請求原因の事実的根拠を聞き出すことに関係しているであろうが、訴訟を遂行するにあたっての戦術など他の事項についても協議がなされることになり、これらについて、依頼者が秘密にしておきたいと望むことは正当である。欧州人権委員会はそれゆえ、本件における制限が欧州人権条約6条1項に適合すると認めることはできない[118]」。

この事件が欧州人権委員会に係属していた1981年、英国政府は、刑事拘禁規則34を改正した。この改正によって、面会の目的を事前に刑事施設に知らせている限り、訴訟提起前であっても、訴訟手続に関する弁護士と被拘禁者の面会については、施設職員が見ることはできても、その会話内容を聴取することのできないような位置で行われなければならないとされた。会話内容の聴取をともなう施設職員の立会は廃止されたのである。1985年、欧州人権裁判所判決[119]は、欧州人権委員会の判断の後、申立人は会話内容の聴取をともなう立会のない面会を許可されたにせよ、「身体傷害の事件においては、効果的な証拠収集その他の理由から、裁判所への迅速なアクセスが重要である。さらに、……たとえ一時的なものにせよ、その妨害は欧州人権条約に違反する[120]」と判示し、欧州人権委員会の判断を全面的に支持し、本件における弁護士との面会への立会は欧州人権条約6条1項の保障する裁判にアクセスする権利を侵害するとした。

(ⅱ) **国内裁判所判例における発展**

これら欧州人権委員会・人権裁判所の判例に対応して、英国政府は、上述

のように規則施行令と行刑局通達の改正を行い、「施設内手続前置主義」に代えて、「施設内手続並置主義」を採用した。しかし、今度はイギリスの国内裁判所により、「施設内手続並置主義」も否定されることとなった。アンダーソン事件における1984年の高等法院女王座部判決によってである。[*121]

　この事件において、施設長は、施設内の苦情処理手続に対して並行して問題が提起されていないという理由から、被拘禁者が自己の処遇に関する民事訴訟の提起について相談するために弁護士と面会することを不許可とした。規則施行令において定められた「施設内手続並置主義」に基づく不許可処分であった。判決は、この「施設内手続並置主義」は裁判にアクセスする被拘禁者の権利を侵害すると判示した。判決によれば、裁判にアクセスする権利は「憲法上の基本的権利」であり、この権利の制約は一次的法律によってのみ許される。一次的法律の規定として問題となるのは1952年刑事拘禁法47条1項であるが、この規定は裁判にアクセスする権利についてなんら明示的に定めてはいない。それゆえ、裁判にアクセスする権利の制約を目的とする刑事拘禁規則や規則施行令は、一次的法律である1952年刑事拘禁法の委任の範囲を逸脱していることになる。被拘禁者に対して施設内の苦情処理手続において申立を提起するよう要求することにより、被拘禁者は、違反行為についての悪意ある虚偽の申立をしたとの理由から懲罰手続にかけられるのではないかとおそれて、正当な訴訟提起を差し控えてしまうことにもなりかねない。かくして判決は、「施設内手続並置主義」を理由として弁護士との面会を不許可とすることは、それ自体として被拘禁者が裁判にアクセスする権利を侵害すると判示した。

　また、被拘禁者が裁判にアクセスする権利と法的援助にアクセスする権利との関係が問題となるが、この点について、原告の被拘禁者は、欧州人権裁判所のゴルダー事件判決に依拠しつつ、「被拘禁者の保持する市民的権利のなかで最も重要な位置にあるのは、妨げられることなく裁判にアクセスする権利であり、民事訴訟の提起に関して助言と援助を受けるために弁護士にアクセスする権利は、裁判にアクセスする権利それ自体の不可欠の構成要素である」と主張したのに対して、被告の国は、「被拘禁者が裁判にアクセスする権利を侵害するような制限と、被拘禁者が弁護士と面会することができる条件を定めるための制限とのあいだには、決定的に重要な区別がなされなければならない」。すなわち、前者は許容されるものではないが、後者は刑事施設の管理と運営、被拘禁者の規律と統制という目的のために1952年刑事拘

禁法47条1項が内務大臣に対して委任した規則制定権限の範囲内にあると主張した。判決はこの点について、「私たちは原告の主張を支持し、民事訴訟の提起の検討に関して助言と援助を受けるために妨げられることなく弁護士にアクセスする権利は、裁判にアクセスする権利それ自体の不可欠の構成要素であることを認める。……被拘禁者のなかで、実際、関連する訴訟提起の手続を確認したうえで、そのための文書を作成し、訴訟遂行に必要な文書を準備することが自分自身でできだけの知識とスキルを有している人などほとんどいないはずである」とした。かくして、被拘禁者の法的コミュニケーションとして、民事訴訟の提起の検討に関して助言・援助を受けるために弁護士と面会する権利が、「憲法上の基本的権利」として最大限に尊重されるべき裁判にアクセスする権利の本質的要素とされたのである。

アンダーソン事件判決は、先例として、その前年のレイモンド事件判決[*122]に依拠していた。この事件において、貴族院は、被拘禁者が侮辱行為についての損害賠償請求を遂行するために高等法院に文書を発送しようとしたとき、施設長はこの発送を差し止めてはならないと判示した。もともと、この損害賠償請求は、副施設長について窃盗行為の嫌疑を指摘した内容の信書を被拘禁者が弁護士宛に発信するのを施設長が差し止めたことに端を発していた。差止の根拠は、当時の規則施行令における「施設内手続並置主義」の規定であった。判決は、「被拘禁者は、明示的にまたは必然的含意として否定されていない限り、すべての市民的権利と義務を保持している」と述べ、刑事施設おける法の支配を宣明したうえで、アンダーソン事件判決とほぼ同様の理由をあげ、「施設内手続並置主義」に基づく信書の発信差止は裁判にアクセスする被拘禁者の権利を侵害すると判示した。

これらの判決の結果、刑事拘禁規則と規則施行令は改正され、被拘禁者が「訴訟手続の当事者」である場合には、法的コミュニケーションとしての信書を検閲し、または差し止めることはできないこととされた。「訴訟手続の当事者」ということの意味については、ギルフォイル事件における控訴院判決[*123]によって、裁判所令状（writ）が発布されて以降、信書の発受はこのような保護を受けることとされた。しかし、「訴訟手続の当事者」による信書の発受のみが特別に保護され、正式な訴訟手続の開始前の訴訟準備に関する弁護士とのあいだの信書の発受は特別な保護の対象とされなかったので、それについての検閲と差止は許されたままであった。実際、行刑局は、1990年代まで訴訟手続の準備に関する信書の検閲とその差止を行っていた。

キャンベル事件はスコットランドの刑事施設についての事件であるが、被拘禁者が、訴訟手続の準備に関する弁護士とのあいだの信書を一律に検閲する実務は欧州人権条約８条に違反するとの申立を欧州人権委員会に対して提起した。後述するように、欧州人権裁判所は、すでに1991年、Ｓ対スイス事件において、身体拘束中の刑事事件の被告人とその弁護人の面会にさいして、その会話を聴取することは欧州人権条約６条３項に違反すると判示していた。＊124 また、1989年、シューネンブルクおよびデュルマス事件において、身体拘束中の被疑者と弁護人とのあいだの信書の差止について、欧州人権条約８条に違反するとも判示していた。＊125 キャンベル事件において、1993年、欧州人権裁判所は欧州人権委員会の判断を全面的に支持し、これらの先例を参照しつつ、信書の一律検閲に関する英国の実務は欧州人権条約８条に違反すると判示した。＊126

　判決は、過去の欧州人権裁判所判例において、弁護士と依頼者とのコミュニケーションについては特別な秘密保護が与えられてきたことを指摘し、「すでに提起されたまたは提起を準備している訴訟手続に関して弁護士とのあいだで発受された被拘禁者の信書についても、秘密保護の必要は同様に差し迫ったものであり、とりわけその信書が、本件においてのように、行刑当局に対する不服申立や損害賠償請求である場合にはそうであるから、同様の考慮がなされるべきである。このような信書がすべて一律の検閲に付されることは、とりわけその検閲が信書の内容に関する事項と直接の利害関係を有する可能性のある個人または当局によって行われるとき、弁護士と依頼者との関係に対して与えられる秘密保護、すなわち法曹特権を侵害することになる」＊127 とした。判決によれば、たしかに弁護士と被拘禁者とのあいだの信書のなかにも、訴訟手続とは無関係な信書があり、両者を区別することは困難である。しかし、被拘禁者と弁護士とのあいだの信書について、その目的によって取扱いを区別すべきではなく、欧州人権条約８条のもと、すべて私的で秘密の事項に関するものとして、その秘密性は特別に保護されるべきである。「行刑当局が被拘禁者宛の弁護士からの信書を開披できるのは、その信書に禁制品が同封されていると認める合理的理由があり、かつ、通常の検査方法によってはそれを発見できない場合に限られる。しかしながら、信書の開披が許されるにとどまり、その閲読まではしてはならない。また、被拘禁者の立会のうえで開披するなど、信書の閲読を防止するための適切な保障措置がとられなければならない。他方、弁護士宛に発信した、または弁護士か

ら受信した被拘禁者の信書の閲読が許されるのは、施設当局が信書の内容が刑事施設の保安または他者の安全を危険にさらし、あるいは他の犯罪的性質を有するものであるとの意味において、信書についての特別な保護が濫用されたと認める合理的理由がある例外的状況下に限られる。なにが『合理的理由』と認められるかは全事情の考慮に基づき決められるが、特別な保護を受けているコミュニケーション手段が濫用されたと客観的観察者が認めることのできるような事実または情報の存在が前提となる」[*128]。判決はこのように述べ、弁護人と被拘禁者とのあいだの信書の一律検閲には「差し迫った社会的必要が認められず、したがってこのような権利制約は、欧州人権条約8条2項に定められた『民主的社会において必要』とされるものとは認められない」[*129]と判示した。

　翌1994年、リーチ事件においてイギリス控訴院は、キャンベル事件における欧州人権裁判所の判断を再確認した[*130]。控訴院判決は、弁護士とのあいだの信書を通じて禁制品が刑事施設のなかに持ち込まれ、または刑事施設から持ち出されるという危険に対処するために、法的コミュニケーションとしての信書の一律検閲を認める規則が正当化されるとした下級審判決を破棄し、被拘禁者と弁護士との秘密のコミュニケーションに対するこのような制限は、裁判にアクセスする基本的権利の行使を妨げるとした。判決によれば、国内法上も、欧州人権条約上も、裁判にアクセスする権利が基本的権利として保障されていることからすれば、この権利の制約が許されるのは、明白かつ差し迫った必要がある場合のみであり、かつ、その必要に応えるための最小限度においてのみである。このとき、民事訴訟の提起の検討に関して助言と援助を受けるために妨げられることなく弁護士にアクセスする権利は、裁判にアクセスする権利それ自体の不可欠の構成要素である。したがって、刑事拘禁法47条1項が、訴訟手続の準備に関する弁護士と依頼者との自由なコミュニケーションの実質的制約にわたるような規則の制定権限を委任していると認めることはできない。

　さらに、判決は、コモン・ロー上、弁護士と依頼者との法的コミュニケーションについては、法曹特権 (legal professional privilege)、すなわちその専門業務に関する特別な保護として、秘密のコミュニケーションが保障されてきたことを指摘した。判決によれば、「このような特別な保護は、重要な目的に奉仕する。すなわち、それは依頼者における正直な包み隠しのない態度を促し、このことによって、弁護士は有意義な法的助言を提供し、訴訟手

続において依頼者のために実効的な訴訟代理活動を行うことが可能となるのである」。先例においても認められているように、このような法的助言と援助の提供のプロセスは、「もし専門家としての法的助言者が、依頼者から打ち明けられた事柄から知りえた自己の扱う事件の弱みを他者に明かすよう強いられたならば、台無しになってしまうであろう。実際、当事者主義の手続は専門家の援助を当然に必要とするものであるが、一般市民である依頼者が自己の話す事柄の秘密性が保障されることを確信していない限り、実効的に機能することはないであろう」。

　判決はこのように論じたうえで、被拘禁者と弁護士とのあいだの信書の発受について選別を行うための措置をとることは、刑事拘禁法47条１項の当然の含意として正当化されるにせよ、「信書に対する制限が許されるのは、信書が真に法的コミュニケーションの手段としての信書であるかどうか確認するため必要最小限度においてのみである」として、薬物、現金など、法的助言それ自体とは無関係な物品が信書に同封されていないかなど、このような確認をするために、信書を一律に検閲することが必要最小限度の制限にあたるとはいえないと判示した。このような確認のためには、被拘禁者の立会のうえで信書を開披して検査することで足りると示唆した。かくして判決は、信書の一律検閲と差止を認める刑事拘禁規則は、刑事拘禁法47条１項の委任を逸脱しているとしたのである。リーチ事件判決によって、法的コミュニケーションとしての信書については、ほとんど絶対的な自由と秘密保護が与えられ、禁制品が同封されている場合など、きわめて例外的場合においてのみ、弁護士とのあいだの信書の発受が制限されることとなった[131]。

(2) 法曹特権としての法的コミュニケーションの秘密保護
(i) 法曹特権の意義

　リーチ事件判決が指摘したように、コモン・ロー上、法曹特権として、法的コミュニケーションの特別な秘密保護が認められてきた。ルパート・クロスは、この法曹特権について次のように説明している。すなわち、「民事・刑事の手続において、依頼者とその法的助言者とのあいだで行われたコミュニケーションが、第１に、依頼者が法的助言を受け、もしくは法的助言者が法的助言を与えるために、または第２に、すでに提起されたまたは提起を準備中の訴訟に関して、行われた場合には、訴訟手続のなかで依頼者はそれを証拠として提出することを強いられず、また、依頼者の同意がない限り、法

的助言者はそれを証拠として提出することはできない」[132]。法曹特権としての法的コミュニケーションの秘密保護は、この第1の場合についての法的助言特権と、第2の場合の訴訟手続特権とから構成される。コモン・ロー上、いずれの場合についても、「法曹特権は、法の支配の原則のもと、裁判へのアクセスの本質的要素」として性格づけられており、この意味において「基本的権利」として認められている[133]。法曹特権は「証拠に関するルール」とされてきたが、そのことの意味は、たんなる訴訟上の事実認定における証拠の取扱に関するルールというのではなく、裁判所による証拠収集のための捜索令状の発布、証拠収集のための捜査手続・行政手続など、証拠に関するより広汎なルールということである。かくして、法曹特権は、被拘禁者と弁護士のあいだの法的コミュニケーションの秘密保護としても認められることになる[134]。

　法曹特権として特別な秘密保護を受けるコミュニケーションは、①法的助言を獲得する目的によりなされた依頼者と弁護士とのコミュニケーション、②すでに提起したまたは提起を検討している訴訟の準備・遂行を主目的として、依頼者またはその弁護士と将来証人となる可能性のある人、専門家など第三者とのコミュニケーション、③これらのコミュニケーションのなかで封入され、もしくは言及され、または法的助言を得るために存在するようになった物、である。この場合、弁護士にはソリシタ、バリスタ、雇用された法的助言者、外国の弁護士が含まれる。また、警察と検察官とのあいだのコミュニケーションも、特別な秘密保護の対象となりうる。依頼者と弁護士とのコミュニケーションとして、より具体的には、①依頼者がソリシタに対して行った指示やバリスタに対するソリシタの指示、②ソリシタが伝達するバリスタの意見、③弁護士に指示を与え、その助言を得るために当事者が作成したことにより「存在することになった」文書、④原本がこのようにして「存在することになった」文書の写し、⑤すでに存在していたが、弁護士が与えた法的助言の内容を指し示すような、弁護士によって謄写または収集された文書、が特別な秘密保護の対象となる[135]。法曹特権としての法的コミュニケーションの秘密保護は、一般に、犯罪の実行の指導を受け、その助力を得るという目的から依頼者が弁護士に対して行ったコミュニケーション、あるいはコミュニケーション自体が犯罪の遂行を助長するような場合には適用されない。

　この秘密保護の原則が誕生したのは16世紀後期であるというが、当初はむしろ弁護士の特権として捉えられていた。しかし、19世紀になってこの原則

がコモン・ロー上定着すると、弁護士ではなく依頼者の特権として理解されるようになり、依頼者はそれを放棄することが認められるようになった。また、訴訟がすでに提起されている、あるいは訴訟提起が準備されているかどうかにかかわらず、法的助言の提供・獲得を目的とするコミュニケーションについて広く、特別な秘密保護が及ぼされるようになった。すなわち、訴訟手続特権だけでなく、法的助言特権を含め、法曹特権が確立したのである。[*136]
コモン・ロー上確立した法曹特権としての法的コミュニケーションの秘密保護は、制定法のなかにも取り入れられた。その典型例として、1984年警察・刑事証拠法は、法曹特権によって保護されるべき物について、マジストレイトが捜索令状を発布することは許されず、また、警察も捜索対象とすることはできないと規定している（8条1項(d)・10条）。[*137]

(ⅱ) 法曹特権の根拠

　このような特別な秘密保護の根拠は、この原則によって、ある事実を知る者がそれが将来否応なく開示されるとの不安から解放されて、その事実を包み隠さずすべて話すよう促されるということである。[*138] ダービー・マジストレイト裁判所事件において、1995年の貴族院判決は、[*139]「人は自分の弁護士と秘密のうちに相談することができなければならない。そうでなければ、その人は真実をすべて打ち明けることを差し控えてしまうであろう。依頼者は、自分が弁護士に秘密のうちに話したことは、自分の同意がない限り、決して開示されることはないと確信する必要がある。かくして、この法曹特権は、個別事件の事実に適用されるたんなる証拠法則にはとどまらない意義を有する。すなわち、司法の作用全体にとって、その基盤となる基本的条件なのである」[*140]と述べている。

　イアン・デニスによれば、司法作用の基本的条件ということの意味は、次のような点において認められる。[*141] 第1に、法的コミュニケーションの秘密性を保障することが、公正な司法にとって不可欠とされる弁護士による実効的な法的援助の活動を促進することにつながる。特別な秘密保護によって、一般市民が専門的な法的助言者に相談し、重要な事項を包み隠さず述べるよう促される。このことが司法の作用にとって重要であるというのは、法が一般に複雑・難解であり、したがって依頼者が信頼感をもち、安心して法的用務を取り扱うためには、専門家による十分な助言と援助を必要とするからである。取り扱う法的用務が重大になるほど、この重要性も大きくなる。たとえ

ば、重大犯罪について告発された刑事被告人が弁護人と相談する場合、警察や検察官がその犯罪事実に関する防御をめぐるコミュニケーションにアクセスすることを禁じられなければ、刑事被告人のそのような重大な利益が失われる。

　第2に、司法作用の効率という観点からも、秘密保護の原則は重要である。弁護士がその業務を最少のコストと時間で効率的に遂行するためには、その依頼者から重要な情報をすべて得る必要がある。法的コミュニケーションの秘密保護は、公費をもって国が用意した民事・刑事の法的手続の枠組のなかで、不必要なコストと時間を省いて、法的用務が効率的に処理されることに寄与する。

　第3に、この法曹特権は、法制度が基盤をおいている基本的な道徳的・政治的価値を維持するという利益をもたらす。この道徳的・政治的価値の中核は、すべての市民が平等な関心と尊重をもって扱われる権利を有するという基本的価値である。法的援助の保障はそれ自体として、すべての市民が自己の問題を処理するうえで能力と資源において平等なわけではないという現実の認識に基づくものである。法的コミュニケーションの秘密性を保障することにより、このような資力と能力における不平等を是正するために法的援助が果たしうる役割は極大化される。

　このように、法曹特権としての法的コミュニケーションの秘密保護は、直接には依頼者の利益を保護するのために認められるものであるが、裁判へのアクセスと紛争の効率的解決を促進するという点において、間接的に公共の利益に奉仕している[*142]。さらには、すべての人についての平等な関心と尊重をもっての取扱いの保障という法制度の基礎にある道徳的・政治的価値の維持という点においても、公共の利益に適うとされるのである。

(3) 欧州人権条約における自由かつ秘密の法的コミュニケーション
(i) 欧州人権裁判所判例の展開

　ダービー・マジストレイト裁判所事件の貴族院判決は、「法曹特権が制約され、あるいは制定法によって無効にされるかもしれないと疑うものは誰もいない。それは、法曹特権は欧州人権条約によって保護されている基本的権利であるとの反対が、常に提起されることになるからである[*143]」と述べていたが、事実、欧州人権裁判所の判例は、法曹特権として、弁護士と依頼者とのコミュニケーション、とくに訴訟手続に関する法的コミュニケーションの自

由と秘密性を手厚く保障してきた。この自由と秘密性の侵害について、欧州人権条約 8 条のプライバシーの権利、あるいは 6 条 1 項の公正な裁判を受ける権利、 6 条 3 項(b)が保障する刑事被告人の弁護権の侵害にあたるとしてきたのである。[*144]

　リーディング・ケースは、シューネンブルクおよびデュルマス事件における1988年の欧州人権裁判所判決である。[*145]この事件においては、薬物犯罪の嫌疑により逮捕された被疑者が警察署に留置されているとき、その妻が弁護人を選任した。この弁護人は被疑者を宛名とした信書を作成したうえで、それを検察庁に対して発送し、被疑者に渡してくれるよう依頼した。この信書のなかで弁護人は、被疑者に対して、捜査機関の尋問に答える義務はなく、答えたことは証拠とされる可能性があり、また、黙秘を続ける方が有利であろうとの助言を与えようとした。検察官がこの信書を閲読し、適切な捜査の遂行を妨げるおそれがあるとの理由から被疑者に渡すことを差し止めた。欧州人権裁判所は次のように述べ、本件の信書の受信差止は民主的社会において必要とされる制限にはあたらず、欧州人権条約 8 条に違反すると判示した。すなわち、「本件において争われている信書の受信差止が必要であったことを根拠づけるためにスイス政府が第 1 にあげているのは、その信書の内容である。すなわち、政府によれば、この信書はデュルマス氏（被疑者・引用者注）に対して、進行中の刑事手続について捜査機関の適切な活動を危険にさらすような性質を有する助言を与えるものであったというのである。欧州人権裁判所は、この主張を支持することはできない。シューネンブルク氏（弁護人・引用者注）は被疑者に対して、『いかなる供述をも拒否する』ことができるというその権利を教示し、その権利を行使することが『利益』になるであろうことを助言しようとしたのである。このようにして、彼はデュルマス氏に対して、ある種の戦術をとるよう奨めたのである。同様の判例法が他の締約国においても存在するが、その戦術についてのスイス連邦裁判所の判例法によれば、刑事告発された者は黙秘することが認められるから、その戦術自体適法なものである。また、シューネンブルク氏が、デュルマス氏に直接面会するまでのあいだ、彼にその権利とそれを行使した場合に生じうる結果について助言することは自己の職業上の義務であると考えるのも正当なことであろう。欧州人権裁判所の意見によれば、これらに関する助言は信書の発信者と受信者とのあいだで違法行為の黙認が行われる危険を発生させるものではなく、正当な訴追活動に対する脅威を生じさせるものではない」。[*146]

また、欧州人権裁判所は、シューネンブルク氏がデュルマス氏自身によって未だ正式に選任されていなかったから、両者のコミュニケーションには法曹特権が適用されないという主張をも退けた。欧州人権裁判所によれば、デュルマス氏の妻によって委頼された弁護士が被疑者とコミュニケーションを行うために連絡をとるとき、この連絡は「被疑者が自己の選任した弁護人の援助を受けるための準備段階にあたり、それゆえ基本的権利に関する規定である欧州人権条約6条に明記された権利の行使である」。[*147]
　シューネンブルクおよびデュルマス事件において、身体拘束中の被疑者と弁護人との法的コミュニケーションとしての信書の秘密保護は、信書のプライバシー保護に関する欧州人権条約8条とともに、「犯罪行為について訴追されたいかなる者も……自己の弁護の準備のために十分な時間および便益を保障されなければならない」とする欧州人権条約6条3項(c)に基づくものとされたが、S対スイス事件における1991年の欧州人権裁判所判決は、欧州人権条約6条3項(c)の弁護権は、刑事告発された者という意味の刑事被告人が自己の弁護人と秘密の相談を行う権利を保障しており、国がその権利を侵害する危険は排除されなければならないとした。[*148]
　この事件において、警察は武器取引と原子力の問題に反対する団体について捜査を行うための特別部局を設け、そのメンバーを尾行し、電話を盗聴し、ゴミ箱のなかを常時調査していた。メンバーの一人が逮捕に引き続き身体を拘束されたので、その弁護人が面会のために訪問したとき、両者の相談が警察官によって聴取された。さらに、メンバーが弁護人宛に発信した信書が傍受され、後に筆跡照合報告書のために利用された。スイス政府は、このような形での弁護人に対するサーベイランス、すなわち弁護人と被疑者との法的コミュニケーションの聴取や閲読が、両者の通謀を防止するために必要であったと主張したが、欧州人権裁判所はこの主張を退けた。
　欧州人権裁判所は、欧州人権条約6条において、法曹特権としての法的コミュニケーションの秘密保護が明記されているわけではないにせよ、数多くの締約国の国内法によってこの権利が保障されており、さらに米州欧州人権条約8条2項(d)において明示的に規定されていることを指摘した。また、欧州人権裁判所は、欧州評議会が制定した1987年欧州刑事拘禁規則93条においても、未決被拘禁者について同様の保障が規定されていることを指摘した。これらの規定は以下のように定めている。

米州欧州人権条約8条2項
犯罪について訴追されたいかなる者も、有罪が法に従って立証されるまでは、無罪と推定される権利を保障される。手続において、すべての人は、以下に掲げる最低限の保障を完全に平等に与えられる。
……
(d)自己を自ら防御し、または自己の選任する弁護人の援助を受ける刑事被告人の権利、および自己の弁護人と自由にかつ秘密のうちにコミュニケーションを行う刑事被告人の権利。

欧州刑事拘禁規則93条
未決の刑事被拘禁者は、身体を拘束された後直ちに、弁護人を自ら選任する権利を保障され、または無料の法律扶助が利用可能な場合には、そのような法律扶助を申請することが認められなければならならず、かつ、自己の防御についてその弁護人と面会し、秘密の指示を作成し、それを弁護人に手渡し、または弁護人から受け取ることを保障されなければならない。また、未決の刑事被拘禁者は、要求した場合には、関係機関および弁護人とのすべての重要な連絡について、無料の通訳の援助を保障されなければならない。未決の被拘禁者と弁護人とのあいだの相談は、警察官または刑事施設の職員から見ることができても、その会話内容を聞き取ることができないような位置において行われなければならない。未決被拘禁者の収容場所については、規則11条3項の規定に適合するよう定められなければならない。

　これらの指摘を踏まえ、欧州人権裁判所は次のように結論づけた。「第三者によって会話内容を聞き取られることのない位置において自己の弁護人とコミュニケーションを行う刑事被告人の権利は、民主的社会における公正な裁判の基本的要請のひとつであり、欧州人権条約6条3項(d)によって保障されている。もし弁護人がそのようなサーベイランスなくしては自己の依頼者と相談し、依頼者から秘密の指示を受け取ることができないのであれば、欧州人権条約が実際上行使可能で、かつ実効的な権利の保障を意図していたにもかかわらず、弁護人の援助はその実効性を大きく喪失することになってしまうであろう」[*149]。かくして、欧州人権裁判所は、秘密の法的コミュニケーションが、刑事被告人の弁護権の本質的要素として、欧州人権条約6条3項(c)によって保障されると判示したのである。
　先のキャンベル事件において、1992年の欧州人権裁判所判決は、弁護士と依頼者とのコミュニケーションが問題となる場合、そのコミュニケーションがすでに提起したまたは提起を準備している訴訟手続に直接関連するもので

あったことを証明する必要はないとした。欧州人権条約8条のもと、弁護士と依頼者の関係全体について秘密保護がなされるべきであるから、いかなるコミュニケーションも、違法なものでない限り、法曹特権としてその秘密性を保障されるべきことになる[*150]。判決は、「弁護士と相談することを望むいかなる人も、無制約な思う存分の話し合いに適したような条件下で自由に相談することができるのは、明らかに社会一般の利益に適合する。弁護士と依頼者とのあいだの関係が原則として特別に保護されるのは、このような理由からである。……たしかに、英国政府が指摘するように、提起準備中の訴訟手続に関する信書と一般的性格を有する信書とのあいだに境界線を引くことは、ことのほか困難であり、弁護士とのあいだの信書のなかには、訴訟手続とまったくまたはほとんど関係のないものもありうる。しかしそれでも、欧州人権裁判所は、弁護士とのあいだの信書について、別個の類型に区別すべき理由はなんら見出すことができない。このような信書は、その目的がなにであるにせよ、私的で秘密の性格を有する事項に関するものだからである。原則として、弁護人とのあいだの信書はすべて、欧州人権条約8条のもと、その秘密性を保障されるのである」[*151]と述べた。

　欧州人権条約のもと、条約6条による公正な裁判の保障と条約8条の信書のプライバシー保護とが交錯しつつ、自由かつ秘密の法的コミュニケーションを保障していることは、ニミッツ事件における1993年欧州人権裁判所判決[*152]においても確認された。この事件においては、犯罪の嫌疑により捜査対象となっていた第三者の所在を突き止めるために行われた弁護士事務所についての捜索令状の適用範囲が問題となった。欧州人権裁判所は、欧州人権条約8条による「プライバシー」の保護は弁護士と依頼者の関係にも及ぼされると判示した。判決は、「本件捜索は、状況との均衡性が欠けると認められる範囲において、法律家の専門業務について特権として認められるべき秘密保護を侵害している。すなわち、この点については、弁護士が関係する場合には、専門業務に関する秘密保護の侵害が司法の適正な運営に悪影響を与え、したがって欧州人権条約6条の保障する権利をも制約することを想起しなければならない」[*153]と述べている。

(ii) **警察留置中の法的コミュニケーション**

　イギリス法において、法曹特権としての法的コミュニケーションの秘密保護は、もちろん、弁護人と逮捕され警察留置された被疑者とのあいだの相談

にも適用される。[*154] 1984年警察・刑事証拠法58条1項は、「逮捕され、警察署その他の場所において身体を拘束された人は、要求する場合にはいつでも、弁護士と秘密の相談を行う権利を保障されていなければならない」と規定している。同法の運用規定C「警察による留置、取扱い、取調に関する運用規定」6Jは、「被留置人が弁護士と相談し、またはコミュニケーションを行うことにより法的助言を受ける権利を行使する場合にはいつでも、被留置人はこの権利の行使を秘密のうちに認められなければならない。この秘密のうちに相談し、コミュニケーションを行う権利は基本的なものである」と規定している。自由かつ秘密のコミュニケーションの保障である。

しかし、この規定は、2000年反テロリズム法8条9項の定める場合には、例外的に法的コミュニケーションの秘密保護が制限されるべきことを定めている。すなわち、2000年反テロリズム法は、同法違反を理由として身体を拘束された被疑者について、一定の要件のもと、警察副本部長（ロンドン首都警察においては警視長）以上の階級にある警察官が、弁護人との相談が「資格のある職員」が見ることのでき、かつその会話内容を聞くことのできる位置において行われなければならないとの指示を発することができると規定しているのである。

この場面における欧州人権条約6条3項(c)違反が問題となったのが、ブレナン事件である。2001年の欧州人権裁判所判決は、2000年反テロリズム法に基づき身体を拘束された被疑者が弁護人と相談するさい、警察官が非常に近接した場所にいて、その警察官が見ることのでき、かつ会話内容を聴取することのできる位置で相談が行われたという事案について、弁護人と秘密のコミュニケーションを行う被疑者の権利は、「公正な裁判の基本的要請のひとつであり、欧州人権条約6条33項(c)によって保障されている」と判示し、本件においては警察官の立会によりこの権利が侵害されたことを認めた。[*155]

判決は次のように述べている。すなわち、「欧州人権裁判所は、警察官の立会があったことによって、必然的に、申立人は自己の弁護人に対して率直に話をすることができず、申立人が自己に対する正式告発にとって重要性をもちうるような質問を切り出さないうちに口籠もってしまうのにも、もっともな理由があると結論づけざるをえない。申立人と弁護人はともに、他人の名前に言及してはならず、もし捜査の妨害になると認められるようなことをなにか話したならば、面会は停止されると警告されていた。申立人および弁護人がこのことによって話すことを差し控えざるをえなかったなにか特定の

事項が実際にあったとは立証されていないにせよ、いま、そのことは重要ではない。被疑者・被告人が自己の弁護人と自由にコミュニケーションを行うことができる権利、これはなかんずく欧州刑事拘禁規則93条において保障されているが、この権利が制約されたことは明白である。申立人は弁護人と相談する前にすでに犯罪行為を自白しており、相談の後にも自白した。申立人が弁護人と相談した時点で、その法的助言を必要としていたこと、その後の取調への申立人の対応は、この取調は弁護人が立ち会うことなく行われたものであるが、申立人の裁判にとって重要性をもちうるものであり、申立人の防御を取り返しのつかないほど困難にするものであったことに、疑問の余地はない。／それゆえ、欧州人権裁判所は、申立人が自己の弁護人と最初に相談をするさいに、警察官が会話内容を聞くことのできる位置で立ち会っていたことは、防御の権利を実効的に行使する申立人の権利を侵害するものであり、この点において、欧州人権条約6条1項に照らして解釈したとき、欧州人権条約6条3項(c)の侵害があったと認める」[*156]。

(4) 居室捜索にさいしての信書の秘密保護

　被拘禁者と弁護士とのあいだの信書については、刑事施設内の被拘禁者の居室の捜索にさいしてもその秘密保護が問題となる。この問題を通じて、イギリス法において、法的コミュニケーションの秘密性がどれほど手厚く保障されているか知ることができるであろう。

　リーチ事件判決において、法的コミュニケーションとしての信書の秘密性が手厚く保障されたのに対して、メイン事件における1998年の控訴院判決は[*157]、居室捜索にさいして、その秘密保護をいくらか後退させた[*158]。この事件において、原告の被拘禁者は、居室内に法的コミュニケーションとしての信書を所持している場合、その立会なくして居室の捜索を認めることは、弁護士とのあいだの信書が施設職員によって閲読される危険を生じさせるから、当時の刑事拘禁規則37A（現在の規則39）に違反すると主張した。1996年には、刑事施設オンブズマンが同様の申立を容認し、弁護士とのあいだの信書が存在する場合には被拘禁者が居室捜索に立ち会うべきとの勧告を出していた。しかし、控訴院はこのような主張を認めず、保安上の必要に応じて居室全部の捜索を行うにあたり、施設職員は真に法的コミュニケーションとしての信書かどうか確認するために、そのような信書にざっと目を通して点検する必要があるとした。判決はさらに、「居室捜索にさいして、施設職員は、被拘禁

者が不在であっても法的コミュニケーションとしての信書を検査しなければならない。ただし、施設職員による信書の検査は、それが真に被拘禁者と法的助言者とのあいだの信書であるのか、また、なにか別のものが隠されていないか確認するために必要な限りにおいてのみ許される」と規定する行刑局『保安マニュアル』17.73を参照しつつ、この限度を超えた信書の閲読が許されていないことを指摘し、本件における被拘禁者と弁護士との秘密のコミュニケーションに対するいかなる制限も、保安の維持を確保するための必要最小限度の制限であると判示した。

　しかし、法的コミュニケーションとしての信書の秘密保護を後退させたと目されるこのような立場は、デリー事件における2001年の貴族院判決[*159]によって全面的に変更された。この事件において、原告の被拘禁者は自己の保安上の等級の見直しとパロールの請求に関する弁護士とのあいだの信書を居室内に所持していたが、その居室が、行刑局『保安マニュアル』に定められた標準居室捜索手続に従って捜索された。原告は無差別の捜索は違法であり、欧州人権条約8条の権利を過度に制約するものであると主張した。

　判決はまず、アンダーソン事件からキャンベル事件、リーチ事件までの先例に依拠しつつ、裁判にアクセスする被拘禁者の権利、その本質的要素としての法的助言にアクセスする権利、さらに法律家の専門業務に対する特別な保護としての秘密のコミュニケーションの権利がそれぞれ有している重要性を再確認した。そのうえで判決は、無差別の捜索を認める標準居室捜索手続は法的助言者と秘密のコミュニケーションを行う被拘禁者の基本的権利を制約することは明らかであるから、「この手続が、刑事施設における保安、秩序および規律を維持し、犯罪を防止するという承認された目的のために必要かつ適切な措置として正当化されうるか検討する必要がある」[*160]とした。判決は、これらの目的の達成はより制限的でない代替手段によっても可能であったとの理由から、行刑局の標準居室捜索手続は正当化されないとした。

　判決によれば、このような結論は国内法上の権利侵害についての司法審査によって得られたものであるが、欧州人権条約8条の権利の侵害についての司法審査によっても同様の結論が得られることになる。すなわち、欧州人権条約上、信書のプライバシーを尊重される権利の公権力による制約は、「法律に基づき、かつ国の安全、公共の安全、無秩序もしくは犯罪の防止のために、または他者の権利もしくは自由を保護するために民主的社会において必要とされる限りにおいてのみ認められるのであるから、標準居室捜索手続は

必要な限度を遙かに超えて、欧州人権条約 8 条 1 項に基づくデリー氏の権利の行使を侵害している」[*161]。かくして貴族院判決は、メイン事件における控訴院判決の立場を否定して、施設職員が被拘禁者の立会なくして弁護人とのあいだの信書にざっと目を通す限りでの点検を行うことも含め、無差別の居室捜索を違法としたのである。

7. 法的コミュニケーションをめぐる具体的問題

(1) 信書の発受と電話の使用

(i) 信書の発受

　以上概観してきた欧州人権委員会・人権裁判所、そして国内裁判所の判例の展開を基礎として、被拘禁者の法的コミュニケーションの保障に関する現行法が形成された。現行法の骨格をなすのは、刑事拘禁規則38および39、規則施行令5である。刑事拘禁規則39は、被拘禁者がその法的助言者または裁判所とのあいだで信書を発受することを認めている。この裁判所には、欧州人権委員会・人権裁判所、刑事事件再審委員会も含まれている（規則39(6)）。

　社会的コミュニケーションとしての信書については、上述のように、その郵便代金を公費から支出される回数に制限が設けられている。すなわち、未決被拘禁者の場合、1 週につき 2 通であり、受刑者の場合、1 週につき 1 通である。このような信書は、権利信書と呼ばれた。しかし、法的コミュニケーションとしての信書については、プロベーション・オフィサー宛の信書、緊急を要する家族問題・営業に関する信書、釈放後の就職の決定に関する特別信書などと合わせ、被拘禁者自身がその郵便費用を賄えない場合には、公費により郵便費用が支出される（規則施行令5B(7)）。

　法的コミュニケーションとしての信書については、行刑局通達113/95において次のような取扱いが定められている。すなわち、被拘禁者に宛てた弁護士の信書の場合、信書を二重に封緘する。外側の封筒に刑事施設の住所、施設長の宛名とともに「刑事拘禁規則39」と明記し、内側の封筒には被拘禁者の名前、分かっている場合には刑事施設番号、弁護士事務所の住所と電話番号、必要な場合にはリファレンス番号を記入し、弁護士またはその事務職員がサインをする。通常、外側の封筒のなかに内封筒とともに、施設長に対してその内封筒を被拘禁者に渡してくれるよう依頼する簡単な文書が同封されている。このような取扱いは、行刑局とソリシタの団体であるロー・ソサイエティ、バリスタの団体であるバー・カウンシルとのあいだの合意に基づき

定められた。弁護士宛に発信した被拘禁者の信書の場合、投函する前に「刑事拘禁規則39」と封筒に明記する。このような信書は、法的コミュニケーションとしての信書の取扱いを適用されることになるが、「刑事拘禁規則39」と明記されていなくとも、明らかに弁護士宛の信書であることが分かる場合には同様に扱われる。法的助言者とのあいだの信書のほか、欧州人権委員会・人権裁判所を含む裁判所、国会行政監察官、刑事事件再審委員会とのあいだの信書も、法的コミュニケーションとしての信書と同様に取り扱われ、さらには自殺防止のための相談サービスを提供しているNGO〈サマリタンズ〉とのあいだの信書も、秘密保護の徹底という目的から、それに準じて扱われる。

　刑事拘禁規則上、法的コミュニケーションとしてのこのような信書の開披、閲読、差止が認められるのは、第1に、施設長が禁制品が同封されていると認める場合である（規則39(2)）。第2に、施設長が信書に刑事施設の保安もしくは他者の安全を危険にさらし、または犯罪を構成するような内容が含まれていると認める場合である。施設長はこのように認めたときは、その旨被拘禁者に告知した後、被拘禁者が立会を拒否し、またはその権利を放棄しない限り、その立会のうえで信書を開披し検査する（規則39(4)）。行刑局通達113/95によれば、信書を閲読するという判断ができるのは施設長本人だけである。信書取扱担当の職員が施設長の判断を仰ぐべきと考えたときは、施設長に信書を転送するために、被拘禁者の立会のうえで信書を封緘する。実際に施設長が信書を閲読するよう命じることは、きわめて稀有であるという。施設長が信書の閲読を命じた場合、その判断は高等法院による司法審査の対象となる。

　禁制品の同封が発見された場合、あるいは信書が閲読され、刑事拘禁規則39(3)に違反するような内容が含まれていると確認された場合には、その禁制品や違反した内容の部分は法的コミュニケーションとしての信書と切り離されたうえで、発信先に返送されることになる。この場合、被拘禁者は施設内の懲罰手続に付される可能性がある。

　法的コミュニケーションの制約が問題となった判例にも示されているように、信書の開披、閲読、差止について、刑事拘禁規則39(2)・(3)に示された理由の認定は、漠然とした抽象的なおそれではなく、具体的事実を根拠にした現実的可能性の認定として理解されてきた。法的コミュニケーションに対する制限の程度が、開披から閲読、差止へと高まるにつれて、より高度の可能

性の認定がなされなければならない。施設長が信書の閲読を命じる場合が実際には稀であるというのも、それゆえである。

　しかし、10数人程度の被拘禁者についてのきわめて例外的措置ながら、法的コミュニケーションに対する制限として、次のような問題が指摘されている。それは、イングランド南西部にあるウッドヒル刑事施設の厳重監督センターにおける信書の取扱いについてである。

　厳重監督センターは、精神的ないし人格的に深刻な問題を抱え、自傷行為または他者に対する暴力行為、あるいは重大な問題行動を繰り返す被拘禁者を、被拘禁者自身と他の被拘禁者、職員の安全が確保されるような小規模な施設に集中的に収容したうえで、緊密な監督と指導・援助を提供するために、1998年に設置された。その目的は、対象となった被拘禁者に対して、「落ち着いた、社会的に受容される行動パターンを身につけるよう」促し、そのうえで通常の刑事施設に戻していくことである。厳重監督センターは4区画に区分され、そのうち3区画がウッドヒル刑事施設に、1区画がダーラム刑事施設に設置されている。これらの区画のなかで、保安措置と行動制限の相対的に大きな区画から小さな区画へと段階的に移動し、通常の刑事施設に戻る前、最終的にはダーラム刑事施設の区画に収容されるというスキームが敷かれている。[166]

　首席刑事施設査察官の2002年報告書によれば、ウッドヒル刑事施設の厳重監督センターに収容されていた被拘禁者は16人にすぎず、担当職員は定員46人、実員31人であった。それでもなお職員数の相対的不足が指摘され、それに由来する運営上の問題があげられているが、被拘禁者の処遇や人権に関する深刻な問題は指摘されていない。[167] また、欧州拷問等防止委員会の2002年報告書も、被収容者の選定基準をより明確にすべきとしながらも、現在の実務をさらに発展させるよう指摘しており、職員が建設的な仕方で被拘禁者を処遇しようと努力していることを積極的に評価している。[168]

　他方、クレイトンとキングによれば、ウッドヒル刑事施設の厳重監督センターにおいて、禁制品が同封されているとの個別具体的な嫌疑によるのではなく、法的コミュニケーションとして発受された信書すべてについて一律に、禁制品の同封がないか確認するための開披を行うという実務がとられるようになったという。厳重監督センターの被拘禁者は最高に厳重な保安措置が必要な類型であるから、このような信書の一律開披も特別に正当化されると考えられているのであろう。クレイトンとキングは、たとえこの論理を承認す

るにしても、被拘禁者が発信する信書のみならず、弁護士から被拘禁者に宛てられた信書まですべて開披することの合理的理由は見出しがたいとしている。制限が必要最小限度を超えているというのである。これまでにこのような実務の司法審査が求められた事件はないようであり、また、首席刑事施設査察官・刑事施設査察局の報告書にも、欧州拷問等防止委員会の報告書にも、この問題は指摘されていない。とはいえ、たとえ10数人の被拘禁者についての例外的取扱いとはいえ、制限理由の個別具体的認定という原則に対する重大な例外といえるであろう。

(ii) **電話によるコミュニケーション**

　電話による法的コミュニケーションについても、特別な秘密保護が与えられている。

　上述のように、被拘禁者の通話はすべて、施設職員による傍受、録音の対象となりえ、被拘禁者が弁護士などに電話をかけた場合にも、通話一般に対して通常とられている措置が、少なくともいったんは適用される。しかし、行刑局通達21/92の40から43によれば、法的コミュニケーションとしての通話であると認めた時点で直ちに、施設職員は傍受装置のスイッチを切らなければならない。傍受した部分についても、通話内容の詳細を開示することは許されず、また、不注意により通話を録音してしまった場合には、その録音内容を聴取することや録音媒体を再生することは許されない。このような通話の秘密保護は、弁護士に対する電話のほか、欧州人権委員会・人権裁判所を含む裁判所、刑事事件再審委員会、さらにはNGO〈サマリタンズ〉に対する電話にも適用される。

　通話の秘密保護に関連して、カニオグラリ事件において、1994年の合議法廷判決は、被拘禁者はいつでも一般電話の使用に代えて、信書を発信し、あるいは公用電話の使用を要求できるのであるから、被拘禁者の通話の内容が施設職員や他の被拘禁者に聞こえないような位置に電話機を設置することができない場合があっても、それはやむをえないとの施設側の主張を支持した。また、判決は、通話を予め選別したうえで、法的コミュニケーションにあたらない通話のみを録音することが技術的に不可能であり、通話の内容が不必要に聴取されることがないよう確保するための十分な保障措置が施設内部においてとられていたとの理由から、通話の録音が法的コミュニケーションの秘密性を不必要に侵害するとの主張を支持しなかった。

(2)面会

(i)面会の実施方法

　法的コミュニケーションとしての面会の自由と秘密性についても、特別な手厚い保障がなされている。

　刑事拘禁規則38(1)は、被拘禁者が民事・刑事の訴訟手続の当事者となっている場合にのみ、法的助言者との面会が施設職員が見ることはできるけれども、会話を聞くことができないような位置において行われるべきことを定めている。しかし、規則施行令5A(34)は、このような秘密保護を被拘禁者と弁護士の面会ほぼすべてに対して拡張している。被拘禁者が当事者となっている訴訟手続や欧州人権委員会・人権裁判所への申立について相談するための面会のほか、被拘禁者が法的助言者と訴訟手続の準備に関する相談をする場合、あるいは訴訟手続の準備とはかかわりなく、たとえば不動産の売却、遺言の作成のように他の法的用務について相談する場合には、法的助言者との面会が施設職員の視野に入っても、会話を聞かれないような位置において行われるべきとされる。改正前の規則施行令5A(34)(b)は、相談の内容については明かす必要はないにせよ、面会に先立ち、面会が訴訟手続の準備に関するものであることを届け出るよう要求していた。その後、規則施行令は改正され、法的助言者と面会する場合、被拘禁者はその面会目的を予め届け出る必要はないとされた。

　法的コミュニケーションとしての面会が行われる場合、法的助言者はノートをとり、録音テープその他の録音媒体を用いて会話を録音することを認められる。ノートをとることや録音は、社会的コミュニケーションとしての面会においては禁止されているが（規則施行令5A(26)から(29)）、法的コミュニケーションとしての面会の場合には特別に認められるのである。ただし、録音については、法的助言者はその録音を面会に関連する法的用務においてのみ使用することを約束しなければならない。

　法的コミュニケーションについても、一般に、一定の面会時間が設定されている。たとえば、ハロウェイ刑事施設やワームウッド・スクラブズ刑事施設においては、社会的コミュニケーションの場合と同じ時間が設定されているが、異なる面会時間が設定されている刑事施設もある。その場合、社会的コミュニケーションよりも、曜日・時間が狭く設定されていることが少なくない。たとえば、私が2004年6月29日に訪問したウェールズのパルク民営刑事施設においては、社会的コミュニケーションについて、1年365日、毎日、

昼食・夕食の休憩を挟んで、月曜日から土曜日まで午前9時から午後8時まで、日曜日には午前9時から午後5時30分までの面会時間が設定されていたのに対して、法的コミュニケーションについては、月曜日から金曜日まで、昼食・夕食の休憩を挟んで午前9時から午後8時までと設定されていた。また、7月15日に訪問したティー・サイドのホーム・ハウス刑事施設においては、社会的コミュニケーションについて月曜日、水曜日、金曜日が午後1時から3時45分まで、火曜日、木曜日がこれに加えて午後5時から7時15分まで、土曜日・日曜日が昼休みを挟んで午前9時から午後4時30分と設定されているのに対して、法的コミュニケーションについては、月曜日から金曜日までの昼休みを挟んで午前9時から午後3時45分までと設定されていた。訪問にさいして、パルク刑事施設のロイ・ウールフォード施設長、ホーム・ハウス刑事施設の被拘禁者生活再建担当の運営責任者であるギル・ボルトン氏に対して質問したところ、両人とも、法的コミュニケーションの面会時間は弁護士の通常の勤務時間に合わせて設定されており、とくに不都合は感じていないと話していた。私が、緊急の必要を理由に弁護士が面会時間外の面会を申し込んだ場合はどのように対処するのか質問したところ、両人とも、そのような例は稀有であり、年に1件あるかどうかという程度であるが、もし時間外面会の申し込みがあった場合には、社会的コミュニケーションの面会時間内であれば例外的に面会を認めるものの、そうでなければ認めることはなく、次の面会時間まで待ってもらうと回答した。

　文献資料上、法的コミュニケーションの面会時間の限定が問題にされているのを発見することはできなかった。2004年6月27日、弁護士実務の豊富な経験をも有するウエスト・イングランド大学エド・ケープ教授にインタビューしたところ、その回答によれば、刑事事件の弁護人による被疑者・被告人との面会要求が面会時間外ということで拒否されるのは、防御上緊急の必要がある場合、防御権の実質的制約となることは否定できないから、弁護士のなかには法的コミュニケーションの面会時間の制限に対して不満もあるとのことであった。とはいえ、1984年警察・刑事証拠法58条4項に基づき、弁護人は、逮捕され警察留置されている被疑者とはいつでも、可能な限り速やかに面会することができること[*172]、告発前警察留置中の場合と異なり、未決拘禁の決定をうけ刑事施設に収容されることになる告発後には、被告人の取調が行われることはないこと、公判期日であっても、公判開始前に防御上必要な打ち合わせの時間が認められることなどの理由から、防御上の面会の緊急の

必要が実際に生じることは考えにくいとのことであった。

(ii) **閉鎖面会をめぐる法的問題**

　1994年に発生したホワイトムーア刑事施設における逃走事件の後、保安分類上のA級被拘禁者のうち、最高厳重保安措置対象者については、法的コミュニケーションとしての面会の場合にも、遮蔽板の設置された面会室における閉鎖面会が適用されるようになった。閉鎖面会においては、被拘禁者と面会者とは透明の遮蔽板によって隔てられ、会話は電話を使って、あるいは遮蔽板の穴の開いている部分を通じて行わなくてはならない。身体的接触は不可能であり、文書の授受は遮蔽板の下部に設けられた受渡口を通じて行われる。

　オデュビール事件においては、このような閉鎖面会の一律適用が被拘禁者と弁護士とのコミュニケーションを阻害し、したがって裁判にアクセスする被拘禁者の権利を侵害しないか問題となった。原告は二人の被拘禁者であった。原告は、とりわけ弁護士が複数いる場合、閉鎖面会において文書を授受し、かつ会話が施設職員に聞こえないよう確保することは困難であると主張した。原告の主張によれば、施設長に対する行刑局内の通達によって導入された最高厳重保安措置対象者に対する閉鎖面会の一律適用という実務が、弁護士とのコミュニケーションという基本的権利を制約することは明らかであるが、基本的権利の制約が国会の明示的な制定法によるものではない場合についてリーチ事件の控訴院判決において示された司法審査の厳格な基準を満たしていないこと、すなわち明白かつ差し迫った必要性があり、かつ必要最小限度の制限ではないことは明らかである。原告は、刑事施設の保安という正当な目的は、適切な透視検査と身体・所持品の検査手続を行ったうえで、閉鎖面会が必要なケースを個別具体的に選定するというより制限的でない代替措置によっても十分達成できるであろうことは証拠上明らかであると主張した。

　しかし、1997年の控訴院判決は、合議法廷判決と同様、このような原告の主張を支持しなかった。[*173] 控訴院判決は、本件における問題は刑事拘禁規則の射程範囲ではなく、施設長に対する行刑局通達の適法性であるから、リーチ事件判決が示した司法判断の基準は適用されることはなく、より緩やかな合理性基準を用いることで足りるとした。弁護士と依頼者との自由なコミュニケーションの制約が立証されたならば、当然、明白で差し迫った必要性と必

要最小限度の制限という審査基準が適用されるべきとの原告の主張に対して、判決は、閉鎖面会の適用はたんに法的コミュニケーションの仕方を統制しているにすぎず、基本的権利の制約にはあたらないとしたのである。そのうえで判決は、第1に、原告がIRA（アイルランド共和国軍）のメンバーであり、第2に、本件の弁護士が閉鎖面会という条件下では適切な助言・援助を提供することができないと申し出た場合には、行刑局は閉鎖面会によることなく、開放面会を適用するという例外措置を講じるとの意向を表明していたという事実を根拠にして、閉鎖面会の適用は合理性基準を満たすと判示した。

　この判決に対しては、二次的立法として国会の審査を受けている刑事拘禁規則について、リーチ事件判決の示した司法審査の厳格な基準が適用される一方で、純然たる行政命令である行刑局通達について、より緩やかな合理性基準が適用されるとすることは不合理であるとの批判がある。リーチ事件判決は、厳格な均衡性基準の適用を判示することによって、被拘禁者の基本的権利、刑事施設の保安、秩序、規律という要請を比較考量するうえで、裁判所の司法審査が実効的に機能するよう確保したにもかかわらず、オデュビール事件判決は、緩やかな合理性基準を適用することによって、裁判にアクセスする被拘禁者の権利という基本的権利の制約に対する司法審査の機能を低下させた。その結果、一般社会においては、裁判にアクセスする市民の権利の制約が、一次的立法の明示的規定によってのみ可能とされるのに対して、被拘禁者は、この基本的権利の保障において特別に不利な立場に置かれることとなった。保安についての考慮が前面にでるようなハード・ケースにおいて、厳格な司法審査基準の適用を回避するならば、それは結局のところ保安の偏重につながり、被拘禁者の基本的権利に対する保護を切り崩すことになる。このような批判である。

　しかし、オデュビール事件の控訴院判決がとったこのような立場は、その後、二つの貴族院判決、すなわちジャーナリストとの面会に関する2000年のシムズ事件判決、居室捜索にさいしての法的コミュニケーションとしての信書の秘密保護に関する2001年のデリー事件判決によって明らかに否定された。現在、被拘禁者の基本的権利の制約についての司法審査においては、合理性基準ではなく、明白で差し迫った必要のための最小限度の制限という厳格な均衡性テストによる審査基準が適用されることは明らかである。

　国連欧州人権委員会決議に基づく「裁判官と法律家の独立に関する特別報告官」の1998年英国報告書も、閉鎖面会の一律適用によって、法的助言・援

助にアクセスする被拘禁者の権利の自由な行使が妨げられていると指摘した。[*178]
報告書は、ベルマーシュ、フル・サットン、ホワイトムーアの三つの刑事施設内に設けられた最高厳重保安措置対象者用の特別保安措置区画において、弁護士が被拘禁者と面会するさいには、特別保安措置区画に入るまでに何度も身体検査を受けるなど入念な保安措置がとられていること、閉鎖面会室には透明の遮蔽板が設置されており、書類の授受のさいにはエックス線透視検査を経ること、閉鎖面会室のすぐ外の防音装置の施された部屋において施設職員が面会場面を監視していること、特別報告官は施設職員が視覚的監視をすることは可能であるが、会話を聴取することはできないと念を押されたことなどを指摘したうえで、刑事事件の被告人である被拘禁者と実際に面会した弁護人の次のような意見を紹介している。すなわち、その弁護人たちによれば、閉鎖面会においては文書を一緒に検討するのが困難であり、秘密性の確保に問題が残ることから、公判準備を行うことがきわめて困難であるというのである。また、弁護活動の十分な準備のための必要な信頼関係やラポールを形成することも非常に難しい。さらに、弁護人たちは、例外的状況を指摘して開放面会を要求し、それが許可された場合でも、その裁量の判断は不合理で恣意的に行われていると感じていた。ベルマーシュの施設長は、公判開始の２～３週間前になると公判準備への配慮から開放面会を許可することが多いと説明していた。当時、このような閉鎖面会の一律的用がなされる最高厳重保安措置対象者は、イギリス全体で６人にすぎず、また、首席刑事施設査察官のデヴィッド・ラムズボタンも、この閉鎖面会の一律適用を継続する必要はないと考えていたという。

　報告書は、「すべての被逮捕者、未決の被拘禁者および受刑者は、いかなる遅延、妨害、検閲もなく、かつ完全な秘密性が保障されたうえで、弁護士との面会を行い、弁護士と話し合い相談をするための十分な機会、時間および便益を提供されなければならない。この面会は、法執行官憲が見ることはできるにせよ、会話を聞くことはできないような位置において行われなければならない」とする法律家の役割に関する国連基本原則８を指摘し、また、「『十分な時間』」というのは個別事件の具体的状況によって決められることになるが、便益には被疑者・被告人が自己の弁護のための準備をするために要求した文書その他の証拠へのアクセスが含まれなければならず、また、弁護人と話し合い相談する機会が含まれなければならない。……法律家は、確立した専門業務の基準に従い、いかなる制限、干渉、圧力、いかなる筋からの

不当な介入をも排除した判断に基づき、自己の依頼者と相談し、弁護することが可能でなければならない」との自由権規約14条3項(b)に関する規約人権委員会の一般的コメントを参照したうえで、次のような意見を述べた。

すなわち、「特別報告官の考えるところでは、弁護士が法的専門業務にともなう権利を濫用しているとの証拠が存在しない限り、特別保安措置区画における閉鎖面会は、弁護士と依頼者との関係に対する不当な干渉となり、十分な公判準備にとって不必要な障害となる。最低限度の要請として、施設当局が、個別具体的事件ごとに、刑事施設の保安を維持するための例外的措置として閉鎖面会が必要であることを立証する責任を負わなければならない。首席刑事施設査察官が特別報告官に語ったところからしても、閉鎖面会の一律適用を廃止することが期待される」[*179]。このように、閉鎖面会の一律適用が、少なくとも自由権規約14条や国際人権基準としての法律家の役割に関する基本原則8の趣旨に適合しないことを指摘したのである。

(iii) テレビ回線による相談

身体を拘束された被告人と弁護人とのあいだのテレビ回線を通じての相談が、一定の条件下で行われている。

1998年犯罪秩序違反法57条は、未決拘禁中の被告人については、裁判所に物理的に出廷せずとも、裁判所と刑事施設とのあいだのテレビ同時中継回線を通じて、マジストレイト裁判所および刑事法院における公判前の審問を行うことができると定めている。この規定は、内務大臣の認定した設備が、その被告人の拘禁されている刑事施設に存在する場合、原則として、テレビ回線を通じて公判前の審問を行うべきとしている。検察官、弁護人はいずれも、この問題について意見を述べることができ、テレビ審問が可能であるにもかかわらず、裁判所がテレビ審問を決定しなかった場合には、裁判所はその理由を示さなければならない。このテレビ審問は、いくつかのマジストレイト裁判所における実験的実施を踏まえ、最近、全国のマジストレイト裁判所、刑事法院において広く実施されつつあり[*180]、未決被拘禁者を収容している刑事施設はすべて、専用ブースなど十分なテレビ審問のための設備を用意しなければならないとされている[*181]。実務上、初回の裁判所出頭（予備出頭）については、被告人は物理的に出廷することになり、手続が延期されて、保釈申請、略式手続か正式手続かの裁判方式の決定、有罪答弁か公判開始決定かなどに関する審問がそれ以降に行われる場合、テレビ審問が実施されることになる

という。[*182]

　テレビ審問については、被告人の在廷がそれ自体さほど重要でない訴訟手続のために定刻に裁判所まで被拘禁者を押送することにともなう不都合が広がっている現状からすれば、効率的に運用される限り歓迎すべきスキームであるとの積極的評価がある。[*183]しかし、①通訳が必要である場合、②被告人が不安になっていて、テレビ回線を通じてはうまくコミュニケーションを行うことができない場合、③被告人が精神的問題を抱えている場合、④多数の関与した事件や非常に複雑な事件の場合、⑤被告人の言語能力が低く、コミュニケーションを補助するために文書を使用する必要がある場合、⑥その審問期日に検察官が提出した文書について、弁護人が被告人から直接の指示を受ける必要があるような場合、⑦刑事施設において弁護人と被告人が直接面会をしていない、またはそれが不可能な場合などには、テレビ審問は行うべきではないとされている。また、弁護人としては、被告人が秘密保護についての不安から、弁護人に対してテレビ回線を通じては重要な情報を伝えたくないと思っている場合には、そのような意見を陳述すべきとされる。[*184]

　現在、実務上、テレビ審問が行われる前後、弁護人と未決被拘禁中の被告人は、裁判所と刑事施設に設置された相談用ブースを使用して、相談をすることが可能となっている。[*185]このようないわばテレビ面会が、刑事施設における面会に代替する機能を果たしている。2004年3月15日、ベルマーシュ刑事施設を訪問したさい、私はこの専用ブースに入ることができたが、3メートル四方程度の小部屋であった。[*186]担当職員の話によれば、テレビ審問とともに、弁護人と被告人とのテレビ面会は頻繁に行われており、さほど重要でない訴訟手続のために裁判所に被拘禁者を押送する必要がないことから、刑事施設にとっても利益であり、また、ベルマーシュ刑事施設においては一般に保安措置がきわめて厳重であるにせよ、出廷のたびに裸体検査を含む入念な身体検査を受ける必要がないので、被拘禁者にも歓迎される場合が多いという。テレビ面会のさい、被拘禁者はブース内に設置された監視カメラによって視覚的に監視はされるが、電話によるコミュニケーションの場合とは異なり、相手方は裁判所の専用ブースを使用している弁護人であることが疑いなく確認できるので、相手方の確認のためにも会話内容の傍受は行わないという。かくして、弁護人と被告人とのあいだのテレビ面会が広がっているが、実験的実施を経験した弁護士のなかには、回線容量の限界によって生じる低速度撮影のような画面のゆえに、テレビ面会によるコミュニケーションには困難

がともなうとの不満もあるようである。[187]

注

* 1 Simon Creighton and Vicky King, Prisoners and the Law 6-15 (2nd ed., 2000).
* 2 Id. at 3. 北村泰三『国際人権と刑事拘禁』(日本評論社・1996年) 222頁以下参照。
* 3 Id. at 284-291 参照。また、欧州人権条約下での人権保障システムについては、畑博行＝水上千之『国際人権法概論』(有信堂高文社・1997年) 217頁以下 (西谷元)、英国における欧州人権条約の適用については、北村泰三「英国裁判所における欧州人権条約の適用」季刊刑事弁護15号 (1998年) 参照。
* 4 Id. at 291-295.
* 5 Morgan, Imprisonment, in Mike Maguire, Rod Morgan and Robert Reiner (eds), The Oxford Handbook of Criminology 1142-1143 (2002).
* 6 HM Chief Inspector of Prison and HM Chief Inspector of Probation, Lifers: A Joint Thematic Review by HM Inspectorate Prison and Probation, para. 9.3 (1999).
* 7 Stephan Livingston et al., Prison Law 252 (3rd ed., 2003).
* 8 建国期アメリカにおけるペンシルヴェニア制、オーバン制の処遇モデルである。昼夜厳正独居を核とするペンシルヴェニア制は、アメリカにおいてはまもなく衰退したが、欧州においては広く普及した。これについては、村井敏邦「刑罰改革の論理——アメリカにおける不定期刑の消長の歴史を中心として」一橋大学研究年報・法学研究20号 (1989年)、葛野尋之「ベンジャミン・ラッシュの死刑廃止論」東京刑事法研究会編『啓蒙思想と刑事法』(勁草書房・1995年) 参照。
* 9 Prison Disturbances April 1990, supra note 12, at para. 14.35. もっとも、1994年、ウッドコック調査委員会は、一定水準以上の便益の割当はすべて刑事施設内での善行 (good behaviour) や成績良好によって賦与され、悪行 (bad behaviour) に対する制裁として剥奪可能な「特権」とすべきよう勧告し、この考え方に従って、1995年には刑事拘禁規則が改正され、日本の累進処遇制度にも類した「報奨制度」が導入された (刑事拘禁規則8)。各刑事施設の独立運営の強調と施設長の裁量拡大のなか、恣意的運用の危険が指摘されている。この点について、Creighton and King, supra note 1, at 125.
* 10 Deborah Cheney et al., Criminal Justice and the Human Rights Act 1988, 193-236 (2nd ed, 2001).
* 11 Prison Disturbances April 1990, Report of an Inquiry by the RT Hon Lord Justice Woolf and His Honor Judge Stephan Tumin, para. 1.194, 14.220 (1991).
* 12 Home Office, Custody, Care and Justice: The Way Ahead for the Prison Service in England and Wales para. 7.35 (1991).
* 13 アメリカ、イギリスの実証研究のレビューとして最もよく参照されるのが、Ditchfield, Family Ties and Recidivism: Main Findings of the Literature, 36 Research Bulletin, Home Office Research and Statistics Department 3 (1994). アメリ

カにおけるレビューとして、Hairston, et al., Family Ties during Imprisonment: Do They Influence Future Criminal Activity?, 52 (1) Federal Probation 48 (1988).
* 14 　Livingston et al., supra note 7, at 251-252.
* 15 　HM Inspectorate of Prison HM Inspectorate of Probation, Through the Prison Gate: A Joint Thematic Review 90 (2001).
* 16 　Social Exclusion Unit, Reducing Re-offending by Ex-prisoners, Office of the Deputy Prime Minister 111-119 (2002).
* 17 　European Committee for the Prevention of Torture and Inhuman or Degrading Treatment or Punishment, Report to the UK Government on the visit to the UK and the Isle of Man from 8 to 17 September 1997, 42 (2000). 欧州拷問等防止委員会の組織、査察活動などについては、Rod Morgan and Malcolm Evans, Preventing Torture: A Study of the European Convention for the Prevention of Torture and Inhuman or Degrading Treatment or Punishment (1998); Rod Morgan and Malcolm Evans, Combating Torture in Europe (2001) など参照。また、ロッド・モーガン＝マルコム・エヴァンス（葛野尋之＝水谷規男訳）「収容施設の査察——ストラスブールからの視点」三重法経107号（1996年）も参照。
* 18 　Prison Disturbances April 1990, supra note 11, at para. 1.195-1.196..
* 19 　中川孝博「コミュニティ・プリズン構想の提唱」刑事立法研究会編『21世紀の刑事施設——グローバル・スタンダードと市民参加』（日本評論社・2003年）29〜37頁。コミュニティ・プリズンについては、NACRO, Community Prison (1994) 参照。
* 20 　1999年刑事拘禁規則のテキストや各規則改正については、イギリス政府印刷局インターネット・ホームページから検索することができる（http://www.hmso.gov.uk/）。また、2002年規則改正を経た段階の刑事拘禁規則のテキストは、Livingston et al., supra note 7, at 583-613に掲載されている。
* 21 　面会については主として、Creighton and King, supra note 1, at 126-132; Livingston et al., supra note 7, at 270-281; HM Prison Service and Prison Reform Trust, Prisoners' Information Book: Visiting and Keeping in Touch 4-18 (2002) による。
* 22 　Creighton and King, supra note 1, at 127.
* 23 　Id. at 127.
* 24 　Social Exclusion Unit, supra note 16, at 113.
* 25 　McCartney v Governor HM Prison, Maze, [1987] 11 NIJB 94.
* 26 　Id. at 96.
* 27 　Livingston et al., supra note 7, at 272 n.62.
* 28 　McCotter v UK, Application 18632/91, Commission Decision, 9 December 1992. Livingston et al., supra note 7, at 272 n.62 による。
* 29 　R (P) v Home Secretary, R (Q) v Home Secretary, [2001] 1 WLR 2002.
* 30 　Id. at para 78.

*31 Creighton and King, supra note 1, at 130.
*32 R v Home Secretary, ex p Simms and O'Brien, [1999] QB 349.
*33 R v Home Secretary, ex p Leech, [1994] QB 198.
*34 R v Home Secretary, ex p Simms and O'Brien, [2000] 2 AC 115.
*35 Id. at 127.
*36 Id. at 132.
*37 R (Hirst) v Home Secretary, [2002] EWHC 602.
*38 Id. at para. 33.
*39 Id. at para. 39-40.
*40 Id. at para. 88.
*41 HM Prison Service and Prison Reform Trust, supra note 21, at 8.
*42 行刑局のホーム・ページ、被拘禁者とその家族に広く配布しているハンドブックなどで、各刑事施設の住所、電話番号、交通手段ごとの到着方法が、面会時間やその実施方法に加えて詳しく記載されている。しかし、事前予約用の電話回線は混雑していることが多く、数回かけ直さなければつながらないこともしばしばという（ibid）。
*43 Padel, It's Not Just Visit, (1998) 43 Prison Report 18.
*44 2004年2月9日、ロンドン大学キングズ・コレッジ法学部・犯罪刑事司法研究所（The Centre for Crime and Justice Studies）事務局長のウナ・パデル氏に対して私が行ったインタビューによる。パデル氏によれば、背の低いテーブルが使用されるのは、テーブルの下に隠して薬物その他禁制品の受渡をするのを防ぐためであるという。
*45 R v Home Secretary, ex p O'Dhuibhir, [1997] COD 315.
*46 Creighton and King, supra note 1, at 131.
*47 Livingston et al., supra note 7, at 277-278.
*48 The Guardian, 14 September 1996.
*49 Wainwrit v Home Office, [2002] QB 1334.
*50 Id. at para 121.
*51 Livingston et al., supra note 7, at 278.
*52 市民に対してさまざまな情報や助言を提供している全国組織の大規模NGO〈市民助言局（Citizens Advice Bureau）(CAB)〉のインターネット・ホームページ http://www.adviceguide.org.uk/em/index/your_rights/legal_system/prison_visits.htm#Financial_help_for_visitors。専門的知識・経験を有する弁護士の監修により、刑事拘禁の制度概要だけでなく、被拘禁者との面会に関する情報が、非常に詳細に提供されている。
*53 Report of the Enquiry into the Escape of Six Prisoners from the Special Security Unit at Whitemoor Prison, Cambridgeshire, on Friday 9th September 1994.
*54 Creighton and King, supra note 1, at 131.
*55 Social Exclusion Unit, supra note 16, at 114.
*56 〈市民助言局〉のインターネット・ホームページ http://www.adviceguide.org.

uk/em/index/your_rights/legal_system/prison_visits.htm#Financial_help_for_visitors。

*57 以下の叙述は、2005年3月2日、私が面会費用補助課を訪問し、課長のアラン・ジョーダン氏、制度運営担当主任のマーク・マルリーン氏に対してインタビューを実施したさい、両氏が作成し、私に提供した未公表資料 "A Brief History of Assisted Prison Visitors" による。

*58 HM Prison Service and Scottish Prison Service, Assisted Prison Visits Scheme Customer Service Guide (2003).

*59 HM Prison Service and Prison Reform Trust, supra note 21, at 15.

*60 2005年3月2日提供の未公表資料 "Summary of Customer Surveys 2002, 2003 and 2004" による。

*61 2005年3月2日、私のインタビューに対する回答。

*62 Social Exclusion Unit, supra note 21, at 113-114.

*63 Nancy Loucks, Just Visiting?: A Review of the Role of Prison Visitors' Centres 1 (2002).

*64 HM Prison Service, Visitors' Center: Good Practice Guide, para. 2.1 (1998).

*65 注57のインタビューによる。

*66 2004年7月15日、私がホーム・ハウス刑事施設を調査訪問したさいのインタビューによる。ホーム・ハウス面会者センターは、〈ホーム・ハウス面会者センター運営協会〉というコミュニティに根ざしたNGOによって運営されており、一人のフルタイム有給職員が運営責任者となり、25人のヴォランティアが参加している。運営責任者の給料は刑事施設が負担している。ただし、土曜日、日曜日、休日の運営については、施設職員が担当している。施設職員が被拘禁者の家族、友人などからの面会予約の電話を受けたさいには、とくに初めての訪問である場合、面会者センターのサービスについて説明を行っているという。

*67 Social Exclusion Unit, supra note 21, at 114.

*68 Loucks, supra note 63.

*69 NACRO, Race and Prison: A Snapshot Survey (2000).

*70 ハロウェイ刑事施設とベルマーシュ刑事施設には、中川孝博・龍谷大学助教授・高佐智美・獨協大学助教授とともに、ワームウッド・スクラブズ刑事施設には、ほかに長谷川憲・工学院大学教授、桑山亜也・龍谷大学矯正保護研究センター研究員とともに訪問した。掲載した写真はすべて高佐智美氏の撮影による。

*71 〈パクト〉のホームページ http://www.imprisonment.org.uk/。面会者センターの運営のほか、〈パクト〉は、電話相談、直接相談を通じて、被拘禁者の家族に対してさまざまな情報と支援を提供しており、個別カウンセリングも行っている。面会者センター統括責任者のケンドール氏によれば、面会者センターとコミュニティ支援の両セクションが情報交換・意見交換を行うことは、それぞれのサービス改善に役立っているという。

*72 2004年3月15日、ベルマーシュ刑事施設面会者センターにおいて面会者が自由に持ち帰ることのできるよう用意してあった文書による。
*73 HM Inspectorate of Prisons, Report on an Unannounced Follow-Up Inspection of HM Prison Holloway, 11-15 December 2000.
*74 Id. at 98.
*75 HM Chief Inspector of Prisons, Report on a Full Anounced Inspection of HMP Holloway, 8-12 July 2002, p. 66-67.
*76 The Tudor Trust, Annual Report and Accounts for 2002/2003. ホームページ http://www.tudortrust.org.uk 参照。
*77 HM Chief Inspector of Prisons, Report on an Unannounced Inspection of HMP Wormwood Scrubs, 10-19 December 2001, p. 84-85.
*78 HMP Wormwood Scrubs: Festiva Families at Scrabs' Visits Center, 227 Prison Service News 26 (2004).
*79 Id. at 58.
*80 HM Chief Inspector of Prisons, Report on an Announced Inspection of HMP Wormwood Scrubs, 3-7 November 2003, p. 57.
*81 2004年4月2日に訪問したフェルタム青少年収容施設においても、施設長および被拘禁者の法的・社会的コミュニケーション問題の責任者の職員はともに、面会者センターが面会機会の拡大とその質の向上、家族の絆・社会的繋がりの維持に寄与し、また、その集約した面会者の意見をフィードバックすることにより、刑事施設の面会業務自体が改善されることを指摘していた。
*82 ワームウッド・スクラブズ刑事施設の職員に聞いたところ、弁護士なども含め、1日約120人の面会者について身体検査を行うが、携帯電話、電池など禁制品の持込や差入が発見されるのが3～4件程度であるという。この大多数は不注意によるものであるという。
*83 信書の発受については主として、Creighton and King, supra note 1, at 132-135; Livingston et al., supra note 7, at 266-270; HM Prison Service and Prison Reform Trust, supra note 21, at 19-23 によった。
*84 北村泰三・注2書241頁以下。
*85 Cheney, supra note 10, at 223.
*86 Silver v UK, [1981] 3 EHRR 475.
*87 Silver v U K, [1983] EHRR 347.
*88 Id. at para. 97.
*89 フランスにおいても、同様の規則公開がなされたという（Livingston et al., supra note 7, at 267 n. 49)。
*90 Gregory D. Treverton-Jones, Imprisonment: The Legal Status and Rights of Prisoners 84 (1989).
*91 Creighton and King, supra note 1, at 135.

* 92　HM Prison Service and Prison Reform Trust, supra note 21, at 19.
* 93　Id. at 133.
* 94　Livingston et al., supra note 7, at 268.
* 95　Mark Leech and Jason Shepherd (eds), The Prisons Handbook 2003-2004, 320 (2003).
* 96　Prison Disturbances April 1990, supra note 11, at para. 1.194, 14.271.
* 97　HM Prison Service and Prison Reform Trust, supra note 21, at 20.
* 98　Creighton and King, supra note 1, at 135.
* 99　電話については主として、Creighton and King, supra note 1, at 136-137; Livingston et al., supra note 7, at 280-283; HM Prison Service and Prison Reform Trust, supra note 21, at 24-26によった。
* 100　Prison Disturbances April 1990, supra note 11, at para. 15.78.
* 101　Id. at 14.271.
* 102　Livingston et al., supra note 7, at 280-281.
* 103　R v. Home Secretary, ex p Bamber, 15 February 1996 (unreported). Livingston et al., supra note 7, at 281 による。
* 104　Bamber v UK, Application 33742/96m Commission Decision, 11 September 1997.
* 105　Creighton and King, supra note 1, at 137.
* 106　Leech and Shepherd, supra note 95, at 321.
* 107　Id. at 321-322.
* 108　Creighton and King, supra note 1, at 137.
* 109　Ibid.
* 110　Leech and Shepherd, supra note 95, at 322.
* 111　法的コミュニケーションについては主として、Creighton and King, supra note 1, at 131-132, 135-136, 137; Livingston et al., supra note 7, at 253-261; HM Prison Service and Prison Reform Trust, supra note 21, at 17-18, 21-22 による。法的コミュニケーションに関連する問題として、法律資料への被拘禁者のアクセス、自己の訴訟における被拘禁者の在廷も問題となるが、これらの問題についてはあらためて検討する機会を設けたい。
* 112　北村泰三・注2書235頁以下。
* 113　Golder v UK, [1975] 1 EHRR 524.
* 114　Id. at para. 40.
* 115　Id. at para. 45.
* 116　Livingston et al., supra note 7, at 253.
* 117　Silver v UK, [1981] 3 EHRR 475; Silver v UK, [1983] EHRR 347.
* 118　Campbell and Fell v UK, Report of the Commission, 12 May 1982, Series B, No. 65, para. 157-158.

* 119　Campbell and Fell v UK, [1985] 7 EHRR 165.
* 120　Id. at para. 107.
* 121　R v Home Secretary, ex p Anderson, [1984] QB 778.
* 122　Raymond v Honey, [1983] 1 AC 1.
* 123　Guilfoyle v Home Office, [1981] 1 QB 309.
* 124　S v Switzerland, [1992] 14 EHRR 670.
* 125　Schoenberger and Durmaz v Switzerland, [1989] 11 EHRR 202.
* 126　Campbell v UK, [1993] 15 EHRR 137.
* 127　Id. at para. 47.
* 128　Id. at para. 48.
* 129　Id. at para. 53.
* 130　R v Home secretary ex p Leech, [1994] 4 QB 198.
* 131　Livingston et al., supra note 7, at 256.
* 132　Rupert Cross, On Evidence 282 (5th ed., 1979).
* 133　Paul Roberts and Adrian Zuckerman, Criminal Evidence 235 (2004).
* 134　Jonathan Auburn, Legal Professional Priviledge: Law and Theory 31-32, 52-53 (2000).
* 135　Adrian Keane, The Modern Law of Evidence 568-570 (5th ed., 2000).
* 136　Id. at 333-334.
* 137　Michael Zander, The Police and Criminal Evidence Act 1984, 52-55 (4th ed., 2003).
* 138　Keane, supra note 135, at 568-569.
* 139　R v Derby Magistrates' Court, ex p B, [1996] 1 AC 487.
* 140　Id. at 540.
* 141　Ian H. Dennis, The Law of Evidence, Sweet & Maxwell (2nd ed., 2002) 334-335.
* 142　Roberts and Zuckerman, supra note 133, at 237.
* 143　R v Derby Magistrates' Court, ex p B, [1996] 1 AC 487, 540.
* 144　Ben Emmerson and Andrew Ashworth, Human Rights and Criminal Justice 342 (2001).
* 145　Schonenberger and Durmaz v Switzerland, [1989] 11 EHRR 202.
* 146　Id. at para. 28.
* 147　Id. at para. 29.
* 148　S v Switzerland, [1991] 14 EHRR 670.
* 149　Id. at para. 48.
* 150　Emmerson and Ashworth, supra note 144, at 343.
* 151　Campbell v UK, [1993] 15 EHRR 137, para. 46-48.
* 152　Niemietz v Germany, [1993] 16 EHRR 97.
* 153　Id. at para. 37.

*154 Zander, supra note 137, at 180-182; Ed Cape, Defending Suspects at Police Stations 82-84 (4th ed., 2003) .
*155 Brennan v United Kingdom, [2001] 34 EHRR 507. しかし、2002年、イギリス合議法廷は、身体拘束中の被疑者と弁護人との最初の相談が、留置管理官の机に置かれた電話を使って行われた場合、留置管理官がそのあいだずっと在席していたとしても、被疑者の欧州人権条約上の権利は侵害されなかったと判示した。判決は、留置管理官が会話を実際に盗み聞きしたことや、盗み聞きしようとしたことを示す証拠は存在せず、それゆえ現実的な権利侵害は立証されていないとした (R [La Rose] v Commissioner of the Police of the Metropolis, [2002] Criminal Law Review 215, Div Ct.)。この判決に対する評釈において、アンドリュー・アシュワースは、この判決はブレナン事件における欧州人権裁判所判決の要請に適合するものではなく、申立人が現実的な権利侵害を立証しなければならないとすることは、欧州人権裁判所判例の基本線に合致しないと批判的意見を述べている (at 216)。
*156 Brennan v United Kingdom, [2001] 34 EHRR 507, para. 62-63.
*157 R v Home Secretary, ex p Main, [1998] 2 All ER 491.
*158 Livingston et al., supra note 7, at 256.
*159 R (Daly) v Home Secretary, [2001] UKHK 26, [2001] 2AC 532.
*160 Id. at para. 18.
*161 Id. at para. 23.
*162 Roger Ede and Anthony Edwards, Criminal Defense: Good Practice in the Criminal Courts 41 (2002).
*163 Leech and Shepherd, supra note 95, at 319.
*164 Livingston et al., supra note 7, at 258.
*165 Leech and Shepherd, supra note 95, at 320.
*166 Id. at 268; HM Inspectorate of Prisons, Inspection of Close Supervision Centre: A Thematic Inspection, August-September 1999.
*167 HM Chief Inspector of Prisons, Report on A Full Announced Inspection of HM Prison Woodhill, 18-22 February 2002.
*168 European Committee for the Prevention of Torture and Inhuman or Degrading Treatment or Punishment, supra note 17, at 25-28.
*169 Creighton and King, supra note 1, at 136.
*170 Id. at 137.
*171 R v Home Secretary, ex p Kanigulari, [1994] COD 562.
*172 長沼範良「接見交通権の各国比較――イギリス」法律時報65巻3号 (1993年) 参照。
*173 R v Home Secretary ex p O'Dhuibhir and O'Brien, [1997] COD 315.
*174 Livingston et al., supra note 10, at 261.
*175 Id. at 164.

*176　R v Home Secretary, ex p Simms and O'Brien, [2000] 2 AC 115. 本書3（3）2参照。
*177　R (Daly) v Home Secretary, [2001] UKHK 26, [2001] 2AC 532.
*178　Report of the Special Rapporteur on the Independence of Judges and Lawyers, Mr. Para.m Cumaraswamy, submitted pursuant to Commission on Human Rights Resolution 1997/23, Report to the Mission of special Papporteur to the United Kingdom of Great Britain and Northern Ireland, E/CN 4/1998/39/Add.4, para. 48-53.
*179　Id. at para. 53.
*180　Peter Murphy et al., Blackstone's Criminal Practice 2004, 1137 (2003).
*181　Livingston et al., supra note 7, at 264 n. 44.
*182　Ede and Edwards, supra note 162, at 98.
*183　Livingston et al., supra note 7, at 264 n. 44.
*184　Ede and Edwards, supra note 162, at 98-99.
*185　Id. at 99.
*186　私は、パルク民営刑事施設（2004年6月29日訪問）、ホーム・ハウス刑事施設（同年7月15日訪問）、アルトコース民営刑事施設（同年9月1日に訪問）、ドンカスター民営刑事施設（同年9月2日訪問）においても、テレビ面会用の専用ブースを見ることができたが、おおむね同じような大きさと構造であった。
*187　Ede and Edwards, supra note 162, at 99. Cape, supra note 154, at 111-114によれば、被疑者が警察により身体を拘束されたとき、電話により最初の相談を受けた弁護士にとって、実際に被疑者と面会するために警察署を訪問するかどうか適切に判断するのは難しいことであるという。弁護士は多くの場合時間に追われており、時間節約のために、電話での相談ですませようとする危険性があるという。ケープによれば、被疑者が取調において警察の尋問に対して供述しないといっているから面会する必要はないとの考えがかつて広く存在し、また現在は、取調は録音・録画されるから面会する必要はないとの考えがあるが、これらはいずれも誤りであるという。現在、面会訪問の判断について基準を定めている。このような事情にかんがみるとき、直接の面会に代替するコミュニケーション手段として、このテレビ面会を選択するにあたっては、信頼できる十分な法的コミュニケーションの確保という観点から慎重な判断が必要とされることになるであろう。

第7章
基本的人権としての社会的コミュニケーション

1. 社会的コミュニケーションの法的性格

(1) 刑事拘禁と社会的隔離

　行刑改革会議の『提言』は、受刑者が「外部交通を通じて、健全な社会との良好な関係を維持することは、その改善更生や円滑な社会復帰に寄与する」との基本的視点に基づき、社会的コミュニケーションの拡大に向けて具体的提案を行う一方で、受刑者に対する図書差入の不許可処分を適法とした1985年最高裁判所判決に依拠する形で、「自由刑は、受刑者を一定の場所に拘禁して社会から隔離し、その自由を剝奪することを目的の一つとしており、この目的からすれば、受刑者の外部交通に一定の制限があることは当然であると考えられる」との基本的立場を示した。本書第5章において指摘したように、「社会からの隔離」が独自の自由刑の目的として承認されるとき、1985年最高裁判所判決がいうように、受刑者の外部交通は「一般的に禁止」されたうえで、裁量に基づく恩恵的利益として例外的に与えられるものとされやすい。これこそ旧監獄法の基本的立場であった。

　他方、未決被拘禁者の社会的コミュニケーションについては、刑訴法80条が「法令の範囲内で、接見し、又は書類若しくは物の授受をすることができる」と規定しており（同207条1項は被疑者について準用）、監獄法45条、同46条も面会・信書発受の権利を認めていた。しかし、監獄法50条の委任を受けた同施行規則により、面会の立会、信書の検閲を含め、広汎かつ強度の制限が定められていた。かくして、社会的コミュニケーションの権利としての性格は曖昧なものとなっていた。

　被拘禁者の権利とその制約について、かつての支配的見解は特別権力関係論であった。すなわち、被拘禁者は国の包括的支配権限に服すべきであり、法律の具体的根拠がなくとも、裁量によって広汎な権利の制約が可能であるとされ、司法審査も排除されたのである。受刑者の社会的コミュニケーショ

ンについて、監獄法が裁量的に与えられる恩恵的利益としてそれを性格づけていたのは、このような特別権力関係論に立脚してのことである。しかし、基本的人権の尊重と国民主権を原理とし、法の支配を確立した憲法のもと、国と被拘禁者との関係を包括的支配・服従関係として捉える特別権力関係論を維持することは、もちろんできない。[*2]

　被拘禁者の憲法上の権利とその制約について、市川正人によれば、一般に、「国民主権と基本的人権の尊重を基本原理とし、徹底した法治主義を採用している日本国憲法の下では、……在監関係においても基本的人権の保障は及び、その制限は、在監関係の設定自体が当然に前提としているような自由の制限でない限り法律の根拠を有すると共に、当該法律関係の設定目的を達成するのに必要かつ合理的なものでなければならない」とされる[*3]。すなわち、まず、拘禁「目的から直接的・内在的に生ずる制限」として、「住居・移転・職業選択の自由、集会・結社の自由のように在監関係の存立と両立しない行動の自由については、在監関係の成立に内在する制約を受ける」[*4]こととなるという。このような意味において拘禁目的からの直接的・内在的制限に服する場合、被拘禁者の権利はいったん否定され、そのうえで裁量に基づく例外的解除によって一定の自由が認められるにすぎないことになる。特別権力関係論と同様の帰結である。

　受刑者の社会的コミュニケーションについてはどうであろうか。行刑改革会議『提言』が依拠したと目されるのは、受刑者に対する図書差入に関する1985年の最高裁判決である。この判決は、受刑者に対する差入が差入人と受刑者との関係が明らかでないため受刑者の処遇上害があるか否か不明である場合には、刑務所長は、その裁量により、右差入の許否を決することができると判示するうえで、「差入は受刑者と外部との交通の一態様であるが、懲役刑は、受刑者を一定の場所に拘禁して社会から隔離し、その自由をはく奪するとともに、その改善、更生を図ることを目的とするものであつて、受刑者と外部との交通は一般的に禁止されているものである」とした。すなわち、自由刑は社会的隔離を目的としている以上、この目的からの「内在的・直接的」制限として、受刑者の「外部交通」は一般的に禁止され、したがって受刑者の「外部交通」の権利は否定されるというのである。しかし、このような見解には重大な疑問がある。

(2) 社会的隔離と最高裁判例

　まず、受刑者の社会的コミュニケーションの法的性格に関する最高裁の立場を示すものとして、1985年判決の一節を引くことには疑問がある。

　第1に、1985年判決は、「外部交通」とはいえ、面会、信書の発受などによる人の意思・情報伝達のためのコミュニケーションではなく、新聞、雑誌などの図書の差入についての判断であった。コミュニケーションとしての「外部交通」か、物の授受かという決定的な性格の違いを考えたとき、図書の差入に関する判決に依拠する形でコミュニケーションとしての「外部交通」の法的性格を判断することには、重大な疑問が残る[*5]。

　第2に、被拘禁者の社会的コミュニケーションに関する最高裁の憲法判例について、その判決理由を構造的に分析したとき、1985年判決における先のような一節が、受刑者の社会的コミュニケーションに関する最高裁の立場を示しているのではないことが明らかとなる（次頁表を参照）。

　受刑者の広義の外部交通に関する最高裁の憲法判例としては、1985年判決の後、図書閲読不許可処分の合憲性に関して1993年判決、新聞・機関紙の一部抹消の合憲性と信書の一部抹消の合憲性に関して1998年判決、さらに民事訴訟に関する受刑者と弁護士との接見の時間制限と職員立会の合憲性に関する2000年判決がある。受刑者の社会的コミュニケーションの法的性格についての最高裁の立場を明らかにするうえで参照すべき判例として最も重要なのは、受刑者の信書の一部抹消の合憲性を判示した1998年判決のはずである。また、後述するように、旧監獄法下の最高裁判例においては、受刑者の社会的コミュニケーションと民事訴訟などに関する法的コミュニケーションとが区別されておらず、身体拘束中の被疑者・被告人と弁護人との接見の場合と異なり、法的コミュニケーションとしての弁護士との接見も一般的な接見の一種として扱われていたから、民事訴訟に関する弁護士との接見の制限を合憲とした2000年判決も、1998年判決と同じく最も重要な先例となる。これら二つの判決をみると、1998年判決は、「監獄内の規律及び秩序の維持に障害を生ずること並びに受刑者の教化を妨げること」という「理由でされた上告人の受信した信書及び上告人の発信した信書の一部抹消が憲法21条に違反するものでないことも、当裁判所大法廷判決（最高裁昭和40年(オ)第1425号同45年9月16日判決・民集24巻10号1410頁、前示昭和58年6月22日判決）の趣旨に徴して明らかである（最高裁平成5年（行ツ）第178号同6年10月27日第一小法廷判決・裁判集民事173号263頁、前示最高裁平成3年(オ)第804号同5

広義の外部交通に関する最高裁判所の憲法判例

				判示事項	先例	参照判例
①	1970.9.16	大法廷判決	未決	喫煙禁止の合憲性（13条）		
②	1983.6.22	大法廷判決	未決	新聞・図書の一部抹消の合憲性（13条、19条、21条）		
参考	1985.12.13	第二小法廷判決	受刑者	図書差入不許可の適法性		
③	1993.9.10	第二小法廷判決	受刑者	図書閲読不許可の合憲性（13条、19条、21条）	②	
④	1994.10.27	第一小法廷判決	未決	信書発受の制限の合憲性（21条）＊	①、②	
⑤	1998.4.24	第二小法廷判決	受刑者	新聞・機関紙の一部抹消の合憲性（21条）	②	③
				信書の一部抹消の合憲性（21条）	①、②	③、④
⑥	2000.9.7	第一小法廷判決	受刑者	接見の時間制限と立会の合憲性（13条、32条）＊＊	①、②	
⑦	2003.9.5	第二小法廷判決	未決	刑事事件の弁護人との信書の制限の合憲性（21条、34条、37条3項）＊＊＊	①、②	

＊ 信書検閲が憲法21条2項前段の「検閲」にあたらないことについては、先例として、最大判1984年12月12日・民集38巻12号1308頁（札幌税関事件）、最大判1986年6月11日・民集40巻4号872頁（北方ジャーナル事件）をあげている。
＊＊ このほか、「憲法第32条は、何人も裁判所において裁判を受ける権利あることを規定したに過ぎないもので、如何なる裁判所において、裁判を受くべきかの裁判所の組織、権限等については、すべて法律において諸般の事情を勘案して決定すべき立法政策の問題であ」るとした最大判1950年2月1日・刑集4巻2号88頁（食糧管理法違反事件）を先例としてあげている。
＊＊＊ 先例として他に、最大判1999年3月24日・民集53巻3号514頁（刑事訴訟法39条3項接見指定合憲判決）をあげている。

年9月10日判決参照）」と判示している。また、2000年判決は、「接見時間を30分以内と定めた監獄法施行規則（以下、「規則」という）121条本文の規定及び接見には監獄職員の立会いを要する旨を定めた規則127条1項本文の規定が憲法13条及び32条に違反するものでないことは、最高裁昭和40年(オ)第1425号同45年9月16日大法廷判決・民集24巻10号1410頁、最高裁昭和52年(オ)第927号同58年6月22日大法廷判決・民集37巻5号793頁、最高裁昭和23年(れ)

第281号同25年2月1日大法廷判決・刑集4巻2号88頁の趣旨に徴して明らかである」と判示している。

　1998年判決において、信書の一部抹消の合憲性を判示するうえで先例とされたのは、未決被拘禁者の喫煙禁止が憲法13条に違反しないと判示した1970年大法廷判決、未決被拘禁者についての新聞・図書の一部抹消が憲法13条、19条、21条に違反しないとした1983年大法廷判決である。2000年判決においても、憲法32条に関する食糧管理法違反事件の大法廷判決を除けば、1998年判決と同じく、これら二つの大法廷判決が先例としてあげられている。1970年判決は、未決被拘禁者の喫煙の自由が憲法13条により保障されると仮定したうえで、その自由に対して、拘禁の確保、逃亡と罪証隠滅の防止、刑事施設の規律・秩序の維持という目的のために、制限の必要性の程度、制限される基本的人権の内容、具体的制限の態様についての比較衡量に基づき、必要な限度において合理的制限を加えることができるとしたものである。1983年判決は、広義の外部交通に関するものであり、受刑者の信書についての一部抹消の合憲性に関する判断との関連性はいっそう強い。この判決は、意見、知識、情報の伝達媒体である新聞の閲読の自由が憲法上保障されるべきことは、思想・良心の自由を保障する憲法19条と表現の自由を保障する憲法21条の趣旨・目的から、その派生原理として当然に導かれ、また、個人の尊重を要請する憲法13条の趣旨にも適うとしたうえで、「未決勾留は、……逃亡又は罪証の隠滅の防止を目的として」おり、「勾留により拘禁された者は、その限度で身体的行動の自由を制限されるのみならず、前記逃亡又は罪証隠滅の目的のために必要かつ合理的な範囲において、それ以外の行為の自由をも制限されることを免れないのであり」、「監獄内の規律及び秩序の維持のためにこれら被拘禁者の新聞紙、図書等の閲読の自由を制限する場合において……、制限が許されるためには、当該閲覧を許すことにより右の規律及び秩序が害される一般的、抽象的なおそれがあるというだけでは足りず、……具体的状況のもとにおいて、その閲覧を許すことにより規律及び秩序の維持上放置することのできない程度の障害が生ずる相当の蓋然性があると認められることが必要であり、かつ、その場合においても、右の制限の程度は、右の障害発生の防止のために必要かつ合理的な範囲にとどめるべきものと解するのが相当」であると判示した。

　1998年判決と2000年判決において、これらの大法廷判決、とくに1983年大法廷判決が先例とされたのはなぜか。もし最高裁が図書差入不許可処分を適

法と認めた1985年判決の立場に沿って、社会的隔離という自由刑の目的からすれば受刑者の「外部交通」としての面会・信書発受は「一般的に禁止」されており、規則上明文で規定された場合を除き、どのような場合に例外的に許可されるかは施設長の裁量によって決められると考えていたのであれば、これらの大法廷判決を先例として引くことはなかったはずである。社会的隔離の目的から受刑者の「外部交通」は「一般的に禁止」されるとの立場をとる限り、受刑者の面会・信書発受が憲法上の権利として認められる可能性も、したがってそれに対する制限が憲法違反となる可能性もないからである。この場合、未決被拘禁者の憲法上の権利に対する制約が合憲であることを判示した二つの大法廷判決が先例として引かれるはずはない。むしろ、これらの先例が引かれていることは、最高裁が、受刑者の「外部交通」としての面会・信書発受についても、未決被拘禁者の場合と同様の法的構成において理解していること、すなわち、受刑者の面会・信書発受は憲法上の権利として保障されており、その制約は拘禁目的のために必要かつ合理的なものでなければならないという立場をとっていることを示唆している。さらに、広義の外部交通としての図書閲覧についても、1993年判決がその不許可処分は憲法13条、19条、21条に違反しないと判示するうえで、先例として1983年大法廷判決をあげていることからすれば、受刑者の面会・信書発受の場合と同様、1985年判決の判示の射程は及ばないことが分かる。

　その後、最高裁は、2006年3月23日、受刑者による新聞社宛の信書の発信を不許可とした施設長の処分を違法と認めるにあたり、「表現の自由を保障した憲法21条の規定の趣旨、目的にかんがみると、受刑者のその親族でない者との間の信書の発受は、受刑者の性向、行状、監獄内の管理、保安の状況、当該信書の内容その他の具体的事情の下で、これを許すことにより、監獄内の規律及び秩序の維持、受刑者の身柄の確保、受刑者の改善、更生の点において放置することのできない程度の障害が生ずる相当のがい然性があると認められる場合に限って、これを制限することが許されるものというべきであり、その場合においても、その制限の程度は、上記の障害の発生防止のために必要かつ合理的な範囲にとどまるべきものと解するのが相当である」とし、監獄法46条2項を限定解釈のうえ、憲法違反はないと判示した。[※6] 憲法上の権利であることを明示していないこと、制約根拠が広く認められていること、障害発生の「相当のがい然性」で足りるとしたこと、「必要かつ合理的」制限で足りるとしたことにおいて問題が残るが、「憲法21条の規定の趣旨、目

的」を根拠にして、受刑者についても信書の発受の権利が保障されるとの前提に立って、権利制約の根拠・限界に関するこのような判断枠組が適用されるとしたことの意義は大きい。

(3) 社会的隔離と社会復帰

　自由刑の目的として行刑改革会議『提言』があげているのは、①拘禁、②社会的隔離、③社会復帰、の三つである。たしかに拘禁には必然的に一定の社会的隔離がともなうが、『提言』においては、拘禁に必然的にともなう限度を超えた社会的隔離が、独自に自由刑の目的として承認されている。上述のように、外部交通の「当然」の制限という法的構成は、このことに由来していた。

　拘禁を超えた独自の社会的隔離を自由刑の目的とし、受刑者の権利の制約根拠とすることに対しては、これまで「自由刑の純化」、すなわち自由刑の内容は身体の拘束のみであるとして、受刑者の権利・自由の制約について社会的隔離、社会復帰を根拠にした「当然」の制限を排除したうえで、拘禁目的のための必要最小限度の制限であることを要求する立場から批判が提起されてきた。[*7] しかし、たとえ「自由刑の純化」の立場をとらなくとも、これら三つの相互関係を考えたとき、自由刑の目的としてこれらを並列することには疑問が生じる。

　アメリカ建国期におけるペンシルヴェニア制、オーバン制の処遇モデルに始まって、過去、受刑者の社会的隔離が、沈黙、厳格な規律、労働などと相俟ってその社会復帰に寄与すると信じられていた時期があったことはたしかである。しかし、現在までの行刑思想の発展と処遇実務の蓄積によって、このような考えは克服され、受刑者の社会復帰を促進するためには社会的隔離を強調するのではなく、受刑者の生活条件・様式を外部社会の生活に近づけるとともに、受刑者と外部社会との接触・交流を拡大すべきと考えられるにいたっている。旧監獄法の改正議論のなかで法務省も遵守を約束してきた国連被拘禁者処遇最低基準規則（1957年経済社会理事会決議）61条が、「受刑者の処遇は、社会からの排除ではなく、受刑者が継続して社会の構成員であることを強調するものでなければならない」と規定しているとおりである。社会復帰の促進のためには、受刑者の家族の絆・社会的繋がりを維持することこそ必要であり、逆に社会的隔離の強調は社会復帰を阻害する。さらに、拘禁が必然的に一定の社会的隔離をともなうにせよ、拘禁から社会的隔離の

要素を可能な限り除去することが、受刑者の社会復帰という目的から要請されるのである。イギリス行刑改革を力強く牽引した1991年ウールフ報告書が提示したコミュニティ・プリズンという理念も、これらのことを含意している。かくして、社会復帰が自由刑の目的とされる以上、拘禁に必然的にともなう限度を超えた社会的隔離を独自に自由刑の目的として位置づけることはできない。このように考えると、1985年最高裁判決も自由刑の目的を普遍的なものとして宣言したというより、むしろ、社会的隔離を強調したかつての行刑思想と処遇実務に基づき制定された旧監獄法の立場を説明したものとして理解されるべきであろう。

(4) 憲法上の権利としての社会的コミュニケーション

　受刑者と未決被拘禁者を含む被拘禁者の社会的コミュニケーションについて、その法的性格はどのように理解されるべきか。意思・情報の伝達ためのコミュニケーションは、一般に、社会的存在としての人間の根幹を支えるものである。井上祐司は、「人間は社会的存在として、他者との接触の基本的欲求をもつ。個人として尊重される国民の、生命、自由および幸福追求の権利（憲法13条）には、その根底に他者との自由な接触欲求を満足させる行為が含まれているといえよう。……面会、信書の発受に関する受刑者の権利も、その憲法上の基礎を、この第13条に求めることができる」と論じている。渕野貴生は、人は、他者とのコミュニケーションや社会に流通するさまざまな情報に接触することを通じて「自己の人格を形成発展させていく存在」であるから、「他者とのコミュニケーションや情報へのアクセスは、自由な人格の発展の機会を保障するための不可欠の機会」であり、「外部交通は、被収容者にとって、いわば自己実現を図るための生命線」であると論じ、水谷規男も、「私的に話し、聞き、読み、書くことは個人の自己実現のための最も基本的な手段の一つであ」るとしている。

　かくして、被拘禁者の社会的コミュニケーションは、人間としての尊厳の尊重を要請し、幸福追求権を保障する憲法13条によって基礎づけられており、より具体的には、表現の自由として他者とのコミュニケーションの権利を保障する憲法21条によって根拠づけられていると理解すべきであろう。自由刑における社会的隔離という目的から、このような憲法的権利としての受刑者の社会的コミュニケーションが「一般的に禁止」され、その権利が直ちに否定されるわけでないことは、上述のとおりである。

また、社会的コミュニケーションを通じて家族の絆・社会的繋がりを維持することが、被拘禁者の社会的再統合を促進することが指摘されてきた。受刑者の場合について、『提言』も、「行刑施設に入所した後に、面会や信書の発受等の外部交通を通じて、健全な社会との良好な関係を維持することは、その改善更生や円滑な社会復帰に寄与する」ことを認め、「親族は、一般的に、受刑者にとって、その改善更生及び社会復帰の礎ともなるべき存在である」としている[*11]。イギリスにおいても、本書第6章のなかで明らかにしたように、経験科学的実証研究の成果に基づき、受刑者の家族の絆・社会的繋がりを維持することが被拘禁者の社会的再統合を促進し、受刑者の場合には再犯防止に寄与することが明確に認められ、そのための手段として社会的コミュニケーションを積極的に拡大することが要請されている。社会的再統合が、受刑者の権利として、人間としての尊厳の尊重から導かれると理解するならば[*12]、社会的コミュニケーションは、家族の絆・社会的繋がりの維持を通じて社会的再統合を促進するという点においても、憲法13条の趣旨に適うであろう（未決被拘禁者の場合の社会的再統合の意義については後述する）。

2. 社会的コミュニケーションに対する制限

(1) 権利制約の根拠と限界

　被拘禁者の社会的コミュニケーションが憲法21条の保障する権利として理解されたとき、この権利の制約は、どのような根拠に基づき、どのような限界において認められることになるのか。上述のように、拘禁目的からの内在的・直接的な制限として、被拘禁者の社会的コミュニケーションが一般的に禁止され、裁量による恩恵的利益としてのみ与えられると考えることはできない。

　被拘禁者の憲法上の権利の制約については、先に示したように、「在監関係の設定自体が当然に前提としているような自由の制限」に服する場合は別として、「法律の根拠を有すると共に、当該法律関係の設定目的を達成するのに必要かつ合理的なものでなければならない」と説かれている。すなわち、①法律に基づき、②拘禁目的の達成のために、③必要かつ合理的な限りにおいて、制限が認められるというのである。

　これに対して、芦部信喜は、被拘禁者の権利の「制限は、拘禁と戒護（逃亡・罪証隠滅・暴行・殺傷の防止、規律維持など）および受刑者の矯正教化という在監目的を達成するために必要最小限度にとどまるものでなければな

らない。したがって、……新聞・図書の閲読の制限、信書の発受の制限などについては、裁判所による厳格な審査が必要となろう」と論じている。浦部法穂も、「不可侵の人権を保障した日本国憲法のもとで、在監者について特別の人権制限が認められうるのは、憲法自身が在監関係の存在を認めており（18、31条）、その目的を達成するためには、一定の特別な人権制限が必要とされるからである。そうであれば、在監者の人権に対する制限は、この目的を達成するための必要最小限度のものにとどまるべきであって、……もとより、それは、法律によって規定されることを要」するとしている。すなわち、①法律に基づき、②拘禁目的の達成のために、③必要最小限度において、制限が認められるというのである。

　必要かつ合理的な制限が許容されるとする立場からも、制約を受ける権利の具体的性質ないし重要性によっては、「必要かつ合理的な制限」というのでは足りず、必要最小限度の制限でなければならないとされることがある。未決被拘禁者の新聞・図書閲読に対する制限については、必要最小限のものでなければならないとの見解が有力である。この場合、もし制限をしなければ、拘禁目的に対する障害が「高度の蓋然性」をもって生じると認められることが前提となる。

　たとえば、市川正人は、未決被拘禁者の新聞・図書閲読の自由について、①一般に人格の形成・発展、民主主義のプロセスの維持・保全にとって不可欠であり、②未決拘禁者にとって一般社会に関する情報を得るためのほとんど唯一の手段として格別重要であり、③防御権の行使のために必要な場合もある、との理由から、「監獄の特殊性を考慮しても、閲読を制限するためには閲読によって規律・秩序維持に対する重大な障害が生じる『高度の蓋然性』が必要であり、制限の範囲も必要最小限度でなければならない」と論じている。江橋崇も、精神的自由について認められる高次の憲法上の価値、新聞報道を知る権利は思想形成の基礎、民主主義の社会の生命線であること、在監者にとって、社会に関する情報を得るための限られた有力手段であることなどに配慮して、「購読の自由を最大限に尊重し、在監者の他の人権制限にくらべればより厳格な基準で、真に必要最小限の制限に限定すべき」であるとしている。また、竹中勲は、未決被拘禁者の閲読の自由が憲法上保障されている以上、「閲覧の自由の制限は、『必要最小限の合理的な制限』にとどめられるべき（憲法13条）であり、基本的には、『より制限的でない他の代替手段（LRA）を選択すべきとの法理』が妥当する」と論じている。必要最

小限度の制限であるためには、LRA法理のもと、最も制限的でない手段の選択が要求されるというのである。

　被拘禁者の社会的コミュニケーションについてはどうなのか。受刑者についてみると、社会的コミュニケーションは憲法21条の保障する権利であり、一般に、他者とのコミュニケーションは、人格の形成・発展にとっても、民主主義プロセスの維持・保全にとっても不可欠である。さらに、刑事拘禁という状況下、受刑者の自由な人格発展にとって本質的手段であること、受刑者の社会的再統合にとって、家族の絆・社会的繋がりの維持が決定的に重要であることからすれば、憲法13条の趣旨からも、社会的コミュニケーションは、最大限に手厚く保障されるべきである。社会的コミュニケーションに対する制限は、可能な限り抑制されなければならない。したがって、①法律に基づき、②拘禁目的の達成のために、③必要最小限度において、制限が許容されると理解すべきであり、さらに必要最小限度の制限であるためには、④拘禁目的に対する障害発生の「高度の蓋然性」、すなわちその現実的危険が認められ、⑤最も制限的でない手段が選択されなければならない。

　社会的コミュニケーションに対する制限は、第1に、法律に基づくものでなければならない。阿部照哉は、未決被拘禁者の新聞閲読の制限について、監獄法と同施行規則は「形式的には新聞閲読の自由を制限する法律上の根拠を示しているが、命令への委任につき、閲読の自由を制限する目的も、制限の基準もまったく示していない一般的・包括的委任であり、違憲の疑いが濃厚である」と論じている。[18] この指摘は、監獄法における被拘禁者の社会的コミュニケーションの制限一般について妥当していた。一般的・包括的委任を定める監獄法の規定は違憲であったというべきである。また、先のような制限の根拠と範囲を監獄法の規定の限定解釈によって導くことは不可能であるから、この点においても、監獄法は違憲といわざるをえない。

(2) 制限根拠としての拘禁目的

　社会的コミュニケーションに対する制限の根拠とされる拘禁目的とはなにか。最高裁判例と同様、受刑者の場合には、①拘禁の確保、②刑事施設の規律・秩序の維持、③受刑者の社会復帰、があげられるのが一般的である。

　このうち、まず、拘禁の確保が制限根拠としての拘禁目的にあたることに疑いはない。次に、刑事施設の規律・秩序の維持という目的について、未決被拘禁者の新聞・図書の一部抹消を合憲とした1983年最高裁大法廷判決は、

「監獄は、多数の被拘禁者を外部から隔離して収容する施設であり、右施設内でこれらの者を集団として管理するにあたつては、内部における規律及び秩序を維持し、その正常な状態を保持する必要があるから、この目的のために必要がある場合には、未決勾留によつて拘禁された者についても、この面からその者の身体的自由及びその他の行為の自由に一定の制限が加えられることは、やむをえない」と述べている。受刑者の信書発受の制限を合憲とした1998年判決においても、この判例は先例としてあげられているから、受刑者の社会的コミュニケーションに対する制限根拠としても、最高裁は同様に考えているといえる。たしかに、被拘禁者の集団生活を前提とする刑事施設においては、なんらかの意味の秩序が必要なことは否定できない。問題は、より具体的なその内容である。

　従来、規律・秩序の維持という目的の曖昧さが、過度広汎な制限を招いてきたとの批判は強い。赤池一将は、受刑者を「矯正処遇」の客体として位置づけることと相俟って、規律・秩序が受刑者に対する施設側の管理という観点から構成され、管理としての規律・秩序の徹底が、社会復帰に役立つものとして「矯正処遇」のなかに位置づけられると同時に、逃亡、自殺傷などの「事故防止」という拘禁確保を目的とする保安的観点の延長線上で捉えられてきたと指摘する。そのうえで、「施設と被収容者の双方の協力によって達成されるべき『共同生活の安全と秩序』」として、刑事施設の規律・秩序を再構成すべきとする[19]。徳永光も、「被収容者の自発的な社会復帰を促すのに適した環境を提供する」こととして刑事施設の責務を捉えたとき、「円滑で安全な共同生活環境を享受するという被収容者の視点から論じられる」べきとする[20]。受刑者処遇において受刑者を「矯正処遇」の客体の地位から解放し、その主体性を尊重しつつ、処遇形成への参加を保障するという観点からすれば、刑事施設の規律・秩序は、管理主義的観点からの刑事施設の平穏としてではなく、社会復帰のための処遇に適した処遇環境を意味する安全で円滑な共同生活の維持として構成されるべきである。

　受刑者の社会復帰という目的についてはどうか。これまで、受刑者処遇の医療モデルにおいて典型的なように、受刑者は「矯正処遇」の客体としての地位におかれ、再犯防止のための犯罪の危険性の除去を中核とする社会復帰を目的とする処遇を強制されてきた。このとき、社会復帰という目的は、受刑者の社会的コミュニケーションを制限する根拠の一つとされることになる。行刑改革会議『提言』もこの立場をとっている。しかし、受刑者の人間とし

ての尊厳の尊重という要請からも、また、強制された社会復帰処遇に十分な効果が期待できないことからも、社会復帰処遇の強制には重大な疑問がある。[21] 社会復帰のための処遇は、受刑者の主体性を尊重したうえで、その同意に基づく参加を前提とすべきである。受刑者は「社会防衛のための矯正されるべき客体としてではなく、自らの人生の問題を自ら解決するために、自らの意思で社会復帰に参加すべき主体」として位置づけられなければならず、社会復帰処遇においては「社会復帰する主体である被収容者の同意」が前提とされなければならない。「被収容者処遇は、被収容者の社会復帰の国家による強制としてではなく、その社会復帰への国家による積極的援助として構成される」べきことになる。[22] このとき、もはや社会復帰の目的は、受刑者の社会的コミュニケーションを制限する根拠とはなりえない。

3. 未決被拘禁者の社会的コミュニケーション

(1) 未決被拘禁者の社会的再統合

以上述べたことは、未決被拘禁者についてもほぼそのまま妥当するが、未決被拘禁者の社会的コミュニケーションについては、いくらか特別な考慮が必要とされる問題もある。

未決被拘禁者の場合にも、受刑者の場合と同様、社会的コミュニケーションは憲法21条の保障する権利である。さらに、刑事拘禁という状況下、被拘禁者の自由な人格発展にとって本質的手段であること、被拘禁者の社会的再統合にとって、家族の絆・社会的繋がりの維持が決定的に重要であることからすれば、社会的コミュニケーションは憲法13条の趣旨からも保障される。

未決被拘禁者の場合には、無罪の推定が保障されることから、たしかに、再犯防止と関連づけられた意味における社会復帰が問題とされるべきではない。しかし、未決被拘禁者についても、家族の絆・社会的繋がりを維持することによって、刑事拘禁にともなう社会生活の断絶の効果を緩和し、釈放後の生活再建を準備することが必要かつ重要なのは、受刑者の場合と変わりがない。これは、憲法13条による人間としての尊厳の尊重からの要請である。社会的再統合（social reintegration）は、受刑者の場合における再犯防止を中核的意味とする社会復帰だけでなく、このような意味を含む概念として理解することができる。[23] 広義の社会的再統合を意味するものとして、イギリスにおいては、生活再建（resettlement）という概念が用いられることも多い。実際、イギリスにおいては、主として刑事施設に駐在するプロベイション・

オフィサーが、プロベイション・オフィス、ソーシャル・サービス、他の福祉機関など外部機関と連携をとりつつ、未決被拘禁者の家族の絆・社会的繋がりを維持するためのさまざまな社会的援助を、その任意の参加を前提として提供している。かくして、未決被拘禁者についても、家族の絆・社会的繋がりの維持を通じて社会的再統合ないし生活再建を促進するという点において、社会的コミュニケーションの保障は憲法13条の趣旨に適うのである。

(2) **防御権の保障と社会的コミュニケーション**

　さらに、未決被拘禁者の場合、刑事事件の被疑者・被告人としての地位を有することから、社会的コミュニケーションは刑事手続上の防御権の保障にとっても重大な意義を有する。弁護士の浦功は、刑訴法81条の接見禁止によって被疑者・被告人が社会的コミュニケーション、物の授受を通じての外部社会との接触を完全に遮断される結果、「孤独地獄」ともいうべき苛酷な状況に直面することがあると指摘したうえで、「身体を拘束された被疑者・被告人が、日常的社会的活動を維持し、精神的・肉体的平静を保持するという利益も、防御に不可欠なものであって、……被疑者・被告人と一般私人との接見交通権は、人身の自由を保障するというだけでなく、被疑者・被告人の防御活動を実質的に保障するという実践的意義がある」と論じている。この点について、三井誠は、家族、友人などとの一般接見の「目的は、主として外界との接触により精神的安定・心理的支えを得ることにある」が、「精神的安定を基にしてはじめて防御の実効性もあがる」から、「一般接見にはそれを通して防御活動に結びついていくという重要な機能もある。この実践的意義は軽視されてはならない」としている。また、渡辺修が指摘しているように、憲法34条の保障する弁護人選任権を行使するうえで、適切な弁護人を選任するためには、家族など固有の弁護人選任権を有する者と相談する機会が不可欠である。

　防御権の保障の実質化につながるこのような意義は、面会だけでなく、信書の発受を含めた社会的コミュニケーション一般について認められるであろう。近時、防御活動ないし防御権の保障における被疑者・被告人の主体性を強調する立場が有力になってきているが、このような傾向のなか、社会的コミュニケーションが防御権との関係において有する意義がいっそう重要なものとなる。社会的コミュニケーションの十分な保障は、身体を拘束された被疑者・被告人の精神的・心理的安定をもたらし、その社会的関係を継続させ

ることを通じて、防御における被疑者・被告人の主体性を強化することにつながるであろう。このことは、適正手続の本質としての被疑者・被告人の手続参加の保障という課題に結節している。かくして、未決被拘禁者の社会的コミュニケーションの保障は、憲法31条による防御権の保障の趣旨にも適うのである。

　また近時、憲法制定過程の分析などから、憲法34条はインコミュニカード（incommunicado）、すなわち外部との接触がまったく遮断された状態に被拘禁者を置くことを禁止する趣旨を含んでいるとの理解が提起されている。未決被拘禁者の社会的コミュニケーションが、直接、憲法34条により保障されているわけではないにせよ、このような理解に立つとき、弁護人が選任されていないとき、家族、友人などとの社会的コミュニケーションを包括的に禁止することは、憲法34条の趣旨に反することにもなるであろう。

(3) 権利制約の根拠と限界

　このように、未決被拘禁者の社会的コミュニケーションは、受刑者の場合と同様、憲法21条によって保障され、憲法13条の趣旨にも適う。さらに、未決被拘禁者の場合、防御権の実質的保障という憲法31条の趣旨からも、社会的コミュニケーションの手厚い保障が求められる。かくして、社会的コミュニケーションに対する制限については、最大限の抑制が必要とされる。

　したがって、受刑者の場合と同様、①法律に基づき、②拘禁目的の達成のために、③必要最小限度において、制限が許容されるのであり、さらに必要最小限度の制限であるためには、④拘禁目的に対する障害発生の「高度の蓋然性」、すなわちその現実的危険が認められ、⑤最も制限的でない手段が選択されなければならないことはもちろん、さらに、未決被拘禁者の場合には、その社会的コミュニケーションは憲法31条および同34条の趣旨からも基礎づけられているから、未決拘禁によって被疑者・被告人の防御権が実質的に制約されること、あるいは外部社会との接触が全面的に遮断されることは許されない。かくして、上述の根拠・限界によることに加え、未決被拘禁者の社会的コミュニケーションに対する制限は、⑥防御権の実質的制約に及ぶことなく、⑦外部社会との接触の全面的遮断とならない範囲においてのみ、認められることになる。

　社会的コミュニケーションに対する制限の目的としては、未決被拘禁者の場合、①拘禁の確保、②刑事施設の規律・秩序の維持、③逃亡・罪証隠滅の

防止、が通常あげられている。

　刑事施設の規律・秩序の維持という目的は、安全で円滑な共同生活の維持として再構成されるべきである。未決被拘禁者についても、再犯防止と関連づけられた社会復帰が問題にされるべきではないにせよ、刑事拘禁という環境において、管理の客体としての地位ではなく、主体的地位が与えられるべきであり、したがって、安全で円滑な共同生活として規律・秩序を再構成すべきことは受刑者の場合と同様である。安全で円滑な共同生活の維持に対する障害の生じる現実的危険が認められるとき、被拘禁者の社会的コミュニケーションは制限されうるのである。

(4) 逃亡・罪証隠滅の危険による制限

　未決被拘禁者については、逃亡・罪証隠滅の防止が制限根拠とされるべき拘禁目的として認められてきた。刑訴法81条は「裁判所は、逃亡し又は罪証を隠滅すると疑うに足りる相当な理由があるときは、検察官の請求により又は職権で、勾留されている被告人と第39条第1項に規定する者以外の者との接見を禁じ、又はこれと授受すべき書類その他の物を検閲し、その授受を禁じ、若しくはこれを差し押えることができる」と規定し（207条1項により被疑者の勾留にも準用される）、裁判官・裁判所が逃亡・罪証隠滅の防止のために、接見禁止などの処分を行うことを認めている。接見禁止などの根拠とされる逃亡・罪証隠滅の防止は、勾留の理由としての逃亡・罪証隠滅の防止（刑訴法60条1項・207条1項）と比較して、被疑者・被告人の「勾留だけでは賄いきれない逃亡又は罪証隠滅のおそれを指すもの」[30]、あるいは「勾留による身柄拘束によっては防止できない程度に具体的危険が予見されるもの」[31]とされる。しかし実際には、とくに罪証隠滅の「おそれ」が具体的根拠に基づく現実的危険としてではなく、抽象的おそれとして認定されることにより、接見禁止などの処分が個別具体的にではなく、包括的に決定されている。その結果、弁護士の小坂井久が「被拘禁者は、心身ともに侵害され、その人格そのものが、いわば圧迫されることになり、必然的に防御力は甚だしく減退する」と指摘しているように[32]、被疑者・被告人の防御権が実質的に制約されることとなっている。

　未決被拘禁者の社会的コミュニケーションに対する制限は、一般に、拘禁目的のための必要最小限度においてのみ認められ、そのためには、拘禁目的を阻害する現実的危険が認められ、その制限が最も制限的でない手段として

選択されなければならず、さらに防御権の実質的制約に及ぶことは許されない。刑訴法81条に基づく制限が認められるのも、このような限りにおいてである。したがって、逃亡・罪証隠滅の現実的危険が存在し、最も制限的でない手段であることを含め必要最小限度の制限であり、さらに防御権の実質的制約に及ぶものでないことについての個別具体的認定に基づいてのみ、刑訴法81条による接見禁止などの決定が許されるのであり、抽象的おそれの認定に基づく包括的制限は許されないといわなければならない。実務上、接見禁止などの決定は罪証隠滅の防止を理由として行われることが大多数であるといわれるが、とくに罪証隠滅の「おそれ」という概念は、それ自体として曖昧であり、歯止めとなりにくく、過度広汎な制限をもたらす危険をともなう。[33]このことにかんがみれば、具体的根拠に基づき、罪証隠滅に対する現実的危険の存在とその防止のために必要最小限度の制限であることが厳格に認定されなければならない。かくして、実務においてしばしばみられるような一切の接見交通の全面禁止は、およそ認められないことになる。本来、個別具体的な接見、書類・物の授受ごとに制限が決定されるべきである。少なくとも、相手方、対象物、期間を特定したうえでの部分的制限として決定されなければならない。[34]抽象的なおそれの認定に基づく包括的制限という実務は、憲法21条に明らかに違反するものであり、憲法13条の趣旨、さらには防御権の実質的制約をもたらす点において憲法31条の趣旨にも反するものとして許されない。また、弁護人の選任されていない被疑者・被告人について、一切の接見交通を全面禁止することは、外部社会との接触の全面的遮断を排除する憲法34条の趣旨に反するものとして許されない。

　刑訴法80条が身体を拘束された被疑者・被告人の社会的コミュニケーションを保障する規定を置き、刑訴法81条が裁判官・裁判所の判断に基づく制限を定めたのは、この権利が被疑者・被告人の防御権の保障と緊密に結合しているからであろう。このことからすれば、刑訴法81条があげている逃亡・罪証隠滅の防止という目的のための制限を、裁判官・裁判所ではなく、刑事施設長の判断に基づき行うことができるのか問題となる。逃亡・罪証隠滅の防止のための制限は防御権の実質的制約に及ぶ危険がとくに高いことからすれば、施設長の判断に基づく制限は許されないというべきであろう。[35]たとえ施設長の判断による制限が認められるにしても、防御権の実質的制約に及ぶものではないことが明白な場合に限られることになる。立法論としては、未決被拘禁者の社会的コミュニケーションに対するいかなる制限も防御権の実質

的制約に及ぶ危険を有していることから、逃亡・罪証隠滅の防止に限らず、安全で円滑な共同生活の維持のための制限も、このような危険のないことが定型的に明白な技術的制限として刑訴法80条のいう「法令」によって定められた場合を除いて、裁判官・裁判所の判断に基づいて行うこととすべきであろう。

4. 社会的コミュニケーションの保障のあり方

(1) 面会、信書発受の実施方法

　それでは、被拘禁者の社会的コミュニケーションは、具体的にどのように保障されるべきか。

　受刑者についても、面会・信書発受の相手方は制限されるべきではなく、友人など、家族以外の人とのコミュニケーションが広く認められるべきである。このことは、受刑者の社会的繋がりの維持にも寄与することになる。最も制限的でない手段の選択が憲法上要請される以上、相手方によって面会・信書発受を認めないことは、実際にはおよそ起こりえないであろう。上述のように、本来、社会復帰の目的のための制限は認められるべきではない。刑事施設がなすべきことは、必要に応じて個別具体的な社会的コミュニケーションが社会復帰にとってどのような意義・効果を有するか受刑者に助言し、受刑者の判断を助けることである。[36] かりに制限が認められるとの立場をとったとしても、有識者会議『提言』のように、社会復帰に役立つときに限って面会・信書発受が認められるというのではなく、個別具体的判断に基づき社会復帰を阻害する現実的危険がある場合、例外的に制限が許されることとすべきである。面会の具体的実施方法の選択などのため、相手方の身元確認は必要になるであろうし、また、凶器、薬物などの禁制品の持込を防ぐために、その現実的可能性に応じた範囲内での所持品・身体検査も必要となるであろう。ただし、イギリスの経験に照らしても、厳格すぎる所持品・身体検査が面会の現実的機会を狭めることにならないよう、慎重な配慮が必要とされる。

　面会・信書発受の回数、時間などの制限は厳しい。被拘禁者の社会的再統合に向けて家族の絆・社会的繋がりを維持するためには、社会的コミュニケーションの機会が現実に生かされるよう積極的措置がとられるべきである。「施設収容はもともとそれ自体として社会との良好な関係の維持を困難にしているのであるから、被収容者と外部社会との接触を援助、奨励することは施設側の義務」とされるのである。[37] このことは、受刑者、未決被拘禁者の双

方についていえる。

　面会時間については、夜間、休日の面会が認められるべきである。イギリスにおいては、大多数の刑事施設において、土曜日、日曜日にも面会時間が設定されている。たとえば、ウェールズのパルク民営刑事施設においては、1年365日、毎日、昼食・夕食の休憩を挟んで、月曜日から土曜日まで午前9時から午後8時まで、日曜日が午前9時から午後5時30分までの面会時間が設定されていた。施設長は、被拘禁者が家族・友人と交流する機会を現実に生かすことができるよう積極的措置をとることが、コミュニティ・プリズンの理念から要請されていると語っていた。[*38]　また、ティー・サイドのホーム・ハウス刑事施設においては、月曜日、水曜日、金曜日が午後1時から3時45分まで、火曜日、木曜日がこれに加えて午後5時から7時15分まで、土曜日・日曜日が昼休みを挟んで午前9時から午後4時30分と設定されていた。被拘禁者生活再建担当の運営責任者であるギル・ボルトン氏によれば、火曜日、木曜日に執務時間終了後の面会時間を設定し、土曜日、日曜日にも面会時間を設定しているのは、とくに遠隔地に居住する、あるいは週日仕事のある家族・友人の便宜に配慮してのことであるという。面会時間を刑事施設の執務時間内に限定することは、被拘禁者の家族の絆・社会的繋がりの維持を妨げるであろうとのことであった。[*39]

　一定回数・時間の面会と公費による信書発受について、全受刑者に共通する最低基準を合理的に設定したうえで、これについては、家族の絆・社会的繋がりを維持することの大切さとともに、人権侵害の防止や人権侵害の実効的救済のためにも、外部社会との接触の機会を継続してもっているべきであることにかんがみ、懲罰として、または懲罰中に奪われることのないようにすべきである。それを超える面会についても、現実の職員配置との関係において、拘禁目的を阻害する現実的危険が生じない限り、制限がなされるべきではない。このとき、すべての現実の面会希望者が公平に面会機会を得ることも、安全で円滑な共同生活の維持という目的に含まれるであろう。未決被拘禁者についても、面会に対する制限はこの限りにおいて認められ、公費による信書発信の最低基準が合理的に設定されるべきである。弁護人の選任に関する相談など、防御権を行使するうえでとくに重要な面会については、いかなる制限も許されるべきではない。防御権の実質的制約に及ぶ危険を排除するためには、懲罰による、または懲罰中の社会的コミュニケーションの制限は許されない。また、受刑者、未決被拘禁者ともに、私費による信書発信

第7章　基本的人権としての社会的コミュニケーション　313

の回数制限はすべきでない。

　日本においては現在まで、受刑者、未決被拘禁者ともに、遮蔽板を挟んだ閉鎖面会が行われており、開放面会が認められる例もあるにせよ、それは稀にでしかない。[*40] 閉鎖面会ではなく、一定の身体接触が認められる開放面会が原則とされるべきである。イギリスの経験が示すように、開放面会を通じて人間的交流を深めることは、家族の絆・社会的繋がりの維持にとって本質的に重要である。面会の質を高めることになるのである。また、家族が気兼ねなく落ち着いて面会できるよう、家族面会室が用意されるべきである。閉鎖面会が用いられるのは、被拘禁者、面会者双方の安全、あるいは禁制品持込の防止などのため、やむをえず必要とされる場合に限られなければならない。これらの目的が、所持品・身体検査、職員の視覚的監視など他の手段によって達成されるのであれば、閉鎖面会は用いられるべきではない。

(2) 秘密性の保障

　最大の問題は、社会的コミュニケーションの秘密保護である。旧監獄法下においては、受刑者についてわずかな例外があるものの、被拘禁者の面会にはすべて職員が立ち会ったうえで、会話内容を聴取し記録化していた。また、すべての信書が一律に検閲されていた。イギリスの経験からみても、立会・検閲にかかる施設職員の時間・労力の限界が、社会的コミュニケーションの現実的機会を抑制してきたことは否定できない。上述のように、最高裁の判例は、受刑者の社会的コミュニケーションと法的コミュニケーションとを区別していないが、民事訴訟に関する弁護士との面会への職員立会を適法とした2000年最高裁判決は、「受刑者との接見に刑務所職員の立会いを要するのは、不法な物品の授受等刑務所の規律及び秩序を害する行為や逃走その他収容目的を阻害する行為を防止するためであるとともに、接見を通じて観察了知される事情を当該受刑者に対する適切な処遇の実施の資料とするところにその目的がある」と述べていた。しかし、すべての被拘禁者、すべての面会・信書について一律の立会・検閲が必要最小限の制限といえるか大いに疑問である。たとえ必要最小限度の制限として立会・検閲が必要となる場合があると仮定しても、より制限的でない手段の選択が検討し尽くされたうえで、立会・検閲の必要性が個別具体的に認められなければならない。また、ここにいわれる「適切な処遇」とは「規律及び秩序を害する行為や逃走その他収容目的を阻害する行為」とは区別されたもので、受刑者の社会復帰に向けら

れた処遇を意味するものであろうが、受刑者の社会復帰という目的から社会的コミュニケーションを制限することが認められないのは、上述のとおりである。

　突き詰めて考えると、はたして立会・検閲が必要とされる場合があるのか疑問が生じる。面会者、信書発受の相手方の身元確認がなされた後、面会についてはエックス線透視、金属探知器による検査を含め、必要な所持品・身体検査を行い、イギリスなどで一般に行われている「見えるが聞こえない」位置での職員の視覚的監視が行われ、また、信書についてもエックス線透視、金属探知器、形状・重量などの外形的検査が行われ、例外的に必要であれば同封物の検査のために被拘禁者の面前での開披が行われたならば、立会・検閲を行うことなく、拘禁の確保と安全で円滑な共同生活の維持という拘禁目的は十分達成できるのではなかろうか。面会時の会話、信書の内容それ自体によってこれらの拘禁目的が阻害される現実的危険が生じることまではないからである。また、犯罪の教唆・慫慂や脅迫状など、会話や信書がそれ自体として犯罪を構成する場合でも、立会・検閲によらなくとも、一般の場合と同様、事後的な統制を加えれば足りるであろう。[*41] より制限的でない手段を尽くしても、立会・検閲がなければこれらの拘禁目的を阻害する現実的危険の発生を回避することができないという意味において立会・検閲が必要最小限度の制限といいうる場合は想定できないのである。

　未決被拘禁者の場合、罪証隠滅の防止という目的から、刑訴法81条・207条1項に基づき裁判官・裁判所は面会の立会、信書の検閲を決定することができるか。前提として、罪証隠滅の現実的危険が厳格に認定されなければならない。被疑者・被告人の黙秘、供述修正の可能性はそれ自体防御権の行使というべきであって、罪証隠滅のおそれにはあたらない。また、曖昧なおそれとしてではなく、罪証隠滅の現実的危険が、具体的根拠に基づき認定されなければならない。これらを前提としつつ、裁判官・裁判所が、罪証隠滅の現実的危険を回避するための最も制限的でない手段であると認める場合に限り、面会、信書を個別具体的に特定したうえで、立会・検閲を行うよう決定することができると理解すべきであろう。たしかに刑訴法81条は接見の「禁止」について規定するのみであるが、面会の立会は禁止よりも制限的でない手段であるから、面会を禁止することなく、立会を条件として認めることは可能というべきであろう。

(3) 電話の使用

　旧監獄法下、社会的コミュニケーションの手段は面会および信書に限定されていた。受刑者について、行刑改革会議『提言』が電話の使用について積極的立場をとったことは評価されるべきである。電話の使用は、イギリスの例に照らしても、とりわけ家族と遠く離れた場所に拘禁されている被拘禁者、信書による文字を通じてのコミュニケーションが得意でない被拘禁者について、社会的コミュニケーションの現実的機会を拡大することになるであろう。イギリスにおいては、原則、無作為抽出された通話について傍受・録音が行われているが、面会の立会、信書の検閲について先のように考えるならば、拘禁の確保、安全で円滑な共同生活の維持という目的のためには傍受・録音は不要であろう。未決被拘禁者については、刑訴法81条の準用により、裁判官・裁判所が個別具体的な通話について、罪証隠滅の現実的危険を排除するための必要最小限度の制限として、その傍受・録音を決定する可能性が認められることになるであろう。

　本書第6章において検討したように、イギリスにおいては、社会的コミュニケーションの現実的機会を拡大し、その質を向上させるために、面会費用補助制度、面会者センターにおける対人支援という社会的援助の制度が存在する。このような社会的援助の発達は、社会的コミュニケーションを通じて被拘禁者の家族の絆・社会的繋がりを維持することの大切さ、それが被拘禁者の社会的再統合を促進し、受刑者の場合には釈放後の再犯を効果的に防止することについての確固たる認識を基盤にしている。それにもかかわらず、刑事施設までの距離の遠隔、高額の訪問費用、面会の事前予約の困難さ、面会手続の煩雑さ、過剰なまでの保安措置と所持品・身体検査、施設職員の対応のまずさや態度の悪さ、これらにも関連して面会にさいして家族、友人などが経験するストレスと疲労などが面会機会の現実的拡大を妨げ、その質を低下させていることから、積極的な社会的援助が要請されたのである。日本においても、社会的コミュニケーションの現実的機会の拡大とその質の向上のために、このような社会的援助を具体化させるべきである。

注
＊1　最判1985年12月13日・民集39巻8号1779頁。
＊2　芦部信喜『憲法』（岩波書店・1993年）91～92頁、浦部法穂『全訂・憲法学教室』（日本評論社・2000年）71～72頁、辻村みよ子『憲法（第二版）』（日本評論社・2004

年）171頁など。
* 3　市川正人「特殊な法律関係と憲法上の権利」法学教室増刊・憲法の基本判例21頁（第二版・1996年）。
* 4　阿部照哉「在監者に対する新聞紙閲覧の自由の制限の合憲性」民商法雑誌90巻3号114頁（1983年）。
* 5　平岡久「在監者への差入れ制限の適法性」ジュリスト増刊・昭和60年度重要判例解説36頁（1986年）も、「外部交通」の手段としての性格の違いによる区別を示唆している。
* 6　最判2006年3月23日・判例時報1929号37頁。
* 7　宮崎繁樹＝五十嵐二葉＝福田雅章編著『国際人権基準による刑事手続ハンドブック』（青峰社・1992年）344頁以下（福田雅章）。
* 8　井上祐司「受刑者の面会、信書の発受」法律時報53巻9号（1981年）146頁。
* 9　渕野貴生「外部交通の意義と情報へのアクセス」刑事立法研究会編『21世紀の刑事施設』（日本評論社・2003年）188頁。
* 10　水谷規男「被収容者の外部交通権の現状」刑事立法研究会編『入門監獄改革』（日本評論社・1996年）47頁。
* 11　行刑改革会議第1分科会第6回会議（2003年11月10日）において、菊田幸一は、家族・友人との面会が家族の絆・社会的繋がりを維持することによって、受刑者の社会復帰の促進に結びつくことを指摘している。行刑改革会議ホームページ　http://www.moj.go.jp/KANBOU/GYOKEI/BUNKA01/gijiroku06.html。
* 12　葛野尋之「死刑廃止──共に生きる社会のために」法学セミナー41巻10号（1996年）参照。
* 13　芦部・注2書93～94頁。
* 14　浦部・注2書72～73頁。
* 15　市川・注3評釈22頁。阿部・注4評釈112頁は、これら②、③に加え、新聞、図書などの文書は凶器と異なり、直接に規律違反行為の手段とはなりにくいことを指摘している。
* 16　江橋崇「未決拘禁者の知る権利」法学セミナー344号22頁（1983年）。
* 17　竹中勲「未決拘禁者の閲読の自由」憲法判例百選Ⅰ（第四版）（2000年）39頁。
* 18　阿部・注4評釈115頁。
* 19　赤池一将「共同生活規則」刑事立法研究会・注10書100～102頁。
* 20　德永光「社会復帰からみた懲罰制度のあり方」刑事立法研究会・注9書217頁。
* 21　宮崎ほか・注7書362頁以下（福田雅章）。
* 22　赤池一将・注19論文95頁。
* 23　このような意味の社会的再統合を促進するために、未決被拘禁者に対する広汎な社会的援助が要請されことになるが、それを基礎づけるのは憲法13条である。未決拘禁者に対する社会の援助について、土井政和「未決被拘禁者への社会的援助」季刊刑事弁護9号（1997年）、福井厚「被勾留者と生活保護請求権」大阪大学・国際公共

政策研究6巻2号（2002年）、斉藤司「未決被拘禁者に対する社会的援助」刑事立法研究会編『代用監獄・拘置所改革のゆくえ』（現代人文社・2005年）参照。
*24　浦功「刑訴法81条の接見等禁止と弁護活動」『梶田英夫判事・守屋克彦判事退官記念論文集・刑事・少年司法の再生』（現代人文社・2000年）200～201頁。
*25　三井誠『刑事手続法(1)（新版）』（有斐閣・1997年）155、165頁。
*26　渡辺修『刑事裁判と防御』（日本評論社・1998年）116頁。渡辺修は、「被疑者・被告人の防御には、家族・仕事・学校関係等社会生活基盤の確立と事件に関する情報収集が不可欠である。また拘留中でも精神的・肉体的に平静を保てることも保障されなければなるまい。さらに、憲法34条が保障する弁護人選任権の行使上、被疑者・被告人が家族など固有の弁護人選任権を有する者と相談し適切な弁護人を選ぶ機会が不可欠である。被疑者・被告人たる地位に伴う『包括的防御権』は、以上の『防御の利益』のためにする一般接見・物の授受の自由を含み、それは憲法34条の予定する抑留・拘禁に内在する憲法原理が求めている」と論じている。
*27　三井誠「接見交通権問題の現状と今後」法律時報65巻3号（1993年）19頁は、接見交通権の権利の主体はあくまでも被疑者であることに注目したとき、家族、友人などとの一般接見の重要性があらためて自覚されることになるとする。
*28　葛野尋之『少年司法の再構築』（日本評論社・2003年）444頁以下。自己の刑事手続への実効的参加の保障が適正手続の本質であることは、イギリスのブルジャー事件に関する11歳の被告人2名に対する公開陪審裁判が欧州人権条約6条1項の公正な裁判受ける権利の保障に違反するとした1999年の欧州人権裁判所判決において指摘されたが、このことは少年の場合だけでなく、成人の被疑者・被告人についても同じくいえることである。
*29　憲法的刑事手続研究会『憲法的刑事手続』（日本評論社・1997年）122頁以下（高野隆）・268頁以下（村岡啓一）、村井敏邦「接見交通権の保障と信書の発受の秘密性」『渡部保夫古稀記念論文集・誤判救済と刑事司法の課題』（日本評論社・2000年）284頁注4。
*30　小田健司「接見禁止の裁判に条件・期限を付しうるか」新関雅夫ほか『令状基本問題（新版）』（一粒社・1986年）487頁。
*31　藤永幸治＝河上和雄＝中山善房編『大コンメンタール・刑事訴訟法・第二巻』（青林書院・1994年）112頁（川上拓一）。
*32　小坂井久「刑訴法81条の問題」季刊刑事弁護26号（2001年）82～83頁。
*33　三井・注25書165頁。渡辺・注26書115頁は、被疑者・被告人の供述修正・黙秘の可能性を罪証隠滅のおそれとして捉えることは、独居・隔離を強いることで自白させ、これを維持させることを強制する効果を有する点において憲法38条1項の禁止する自白強要にあたり、また、供述修正・黙秘はそれ自体として証拠の「隠滅」とはならず、「防御の自由」に含まれることから、許されないと論じている。
*34　大出良知＝川崎英明＝神山啓史＝岡崎敬編著『刑事弁護』（日本評論社・1993年）33頁は、接見禁止決定のためには「接見・差入を許可することによって逃亡・罪証隠

滅のおそれがあるということを示すに足る、具体的な理由がなければならない」とういう「趣旨からするならば、一般的な接見・差入禁止が行われるのではなく、個々の接見・差入ごとに禁止すべきか否かが判断されることこそ、本来のあるべき姿である」とする。本文に述べたように、個別具体的な接見禁止決定は、憲法的要請から導かれる帰結である。

*35 福井厚「未決被拘禁者の外部交通」刑事立法研究会・注10書27〜28頁。中川孝博「未決被拘禁者と弁護人以外の者との外部交通権」刑事立法研究会・注23書142〜143頁は、逃亡・罪証隠滅の危険を根拠とする社会的コミュニケーションの権利の制約については、刑訴法81条が裁判所・裁判官による制限を定めており、刑訴法のなかに他の制限規定は存在しないから、刑事訴訟法と刑事拘禁法の一元的関係からすれば、「逃亡・罪証隠滅のために権利を制限できるのは裁判所のみであるということ」になり、刑訴法「80条における『法令の範囲内』という文言は、逃亡・罪証隠滅の危険性に関する事項を除外して下位法令に委任していると解釈される」と論じている。もっとも、立法論としては、逃亡・罪証隠滅の危険を根拠にする場合でなくとも、社会的コミュニケーションに対するいかなる実質的制限も、防御権の実質的制約に及ぶ危険をはらむものとして、裁判官・裁判所の決定によってのみ許されるとすべきである。このような権利制約のあり方が、刑事訴訟法と刑事拘禁法の一元的関係にもよりよく適合するであろう。

*36 金子みちる「被収容者の外部社会との接触——面会・信書の発受」刑事立法研究会・注9書204〜205頁。

*37 水谷・注10論文48頁。

*38 2004年6月29日の訪問にさいしてのインタビューによる。

*39 2004年7月15日の訪問にさいしてのインタビューによる。

*40 第150回国会における保坂展人衆議院議員「受刑者の処遇に関する質問趣意書」（内閣衆質150第40号・2000年11月21日）に対する内閣総理大臣・森喜朗の答弁書（2001年1月23日）によれば、1999年12月1日から2000年11月30日までのあいだに「受刑者と接見の相手方との間に物理的な障壁がない場所で、職員による立会いを省略した状態で行われた接見（余罪受刑者とその弁護人等との接見を除く）」の件数は、合計3,121件であり、そのうち配偶者との接見が1,144件であった。このような意味の開放面会の実施は、特定の刑事施設に集中する傾向があるようにみえる。開放面会を実施した刑事施設は全部で14か所あったが、実施件数が100件を超えるのは、奈良少年刑務所の960件、静岡刑務所の738件、市原刑務所の532件、黒羽刑務所の207件、松山刑務所の141件であり、これらだけで計2,578件となり、全体の82.6％を占めている。

*41 水谷・注10論文47〜48頁、金子・注36論文203〜204頁。

第8章
裁判にアクセスする権利と法的コミュニケーション

1. 法的コミュニケーションの法的性格

(1) 裁判を受ける権利と法的コミュニケーション

　旧監獄法下、民事訴訟などに関する被拘禁者と弁護士とのコミュニケーションは、基本的に社会的コミュニケーションの場合と区別されることなく扱われていた。一般的禁止のうえでの裁量による恩恵的許可という法的構成がとられ、立会・検閲が一律に行われるなど、広汎かつ強度の制限がなされていたのである。本書第5章において指摘したように、行刑改革会議『提言』は、曖昧な表現ながらも、民事訴訟などに関する弁護士との面会、人権救済などの目的による信書の発信について、受刑者の権利としての性格を認めたようであるが、自由かつ秘密の法的コミュニケーションの保障を明確に提言するには至らなかった。

　まず問題となるのは、民事訴訟などに関する法的コミュニケーションの法的性格である。被拘禁者の社会的コミュニケーションは、憲法21条によって保障され、憲法13条の趣旨にも適うものであった。徳島刑務所事件における控訴審の高松高裁判決[*1]は、おそらく法的コミュニケーションに限定することなく社会的コミュニケーションをも含めてのことであろうが、受刑者の面会が憲法13条により保障される権利であると認めていた。

　法的コミュニケーションについて重要なのは、憲法32条の保障する裁判を受ける権利との関係である。この点については、イギリス法と欧州人権条約をめぐる欧州人権委員会・欧州人権裁判所の判例の展開が参考になる。本書第6章において明らかにしたように、この展開のなか、欧州人権条約6条1項の保障する公正な裁判を受ける権利は、当然に裁判にアクセスする権利を包含するものであり、受刑者が裁判にアクセスする権利が実質的に保障されるためには、すでに正式に提起した訴訟に限らず、準備中の訴訟に関しても、弁護士との自由かつ秘密の法的コミュニケーションが保障されなければなら

ないとされた。法的コミュニケーションの秘密保護は、古くからコモン・ロー上確立した法曹特権として認められてきたが、近年、欧州人権条約上も明確に要請されるに至っている。イギリス法において、裁判にアクセスする権利は「憲法上の基本的権利」として保障され、自由かつ秘密の法的コミュニケーションは裁判にアクセスする権利の本質的要素として認められてきたから、これに対する制限については、法律に基づく、正当な目的のための必要最小限度の制限でなければならないことが、特別に厳格に要求されている。かくして、自由かつ秘密の法的コミュニケーションの実質的制約に及ぶような制限は排除されているのである。法的コミュニケーションの自由と秘密保護は、訴訟手続に関係するものだけでなく、弁護士とのコミュニケーション一般について認められ、さらに公的機関に対する人権侵害の申立、プロベイション・オフィサーとの接触、全国組織のNGOへの相談なども、弁護士とのコミュニケーションに準じて扱われるようになっている。

　民事訴訟に関する自由かつ秘密の法的コミュニケーションが、被拘禁者に対して保障されているとする見解も示されてきた。北村泰三は、国際人権法の発展を踏まえつつ、「『裁判を受ける権利』は、……弁護士の援助を通じた『実質的な訴権』の保障を当然に含」み、「裁判を提起し遂行しようとする在監者にとって、弁護士との接見は実質的訴権行使のための唯一の窓口である」から、被拘禁者が「代理人ないし代理人となろうとする弁護士と接見する権利が『裁判を受ける権利』と密接不可分の権利として憲法32条により保障されて」おり、さらに「弁護士との接見時にも職員の立会いを許すことは、裁判を受ける権利の内容として含まれる公平な裁判の要請からみて相手側（国・刑務所当局）に著しく有利となるので、……実質的にみて受刑者が公正な裁判を受ける権利を阻害する恐れが非常に強い」と論じている[*2]。また、北村泰三は、自由権規約14条の「『公正な裁判を受ける権利』は、実質的な保障でなければならず、当事者間の『武器の平等の原則』が最も重要な要請である」から、「受刑者が刑務所内での処遇等について訴訟を提起し又はその準備をしている場合には、受刑者とその依頼を受けた弁護士との間の接見は、公正な裁判を受ける権利の一環として保障され」、「受刑者と弁護士との訴訟に関する相談のための接見に刑務官の立会いを義務づける監獄法施行規則の規定は、『武器の平等の原則』を基本とする自由権規約14条１項に違反する」と論じている[*3]。

(2) 徳島刑務所事件判例

　徳島刑務所事件における控訴審判決は、公正な裁判を受ける権利について定める自由権規約14条1項は、「その内容として武器平等ないし当事者対等の原則を保障し」ているから、民事訴訟の代理人弁護士と接見する権利をも保障しているとした。判決は、それゆえ弁護士との接見の許否、時間、職員立会については、このような趣旨に則って判断すべきとした。他方、憲法32条については、「受刑者に対しても憲法32条の裁判を受ける権利の保障は及ぶものの、同権利は、……いわゆる司法拒絶の禁止を意味するものであって、受刑者が民事事件の訴訟代理人と直接面談して打ち合わせ、その際刑務所職員の立会いを排除して打合せ内容の秘密を確保することまでを直接に保障したものとは解されない」とした。民事訴訟に関する弁護士との面会の権利は、自由権規約14条1項によって公正な裁判を受ける権利の本質的要素として保障されているものの、憲法32条の裁判を受ける権利に内在するものではないとしたのである。

　徳島刑務所事件における最高裁判決は、民事訴訟に関する弁護士との接見の制限が合憲であることは先例の趣旨に徴して明らかとするだけであった。これに対して、遠藤裁判官の反対意見は、「受刑者に対しても、憲法32条が定める裁判を受ける権利が保障されていることはいうまでもないところ、この権利は、すべての者が公平な裁判所の裁判を受ける権利を有し、裁判所は適式な訴えの提起に対して裁判を拒否することが許されないことを保障したにとどまるものであって、受刑者と受刑者を当事者とする民事訴訟事件関係人との接見を無条件で保障したものではないが、公平な裁判所の裁判を受ける権利が保障されたものである以上、事実上、公平な裁判を受ける権利を阻害するおそれが生ずることのないよう十分考慮されなければならないから」、受刑者と民事訴訟に関する弁護士との接見については、施設長はその接見目的の重要性にかんがみ、監獄法45条2項ただし書きに基づき接見を許可するかどうか、同施行規則124条・127条3項に基づき制限を解除するか否かについての裁量権の行使にあたって、その接見の必要性を十分考慮しなければならないとした。そのうえで反対意見は、「受刑者が在監中に民事訴訟を提起した場合、……相手方当事者からの反論やその立証活動に応じて、その都度、事前に相当の準備をしておかなければ、訴訟手続の進行に適切に対応することができず、訴訟の目的を達成することができないことは公知の事実である。また、事件の内容及び訴訟手続の進行状況いかんによっては、当該訴訟事件

の代理人である弁護士との間にかなり長時間の打合せを必要とすることは決して珍しいことではない。とりわけ、争点についての主要事実を端的に証明することのできる直接証拠が乏しい場合には、ときによっては、微妙な点にわたる数多くの間接事実の存在を主張し、かつ、これを立証することによって主要事実の存在を証明していかざるを得ないことになるが、これらの点に関する主張、立証が差し迫っている場合には、長時間かつ何回にもわたる打合せを必要とする場合が少なくなく、信書の交換などによりこれに代えるということは到底困難というべきである。また、事件の性質、内容のいかんによっては、その打合せ内容を相手方関係者に察知されることがないよう秘密裡に行わなければならない場合があり得るところである。／これらの事情に基づく接見条件の解除の必要性が社会通念からみて十分肯定されるにもかかわらず、合理的な理由なしにその解除を認めなかった場合には、裁量権を逸脱し、又は濫用したものとして当該処分の違法性が認められるものというべきである」とした。民事訴訟に関する弁護士との面会については、原則として面会の不許可、時間制限、職員立会は認められないとの見解を示したのである。

本件面会への職員立会について、反対意見は、受刑者の提起した民事訴訟は、この受刑者が徳島刑務所職員から多数回にわたり暴行されたことを請求原因とする国家賠償請求事件であるから、「実質上の被告は徳島刑務所自身とみてよい。いかに、受刑者がその身柄を拘束されている目的及び行刑施設としての物的、人的制約等を考慮しなければならないとしても、このような事件についての打合せを実質上の相手方当事者ともいうべき徳島刑務所の職員の監視の下で行わせるということは、誰の目から見ても余りにも不公平であることは明らかであり、これを容認するとすれば、公正な裁判を受けさせるという理念は完全に没却されてしまうことになる」から、本件接見に施設職員を立ち会わせた所長の処分は違法であるとした。さらに、この受刑者の「性向、行状等にかんがみ、接見時における不測の事故を防止し、あるいは、……動静を把握してその処遇に資するため、刑務所職員を接見に立ち会わせる必要性が特に大きかったことを理由として」、職員立会に関する所長の処分は適法とした多数意見に対して、「そうだとしても、監視のみを可能とし、かつ、接見内容の聴取を不能とするような施設を設置することによってこれらの要請に対応することもできたはずである」から、これらは所長の処分を適法とする理由にはならないとした。

(3) 憲法上の権利としての法的コミュニケーション

　この最高裁判決に関する評釈において、只野雅人は、「受刑者と民事訴訟代理人との接見は、憲法32条が想定する典型的事案ではないとしても、裁判を受ける権利の実質化という観点から、国際人権保障の動向をも視野に入れた32条解釈の再構成が求められる」としたうえで、「民事訴訟の提起・進行に直接関わる接見」が憲法32条によって保障されていることを示唆している[*6]。もともと憲法32条の裁判を受ける権利は、一般に民事・行政事件の場合、「政治部門から独立した公平な裁判所に訴訟を提起することを拒まれないこと」を保障していると理解されている[*7]。このことの意味は、国側からみれば「司法拒絶の禁止」ということであるが、市民の側からみれば、「すべての人が平等に、政治部門から独立の公平な裁判所の裁判を求める権利を有する」[*8]ということである。すなわち、市民が裁判にアクセスする権利を保障しているのである。刑事拘禁によってこの権利が内在的・直接的に制限されることはありえない。被拘禁者も憲法32条により裁判にアクセスする権利を保障されているのである。

　問題は、被拘禁者が裁判にアクセスする権利と民事訴訟に関する弁護士とのコミュニケーションとの関係である。一般に、市民が実際に裁判にアクセスしようとするとき、弁護士の法的援助を受けること、そのために自由かつ秘密の法的コミュニケーションを保障されることがきわめて重要である。被拘禁者の裁判へのアクセスにとっては、ひときわそうである。刑事拘禁にともない、被拘禁者は訴訟を準備し、訴訟を遂行するために自ら活動することを事実上厳しく制約される。それゆえ、実効的な法的援助が保障されなければ、被拘禁者の裁判へのアクセスの実質的保障はありえないのである。そして、被拘禁者が実効的な法的援助を得るために、自由かつ秘密の法的コミュニケーションの保障が不可欠であることは、徳島刑務所事件における最高裁判決の遠藤反対意見が説得的に論じていたとおりである。

　被拘禁者が実効的な法的援助を得るためには、面会、信書の発受などを通じて、自由な法的コミュニケーションが保障されなければならない。面会が不許可とされ、必要な面会時間が認められず、あるいは信書の発受が禁止ないし差し止められるなどして、訴訟準備、訴訟遂行などに関する弁護士とのコミュニケーションを十分に行うことができないならば、被拘禁者は実効的な法的援助を得ることができず、したがって裁判へのアクセスを強く阻害される結果となる。さらに、自由な法的コミュニケーションを通じて実効的な

法的援助が提供されるためには、その秘密保護が決定的に重要である。イギリスにおいては、コモン・ロー上、法曹特権として法的コミュニケーションについて特別な秘密保護が与えられてきたが、ダービー・マジストレイト裁判所事件における1995年の貴族院判決が[*9]、「人は自分の弁護士と秘密のうちに相談することができなければならない。そうでなければ、その人は真実をすべて打ち明けることを差し控えてしまうであろう。依頼者は、自分が弁護士に秘密のうちに話したことは、自分の同意がない限り、決して開示されることはないと確信する必要がある。この法曹特権は、……司法の作用全体にとって、その基盤となる基本的条件なのである」と述べていたように、秘密の法的コミュニケーションの保障があってこそ、司法が適切に機能するために不可欠とされる弁護士の実効的な法的援助が可能になる。

かくして、自由かつ秘密の法的コミュニケーションは、実効的な法的援助を保障するために不可欠なものとして、憲法32条の保障する裁判にアクセスする権利によって基礎づけられている[*10]。遠藤反対意見においては、自由かつ秘密の法的コミュニケーションが、公正な裁判を受ける権利の保障にとって不可欠なものとされたが、むしろそれ以前に、弁護士の実効的な法的援助を得ることを通じて、被拘禁者が裁判にアクセスする権利を実質的に保障されるための不可欠の条件として捉えられるべきであろう。

2. 法的コミュニケーションに対する制限とその保障のあり方

拘禁の確保と安全で円滑な共同生活の維持という拘禁目的のために、自由かつ秘密の法的コミュニケーションに対する制限は認められるか。憲法32条の保障する権利としての法的コミュニケーションに対する制限も、社会的コミュニケーションの制約の場合と同様、拘禁目的を阻害する現実的危険が認められ、最も制限的でない手段であることを含んだ必要最小限度の制限でなければならないことは当然である。

それにとどまらず、法的コミュニケーションの制約については、裁判にアクセスする権利の保障という観点から特別な限界が設定されることになる。刑事拘禁によって、裁判にアクセスする権利が実質的に制約されるようなことがあってはならない。上述のように、裁判にアクセスする権利を確保するためには実効的な法的援助の保障が不可欠であり、それにとって不可欠なのが自由かつ秘密の法的コミュニケーションの保障である。かくして、裁判に

アクセスする権利を保障する憲法32条のもと、法的コミュニケーションに対するいかなる制限も、自由かつ秘密の法的コミュニケーションの保障を実質的に制約するものであってはならない。自由かつ秘密の法的コミュニケーションの保障の実質的制約に及ばない限りにおいての技術的制限のみが認められるというべきである。

　また、未決被拘禁者の民事訴訟などに関する法的コミュニケーションについて、罪証隠滅の防止は、本書第9章において明らかにするように刑事事件の被疑者・被告人と弁護人との防御に関するコミュニケーションの場合と同様、弁護士の職業倫理、あるいは事後的な懲戒、刑罰の可能性によって達成すべきであるから、罪証隠滅の防止を目的とする制限を行うことは認められない。

　法的コミュニケーションの保障のあり方についても、社会的コミュニケーションについて先に指摘したことが妥当するが、特別な扱いがなされるべき重要な点について指摘しておきたい。以下に指摘することは、身体拘束中の被疑者・被告人と弁護人との防御に関するコミュニケーションについても、同様に当てはまるであろう。

　面会を不許可とし、信書の発受を差し止めるなどして、法的コミュニケーションの機会それ自体を制限することは許されないというべきである。かつて刑事施設法案は刑事施設の執務時間内の面会を原則としていたが、執務時間終了後や休日も含め可能な限り幅広く面会時間を認めるべきであり、そのうえで緊急の場合には、深夜、早朝、休日など面会時間外の面会も認めるべきである。面会時間の制限は許されない。緊急性がないにもかかわらず面会時間外に、あるいは不必要に長時間の面会を要求することは、弁護士自身の判断において差し控えられるべきであろうが、刑事施設の方で緊急性がない、あるいは不必要に長時間であるとの判断を行い、それに基づいて面会を制限すべきではない。

　法的コミュニケーションについても、開放面会を原則とすべきである。ただし、秘密保護を徹底するために、個別の面会室が用意されるべきである。開放面会は、被拘禁者と弁護士がより円滑に意思・情報を伝達し、また、訴訟手続に関する書類などを一緒に見ながら、より効果的に検討することを可能とする。両者の信頼関係もより強固にするであろう。遮蔽板を挟んだ閉鎖面会は、それ自体、実効的な法的援助の提供の妨げとなりうる。[*11]拘禁目的を阻害する現実的危険に対処するための必要最小限度の制限として認められる

場合に限り、閉鎖面会が用いられるべきである。

　面会について、会話内容の聴取が認められることはない。信書についても、内容の閲読は許されない。エックス線透視、金属探知器、形状・重量などの外形的検査が行われ、例外的に必要であれば、同封物の検査のために被拘禁者の面前での開披が認められるだけである。このような法的コミュニケーションの秘密保護は、社会的コミュニケーションの場合と同様、面会時の会話、信書の内容それ自体によって拘禁目的が阻害される現実的危険が生じることはありえないという理由とともに、秘密保護こそが実効的な法的援助の保障にとって不可欠であるとの理由による。

　面会にさいして、社会的コミュニケーションの場合のように、「見えるが聞こえない」位置からの視覚的監視は許されるか。これまでにも、身体を拘束された被疑者・被告人と弁護人との面会については、刑訴法39条1項によって秘密保護が要請されているが、会話内容の聴取はもちろん、視覚的監視も行われていない。とはいえ、これまで行われてきたのは、遮蔽板を挟んだ閉鎖面会である。上述のように開放面会を原則とした場合、拘禁目的、とくに被拘禁者と面会者の安全確保という目的のために、視覚的監視が必要となる場合があることは否定できないであろう。他方、秘密保護の徹底と被拘禁者における信頼感の形成にも配慮が必要である。拘禁目的、とくに被拘禁者と面会者の安全確保に十分配慮したうえで、基本的には面会者、被拘禁者の方から要求のある場合には視覚的監視を行うこことすべきであろう。イギリスの実務においては、私が見聞する限りでは、施設職員が近くの別室にいる状態で、比較的大きな透明窓のついた面会室を使用するなどして、視覚的監視が常時可能な状態で面会が行われるものの、とくに必要と認められる場合以外には、実際に視覚的監視が行われているわけではない。

　また、行刑改革会議『提言』は、法的用務に関して発信する受刑者の信書について、本当にそのような信書であるか確認するための手続が必要となるとしていた。社会的コミュニケーションとしての信書について、発受の相手方を制限し、内容による差止、抹消・削除などを行うために検閲が必要とされるというのであれば、法的コミュニケーションとしての信書であることの慎重な確認手続が必要とされるであろうが、上述のように、信書の発受についてこのような制限をしないのであれば、とくに慎重な確認手続が必要とされることはない。なお、法的コミュニケーションとしての信書の秘密保護については、身体を拘束された被疑者・被告人と弁護人との信書の秘密保護に

関する本書第9章の検討が同じく妥当する。

　法的コミュニケーションについても、電話の使用が認められるべきであるが、秘密保護にひときわ配慮が必要である。イギリスにおいては、現在、裁判所と刑事施設とのあいだで、有線テレビ回線を通じての法的コミュニケーションが行われている。日本においても、比較的単純な相談のために、その導入が検討されてよい。

　法的コミュニケーションとして扱われるコミュニケーションの範囲が問題となる。憲法32条の裁判にアクセスする権利により基礎づけられる法的コミュニケーションとして中心に位置するのは、訴訟準備、訴訟遂行など訴訟手続に関するものであるが、弁護士会への人権救済の申立などを含め、いかなる法的問題に関する弁護士とのコミュニケーションも潜在的に訴訟手続と関連しているといえるから、法的コミュニケーションに含まれるべきであろう。イギリスにおける法曹特権としての法的コミュニケーションの秘密保護も、訴訟手続に関するものだけでなく、あらゆる法的助言の提供をカバーしている。また、裁判所、検察庁などとの訴訟手続に関するコミュニケーションはもちろんのこと、さまざまな外部機関との人権救済の申立に関するコミュニケーションも、法的コミュニケーションとして扱われるべきであろう。

注

*1　高松高判1997年11月26日・判例時報1653号。
*2　北村泰三『国際人権と刑事拘禁』（日本評論社・1996年）194頁。また、北村泰三「国際人権法の解釈とわが国の裁判所——徳島刑務所受刑者接見訴訟を振り返って」北村泰三＝山口直也編『弁護のための国際人権法』（現代人文社・2002年）参照。
*3　北村・注2書212頁。
*4　高松高判1997年11月25日・判例時報1653号117頁。
*5　最判2000年9月7日・判例時報1728号17頁。
*6　只野雅人「最新判例批評」判例時報1746号（2001年）204頁。
*7　辻村みよ子『憲法（第二版）』（日本評論社・2004年）312頁。
*8　浦部法穂『全訂・憲法学教室』（日本評論社・2000年）307頁。
*9　R v Derby Magistrates' Court, ex p B, [1996] 1 AC 540.
*10　受刑者の法的コミュニケーションは、憲法32条の裁判を受ける権利とともに、憲法21条の表現の自由によって根拠づけられているとの見解もある。私見もかつてそうであった（葛野尋之「刑事被拘禁者の法的・社会的コミュニケーション（3・完）」立命館法学297号〔2005年〕80頁）。たしかに、法的コミュニケーションと社会的コミュニケーションとは、外部社会とのコミュニケーションという共通性を有し、そのこ

とからともに憲法21条によって基礎づけられると考えることも可能かもしれない。しかし、法的コミュニケーションは、身体を拘束された被疑者・被告人と弁護人との接見交通が憲法34条・37条3項によって基礎づけられるのと同様、外部社会とのコミュニケーションに関する一般規定としての憲法21条によってではなく、裁判にアクセスする権利を実質化するための実効的な法的援助にとって不可欠なものとして、憲法32条によって根拠づけられていると理解すべきであろう。

*11　2004年6月28日、弁護士実務の経験も豊富なウェスト・イングランド大学法学部エド・ケープ教授は、私のインタビューに対してこのように指摘した。

第9章
弁護権の実質的保障と法的コミュニケーション

1. 自由かつ秘密のコミュニケーション

　身体を拘束された刑事事件の被疑者・被告人と弁護人との防御に関するコミュニケーションは、憲法34条・37条3項による弁護権の実質的保障にとって決定的に重要である。刑訴法39条1項は、憲法上の弁護権を具体化して、自由かつ秘密の接見交通権を保障している。被疑者・被告人の身体が拘束されている以上、自由かつ秘密の接見交通がなければ、有効な弁護の保障はおよそ期待できない。「弁護人との接見交通権は被疑者が防御活動を行う上で最も重要な基本権であり、まさにこの弁護権の中核に位置する[*1]」のである。

　本書第5章においてみたように、旧監獄法のもとでも、被疑者・被告人と弁護人との面会については、30分の時間制限が設けられず、会話内容の聴取をともなう立会も排除されていた。しかし、面会時間、遮蔽板を挟んだ閉鎖面会など、制限も残されていた。また、信書の発受については、実務上発信数が制限されないことを除き、社会的コミュニケーションとしての信書の場合と区別なく扱われており、全信書が一律に検閲されていた。

　以下、本章においては、被疑者・被告人と弁護人とのコミュニケーションをめぐる問題のなかから、刑事手続法と刑事拘禁法の交錯という観点に立ちつつ、信書の秘密保護をめぐる法的問題、刑事施設の管理運営を理由とする弁護人との面会時間などの制限に焦点を合わせつつ論じる。

　憲法上の弁護権の実質的保障ないし有効な弁護の保障にとって、自由かつ秘密の法的コミュニケーションの保障が不可欠である。刑訴法39条3項による接見指定を合憲と判示した1999年の最高裁大法廷判決[*2]は、憲法34条について、「被疑者に対し、弁護人を選任した上で、弁護人に相談し、その助言を受けるなど弁護人から援助を受ける機会を持つことを実質的に保障している」ものとして理解されるべきとしたが、実質的に保障されるべき弁護人の援助の「機会」というのは、たんに抽象的なものではなく、被

疑者・被告人と弁護人との個別具体的なコミュニケーションを通じての意思・情報伝達による法的援助の提供の機会を意味していると理解されなければならない[*3]。このような法的援助の提供のための個別具体的な機会が「実質的」に保障されるためには、被疑者・被告人と弁護人との防御に関するコミュニケーションが自由に、かつ秘密に行われることが確保されなければならない。自由かつ秘密のコミュニケーションがなければ、有効な弁護の保障はありえないのである。

　本書第6章において明らかにしたように、イギリス法において、法曹特権としての法的コミュニケーションの秘密保護は、当然に、身体を拘束された被疑者・被告人と弁護人とのコミュニケーションをカバーしていた。欧州人権委員会・欧州人権裁判所の判例も、弁護権の保障を定める欧州人権条約6条3項の本質的要請として、被疑者・被告人と弁護人との自由かつ秘密の法的コミュニケーションが保障されるべきことを認めていた。S対スイス事件における1991年の欧州人権裁判所判決が[*4]、自己の弁護人と秘密のコミュニケーションを行う刑事被告人の権利は、「民主的社会における公正な裁判の基本的要請のひとつであり、欧州人権条約6条3項(c)によって保障されている。もし弁護人がそのようなサーベイランスなしでは自己の依頼者と相談し、依頼者から秘密の指示を受け取ることができないのであれば、欧州人権条約が実際上行使可能で、かつ実効的な権利の保障を意図していたにもかかわらず、弁護人の援助はその実効性を大きく喪失することになってしまうであろう[*5]」と論じていたとおりである。法的コミュニケーションの自由と秘密保護がなければ、有効な弁護の保障はありえず、弁護権の保障は実質化されえないというのである。

　以上のことを考えたとき、弁護権の実質的保障を要請する憲法のもと、被疑者・被告人と弁護人との防御に関するコミュニケーションに対する制限は、民事訴訟などに関する法的コミュニケーションの場合と同様、自由かつ秘密の法的コミュニケーションの実質的制約に及ばない限りにおいてのみ認められるというべきである。その限りでの技術的制限のみが憲法上許容される。このことは、すべてのコミュニケーション手段について妥当すべきことである。自由かつ秘密の法的コミュニケーションの実質的制約は、面会のみならず、信書の発受においても同じく排除されなければならない。これが憲法的要請なのである。

2. 刑事訴訟法39条1項と信書の秘密性

(1) 秘密接見の意義

　まず問題となるのは、刑訴法の規定の意味である。

　刑訴法39条1項は、身体を拘束された被疑者・被告人が弁護人と「立会人なくして接見し、又は書類若しくは物の授受をすることができる」と規定している。この規定が、少なくとも「接見」について、その自由とともに、秘密性を保障していることに疑いはない。髙見・岡本国賠訴訟における大阪地裁判決[*6]は、「刑訴法39条1項が被拘禁者が弁護人と立会人なくして接見することができるとしているのは、弁護人から有効かつ適切な援助を受ける機会をもつためには、被拘禁者とその弁護人との間において、相互に十分な意思の疎通と情報提供や法的助言等が何らの干渉なくされることが必要不可欠であり、特に、その意思の伝達や情報提供のやりとりの内容が捜査機関、訴追機関、更には収容施設側に知られないことが重要であるので、この点を明文で規定したものと考えられる。なぜなら、接見の機会が保障されても、その内容が右の機関等に知られることになるというのでは、被拘禁者の側からは、その防御権、すなわち有効適切な弁護活動を弁護人にしてもらうことが期待できず、弁護人の側からは、その弁護権、すなわち有効適切な弁護活動を行うことができないことも十分予想されるからである」と論じている。また、高野国賠訴訟における最高裁判決の梶谷・滝井反対意見[*7]は、刑訴法39条1項は接見の秘密保護が有効な弁護の機会を実質的に保障するうえで不可欠との考えに立っており、「これは、接見の機会が保障されても、その内容が上記各機関等に知られるようなことがあれば、両者のコミュニケーションが覚知されることによってもたらされる影響を慮ってそれを差し控えるという、いわゆる萎縮効果を生ずることにより、被勾留者は、実質的かつ効果的な弁護人等の援助を受けることができないとの考えに基づく」と指摘している。

(2) 刑訴法39条1項と信書の秘密保護

　法的コミュニケーションの手段としての信書の発受についてはどうか。

　第1の見解は、刑訴法39条1項の「立会人なくして」は「接見し」だけでなく、「書類若しくは物の授受をすることができる」にもかかっており、この規定において、信書の秘密保護は、立会人なしの書類の授受として定められているとする。村井敏邦は、このように理解すべき理由として、①被疑

者・被告人と弁護人とのコミュニケーションを保障するのが接見交通権であり、コミュニケーションの手段としては、直接の面会だけでなく、信書の発受もあるが、両者を等しく保障しなければ接見交通権の保障にならないこと、②「立会人なくして」が「接見し」だけにかかることの根拠となる資料は、立法過程においてみあたらないこと、③接見と書類・物の授受を別に扱う実質的根拠がないこと、④「接見し」と「授受をし」は動詞が異なるから、そのあいだに句点が打たれたにすぎないこと、をあげている。また、渡辺修も、①憲法34条の弁護権は、書類等の発受を含め、防御のためのコミュニケーションの自由と秘密性を保障していること、②刑訴法39条1項において「立会人な」しの接見と書類・物の授受とは同一文中で保障され、両者は同性質の権利としてともに自由・秘密でなければならないこと、③秘密保護がなければ、検閲の不安がある以上、書類・物の授受によって防御の打合せができなくなり、防御は萎縮し抑制されて、権利保障の意味がないこと、からこのような見解を支持している。

　第2の見解は、「立会人なくして」が書類・物の授受にはかからないにせよ、信書の発受による法的コミュニケーションは、「接見」に含まれるとする。岡田悦典は、①接見と信書の発受は同じくコミュニケーションとして、同等の秘密保護がなされるべきこと、②接見のうえでの直接会話以外のコミュニケーション手段が発達している現在、その秘密保護の必要性は高いこと、③国際人権法の要請からもそのようにいえること、④刑訴法39条1項に「信書」という文言がない以上、信書は「接見」に含まれると理解すべきこと、を理由としてあげている。

　第3の見解は、「立会人なくして」は「接見し」のみにかかり、信書の発受は書類・物の授受に含まれるが、信書の発受についても、可能な限り接見の場合に倣って秘密保護が及ぼされるべきとする。刑訴法39条1項の趣旨が自由かつ秘密の法的コミュニケーションの保障にあると理解したうえで、その趣旨が接見に限られることなく、信書の発受にも可能な限り及ぼされるべきとするのである。これは、髙見・岡本国賠訴訟における大阪地裁判決の立場である。

　これらの見解に対して、通説は、「立会人なくして」は「接見し」のみにかかり、信書の発受は書類・物の授受に含まれるとしつつ、信書の発受については、接見の場合のような秘密保護が要請されることはないとする。刑訴法39条1項の意味をこのように理解したうえで、旧監獄法、同施行規則によ

る被疑者・被告人と弁護人とのあいだの信書の検閲は、刑訴法39条１項の趣旨に反するものではなく、刑訴法39条２項のいう「法令」に基づく措置として認められると理解していた。高野国賠訴訟における最高裁判決は、監獄法、同施行規則における信書発受の制限が憲法21条・34条・37条３項に違反しないことは先例の趣旨に徴して明らかとするだけであったが、第一審の浦和地裁判決は、逃亡・罪証隠滅の防止、刑事施設の規律・秩序の維持という拘禁目的のためには、信書を検閲し、その内容を探知する必要がある一方、このような制限はコミュニケーションそのものの規制ではなく、その「手段又は方法を規制する効果を有するにすぎない」から、必要かつ合理的な制約として憲法違反ではないと判示していた。

(3) 防御に関するコミュニケーションの秘密保護

　接見と信書の発受は、たしかにともに被疑者・被告人と弁護人とのコミュニケーションの手段であるが、刑訴法39条１項の「接見」に信書の発受を含めることは、刑事拘禁法上両概念が区別されていることからしても、やはり文理上困難なように思われる。上述のように、憲法が自由かつ秘密の法的コミュニケーションの保障を要請していることを考えるとき、先に示したような理由から、「立会人なくして」は「書類若しくは物の授受をすることができる」にもかかっており、被疑者・被告人と弁護人とのあいだの書類・物の授受については、すべて接見の場合と同様の秘密保護がなされると理解することも可能かもしれない。

　とはいえ、被疑者・被告人と弁護人とのあいだのすべての書類・物の授受について、接見の場合と同様の秘密保護が必要なのか疑問が残る。書類・物の授受のなかには、意思・情報伝達のためのコミュニケーション以外のものもあるからである。このことを考えると、刑訴法39条１項が「立会人なくして」を「接見し」のみにかからせたと理解することにも、理由があるように思われる。

　刑訴法39条１項において「接見」から「立会人」が排除され、すべての接見の秘密性が保障されたのは、接見はいかなる場合においても、被疑者・被告人の防御に関する意思・情報伝達のためのコミュニケーションを含んでいるからである。人間のコミュニケーションは本質的に発展性・流動性を有しており、このような性格は、同時双方向的コミュニケーションである接見のうえでの会話の場合にはひときわ強い。このことからすれば、防御に関する

コミュニケーションとそれ以外のコミュニケーションを個別具体的な一つの接見のなかで区別して、異なる扱いをすることはできない。それゆえ、すべての接見について、防御に関するコミュニケーションを含むものとして「立会」を排除し、その秘密性を保障したのである。

　これに対して、被疑者・被告人と弁護人とのあいだのものであっても、書類・物の授受のなかには防御に関するコミュニケーション以外のものもあり、個別具体的な書類・物の授受ごとに、防御に関するコミュニケーションとしての授受とそれ以外の授受とを区別することも、多くの場合には可能である。防御に関するコミュニケーション以外の書類・物の授受については、防御に関するコミュニケーションの場合とは異なり、憲法的要請として秘密性を保障する必要はなく、また、拘禁目的を達成するために、授受される書類・物について内容検査を行う必要が生じる場合もありえる。たとえば、弁護人が被疑者・被告人に対して筆入れを差し入れた場合、エックス線透視検査、外部からの視覚・触覚による検査などとともに、筆入れを開いて、凶器となりうるような禁制品が入っていないか検査する必要がある場合もあるであろう。このように、防御に関するコミュニケーション以外の書類・物の授受について、憲法的要請として秘密性を保障する必要はなく、また、内容検査が必要な場合もありうることから、刑訴法39条1項は、接見の場合のように、すべての書類・物の授受について秘密保護を及ぼすことを示す文言を付けなかったのである。「接見し」のみに「立会人なくして」が付けられた理由はここにある。[*12]

　それゆえ、「立会人なくして」が「書類若しくは物の授受をすることができる」にかからなかったとしても、そのことは、すべての書類・物の授受について接見の場合のような秘密性の保障が及ぶわけではないことを意味しているにすぎず、逆に、いかなる書類・物の授受からも秘密性を奪ってよい、いかなる書類・物の授受についても内容検査をしてよいということを意味しているのではない。内容検査が許されるのは、防御に関する法的コミュニケーション以外の書類・物の授受に限られ、書類・物の授受が防御に関するコミュニケーションとして行われる場合には、接見の場合と同様、憲法的要請として秘密性が保障されなければならないのである。被疑者・被告人と弁護人とのあいだの防御に関する信書の発受は、防御に関するコミュニケーションとしての書類・物の授受の典型的場合である。

　かくして、弁護権の実質的保障にとって不可欠であるがゆえに、憲法的要

請として、防御に関するコミュニケーションとしての信書の発受については秘密性が保障される。このとき、被疑者・被告人と弁護人とのあいだで発受される信書は、通常、防御に関するコミュニケーションを含んでいるはずであるし、これを含んでいるか確認するために内容閲読を許したのでは、あらゆる法的コミュニケーションの内容が探知されることになり、その秘密保護がすべて奪われる結果となる。また、個別具体的な一つの信書のなかで、防御に関するコミュニケーションとそれ以外の部分とを、前者についての秘密保護を確保しつつ区別することは不可能である。それゆえ、結局のところ、憲法的要請を受けて刑訴法39条1項は、被疑者・被告人と弁護人とのあいだのすべての信書の発受について、秘密性を保障していると理解される。キャンベル事件において1993年の欧州人権裁判所判決は、民事訴訟に関する法的コミュニケーションについてではあるが、被拘禁者と弁護士とのあいだの信書の一律検閲は欧州人権条約8条に違反すると判示したうえで、弁護士とのあいだの信書のなかにも訴訟手続と無関係な部分が入っている可能性はあるにせよ、両者を区別することは困難であるから、目的によって取扱いを区別することはできず、弁護士とのあいだの信書すべてについて欧州人権条約8条に基づく特別な秘密保護を及ぼすべきとした。たとえ刑訴法39条1項において「立会人なくして」が「接見し」だけにかかるとしても、書類・物の授受のうち信書の発受については、まさに接見から立会人が排除されたのと同じ理由によって、内容閲読としての検閲が排除され、秘密性が保障されるのである。

　憲法的要請としての秘密性の保障が及ぶのは、上述のように、防御に関するコミュニケーションであるから、信書の発受以外のものであっても、書類・物の授受が防御に関するコミュニケーションにあたる場合には、信書の発受の場合と同様、秘密保護が及ぼされるべきことになる。個別具体的な書類・物の授受がこのような場合にあたるかについては、それがなんらかの意思・情報伝達のためのコミュニケーションである限り、防御に関するコミュニケーションすべてについて秘密保護を確保するために、被疑者・被告人、弁護人がそのように申し述べたときには、その書類・物の授受は防御に関するコミュニケーションとして扱われるべきである。以上のように、弁護権の実質的保障のための憲法的要請として、刑訴法39条1項において、被疑者・被告人と弁護人とのすべての接見、信書の発受を含む防御に関するコミュニケーションについて秘密性が保障されていると理解すべきである。

3. 刑事訴訟法39条2項と刑事拘禁法上の制限

(1) 信書検閲を肯定する判例

　刑訴法39条2項は、「法令……で、被告人又は被疑者の逃亡、罪証の隠滅又は戒護に支障のある物の授受を防ぐため必要な措置を規定することができる」としている。この規定に基づき、信書その他防御に関するコミュニケーションについても、内容閲読としての検閲が、旧監獄法下においてのように全面的に、あるいは限定された一定範囲において認められるのか。信書の検閲は、刑訴法39条2項のいう「法令」による「必要な措置」として認められるのか。このとき、刑訴法39条1項と同条2項との関係はどのように理解されるのか。

　一律全面的な検閲というのが監獄法下の実務であった。高野国賠訴訟における第一審浦和地裁判決は、憲法34条、同37条3項に由来する「接見交通権を実質的に担保するものとして、被告人と弁護人との間において自由かつ秘密にコミュニケーションをする権利が保障されている」としつつ、「右コミュニケーションの権利といえども、……逃亡及び罪証隠滅の防止という未決勾留の目的を達成し、監獄内の規律及び秩序の維持を図るために必要かつ合理的な範囲においては、いわばその内在的制約として一定の制限に服する」との基本的立場を示したうえで、「未決勾留によって拘禁されている被告人に対し、外部との自由かつ秘密の通信を許すならば、逃亡や罪証隠滅、更には監獄内の規律及び秩序を乱す行為に出る計画の通謀を行うことなどが予想されるところであり、その結果、前記未決勾留の目的を達成することができなくなるに至ることは明らかである。そして、外形的事情のみから通信の内容を推測することは必ずしも容易ではないから、これらの事態を予防する対策として、未決勾留によって拘禁されている被告人の発受する信書を検閲し、その内容を知る必要がある」とした。さらに、「被告人と弁護人とは、そのコミュニケーションの方法を信書の発受のみに限定されているわけではなく、拘置所等において立会人なしに口頭により自由に接見することが保障されている」から、信書の検閲は「コミュニケーションの手段又は方法を規制する効果を有するにすぎないと認めるのが相当であって、右検閲が右権利に加える制限の程度は、なお必要かつ合理的な範囲にとどまる」と判示した。逃亡・罪証隠滅の防止、刑事施設内の規律・秩序の維持という拘禁目的のための必要かつ合理的な制限として、被告人と弁護人とのあいだの信書の一律検

閲を適法としたのである。監獄法下の実務の全面的肯定といってよい。上述のように、最高裁は、先例をあげるだけで、信書の検閲は憲法違反にはあたらないとした。

　被疑者・被告人と弁護人とのコミュニケーションについては、本来、自由かつ秘密の法的コミュニケーションの実質的制約に及ばない限りでの制限が認められるにすぎない。これが憲法的要請であった。しかし、被疑者・被告人と弁護人とのあいだの信書について、かりに拘禁目的の達成のためになんらかの実質的制限が認められうるとの前提に立った場合でも、この判決にはいくつか決定的な疑問が残る。

　第1に、一般に、被拘禁者の外部社会とのコミュニケーションは憲法21条の表現の自由によって基礎づけられたものであるから、拘禁目的を達成するために必要最小限度の制限が認められるにすぎず、必要最小限度の制限であるためには、拘禁目的に対する現実的危険の発生が認められ、最も制限的でない手段が選択されなければならない。しかし、判決は、拘禁目的が阻害される現実的危険ではなく、たんなる一般的・抽象的なおそれの認定に基づき、一律全面的な検閲を正当化している。しかも、弁護士については、法律家として高い職業倫理が期待され、弁護士会の規律・懲戒システムも存在する。拘禁目的を阻害する行為に対しては刑事制裁の可能性もある。判決は、一般的・抽象的なおそれを認定するにあたり、これらの事情を考慮していない。また、拘禁目的を阻害する現実的危険を排除するために、信書の秘密性を保持したうえでのより制限的でない手段の選択が可能でないか、一律全面的な信書の検閲が最も制限的でない手段といえるのか、先のような弁護士に関する特別な事情をも踏まえた検討を行っていない。本書第6章において示したように、欧州人権条約に関する欧州人権委員会・欧州人権裁判所の判例においても、イギリス国内裁判所の判例においても、たとえ正当な目的のためであるにせよ、法的コミュニケーションとしての信書の一律検閲は、必要最小限度を超える過剰な制限として早くから排除されてきたのである。[*15]

　第2に、判決は、一般に、憲法34条・37条3項に「由来」する権利として、被告人と弁護人とのあいだに自由かつ秘密のコミュニケーションが保障されるべきと認めているにもかかわらず、このことが法的コミュニケーションに対する制限を抑制する方向で作用する可能性を検討していない。それは、自由かつ秘密の法的コミュニケーションが有効な弁護の保障との関係において有する憲法的意義が考慮されていないことを意味している。この憲法的意義

が正当に考慮されたとき、社会的コミュニケーションの場合以上に、制限は厳しく限定されることになるはずである。

　第3に、そうであるがゆえに、判決は、被告人と弁護人との接見にさいしての口頭のコミュニケーションが「立会人なくして」認められ、拘禁目的の達成との関係においてもその秘密性が完全に保障されていることとの均衡から、信書によるコミュニケーションについても秘密性が保障されるべきでないかという点を検討していない。むしろ、自由かつ秘密の口頭によるコミュニケーションの保障があることは、信書の一律検閲がたんなる手段・方法の規制にすぎないと認めるための根拠としてあげられている。このことは、被告人と弁護人とのコミュニケーションにおいて、信書という手段がどのような固有の意義を有するかという問題に関連する。

　判決の立場は、信書によるコミュニケーションに固有の意義は認められず、接見にさいしての口頭のコミュニケーションによって代替可能とするものであろう。あるいは、判決の前提には、接見こそが法的コミュニケーションの手段として本来的なものであり、信書によるコミュニケーションはそれを補完するための手段に過ぎないとの認識があるのかもしれない。しかし、信書というコミュニケーション手段には、本来、口頭のコミュニケーションによって代替されえない固有の意義が認められるというべきである。最高裁判決における梶谷・滝井反対意見が、「弁護人等が被勾留者と接見する場合、受付時間及び接見可能時間についての制限があるだけでなく、接見までの手続にかなりの待ち時間を要することもあって、これのみで、被勾留者との情報の交換、助言の伝達等によるコミュニケーションを十分に行えないことが少なくないのが実情である。また、弁護人等が信書によって被勾留者に求めるものや被勾留者から得たい情報を予め被勾留者に知らせ、被勾留者においてそれらの点について整理しておくことを求めて効果的に接見を行い、その後、接見を通じて十分に行えなかったことを追加して伝達したいと考えたことを信書によって伝えるなど、信書のもつ正確性、固定性など固有の特質を活用することによって、口頭による接見を補完することができる」と指摘しているとおりである。このように、信書によるコミュニケーションに固有の意義が認められるべき以上、信書の検閲はたんなる手段・方法の規制にすぎないということはできない。自由かつ秘密の法的コミュニケーションが全体として保障されるためには、接見にさいしての口頭のコミュニケーションだけでなく、それとともに信書によるコミュニケーションについても自由と秘密性

が保障されなければならない。

(2) 信書検閲を批判する判例

　一律全面的な検閲という旧監獄法下の実務に対して、髙見・岡本国賠訴訟の大阪地裁判決は、被疑者・被告人と弁護人とのあいだの信書について、「刑訴法39条1項は、できる限り接見に準じ、その内容についての秘密保護を要請している」とする一方、「施設内の規律及び秩序維持等の目的」を達成するために、一定範囲における内容閲読を許容している。すなわち、判決は、「信書の授受の場合には、収容施設側において封緘された信書の中に信書以外の物又は書類が混入されていないか、第三者宛の信書又は第三者からの信書が混入されていないか、更には間違いなく弁護人からの信書なのかどうかを確認する必要があるといわなければならない。また、……危険物や禁制品が混入されていないかどうかも確認する必要がある」とし、「信書が封緘されたままでは収容施設側でこれらの点を確認することは、器械等の物的な条件を備えることによってもきわめて困難である」から、「封緘したまま信書の授受を認める……ための前提条件、すなわち、何らかの手続的な措置（例えば、発信者や宛先を手続上予め明確にする措置や特別の封筒を使用することなどが考えられる。）」が現存しない以上、先のような点について確認する「目的の限度で信書を開披し、その内容を収容施設側が閲読することも、許容されている」とした。そして判決は、このような限度での内容閲読は、接見については完全な秘密交通権が確保されていることから、やむをえない制約であるとした。

　そのうえで判決は、「被拘禁者と弁護人との間の信書の授受についても、刑訴法39条1項は、できる限り接見に準じ、その内容についての秘密保護を要請している」との理解を前提として、「憲法が規定する弁護人を依頼する権利に対する配慮」をなすためには、「法解釈としては、監獄法及び監獄法施行規則の規定を、少なくとも弁護人との間の信書に関する限り、刑訴法の各規定、特に39条1項についての……内容に整合するように解釈すべき」とした。かくして判決は、監獄法46条1項に基づき信書の授受自体を不許可とすることはできず、同施行規則130条に基づく信書の検閲は、先の点について「確認する限度で行われるべきもので、それ以上に、その内容を精査することは許されない」とした。さらに、同施行規則139条に基づく信書内容の記録化については、原則として禁止され、先の限度における内容確認にさい

して、「信書の内容から逃亡・罪証隠滅あるいは収容施設側の管理上重大な支障を現実に生じさせる差し迫った危険が判明した場合、又は封書の中に危険物や禁制品が混入されていた場合」に限り認められるにすぎないとした。このように、憲法上の弁護権への配慮という観点から、刑訴法の要請に適合させるために、監獄法および同施行規則の限定解釈を行ったのである。

　また、高野国賠訴訟の最高裁判決における梶谷・滝井反対意見は、信書について、真に弁護人から発信されたものか、信書のなかに弁護人との信書以外の「物」が混入されていないか検査する必要はあるとしつつ、「弁護人等との間の信書を通じての意思の疎通、助言や情報の提供は、口頭による接見を補完するものであり、かつ、これと一体となって、弁護人依頼権に由来する秘密交通権の保護の対象となると解すべきであるから、弁護人等からの信書であることが明らかである以上、その内容の閲読は許されないというべきである。そして、そのことを担保するためには、開披が必要な場合であっても、それを被勾留者の面前で行うなどの適切な方法が講じられるべきである」とし、また、「被勾留者が弁護人等に発信する信書についても、弁護人等への信書であるか否か、その中に信書以外の物が含まれていないかどうかの確認以上に、その内容を閲読することは許されない」とした。先の大阪地裁判決と対比すると、刑訴法39条2項が「戒護に支障のある物」に限って「必要な措置」の対象としていることから、弁護人が被拘禁者宛に発信した信書中に第三者の信書が同封されていないかの確認を除外したうえで、信書の内容閲読をできうる限り排除するよう求めている。とはいえ、反対意見も、信書の内容閲読が完全排除されるべきことを明確には述べていない。必要な確認が信書の内容閲読なしで可能かどうかにかかっている。反対意見は、先の大阪地裁判決と同様、信書の検閲に関する監獄法、同施行規則の規定は「少なくとも被勾留者と弁護人等との間の信書の授受に関する限り、憲法が保障する弁護人依頼権に由来する刑訴法の弁護人等の接見に関する規定と整合するように解釈すべきであ」るとし、そのような限定解釈として、「監獄法施行規則130条にいう『信書』には、被勾留者と弁護人等との間で発受されるものは含まれないと解すべきであって、そのような信書を拘置所長が前記のような特段の事情がないにもかかわらず検閲することは許されない」としている。

(3) 刑事訴訟法39条1項と旧監獄法上の制限

　刑訴法39条1項の要請に適合させるために監獄法および同施行規則を限定解釈するというアプローチに対して、弁護士の黒田一弘は、髙見・岡本国賠訴訟の大阪地裁「判決は、刑訴法39条優位の根拠を同条が憲法34条前段に由来しているというところに求めているが、監獄法も憲法上の根拠をまったく有していないわけではないであろう。それなのに、なぜ刑訴法39条が優位するのかという原理的な根拠について、本判決は必ずしも明らかにするところではない」との批判を提起している。[*16]

　たしかに、自由かつ秘密の接見交通権について、憲法34条自らが保障している権利として性格づけることなく、憲法34条に「由来」して刑事訴訟法上保障される権利としたことは、判決の大きな限界であろう。しかし、憲法が人権の保障を原則とし、人権の制約を例外としていることからすれば、一般に、憲法における人権の保障規定に由来する法律上の権利保障と、憲法における人権の制約規定になんらかの根拠を有する法律上の権利制約とのあいだでは、前者に優位性が認められるべきであろう。[*17] したがって、かりに自由かつ秘密の接見交通権が憲法に「由来」して法律上保障された権利であるとの前提に立ったとしても、刑訴法39条1項の自由かつ秘密の接見交通権は、監獄法および同施行規則に基づく制限に対して、基本的人権の保障を基本原理とする憲法の原理的構造によって根拠づけられた優位性を有しているように思われる。

(4) 信書検閲の不必要性と不相当性

　では、先の点について確認するために、必要最小限度の範囲に限定されるにせよ、信書の検閲は許されるのか。[*18]

　第1に、真に弁護人からの信書であることの確認は、弁護人とのあいだの信書を他の信書と区別して取り扱うことを前提とする限り、たしかに必要であろう。しかし、この確認は、特別な封筒を用いる、弁護士会の発行する連続番号入りのシールを貼るなど、弁護人が発信したことが分かるような工夫をすることによって、十分可能なはずである。髙見・岡本国賠訴訟を契機として、大阪弁護士会は、弁護士からの信書であることを明示するための連続番号または会員登録番号を付したシールを弁護士会が作成し、それを活用することを検討しているという。[*19] イギリスのような二重封緘方式も検討されてよいであろう。このような方法によって確認しても疑いが残る場合には、発

信人とされる弁護人に問い合わせることによって、容易かつ確実に確認することができる。このようなより制限的でない手段が選択可能であるから、信書の内容閲読はもちろん、信書の開披も許されないというべきである。

　第2に、危険物・禁制品の混入についても、やはり確認の必要はあるであろう。しかし、法律家として高い職業倫理に拘束される弁護士からの信書について、弁護士会の規律・懲戒システムの存在、刑事制裁の可能性もあわせ考慮するとき、危険物・禁制品が混入される可能性はもともときわめて低いことを確認しなければならない。危険物・禁制品の混入については、諸外国の実務においてすでに広く行われているように、形状、重量などの外形的検査、エックス線透視検査、金属探知器検査などによって、信書を開披することなく確認が可能であろう。これらの検査によっても混入の現実的可能性が認められる場合には、やむをえず信書の開披が認められることになるが、その場合でも、信書の内容閲読は決して許されない。このことを確保するため、イギリスの実務のように、信書の開披は被拘禁者の立会のうえで行われるべきである。

　第3に、信書以外の書類・物の混入についてはどうか。「物」の混入については、拘禁目的を阻害する現実的危険を生じさせないか確認するために、その検査の必要が認められるが、危険物・禁制品の場合と同様の検査によることで足りる。他方、「書類」の混入について、弁護士の岡本栄市は、信書の発受を弁護人が行う以上、弁護人の判断によって混入された書類が拘禁目的を阻害する現実的危険を生じさせるようなものでないことが保障されるから、信書の開披によって書類の混入を確認する必要はないと論じている。「弁護人が被告人から信書とともに重要な証拠書類を受領したり、また弁護人が証拠書類のコピーを信書に同封して打ち合わせを行うことは弁護活動にとって必要なこと」であり、「接見の場合にも、接見室で被告人に証拠物や証拠書類を見て打ち合わせを行っているのであって、これと同じことが信書の発受の場合にも行える必要がある」という[20]。

　このような証拠書類やそのコピーは、それ自体、被疑者・被告人と弁護人との防御に関するコミュニケーションを直接構成する要素とみることができる。したがって、その自由かつ秘密の授受が、信書の発受の場合と同様に保障されるべきである。これは憲法的要請である。信書に同封されている書類は、このような防御に関する書類である場合が多いであろうから、それ以外の書類の同封がないか確認するために信書を開披し、書類が防御に関するも

のかどうか判断するために同封されたすべての書類の内容を閲読したのでは、防御に関する書類の授受の秘密性が失われる結果となる。もともと弁護人の判断と責任によって混入された書類である以上、いかなる書類であっても、それが拘禁目的を阻害する現実的危険を生じさせる可能性は低い。防御に関するコミュニケーションの秘密性を確保するためには、それ以外の書類が混入されていないか確認するために信書を開披し、その内容を閲読することはできないというべきである。刑訴法39条2項は、「書類」の授受についても逃亡・罪証隠滅を防止するための措置を認めているが、被疑者・被告人と弁護人との信書に同封された書類については、その確認のために信書を開披し、書類の内容を閲読することはできず、防御に関するコミュニケーションを構成するもの以外の書類について、逃亡・罪証隠滅を防止するための配慮は、信書を発受する弁護人の判断と責任において行われるべきことになる。

　第4に、第三者宛または第三者からの信書の混入が問題となる。岡本栄市は、第三者宛の信書が同封された場合、「弁護人がその第三者宛の信書の宛先、内容等をチェックしてそれを当該第三者に渡すか否か判断する」ことになり、他方、弁護人が第三者宛の信書を同封したうえで発信した信書の場合、「弁護人が第三者の信書をチェックし、弁護活動に必要であると判断して被告人への信書に同封しているのであるから、第三者からの書類の混入を確認し阻止する必要もない」としている。「接見の場合にも、弁護人は被告人から第三者への伝言を依頼されたり、第三者からの手紙を被告人に見せたりすることがあり、これは弁護人の判断で行われていることであるが、収容施設に事前にチェックされることはない」から、これとの均衡においても、第三者宛または第三者からの信書の混入を確認・阻止する必要はないとする[*21]。

　弁護人が防御上必要と判断して同封した第三者の信書は、先の証拠書類の場合と同様、それ自体、防御に関するコミュニケーションを構成するものであるから、弁護人自身の信書と同じように秘密性が保障されるべきである。同封する信書が防御に関するものかどうかは、弁護人自身の信書の場合と同様、弁護人の判断によって決められるべきである。このことを確認するために第三者の信書すべてについて内容閲読を認めたのでは、結局、法的コミュニケーションを構成する信書の秘密性が失われることとなる。この場合にも、弁護人の判断と責任により混入された書類が拘禁目的を阻害する現実的危険を生じさせる可能性は、もともときわめて低い。逃亡・罪証隠滅を防止するための配慮は、弁護人の判断と責任において行われるべきである。

被疑者・被告人が同封した第三者宛の信書については、それ自体、弁護人との防御に関するコミュニケーションを構成するものとみることはできないであろう。しかし、弁護人の判断と責任において、逃亡・罪証隠滅の防止に対する配慮が可能であり、また、この同封を確認するために被告人の発信する信書すべてについて内容を閲読したのでは、弁護人宛の信書の秘密性も奪われる結果となる。それゆえ、刑訴法39条2項のいう「必要な措置」として、刑事施設が第三者宛の信書の同封を確認し、信書の内容を閲読することを認めるべきではない。

　第三者とのあいだの信書の同封については、刑訴法81条に基づく接見禁止決定がなされている場合が問題となる。接見禁止決定の実質的趣旨は、逃亡・罪証隠滅を防止するために被疑者・被告人と弁護人以外の者との意思・情報の伝達を遮断することにあり、信書の内容を口頭で伝達するのと直接信書を授受することとでは格段の差があるとして、信書の発受が、意思・情報の伝達主体が弁護人以外の者であり、その授受が第三者とのあいだで行われたと評価される限り、たとえ弁護人が介在し、また、防御に関連する場合でも、接見禁止処分に違反するとの見解が有力である。[*22] しかし、接見禁止の効力は、未決被拘禁者と弁護人のあいだ、弁護人と第三者のあいだの書類・物の授受に及ぶものではなく、また、その目的は、「被疑者と一般人との間の意思・情報の伝達を遮断すること」自体にではなく、接見禁止を通じて逃亡・罪証隠滅を防止することにあるから、未決被拘禁者の作成した書類が弁護人から第三者に交付されたとしても、それによって逃亡・罪証隠滅の現実的危険が生じない限り、接見禁止の趣旨に反することはないと理解すべきである。このとき、いかなる第三者宛信書の授受も認めず、その同封がないか確認するために弁護人とのあいだの信書を開披し、その内容を閲読することとしたならば、弁護人とのあいだの防御に関するコミュニケーションの秘密性も奪われる結果となる。これは、防御に関するコミュニケーションの秘密性の保障という憲法の要請に反する。このように考えると、接見禁止処分がなされている場合でも、それがない場合と同様に扱うべきこととなる。

　もっとも、以上の検討は、身体を拘束された被疑者・被告人と弁護人とのあいだの信書とそれ以外の信書とのあいだで秘密性の保障に違いがあることを前提としていた。社会的コミュニケーションとしての信書、民事訴訟などに関する法的コミュニケーションとしての信書についても、本書第7～8章において論じたように内容の閲読は許されないとの前提に立つならば、第三

者とのあいだの信書の同封の確認は必要ないことになる。

(5) 防御に関するコミュニケーションの自由と秘密保護

　以上論じてきたように、弁護権の実質的保障ないし有効な弁護の保障を要請する憲法のもと、被疑者・被告人と弁護人との防御に関するコミュニケーションについては、自由と秘密性が保障されなければならない。この憲法的要請を受けて、刑訴法39条1項は、接見だけでなく、信書の発受、書類・物の授受というコミュニケーション手段についても、自由と秘密性を保障している。個別具体的なコミュニケーションのなかに、防御に関するもの以外が含まれる場合もありうるが、防御に関するコミュニケーションの自由と秘密保護という憲法的要請に確実に応えるために、被疑者・被告人と弁護人とのあいだの意思・情報伝達としてのコミュニケーションすべてについて、自由と秘密性が保障されなければならない。刑訴法39条1項は、憲法的要請に適合させるために、このように解釈されなければならない。

　自由かつ秘密の法的コミュニケーションに対しては、拘禁目的を達成するための必要最小限の制限のみが許され、必要最小限の制限であるためには、拘禁目的を阻害する現実的危険の発生が認められ、最も制限的でない手段が選択されなければならない。さらに、防御に関するコミュニケーションの自由と秘密保護が憲法34条・37条3項による弁護権の実質的保障にとって不可欠な、その本質的要請であることから、自由かつ秘密の法的コミュニケーションの実質的制約に及ばない限りにおいて、その限りでの技術的制限が認められるにすぎない。刑訴法39条2項は、逃亡・罪証隠滅、戒護に支障のある物の授受を防止するために「法令」による「必要な措置」をとることを認めている。しかし、この「必要な措置」として、信書の検閲など、防御に関するコミュニケーションによって伝達される意思・情報の内容を探知することは許されない。先の具体的検討から明らかなように、拘禁目的を阻害する現実的危険を排除するために必要最小限の制限とはいえないからであり、また、防御に関するコミュニケーションの秘密性を奪うことになり、憲法の要請する弁護の実質的保障を不可能にするからである。かくして、刑訴法39条2項のいう「法令」による「必要な措置」は、被疑者・被告人と弁護人との自由かつ秘密の法的コミュニケーションを実質的に制約しない限りでの、技術的制限としてのみ許されることになる。このように限定解釈したときにはじめて、刑訴法39条2項は憲法に適合する。「法令」による「必要な措置」と

して、監獄法50条の包括的委任を受けた同施行規則130条に基づき、被疑者・被告人と弁護人とのあいだの信書の一律全面的な検閲を行い、監獄法46条に基づく信書発受の不許可までも認めていたかつての実務は、憲法に違反していたといわざるをえない。

　旧監獄法をみると、46条1項は、文言上、被疑者・被告人と弁護人とのあいだの信書の発受についても、不許可とすることを認めていた。また、50条は一切の接見・信書に関する制限を包括的に委任し、同施行規則130条はその包括的委任を受けて、文言上、被疑者・被告人と弁護人との信書についても、一律全面的な検閲を行うべきこととしていた。これらの規定をこのように解釈・運用することは、上述のように憲法に違反し、刑訴法39条2項にも適合しない。憲法的要請に適合するためには刑訴法39条2項の意味は先のように限定解釈されるべきであるが、監獄法および同施行規則のこれらの規定をそのような意味に限定解釈することは、もはや解釈の限界を超え、不可能といわざるをえない。それゆえ、これらの規定は、監獄法50条が包括的委任を行っていることとあわせ、それ自体として憲法34条・37条3項に違反するものであった。[23]

(6) 刑事訴訟法・刑事拘禁法の一元的関係と防御に関するコミュニケーション

　身体を拘束された被疑者・被告人と弁護人との面会は、旧監獄法下においては、50条の包括的委任を受けた同施行規則122条に基づき、原則として、刑事施設の執務時間内に限って認められていた。[24] このような制限が、刑訴法39条2項のいう「法令」による「必要な措置」にあたると理解されていた。[25] また、刑事施設法案は、執務時間内の面会を原則としつつ、休日・執務時間外の面会については、刑事施設の「管理運営」上の支障があるときは応じなくてもよいとしていた（1991年法案110条3項）。この「管理運営」上の支障という概念は、たしかに、刑訴法39条2項の定める逃亡・罪証隠滅、戒護に支障のある物の授受の防止という概念を超える広がりを有するものである。したがって、刑事施設法案は、刑訴法39条2項が予定した範囲を超える制限を認めていたことになる。[26] 刑訴法39条1項が憲法上の弁護権の保障を受けて、自由かつ秘密の面会を保障していることに疑いはない。被疑者・被告人と弁護人との自由な面会に対して、このような刑事拘禁法上の制限を行うことは許されるのか。この問題は、刑事手続法と刑事拘禁法の関係をどのように理解するかという問題に結び付いている。

刑事手続法と刑事拘禁法の関係について精緻な法的分析を行ったのが、後藤昭である[*27]。後藤昭によれば、従来、刑事手続法と刑事拘禁法とは目的と規律領域において違いがあり、いわば次元を異にしているから、相互間に矛盾・抵触は本来的に生じないとする「二元主義」の理解が支配的であった。この二元主義によれば、刑訴法が保障する未決拘禁中の被疑者・被告人の権利について、刑事拘禁法が刑訴法の予定する範囲を超えて制限しても、矛盾ではないことになる。しかし、第1に、「訴訟法と施設法とでは権利を制約する目的や領域が違うと言ってみても、拘禁される人間は一人であり、制約の実際的な結果は同じである」から、「一方では権利を保障しておいて、他方で実質上それを制約するとすれば、やはり矛盾である」こと、第2に、「訴訟法によって、訴訟目的を実現するために未決拘禁が認められ……、その未決拘禁を実際に執行するために、具体的な内容を定めるのが施設法である」るから、「目的を定めている訴訟法によって、手段である施設法の内容も規制されるのが当然である」ことからすれば、訴訟法と施設法の関係について「一元主義」的考えをとるべきである。したがって、「訴訟法が被拘禁者の権利として、積極的に明文で規定している部分については、……施設法にそれを侵食するような規定を設けるとすれば、訴訟法上の保障に反する」。刑事拘禁法が、刑訴法39条2項の予定する範囲を超えて、管理運営上の支障を理由とする制限を規定することは認められない。施設法によって面会の機会を実質的に制限することはできず、深夜などに逃亡や戒護上の支障が現実に生じる場合に限り、面会の申出に応じないことができるにとどまる。この場合でも、緊急の必要があれば面会の申出に応じなければならない。かつての監獄法施行規則122条は、面会の機会を実質的に制限しないという訴訟法の要請を超える限度では無効である。

　本来、憲法的要請として、被疑者・被告人と弁護人との防御に関するコミュニケーションについては、その自由と秘密性を実質的に制約するような制限は許されない。このことからは、当然、刑事拘禁法上の制限は、自由かつ秘密の法的コミュニケーションの実質的制約に及ばない限りでの技術的制限としてのみ認められることになる。この憲法的要請のもとでは、刑訴法39条2項の「法令」による「必要な措置」としても、同様の制限のみが許容され、このような刑訴法の限界に拘束されることによっても、刑事拘禁法上、自由かつ秘密の法的コミュニケーションの実質的制約に及ぶような制限は認められないことになる。しかし、監獄法50条の包括的委任を受けた同施行規

則122条は、かつて「接見ハ執務時間内ニ非サレハ之ヲ許サス」と規定していた。この文言を解釈することによって、深夜・未明などの逃亡のおそれまたは戒護上の支障が具体的に生じる場合に限って弁護人の面会申込に応じないことができ、その場合でも防御上緊急の必要性があるときには申込に応じなければならないという上述の憲法、刑訴法によって要請される制限の限界を導き出すことは不可能であろう。むしろ、刑事施設は休日・執務時間外の面会申込を一律に拒否することができる、少なくとも拒否することが原則であるとの理解を導く規定であった。それゆえ、これらの規定は、憲法に違反するものであり、また、刑事訴訟法と刑事拘禁法の一元主義的関係に矛盾するものであったといわざるをえない。[*28]

注
- *1　三井誠『刑事手続法(1)（新版)』（有斐閣・1997年）157頁。
- *2　最大判1999年3月24日・民集53巻3号514頁。
- *3　黒田一弘「接見交通権を憲法上の権利に」高見・岡本国賠訴訟弁護団編『秘密交通権の確立』（現代人文社・2001年）39頁。
- *4　S v Switzerland, [1991] 14 EHRR 670.
- *5　Id. at para. 48.
- *6　大阪地判2000年5月25日・判例時報1754号102頁。
- *7　最判2003年9月5日・裁判所時報1347号1頁、判例時報1850号61頁。
- *8　村井敏邦「接見交通権の保障と信書の発受の秘密性」『渡部保夫古稀記念論文集・誤判救済と刑事司法の課題』（日本評論社・2000年）275頁。
- *9　渡辺修『刑事裁判と防御』（日本評論社・1998年）83〜84頁。
- *10　岡田悦典「刑訴法39条1項、2項と信書の授受」季刊刑事弁護26号（2001年）57頁。
- *11　浦和地判1996年3月22日・判例時報1616号111頁。
- *12　髙見・岡本国賠訴訟の大阪地裁判決は、「接見し」のみに「立会人なくして」が付けられたことの理由について、「秘密性の確保の観点からは、書類や物の授受については、被拘禁者と弁護人が口頭で意思の疎通をする場合とは異なり、例えば糧食の授受のように物によっては秘密にされるべき伝達される意思及び情報が問題とならない場合も多く、また、物の量、大きさ及び物の状態等の物的な状態も様々な場合が考えられ、接見の場合の『立会人なくして』の文言のように、弁護人との間の意思及び情報の伝達についての秘密性を定型的に保障する文言を置くことが困難であったことによる」としている。
- *13　Campbell v UK, [1993] 15 EHRR 137.
- *14　いわゆる後藤国賠事件においては、弁護人が被告人との接見にさいして、刑事第

一審で証拠採用された防犯カメラの映像を録画したビデオテープを再生しようとして、大阪拘置所にビデオ付テレビを持参して被告人との接見を申し込んだところ、拘置所職員がビデオテープの内容の検査を要求し、検査を受けなければ接見にさいしてのビデオテープの再生は認められないとして、弁護人の申し入れを拒否した。これに対して、大阪地判2004年3月9日・判例時報1858号79頁は、弁護人が被疑者・被告人との接見にあたって持ち込もうとしている書類・物について、その内容に及ぶ検査を行うことは、秘密の接見交通権が保障されている趣旨を没却するものとして許されないと判示した。国は第一審判決に対して控訴したが、大阪高判2005年1月25日・訟務月報52巻10号3069頁は第一審判決の趣旨を確認し、国の控訴を棄却した。これらは、本書の趣旨にも適合した判断である。後藤国賠訴訟については、後藤国賠訴訟弁護団編『ビデオ再生の秘密交通権――後藤国賠訴訟の記録』（現代人文社・2004年）、同『ビデオ再生の秘密交通権（控訴審編）――後藤国賠訴訟の記録2』（現代人文社・2005年）参照。

*15　Campbell v UK, [1993] 15 EHRR 137; R v Home secretary ex p Leech, [1994] 4 QB 198.
*16　黒田・注3論文43頁。
*17　奥平康弘『憲法Ⅲ・憲法の保障する権利』（有斐閣・1993年）297頁以下参照。
*18　岡本栄市「開披許容の問題について」髙見・岡本国賠訴訟弁護団・注3書49〜52頁。信書の開披をも認めないとする立場をとる。
*19　小坂井弘「髙見・岡本判決が示した地平と展望」髙見・岡本国賠訴訟弁護団・注3書36頁。
*20　岡本・注18論文50頁。
*21　岡本・注18論文50〜51頁。
*22　尾崎道明「弁護人と被疑者との物の授受」平野龍一＝松尾浩也編『新実例刑事訴訟法Ⅰ』（青林書院・1998年）189頁。
*23　渡辺・注9書85頁も、監獄法50条および同施行規則130条は憲法34条に違反するとする。
*24　休日および執務時間外の接見をめぐる実務の現状について、竹之内明「拘置所接見の現状と問題点」季刊刑事弁護26号（2001年）参照。
*25　平場安治ほか『注解刑事訴訟法・上（全訂新版）』（青林書院・1987年）117頁（中武靖夫）など。
*26　後藤昭「弁護人との接見をめぐる問題点」法律時報60巻3号（1988年）45頁。山本正樹「拘置所接見の機会と時間についての考察」季刊刑事弁護26号（2001年）77頁は、「刑事施設の管理運営上の支障・必要」という包括的概念による接見制限は、「刑訴法39条2項の『逃亡、罪証の隠滅又は戒護に支障のある物の授受を防ぐため』の『必要な措置』をはるかに超える内容であり、刑訴法が定める自由な接見交通権の保障を根底から切り崩しかねない」とする。
*27　後藤昭「接見交通・被疑者取調べをめぐる訴訟法と『施設法』の関係」同『捜査

法の論理』（岩波書店・2001年）。
＊28　山本・注26論文79頁。

終章
新被収容者処遇法における
法的・社会的コミュニケーション

1. 新被収容者処遇法における受刑者の社会的コミュニケーション

(1) 外部交通の法的性格

(i) 権利としての外部交通

　2005年5月に成立し、2006年5月24日に施行された「刑事施設および受刑者の処遇に関する法律」(以下、受刑者処遇法)は、その第2編「受刑者の処遇」のなか、第10章「外部交通」において、面会、信書の発受、電話等による通信について、狭義の外部交通に関する規定を置いている。その後2006年6月、受刑者処遇法は未決拘禁法の改正法と一体化されて、「刑事収容施設及び被収容者等の処遇に関する法律」(以下、被収容者処遇法)となった(2007年6月1日施行)。前章までの検討を踏まえて、被収容者処遇法における受刑者の外部交通について、外部交通の権利性と権利制約の根拠・限界という観点から検討しておく。

　被収容者処遇法110条は、「受刑者に対し、外部交通……を行うことを許し、又はこれを禁止し、差し止め、若しくは制限するに当たっては、適正な外部交通が受刑者の改善更生及び円滑な社会復帰に資するものであることに留意しなければならない」と規定した。2003年12月22日に発表された行刑改革会議の『行刑改革会議提言——国民に理解され、支えられる刑務所へ』(以下、『提言』)においては、自由刑にともなう社会的隔離という性格を強調し、それによって外部交通の限定を正当化する立場が示唆されていたが、被収容者処遇法において、このような立場は否定された。外部交通の拡大・積極化が、「受刑者の改善更生及び円滑な社会復帰」を促進するために要請されることになる。

　被収容者処遇法111条は、1項において、親族(1号)、身分上・法律上・業務上の重大な利害に関する用務の処理のため面会が必要な者(2号)、改

善更生に資すると認められる者（3号）との面会を受刑者の権利として認める一方、2項において、それ以外の者との面会について、「その者との交友関係の維持その他面会することを必要とする事情があり、かつ、面会により受刑者の矯正処遇の適切な実施に支障を生ずるおそれがないと認めるときは、これを許すことができる」と規定し、受刑者の権利としては認めていない。他方、信書の発受については、相手方の制限が一般的に定められておらず、128条が、一定の場合において発受の例外的禁止を定めているにとどまる。後述するように制限の根拠・限界に問題が残るものの、受刑者の権利として認められているといってよい。

　被収容者処遇法111条1項が、社会的コミュニケーションの場合も含め、受刑者の権利としての面会を認めたことの意義は大きい。しかし、その相手方に関する1項2号、3号の規定には曖昧さが残る。身分上・法律上・業務上の利害に関する用務の処理や、家族関係の調整、住居、就職などに関する保護観察官や保護司、雇用主などとの相談は、受刑者の家族の絆・社会的繋がりの維持にとってとくに重要であるから、外部交通が社会復帰を促進することを認めた110条の趣旨からも、111条1項2号・3号の範囲については、解釈・運用上、拡張する方向がとられるべきである。

　本来、受刑者の社会的コミュニケーションがその憲法上の権利として認められるべきことからすれば、権利としての面会の相手方を制限することは疑問である。いかなる相手方との面会も受刑者の権利として保障したうえで、拘禁目的を達成するために必要最小限度の制限を課すという法的構成がとられるべきであった。このことを踏まえるならば、解釈・運用上、111条1項2号・3号については拡張する方向がとられるべきであり、また、111条2項については、面会の申し出があった場合、面会によって拘禁目的が阻害される現実的危険が発生し、その危険を排除するための必要最小限度の制限として面会を不許可とすべきことが確認されるのでない限り、施設長は面会を許さなければならないと理解すべきであろう。

(ⅱ) **電話通信**

　電話などによる通信（以下、電話通信）について、被収容者処遇法146条は、開放的処遇を受けている場合などにおいて、受刑者の「改善更生又は円滑な社会復帰に資すると認めるときその他相当と認めるとき」、許すことができるとした。たしかに非常に限定的にせよ、電話通信が認められたのは大

きな進歩である。

　しかし、現代社会におけるコミュニケーション手段として、電話通信が大きく広がり、日々その重要性が増していることからすれば、受刑者の家族の絆・社会的繋がりを維持し、その社会復帰を実質的に保障するために、電話通信を権利として認めるべき時期が来ているように思われる。本書第6〜7章において指摘したように、電話による会話は、家族や友人の居住地から遠隔の刑事施設に収容されている受刑者や、文字を使用するコミュニケーションが苦手な受刑者にとって、ひときわ重要な社会的コミュニケーションの手段である。また、法的コミュニケーションの手段としても、電話通信は機を逸することのない迅速な助言・相談を可能とすることから、面会、信書の発受によっては代替しえない固有の必要性・重要性を有する。

　それゆえ、146条の解釈・運用にあたっては、受刑者の権利としての保障へと向けて、電話通話が広く認められるべきである。施設長の個別具体的判断において、「相当と認めるとき」を限定すべきではない。とくに、権利としての面会の相手方とされる111条1項にあげられた者との電話通話は、面会の場合に準じて、すべて認められるべきであろう。また、法的コミュニケーションの手段としても、電話通信が広く認められるべきである。

(2) 社会的コミュニケーションの制限
(i) 「矯正処遇の適切な実施」のための制限

　社会的コミュニケーションが、憲法21条の表現の自由に基づく受刑者の権利として認められるべき以上、それに対する制限は、拘禁目的を達成するために必要最小限度でのみ許容されるべきこととなる。被収容者処遇法においては、外部交通に対する制限根拠として、①「刑事施設の規律及び秩序の維持」（112条、113条1項1号ロ、同2号ハ、92条1項、127条1項、同2項、128条、129条1項3号、132条3項、147条1項）、②「受刑者の矯正処遇の適切な実施」（111条2項、112条、113条2項ニ、127条、128条、129条1項6号、147条1項）、③「刑事施設の管理運営」（114条1項、130条1項）があげられている。

　このうち「受刑者の矯正処遇の適切な実施」について、ここにいわれる「矯正処遇」とは、被収容者処遇法第2編第10章第10節「矯正処遇の実施等」が定めるものであり、受刑者の「改善更生及び円滑な社会復帰」に向けての処遇を意味するものであるから、受刑者の社会復帰は、外部交通を拡大・積

極化するための目的とされる一方（110条）、さまざまな形で外部交通に対して制限を課すための根拠ともされている。被収容者処遇法は、刑務作業、改善指導、教科指導という「矯正処遇」（84条）を受刑者に義務づけている（74条2項9号）。これによって、受刑者に対して矯正処遇を受けるよう積極的かつ強力に働きかけることが可能となり、また、受刑者の「改善更生」（30条）ないし社会復帰という行刑法の目的によって、義務づけは正当化されるとの見解が有力である。[*1] 被収容者処遇法において「受刑者の矯正処遇の適切な実施」が外部交通の制限根拠とされているのは、社会復帰のための「矯正処遇」は受刑者に強制可能であると基本的立場と結合している。

　しかし、受刑者の人間としての尊厳の尊重という要請からも、また、強制された社会復帰処遇に十分な効果が期待できないことからも、社会復帰処遇の強制には重大な疑問がある。[*2] 自由権規約10条3項は、「行刑の制度は、被拘禁者の矯正及び社会復帰を基本的な目的とする処遇を含む」と規定しており、締約国に対して、刑罰が「矯正及び社会復帰」を目的として科されるべきよう義務づけているが、このことは、刑罰の施行を受けるなか、被拘禁者に社会復帰の権利が保障されることの反映である。[*3] 社会復帰に向けた処遇は、本来、受刑者の任意の参加をベースに提供される援助として性格づけられるべきである。それゆえ、受刑者の社会復帰は、本人の意思に反して外部交通を制限する根拠とされてはならない。土井政和が指摘するように、矯正「処遇を自由刑の内容ではなく、受刑者に対する援助であり行政的サービスであると捉えれば、処遇を制限事由とすること自体矛盾」であるばかりでなく、「処遇概念が権利促進的にも権利制限的にも用いられる可能性があることを考えれば、所長の裁量権限があまりにも強くなりすぎる」[*4] のである。施設長としては、個別具体的な外部交通が受刑者の社会復帰を阻害する現実的危険が認められる場合には、最も制限的でないものとして必要とされる対処について受刑者に十分説明し、その同意が得られる限りにおいてそれを実施するにとどめるべきである。また、たとえ「矯正処遇」が一般に強制可能であるとの立場をとる場合でも、外部交通が受刑者の憲法上の権利であることを考えれば、それを受刑者の意に反して制約する根拠として受刑者自身の社会復帰をおくことは、過度にパターナリスティックな権利制約であって相当とはいえない。

　被収容者処遇法の解釈・運用においては、「適正な外部交通が受刑者の改善更生及び円滑な社会復帰に資する」とする110条との関係において、外部

交通に対する制限根拠としての「受刑者の矯正処遇の適切な実施」の支障については、受刑者の将来の社会復帰を阻害するという意味ではなく、受刑者に対して「矯正処遇」を安全・円滑に「実施」すること自体に支障が生じることを意味すると理解すべきであろう。このように理解したとき、受刑者の社会復帰は、外部交通の権利を制約する根拠にはあたらないことになる。

なお、「改善指導」や「教科指導」への受刑者の参加を義務づけることを認めつつ、強制された「矯正処遇」の有効性に疑問が残ることから、拒否を懲罰に直結させるのではなく、十分な説明、奨励、働きかけを先行させるべきとの見解があり、注目すべきであるが、受刑者の面会、信書の発受が憲法上の権利であることを認める一方、参加しない場合でも直ちに懲罰を課すべきではないとする立場からすれば、「矯正処遇」の効果それ自体を根拠にして外部交通の権利を制約することは許されないという帰結になるであろうか。

(ⅱ) 規律・秩序の維持と管理運営上の支障

「刑事施設の規律及び秩序の維持」については、被収容者処遇法73条2項が、刑事施設の規律及び秩序の維持という「目的を達成するため執る措置は、被収容者の収容を確保し、並びにその処遇のための適切な環境及びその安全かつ平穏な共同生活を維持するため必要な限度を超えてはならない」と規定していることから、その内容が、従来に比べ相当程度具体化されたように思われる。被収容者の「処遇のための適切な環境」の維持は、それ自体曖昧な概念であるが、「その安全かつ平穏な共同生活」の維持のなかに包含されると理解すべきであるから、結局、刑事施設の規律・秩序は、被収容者の拘禁確保と安全で円滑な共同生活の維持とを意味することになる。

「刑事施設の管理運営」とはどのような内容なのか、不明確である。外部交通の権利を制約する根拠としては曖昧にすぎ、正当な拘禁目的の達成を超える内容までもが広く含まれることになる危険がある。「刑事施設の管理運営」という制約根拠についても、規律・秩序の維持の場合と同様、被収容者の安全で円滑な共同生活の維持という観点から捉え直されるべきであり、そのうえで、面会相手方の人数、面会の場所・日時、面会時間・回数、信書の発信数、信書の発受方法など個別具体的な制限ごとに、その内容を具体化すべきである。また、受刑者の社会的コミュニケーションの権利の保障を実質化するために、そのような「支障」が極小化するよう、各施設の設備、管理運営のあり方が整備されなければならない。

被収容者処遇法114条は、面会の許可される日時について、「刑事施設の管理運営上必要な制限」をすることができるとしている。被収容者処遇法の解釈・運用がどのようになるか未だ詳らかでないが、受刑者の社会復帰に向けて家族の絆・社会的繋がりを維持するためには、社会的コミュニケーションの機会が現実に生かされるよう、夜間、休日の面会が広く認められるべきである。

被収容者処遇法のもとでも、遮蔽板を挟んだ面会室における閉鎖面会が原則とされるようであるが（刑事施設及び被収容者の処遇に関する規則70条）、本来、一定の身体接触が認められる開放面会が原則とされるべきである。イギリスの経験が示すように（本書第6章参照）、開放面会を通じて人間的交流を深めることは、家族の絆・社会的繋がりの維持にとって本質的に重要である。面会の質を高めることになるのである。また、家族が気兼ねなく落ち着いて面会できるよう、家族面会室が用意されるべきである。閉鎖面会が用いられるのは、受刑者、面会者双方の安全、あるいは禁制品持込の防止などのため、やむをえず必要とされる場合に限られなければならない。これらの目的が、身体検査、職員の視覚的監視など他の手段によって達成されるならば、閉鎖面会は用いられるべきではない。

(iii) 必要最小限度の制限

被収容者処遇法において、面会に対する制限としては、不許可（111条2項）、立会、録音・録画（112条）、一時停止・終了（113条）、相手方の人数、場所、日時、面会時間、回数その他の態様の制限（114条）が定められ、信書の発受に対する制限としては、検査（127条）、発受禁止（128条）、差止・削除・抹消（129条）、発信信書の作成要領、発信数、発受方法の制限（130条）が定められており、電話通信については、受信、内容記録のほか、面会に関する113条が準用され、一時停止・終了が行われる（147条）。面会と電話通信の一時停止・終了は、立会ないし内容記録を前提としており、また、信書の差止・削除・抹消は、信書内容の検査を前提としているといってよい。[※6]

これらの制限それぞれについて要件が定められているが、面会時の発言内容による一時停止・終了についてみると、受刑者または相手方の発言内容が「刑事施設の規律及び秩序を害する結果を生ずるおそれのあるもの」である場合、制限が可能とされている（113条2項ハ）。信書の差止・削除・抹消についても、「刑事施設の規律及び秩序を害する結果を生ずるおそれがあると

き」、制限が認められている。他の制限根拠についても、その「おそれ」を理由とする制限が多く定められている。上述のように、外部交通の権利を制約するためには、拘禁目的が阻害されることについて、たんなる抽象的なおそれがあるだけでは足りず、その現実的危険が具体的根拠に基づき認められなければならない。[*7] 解釈・運用上このことが確保されなければ、恣意的で、広汎にすぎる制限が行われることになる。そうなると、被収容者処遇法110条の趣旨にも反する結果となる。

　いかなる制限も、拘禁目的を達成するために必要最小限度の制限としてのみ許容される。規律・秩序の維持のための措置が必要最小限度のものとしてのみ許容されることを定めた被収容者処遇法73条2項が、厳守されなければない。個別具体的ケースにおいて、とられる制限が最も制限的でない手段として選択されたかどうか確認されなければならない。とくに面会の不許可や終了、信書の発受禁止や差止は、コミュニケーションの機会自体を奪う重大な制限であるから、それぞれ一時停止、削除・抹消などより制限的でない手段では足りなかったことが明らかな場合にのみ課されるよう運用上十分な注意が必要とされる。

(ⅳ) 面会の立会、録音・録画と信書の内容検査

　被収容者処遇法は、面会について立会と録音・録画が（112条）、信書について検査が（127条1項）、いずれも「刑事施設の規律及び秩序の維持、受刑者の矯正処遇の適切な実施その他の理由により必要があると認める場合には」行われうることを定めている（112条ただし書と127条2項については後に検討する）。これらの規定がどのように解釈・運用されるかは、要件を定める文言に曖昧さがあることから明らかではないが、面会の立会と信書の検閲を原則としている旧監獄法から比べると、その範囲は相当程度限定されることになるであろう。

　本書第7章において検討したように、コミュニケーションの内容自体が拘禁目的を阻害する現実的危険を生じさせることはなく、また、コミュニケーションの秘密保護が自由なコミュニケーションを促進することからすれば、本来、面会の立会、信書の内容検査が認められるべきではない。たとえコミュニケーションの内容によっては拘禁目的を阻害する現実的危険が生じうるとの前提に立ったとしても、面会の立会や信書の内容検査が拘禁目的を達成するために必要最小限度の制限といえるためには、拘禁目的を阻害する現実

的危険を生じさせるような内容のコミュニケーションが行われることが、具体的根拠に基づき認められる場合であって、その現実的危険を排除するためには、より制限的ではない手段では足りない場合に限られなければならない。このような場合に限り例外的に、面会の立会や信書の内容検査が許されるのである。コミュニケーションの秘密性を最大限保障することが、自由な外部交通を促進し、被収容者処遇法110条の趣旨にも合致する。

2. 新被収容者処遇法における受刑者の法的コミュニケーション

(1) 法的コミュニケーションの特別な保障

　被収容者処遇法において、一定の法的コミュニケーションとしての外部交通については、面会の立会、内容の検査などの制限が特別に緩和されている。社会的コミュニケーションとしての面会、信書の発受の場合と同様に立会や検閲を行ってきた旧監獄法に比べて、たしかに大きな進歩である。

　被収容者処遇法112条ただし書は、「自己に対する刑事施設の長の措置その他自己が受けた処遇に関し調査を行う国又は地方公共団体の機関の職員」（1号）や、それに関し「弁護士法……第3条第1項に規定する職務を遂行する弁護士」（2号）と受刑者との面会については、「刑事施設の規律及び秩序を害する結果を生ずるおそれがあると認めるべき特別の事情がある場合を除き」、立会を行うことができないと定めている。同127条2項は信書の検査について、「受刑者が国又は地方公共団体の機関から受ける信書」（1号）、「受刑者が自己に対する刑事施設の長の措置その他自己が受けた処遇に関し調査を行う国又は地方公共団体の機関に対して発する信書」（2号）、受刑者がそれに関し「弁護士法第3条第1項に規定する職務を遂行する弁護士……との間で発受する信書」（3号）については、「刑事施設の規律及び秩序を害する結果を生ずるおそれがあると認めるべき特別の事情がある場合」を除いて、「これらの信書に該当することを確認するために必要な限度において」検査を行うことを定めている。また、同129条2項は、「受刑者が国又は地方公共団体の機関に対して発する信書であってその機関の権限に属する事項を含むもの」、「受刑者が弁護士との間で発受する信書であってその受刑者に係る弁護士法第3条第1項に規定する弁護士の職務に属する事項を含むもの」については、差止・削除・抹消ができる場合を一般の信書の場合よりも限定している。

(2) 秘密性の保障

　本書第8章において検討したように、自由かつ秘密の法的コミュニケーションが実効的な法的援助の保障にとって不可欠であり、実効的な法的援助が確保されなければ、受刑者の裁判にアクセスする権利の保障は実質化しえない。かくして、自由かつ秘密の法的コミュニケーションは、実効的な法的援助に不可欠なものとして、憲法32条の保障する裁判にアクセスする権利によって基礎づけられている。刑事拘禁によって、裁判へのアクセスが実質的に制限されることは許されない。それゆえ本来、法的コミュニケーションとしての面会、信書の発受については、面会の立会、信書の内容検査、差止・削除・抹消など、いかなる実質的制限も許されるべきではない。許容されるのは、実質的制限に及ばない限りでの技術的制限にとどまるのである。

　被収容者処遇法の解釈・運用において、例外的な面会の立会や信書の内容検査の要件とされている「刑事施設の規律及び秩序を害する結果を生ずるおそれがあると認めるべき特別の事情がある場合」についてみると、弁護士が法律家として高度な職業倫理に拘束され、弁護士会の懲戒システムも存在し、刑罰の対象となる可能性もあることを考えれば、弁護士とのコミュニケーションによって刑事施設の規律・秩序が阻害される現実的危険が、具体的根拠に基づいて認められることはありえないというべきであろう。面会の立会が認められるのは、安全確保のために要求があった場合に限られるべきである。また、発言制止、一時停止、終了を定める被収容者処遇法113条については、本来、112条1号・2号にあげられた弁護士などとの面会には適用が排除されるべきである。現実的にみてその必要があるのか疑わしいうえに、これらの制限の可能性を一般に認めると、面会の秘密性について不安が生じ、その結果、自由なコミュニケーションに対する萎縮効果がもたらされ、法的援助を受ける権利が実質的に制約されることになるからである。これらの制限がもし認められるにしても、例外的に面会の立会がなされた場合に限られなければならない。

　被収容者処遇法127条2項において、信書が1号ないし3号に該当することを確認するための検査は内容にわたる検査を一切含まないのか、文言からは不明確である。本書第9章において検討したように、刑事事件の弁護人と勾留中の被告人とのあいだの信書について、髙見・岡本国賠訴訟の大阪地裁判決は、刑訴法39条1項から信書の秘密保護が接見に準じて要請されているとする一方、危険物、禁制品など信書以外の書類・物の混入、第三者宛また

は第三者からの信書の混入、間違いなく弁護人からの信書であるかの確認のためには、その確認の限度での内容検査も許容されるとした。

しかし、第1に、間違いなく弁護士からの信書であるかの確認は、特別な封筒を用いる、弁護士会の発行する連続番号入りのシールを貼るなど、工夫次第で十分可能なはずである。[*9] 第2に、弁護士からの信書に危険物、禁制品など、拘禁目的を阻害する現実的危険を生じさせる物が混入される危険はきわめて小さく、それらの確認は内容検査によらずとも、形状、重量などの外形的検査、エックス線透視検査、金属探知器検査などによって、信書を開披することなく可能であろう。第3に、証拠書類、そのコピーなど、弁護士の判断により法的コミュニケーションに必要な書類または第三者からの信書が同封された場合、このような書類・信書はそれ自体、弁護士からの信書と同様、法的コミュニケーションを直接構成する要素とみるべきであるが、弁護士が発受に介在することによって、それ以外の、拘禁目的を阻害する現実的危険を生じさせるような書類・信書の混入の可能性はきわめて低いから、このわずかな可能性に対処するために、すべての信書と同封書類の内容検査を行うことは、必要最小限度を超える過剰な制限である。第4に、被拘禁者が同封した第三者宛の信書については、弁護士の判断と責任において、拘禁目的を阻害する現実的危険の発生に対する配慮が可能であり、また、この同封を確認するために、被拘禁者の発信する信書すべてについて内容を閲読したのでは、弁護士宛の信書の秘密性も奪われる結果となる。このように、受刑者と弁護士とのあいだの信書について、内容確認は一切許されるべきでなく、秘密性が完全に保障されるべきである。被収容者処遇法127条の規定構造において、この2項が内容検査を予定している1項の適用を排除するものとして位置づけられていることからも、該当性確認のための内容検査は許容されないと理解すべきであろう。

(3) 特別な保障の範囲

弁護士とのあいだの法的コミュニケーションとして、被収容者処遇法112条2号、同127条2項3号が原則として面会の立会や信書の内容検査を排除しているのは、「受刑者が自己に対する刑事施設の長の措置その他自己が受けた処遇に関し」、弁護士法3条1項の規定する職務を執行する弁護士とのあいだの面会、信書の発受についてである。行刑改革会議『提言』が立会排除などの特別配慮を求めていたのは、「訴訟の遂行等法律上の重大な利害に

係る用務の処理のための面会」についてであった。被収容者処遇法90条2号の定める弁護士の面会は、行刑改革会議『提言』のいう面会よりも狭い範囲に限定されていることになる。

　人権擁護委員会の委員である弁護士が調査のために事件関係者に面会する場合、実効的調査が可能となるよう、面会の秘密性の保障が要求されてきた。たしかに、秘密性が確保されないとき、十分な調査を尽くすことはきわめて困難であろう。それでは、行刑の透明性確保と人権侵害の実効的防止・救済という今般の行刑改革の主要目的に反する結果となる。この場合の弁護士の活動は、弁護士法1条に基づくものと理解されているから、弁護士法1条の規定する職務を遂行する場合は、同3条1項の規定する職務を遂行する場合に準じて扱われるべきである。また、このような活動を行う弁護士との信書の発受については、被収容者処遇法127条2項3号、同128条2項の準用を認めるべきである。

　面会の立会や信書の内容検査が排除されるのは、弁護士との面会や信書の発受が、「受刑者が自己に対する刑事施設の長の措置その他自己が受けた処遇に関し」て行われる場合に限られるべきか。徳島刑務所事件における最高裁判決の遠藤裁判官反対意見が強調したように、個別具体的訴訟における「公平さ」の確保によって法的コミュニケーションの秘密性の保障を基礎づける場合、秘密性が保障されるべきは刑事施設を相手方当事者とする訴訟の準備・遂行に関するコミュニケーションについてということになり、「自己が受けた処遇」に関する面会の立会や信書の内容検査が排除されることで足りるということになるかもしれない。

　しかし、自由かつ秘密の法的コミュニケーションは、受刑者が実効的な法的援助を受けることによって、裁判にアクセスする権利の保障を実質化するために不可欠なものとして保障されると理解すべきである。このとき自由と秘密性を保障されるべき法的コミュニケーションは、受刑者が自己の受けた処遇に関してのものに限られるべきではない。自己についての他の事項に関する裁判にアクセスする権利も同じく実質的に保障されなければならないからである。イギリス法からも示唆されるように、具体的訴訟手続の遂行に関する場合だけでなく、訴訟準備に関するコミュニケーションが含まれるべきことになる。

　さらに、いかなる法律問題に関する弁護士とのコミュニケーションも、潜在的に訴訟手続と関連しているといえるから、自由と秘密性を保障されるべ

きである。このとき、たとえば受刑者が他の受刑者の受けた処遇に関する訴訟遂行に関して、その訴訟代理人の弁護士と面会する場合のように、「自己の」訴訟手続に関連する場合でなくとも、あらゆる訴訟手続、さらにはあらゆる法律問題に関する弁護士とのコミュニケーションについて、当該問題に関して当事者が裁判にアクセスする権利の実質的保障のために、自由かつ秘密の法的コミュニケーションが保障されなければならない。行刑改革会議『提言』が「訴訟の遂行等法律上の重大な利害に係る用務の処理のための面会」について、立会排除などの特別配慮を求めていたことを踏まえて、自由と秘密性の保障されるべき範囲が拡張されるべきである。被収容者処遇法111条2号の定める「婚姻関係の調整、訴訟の遂行、事業の維持その他の受刑者の身分上、法律上又は業務上の重大な利害に係る用務の処理のため面会することが必要な者」として、弁護士が受刑者と面会する場合には、同112条2号の準用を認めるべきであり、また、弁護士が受刑者と信書を発受する場合には、同127条3号の準用を認めるべきである。

3. 新未決拘禁法における被疑者・被告人と弁護人とのコミュニケーション

(1) 憲法上の弁護権と接見交通

以下、とくに重要な論点に絞って、被収容者処遇法における未決拘禁に関する部分（以下、未決拘禁法）のなかの未決被拘禁者の法的・社会的コミュニケーションに関する規定を検討する。まず、身体を拘束された被疑者・被告人と弁護人との接見交通についてである。

憲法34条の弁護権は、最高裁判例も認めるように、弁護人の援助を受ける権利の実質的保障ないし有効な弁護の保障として理解されなければならない。憲法37条が「刑事被告人」に保障する弁護権についても同様である。憲法上の弁護権の保障にとって不可欠なのが、刑訴法39条1項の定める接見交通権である。いうまでもなく逮捕・勾留は被疑者・被告人の防御権の制限を目的とするものではない。しかし、身体の拘束にともない、防御権の行使には事実上少なからぬ困難が生じる。しかも、身体の拘束により、その根拠とされた嫌疑を争い、身体の解放を求めるなど、防御権の行使はますます重大な意義を有するようになる。

防御権の保障を実質化するためには、弁護人の実効的援助を受けられるよう確保しなければならならず、さらに、有効な弁護を確保するためには、防

御に関するコミュニケーションにおいて、自由と秘密性が保障されなければならない。自由と秘密性の保障が、憲法上の弁護権の実質的保障にとって不可欠であるから、このこと自体、憲法的要請というべきである。本書第9章において論じたように、たとえ「立会人なくして」が「接見し」だけにかかるとしても、刑訴法39条1項は、このような憲法的保障を具体化したものとして理解されなければならない。すなわち、すべての書類・物の授受について秘密性が保障されるわけではないにせよ、有効な弁護を保障するために、防御に関するコミュニケーションとしての書類・物の授受については、秘密性が保障されなければならないのであり、内容検査が許されるのは、それ以外の書類・物についてだけである。

弁護権の憲法的保障のもと、刑訴法39条1項の接見交通権は、このような自由と秘密性の保障を含むものとして理解されなければならない。それゆえ、「法令（裁判所の規則を含む。以下同じ。）で、被告人又は被疑者の逃亡、罪証の隠滅又は戒護に支障のある物の授受を防ぐため必要な措置を規定することができる」と定める同2項、さらにはその「法令」としての未決拘禁法の規定は、刑訴法39条1項の要請に適合するよう解釈・運用されなければならない。このときこそ、これらの規定の合憲性が認められる。刑訴法39条3項ただし書が接見指定について注意的に規定した防御権の実質的制約にわたる制限は許されないとの趣旨は、同2項に基づく制限についても及ぼされるべきことになる。

(2)「面会」の制限
(i)「管理運営上の支障」と休日・夜間接見

弁護人の夜間・休日接見については、かねてよりその必要性が訴えられてきた[*13]。2006年2月2日に発表された未決拘禁者の処遇等をめぐる有識者会議（以下、有識者会議）の『未決拘禁者の処遇等に関する提言――治安と人権、その調和と均衡を目指して』（以下、『提言』）によれば、実務上、警察留置場においては、管理体制が整う限り、夜間・休日の弁護人接見にも対応しており、午後10時頃までであれば接見が認められている一方、拘置所においては、弁護人との接見を原則として執務時間内に限り、翌週に公判期日が指定されている場合などにのみ、休日接見を認める運用がなされているという。未決拘禁法施行前、拘置所においては、被疑者の初回接見の場合、翌週公判期日が予定されている場合、控訴趣意書・上告趣意書の提出期限が間近に迫

っている場合など、例外的場合に限って、土曜日にのみ一部接見が認められていたにすぎないというが、休日・夜間接見の「原則禁止・例外解除」は、防御に関する自由なコミュニケーションを保障する憲法34条、刑訴法39条1項に適合しないというべきである。このような現状に対して、有識者会議『提言』も、「防御権の行使をより実質的に保障するため、夜間・休日における実施が必要となる場面があると考えられる。／特に、平成21年5月までには、短期間での連日的・集中的な公判審理の必要性が格段に高い裁判員裁判が始まり、拘置所における夜間・休日接見（裁判所の構内における接見設備での開廷前後の接見を含む。）を実施する必要が高まることが予想されるため、法務省は、接見を実施する日及び時間帯について見直し、夜間・休日接見を実施する必要性を勘案しつつ、その具体的な範囲・方法について真剣に検討すべきである」とした。未決拘禁法は、すべての「刑事収容施設」において、「管理運営上の支障」がある場合に限り、面会の日・時間帯、弁護人の人数について制限することができるとしている（118条、220条、268条）。

　しかし、第1に、「管理運営上の支障」という制限根拠は不明確であり、正当な拘禁目的の達成を超える内容までもが広く含まれる危険がある。さまざまな場面において権利制約の根拠とされている「管理運営上の支障」については、本来、規律・秩序の維持の場合と同様、安全で円滑な共同生活の維持という観点から捉え直されるべきであり、そのうえで個別具体的な制限ごとに、内容が具体化されるべきである。

　第2に、自由な接見交通という憲法的保障を実質化するために、そのような「支障」が極小化するよう、各施設の設備、管理運営のあり方が整えられなければならない。

　第3に、それでもなお「支障」が残る場合、防御権の実質的制約に及ぶような制限は許されず、必要最小限度の時間調整など、技術的制限のみが許される。休日・夜間の接見が防御上必要かどうかは、まさに弁護の本質にかかわるものとして、弁護人の判断に委ねられるべきであり、それについて施設側が判断することは認められない。「支障があるときを除き」制限ができないとする各規定3項は、このように解釈・運用されるべきである。

　本書第6章において明らかにしたように、イギリスにおいても、正式告発の後、未決拘禁の決定を受け、刑事施設に収容された被告人の場合、弁護人との接見は施設の設定した面会許可時間内にのみ認められるのが原則である。しかし、正式告発後、被告人が捜査機関の取調を受けることはないので、予

定された公判期日に合わせて接見の日程を設定することが可能であり、防御上もそれで足りるという事情がある。これに対して、本書第3章において指摘したように、逮捕から正式告発を経て、未決拘禁の決定までのあいだ、警察留置中の被疑者は、速やかな告発と未決拘禁への切換によって警察留置の極小化が要請されているものの、捜査機関の取調を受けることになるが、休日・夜間を問わずいつでも、弁護人から助言を受ける権利を保障されている（警察・刑事証拠法58条1項）。また、取調中、弁護人の立会を受ける権利も保障されており（同運用規定C6.6）、犯罪捜査から独立した地位を認められた留置管理官が、これらの権利の確保に責任を有することとされている（警察・刑事証拠法39条1項）。

　日本の場合、勾留決定後も起訴前、被疑者は捜査機関の取調を受けるのが通常であり、起訴後の取調さえ一定条件下で認められている。しかも、起訴前の勾留中は、代用刑事施設としての警察留置施設に留置される実務が定着している。これらのことからすれば、弁護人の判断により休日・夜間の接見が防御上必要・重要であるとされた場合には、イギリスにおける警察留置中の弁護人接見の場合と同様、防御権の実質的制約を排除するために、それを認めなければならないというべきである。

(ⅱ) 開放面会、録音機の使用、面会の一時停止・終了

　未決拘禁法118条・220条・268条の各4項は、面会場所について、規律・秩序の維持その他「管理運営上必要な制限」を認めている。刑事施設及び被収容者の処遇に関する規則70条からしても、遮蔽板を挟んだ閉鎖面会が予定されている。しかし、拘禁目的を阻害する現実的危険に対処するための必要最小限度の制限として認められる場合でない限り、遮蔽板のない面会室における開放面会が認められるべきである。イギリスの経験に照らしても、開放面会は、被疑者・被告人と弁護人がより円滑に意思・情報を伝達し、また、訴訟手続に関する書類などを一緒に見ながら、より効果的に検討することを可能とする。両者の信頼関係もより強固にするであろう。有識者会議『提言』は、もし開放面会を認め、未決被拘禁者と弁護人とのあいだで「直接、文書等の授受を認めることとすると、未決被拘禁者は、検査を受けることなく、その意思内容を表す文書を弁護人等に発することが可能となる」から、検査を受けるべきとする以上、これを認めるべきではないとの立場をとった。しかし、後述するように、信書の場合と同様、未決被拘禁者と弁護人とのあいだ

で授受される書類について、内容検査を認めるべきではない。それゆえ、内容検査の必要を理由にして開放面会を否定することはできない。

　また、接見時の録音機使用について、有識者会議『提言』は、「接見を充実したものとするためにも、メモに代わるものとしての録音機の使用は有効であるとする意見」があるとしたうえで、「現行の実務においても、接見の前後にその記録内容を検査することとされているものの、録音機の使用による記録自体は禁じているところではな」いが、「録音機による記録内容の検査の必要性については、……弁護人等に発する信書の検閲の論点と同様に考えるべきであるとする意見が多数を占めた」としている。しかし、記録内容の検査は、接見の秘密性の喪失に直結する。後述する信書の場合と同様、記録内容の検査の必要性は僅少であり、また、防御に関するコミュニケーションの秘密性を確保するためには検査を許すべきではない。イギリスにおける法曹特権としての法的コミュニケーションの秘密保護は、相談自体だけでなく、相談にさいして作成した記録をも対象としていた。記録内容の検査は、未決被拘禁者と弁護人のコミュニケーションの秘密性を奪うものであり、刑訴法39条1項が禁止している「立会」に準じるものとして、排除されなければならない。*15

　未決拘禁法は、未決拘禁者（逮捕・勾留され、刑事施設または留置施設に収容・留置された者〔2条8号〕）または弁護人が規律・秩序を害する行為をしたとき、行為の制止、面会の一時停止・終了ができるとする規定を新設した（117条、219条、267条）。刑訴法39条1項により接見の秘密性が保障されていることから、施設職員による会話内容の聴取が許されないことは当然として、同法案をめぐる国会審議においては、この規定に基づいて接見状況の視覚的監視が予定されているわけでないことも確認されている。

　国会審議における政府側答弁によれば、この規定により対処すべきとされる行為には2類型があるとされる。*16 第1に、面会室の外にいる職員が室内で物を破損させるなど異常な物音を聞いたとき、あるいは被拘禁者が出入りするドアにはめ込まれた視察窓越しに、たまたま接見室内における規律・秩序を害する行為を確認したときの対処である。しかし、過去このような規定がないにもかかわらず、とくに不都合が現実に生じているわけではないから、その必要性には疑問がある。かつて弁護人の言動に激高した被拘禁者が、面会室の遮蔽スクリーンの通話孔部分を蹴りつけ、拳で殴りつけることによって破壊した例があるというが、そもそもそのような事例は稀有であり、たと

え規律・秩序を害する行為があった場合でも、弁護人の判断によって接見を打ち切ることにより対処可能なはずである。

　第2に、接見にさいして弁護人自身が規律・秩序を害する行為をした場合の対処である。国会審議においては、かつて弁護人が携帯電話を持ち込み、接見禁止の処分を受けている被疑者に母親と会話させたという懲戒事例が1件のみあげられた。弁護人による規律・秩序を害する行為の可能性は、たしかに皆無ではないかもしれないが、そのような行為はもともと希有であるうえ[*17]、弁護士倫理に抵触するものとして、弁護士会の懲戒処分の対象となりえるから、あえて面会の一時停止・終了などの規定をおくことによって対処しなければならない必要性はきわめて低い。弁護士倫理と弁護士会の懲戒システムによって、効果的にコントロールが可能なのである。

　いずれの場合にも必要性が僅少であるにもかかわらず、このような規定があると、接見の秘密性の保障に対する信頼が失われ、その結果、自由なコミュニケーションに対する萎縮効果がもたらされる危険がある。被疑者・被告人と弁護人との信頼関係の形成にも支障が生じかねない。面会の一時停止・終了などを規定することは、会話内容を直接聴取するものではないから、たしかにそれ自体として憲法34条・37条3項、刑訴法39条1項に違反するわけではないかもしれないが、秘密性の保障に対する信頼を切り崩し、自由なコミュニケーションを萎縮させる危険がある点において、憲法および刑訴法による防御に関するコミュニケーションの保障の趣旨に適合しないことに疑いはない。それゆえ、未決拘禁法のこれらの規定は、施設職員は弁護人からの要求がある場合において必要な措置をとることができることを定めていると限定して解釈・運用されるべきであろう。

(3) 信書の秘密保護

　監獄法および同施行規則のもとでは、被疑者・被告人と弁護人との信書について、一律の内容検査が行われていた。高野国賠訴訟における第一審の浦和地裁判決[*18]は、旧法に基づく信書の検閲について、逃亡・罪証隠滅の防止、刑事施設の規律・秩序の維持という拘禁目的の達成のためには、検閲によってその内容を探知する必要がある一方、このような制限はコミュニケーションそのものの規制ではなく、その「手段又は方法を規制する効果を有するにすぎない」から、必要かつ合理的な制限として憲法違反ではないと判示した。2003年の最高裁判決も、この第一審判決を支持していた[*19]。

しかし本来、本書第9章において明らかにしたように、接見の場合と同様、憲法34条・37条3項は未決被拘禁者と弁護人との信書の秘密性を保障しており、刑訴法39条1項の規定もそのことを前提としていると理解するとき、刑訴法39条2項、これを受けた刑事拘禁法によって信書の内容検査が許されると理解することはできない。とくに規律・秩序の維持のための制限を許すことは、刑事拘禁法によって憲法と刑訴法の保障する権利を実質的に制約することを認めることにほかならず、刑事訴訟法と刑事拘禁法のあるべき一元的関係に適合しない。また、防御に関するコミュニケーション手段としての信書は固定性・正確性においてすぐれており、接見による口頭のコミュニケーションによっては代替し尽くされない固有の重要性を有している。それゆえ、信書の内容検査は、たんなるコミュニケーションの手段・方法の規制ではなく、実質的制限にあたるというべきである。

未決被拘禁者と弁護人とのコミュニケーションについて、本来、いかなる実質的制限も許されないが、いま仮に、なんらかの実質的制約が許される場合があるとの前提に立ったとしても、信書の内容検査が許されるかは疑問である。未決拘禁法の規定をめぐって、そのことを明らかにしておきたい。

未決拘禁法は、弁護人からの未決拘禁者宛信書については、その旨確認する限度で検査を行うことを原則とする一方、未決拘禁者からの弁護人宛信書については、内容検査を行うことができるとしている（135条・222条・270条）。

第1に、弁護人からの信書であることの確認は、内容検査に及ばないことを確認すべきである。間違いなく弁護士からの信書であるかの確認は、特別な封筒を用いる、弁護士会の発効する連続番号入りのシールを貼るなど、工夫次第で十分可能なはずである。[*20] 弁護士からの信書に危険物、禁制品など、拘禁目的を阻害する現実的危険を生じさせる物が混入される可能性は僅少であり、それらの確認は内容検査によらずとも、形状、重量などの外形的検査、エックス線透視検査、金属探知器検査などによって、信書を開披することなく可能であろう。また、証拠書類、そのコピーなど、弁護人の判断により防御上必要な書類または第三者からの信書が同封された場合、このような書類・信書はそれ自体、弁護人の信書と同様、防御に関するコミュニケーションを直接構成する要素とみるべきであるが、弁護人の信書にそれ以外の、罪証隠滅を教唆・慫慂するなど、拘禁目的を阻害する現実的危険を生じさせるような書類が混入される可能性、あるいは弁護人の信書がそのような内容を

含んでいる可能性はきわめて低い。後述するように、弁護人は高度の職業倫理に拘束され、弁護士会内の懲戒処分、刑事制裁の可能性もあるからである。[*21] それにもかかわらず弁護人の信書の内容検査を行うことは、必要最小限度を超える過剰な制限となり許されない。

　第2に、未決拘禁者からの信書については、内容検査が原則とされた。有識者会議『提言』は、「未決拘禁者が弁護人等に発する信書については、罪証隠滅のための工作を依頼するなど勾留目的を阻害するような不当な内容のものも現に認められ、また、今後も十分に想定されるところ、受領した弁護人からそれ以外の者に転々流通した場合には、未決拘禁者とこれ以外の者との間で直接信書の発受がなされたのと同じ効果を生ずることになるのであって、これによる罪証隠滅等を防ぐためにも、内容の検査を行い、不適当なものの発信を禁止・制限することが必要」であるとの意見が多数を占めたとする。[*22] 改正法案をめぐる国会審議においても、このような理由によって、被拘禁者からの信書の内容検査が原則とされたことが確認されている。[*23]

　弁護人からの信書の場合と同じ理由から、たとえ弁護人宛信書が不当な内容を含むものであり、あるいは不当な第三者宛書類が同封されていたとしても、少なくともそれが弁護人の手許にとどまる限り、弁護人が逃亡・罪証隠滅などに荷担して、拘禁目的を阻害する現実的危険を生じさせる可能性は極小であり、それを理由に弁護人宛信書の内容検査を行うことは過剰な制限となる。問題は、それが弁護人から第三者に交付され、転々流通した場合である。

　接見禁止の実質的趣旨は、「逃走や罪証隠滅を防止するため、被疑者と一般人との間の意思・情報の伝達を遮断することにある」として、「書類等の授受については、意思・情報伝達の主体が弁護人以外のものである限り」、たとえ「書類等が防御に関連すると認められる場合であっても」、接見禁止決定に違反するとの見解が有力である。[*24] このような立場からは、いかなる第三者宛書類も同封されていないか確認するために、弁護人宛の信書の内容検査が認められうることになる。しかし、接見禁止の効力は、未決被拘禁者と弁護人のあいだ、弁護人と第三者のあいだの書類・物の授受に及ぶものではなく、また、その目的は、「被疑者と一般人との間の意思・情報の伝達を遮断すること」自体にではなく、接見禁止を通じて逃亡・罪証隠滅を防止することにあるから、未決拘禁者の作成した書類が弁護人から第三者に交付されたとしても、それによって逃亡・罪証隠滅の現実的危険が生じない限り、接

見禁止の趣旨に反することはない。このとき、いかなる第三者宛書類も混入されていないか確認するために弁護人宛信書の内容検査を認めたのでは、弁護人とのあいだの防御に関するコミュニケーションの秘密性も奪われる結果となる。これは、防御に関するコミュニケーションの秘密性の保障という憲法的要請に反する。

　未決被拘禁者と第三者のあいだの書類の授受を弁護人が仲介することは、それが刑訴法39条1項の接見交通権の直接の範囲にあるかについては意見が分かれるものの、[*25]社会的繋がりの維持と精神的安定を通じて、身体拘束下にある被疑者・被告人の防御主体としての地位の保障につながるものであるから、正当な弁護活動の範囲にあると認められる。しかしながら、弁護人宛信書であれ、それに混入された第三者宛書類であれ、本来、弁護人が、逃亡・罪証隠滅を教唆・慫慂したり、他者を脅迫する内容の信書を第三者に交付し、あるいはそのような書類の授受を仲介することは、接見禁止の決定があるかどうかにかかわらず許されない。不正な行為を助長・利用し、偽証・虚偽陳述をそそのかしてはならないとする弁護士倫理（弁護士職務基本規定14条・75条、弁護士法56条1項）に違反するからである。[*26]違反行為は、弁護士会内の懲戒処分のみならず、刑事制裁の可能性にも直面する。

　したがって、弁護人宛信書が罪証隠滅を教唆・慫慂するなど拘禁目的の阻害につながる不当な内容を含み、あるいはそのような第三者宛書類が混入されていたとしても、高度の職業倫理に拘束される弁護人が介在し、弁護士会内の懲戒処分、さらには刑事制裁の可能性もあることからすれば、そのような信書・書類が弁護人の手許を離れ、第三者に交付される可能性は、たとえ皆無ではないとしても、きわめて僅少である。このような信書・書類の社会的流通は、第一次的受け手としての弁護人において効果的にコントロールされうるのである。[*27]それゆえ、その社会的流通を遮断するという目的のために弁護人宛信書の内容検査を行う必要性はきわめて低い。また、弁護人とのあいだの防御に関するコミュニケーションの秘密性が確保されるためにも、弁護士宛信書の内容検査は認められるべきではない。きわめて僅少な必要性を理由にして防御に関するコミュニケーションの秘密性を奪うことは、明らかに、拘禁目的を達成するために必要最小限度の制限を超えた過剰な制限である。

　未決拘禁法135条3項は、刑事施設に収容された未決拘禁者について、「刑事施設の規律及び秩序を害する結果又は罪証の隠滅の結果を生ずるおそれが

ないと認める場合には」、弁護士宛信書の内容検査を行わなくてもよいと規定している。しかし、弁護士宛信書においてそのような「おそれ」はおよそ生じえないとして、一切の内容検査を排除する解釈・運用が確立されるべきである。

　他方、警察・海上保安庁の留置施設に留置された未決拘禁者については、内容検査の除外規定がない。未決拘禁者が刑事施設に収容されているか、留置施設に留置されているかによって、弁護人宛信書の扱いにおいて、一律に異なる制限を行う合理的理由は存在しないであろう。このような取扱いの区別は、留置施設の未決拘禁者は大多数が被疑者であり、それゆえ罪証隠滅の危険性が類型的に高いとの理由によるようである[28]。しかし、個別具体的判断によることなく、ただ被疑者であるというだけで罪証隠滅の危険を一律に擬制するとき、その擬制された危険は、具体的根拠に基づく現実的危険ではありえず、抽象的「おそれ」にすぎない。これを根拠にして信書の秘密性を一律に剥奪することが、防御に関するコミュニケーションの秘密性の保障に関する憲法34条・37条3項、刑訴法39条1項に適合しないことは明らかである。ここにおいても、拘禁目的を阻害する現実的危険があるときに限り、必要最小限度の制限が許されるという権利制約の原理に反している。留置施設の未決拘禁者についても、未決拘禁法135条3項を準用したうえで、内容検査の排除という解釈・運用がとられるべきである。

(4) 電話通信によるコミュニケーション

　未決被拘禁者と弁護人との電話通信によるコミュニケーションについては、かねてよりその要求が強く[29]、有識者会議『提言』も、「通信手段が発達・普及した今日における簡便な外部交通の一形態として、電話による外部交通を認めるように配慮することを検討すべきである」とした。とはいえ、『提言』が、「弁護人等との電話による外部交通についても、これを認めることにより現場で混乱が生ずることも懸念されることから、権利的あるいは全国一斉に導入することは適当ではないとする意見もあり、原則的な外部交通の手段である接見を補完するものとして、具体的な必要性の程度も勘案しながら、実施可能な範囲や具体的な方法等について十分に検討を行うことが必要である」としたことから、未決拘禁法は、これに関する規定を設けることなく、施行に合わせて実務上の実施が検討され、全国の刑事施設8か所（拘置所・拘置支所）、16の警察署において試行的実施がなされているという。

電話通信は社会的に重要な位置を占めているだけでなく、法的コミュニケーションの手段としても、機を逸することのない迅速な助言・相談を可能とすることから、面会、信書の発受によっては代替しえない固有の必要性・重要性を有している。*30 それゆえ、電話通信による法的コミュニケーションを広く認めることが、被疑者・被告人の弁護権の実質的保障の趣旨に適う。この場合、電話通信は、刑訴法39条１項の「接見」ないし「書類」の授受に直接該当するわけではないが、電話による通話であれば、面会にさいしてのものではないにせよ、口頭での同時双方向型コミュニケーションという本質を共通にすることから、「接見」に準じて扱うことができるであろう。法的コミュニケーションの手段として電話を認める以上、被疑者の防御権の行使に深く関わる事項であるから、たんに事実上実施するというのではなく、法律上の規定を設けるべきであった。有識者会議『提言』は「現場で混乱が生ずることも懸念される」としたが、すでに諸外国において広く実施されていることからすれば、これらの先例に学びつつ体制を整備することによって、「混乱」は効果的に回避できるであろう。そのような検討をしないまま、観念的な「混乱」の「懸念」を理由にして、電話による法的コミュニケーションの「権利」を認めないことは、被疑者・被告人の弁護権の保障の趣旨に適合しないというべきである。

　秘密保護における社会的コミュニケーションと法的コミュニケーションとの区別を前提とする限り、電話の相手方が弁護人であることの確認が必要になる。有識者会議『提言』は、「弁護人等が検察庁、警察署等の相当な場所に出向いて、弁護人等であることの確認を受けた上で電話をかけるという方法が適当である」とした。少なくとも、これらのほか、裁判所、弁護士会などに設置された電話を使用した通話であって、相手方が弁護人であると間違いなく確認できる場合には、「接見」の場合に準じて、通話の秘密性が保障されるべきである。このことは、事実上の実施による場合でも同じである。

　弁護士事務所の電話を使用する場合には、たしかに弁護人との通話であるか確認が困難であろう。しかし、たとえば予め弁護士会を通じて弁護士事務所の電話番号を施設側に登録しておき、さらに外国の銀行の電話取引で使うようなアルファベットと数字を組み合わせた10数桁のパスワードを二重に使うことなどによって、弁護人本人であることの確認が十分可能ではなかろうか。弁護人との通話であることが確認されれば、秘密性が保障されなければならない。信書の場合と同様、弁護人が介在することによって、弁護人を装

って、あるいは弁護人と入れ替わって、第三者が制限されるべき通話を行う可能性は高くないであろう。また、そのような僅かの可能性に対処するために電話通信による弁護人の助言・相談をすべて禁止し、あるいはすべて傍受・録音して秘密性を奪うとすれば、それは明らかに過剰な制限だといわなければならない。もしどうしても弁護人であることの確認ができないが、それでも電話によるコミュニケーションをとる必要がある場合には、被拘禁者と弁護人双方の慎重な判断によって、秘密性の保障を放棄して通話することが認められてよいであろう。

　有識者会議『提言』は、「送信に伴う事務負担、誤送信等の過誤のおそれ、通信費用を負担させることに伴う事務処理の煩雑さ」を指摘しつつも、「簡易迅速な連絡手段としてのファックスの有用性は否定し難く、これらの問題を解決した上で、未決拘禁者から弁護人等への連絡方法としてファックスを認める方向で真剣に検討すべきである」とした。問題解決のための方策を十分検討したうえで、ファックス通信を認めることが、被疑者・被告人の弁護権の保障の趣旨に適うところであろう。もっとも、ファックスについては、信書のように封入されていないことから、秘密性の保障は不可能であろう。それゆえ、未決被拘禁者と弁護人とのあいだのコミュニケーションであっても、双方の判断によって秘密性が放棄されたうえで行われることにならざるをえない。本来、ファックスについても、法律上の規定が設けられるべきである。

4. 新未決拘禁法における社会的コミュニケーション

(1) 被逮捕留置者の社会的コミュニケーション

　未決被拘禁者の社会的コミュニケーションの権利は、本書第7章において明らかにしたように、表現の自由を保障する憲法21条によって根拠づけられるものであり、さらに社会的繋がりと人間関係のなかで人格を形成・発展させるために不可欠なものとして憲法13条によって基礎づけられている。また、未決被拘禁者は刑事事件の被疑者・被告人としての法的地位を有することから、その社会的コミュニケーションの権利は、社会的繋がりの維持と精神的安定を通じて防御主体としての地位を実質化することにつながる点において、防御権を保障する憲法31条の趣旨にも適う。社会的繋がりの維持、防御主体としての地位の実質化という両面において、無罪推定に相応しい取扱いの保

障(憲法31条、自由権規約14条2項)の趣旨にも適う。刑訴法80条・207条1項は、勾留されている被疑者・被告人の社会的コミュニケーションの権利を認めているが、これは、憲法的保障を具体化したものとして理解されるべきである。未決拘禁法もこれを前提として、未決被拘禁者の外部交通の権利を認めている。[*31]

このような憲法的意味を有する権利は、たとえ本来、自由権規約9条3項から、さらには憲法34条からも、逮捕後速やかな勾留請求による逮捕留置の極小化が要請されているとはいえ、被逮捕者から一律に剥奪されるべきものではない。勾留請求まで72時間フルの逮捕留置という現在の実務からすれば、被逮捕者の社会的コミュニケーションを認めるべき実際上の必要も高い。また、被逮捕者に関する刑訴法209条は、たしかに同80条の準用を定めていないが、80条二文によって適用される「勾引状により刑事施設に留置されている被告人」に関する75条の準用を認めている。それゆえ、刑訴法80条は75条を媒介として、同209条により被逮捕者にも準用されると理解すべきである。[*32][*33]

未決拘禁法は被逮捕者について、社会的コミュニケーションの権利を積極的に承認する規定をおいていないが、かくして、「ただし、刑事訴訟法の定めるところにより面会が許されない場合は、この限りでない」という制限規定は、被逮捕者の権利を一律に認めない趣旨ではなく、刑訴法81条・207条1項に基づき、裁判所・裁判官が被勾留者の接見、書類その他の物の授受を特別に禁止した場合のことをいうと理解すべきである。

(2) 面会・信書の制限

最高裁判例によれば、未決被拘禁者の社会的コミュニケーションの権利に対しては、他の市民的自由の場合と同様、拘禁の確保、罪証隠滅の防止、規律・秩序の維持という拘禁目的に対する障害発生の「相当のがい然性」があるときに、「必要かつ合理的」制限が認められるということになる。しかし、この権利の憲法的重要性からすれば、最大限の権利保障が要請されるのであり、それゆえ拘禁目的が阻害される現実的危険がある場合、それを排除するために必要最小限度の制限のみが許されると理解すべきである。このことは、本書序章において指摘したように、無罪推定の原則からの帰結でもある。

未決拘禁法は、規律・秩序の阻害(116条1項、同2項、118条4項、同5項、135条2項、同3項、136条、218条3項、219条1項、220条4項、222条2項、224条1項、266条3項、267条1項、268条、271条1項)、罪証隠滅

（116条1項、同2項、135条2項、同3項、136条、218条3項、219条1項、224条1項、266条3項、267条1項、271条1項）、管理運営上の支障（118条4項、同5項、220条4項、同5項、225条、268条）を理由とする制限を定めており、前二者については、その「おそれ」を理由とする制限を多く認めている。しかし、「おそれ」との文言にもかかわらず、規律・秩序の阻害または罪証隠滅の現実的危険の発生が、具体的根拠に基づいて認められなければ制限は許されないと理解しなければならない。とくに、未決被拘禁者について制限理由とされる罪証隠滅の危険については、罪証隠滅ということ自体、限界が曖昧であることから、必要最小限度の制限であることと合わせて、具体的根拠に基づきその現実的危険が認められることが、とりわけ厳密に判断されなければならない。そうでなければ、不必要で過剰な制限が生じることになる。

　受刑者については、面会の立会、録音・録画は、「刑事施設の規律及び秩序の維持、受刑者の矯正処遇の適切な実施その他の理由により必要があると認める場合」にのみなされる（112条）。これに対して、刑事施設に収容された未決拘禁者については、立会などを行うことを原則としつつ、「刑事施設の規律及び秩序を害する結果並びに罪証の隠滅の結果を生ずるおそれがないと認める場合」には、行わなくてもよいとされ（116条1項ただし書）、警察・海上保安庁の留置施設に留置された未決拘禁者については、例外なく立会などを行うこととされた（218条1項・266条1項）。

　受刑者と未決拘禁者の取扱いの違いは、罪証隠滅の危険に配慮してのことであろうが、未決拘禁者について罪証隠滅の危険の「原則」的存在を前提として、立会などを「原則」とすることは、その現実的危険があるときに限り必要最小限度の制限が許されるという権利制約の原理に反している。まして、立会等を必要的とすることは認められない。たとえ、未決拘禁者については、受刑者の場合と異なり、罪証隠滅の「おそれ」に配慮する必要があり、さらに、起訴前の被疑者が大部分を占める留置施設の被留置者については、罪証隠滅の「おそれ」が類型的に高いとしても、そのような「おそれ」が未決拘禁者の憲法的権利としての社会的コミュニケーションの実質的制約を正当化するに足りる現実的危険であるとはとうていいえず、また、かりにそのような現実的危険が存在するとの前提に立ったとしても、それを排除するための必要最小限度の制限として立会などが認められるかどうかは、個別具体的に判断されなければならない。それゆえ、未決拘禁者すべてについて、少なく

とも受刑者の場合と同様、拘禁目的が阻害される現実的危険があるときに、必要最小限度の制限であることを確認したうえで立会などが行われるという解釈・運用がなされるべきである。このことは、信書の内容検査についても同じく妥当する。

また、未決被拘禁者の社会的コミュニケーションの保障が、防御権の保障の趣旨にも適うものであることからすれば、防御権の実質的制約をもたらすようないかなる制限も排除されなければならない。たとえば、弁護人の適切な選任を行ううえで、家族など固有の選任権者と面会し相談することが必要かつ重要であるから、弁護人が選任されていないとき、選任権者との面会を制限することは、防御権の実質的制約にあたり許されないというべきである。[34]

ところで、中川孝博は、刑事手続法と刑事拘禁法の一元的関係からすれば、未決拘禁の「執行にあたっても司法的統制が直接及ぼされなければならない」のであり、それゆえ「逃亡の危険を理由に勾留された被告人に対し、罪証の隠滅を防止するという名目で諸権利を制限することは、『当該被拘禁者を拘禁する目的』以外の目的により諸権利を制限することに他ならず」、「過度に広範な制限であり、認められない」と論じている。[35] 逃亡と罪証隠滅の危険において身体拘束の根拠とされなかった事由を根拠にして、未決被拘禁者の市民的権利を制約することはできないとするものであり、興味深い見解である。もっとも、一般に身体拘束の根拠とされる逃亡と罪証隠滅の危険について、身体拘束の個別具体的根拠から導かれる個別具体的「目的」と、市民的権利の制約根拠としてあげられてきた「拘禁目的」とを前者に限定する形で重ね合わせることができるか、それが刑事手続法と刑事拘禁法の一元的関係からの帰結であるかについては、なお慎重な検討が必要であろう。裁判所・裁判官が被疑者・被告人の身体を拘束する「目的」と、その処分を執行するために、平穏・安全な共同生活を維持しつつ身体の拘束を確保するという意味における「拘禁目的」とは区別することができるのであり、未決拘禁の執行において、後者の意味の「拘禁目的」の確保も正当な権利制約の根拠として認められるべきだからである。

とはいえ、罪証隠滅の防止については、一般に、処分の執行のための「拘禁目的」とみることはできず、やはり本来は身体拘束それ自体の「目的」といわなければならない。それゆえ、裁判所・裁判官によって、罪証隠滅の危険が身体拘束の個別具体的根拠とされた場合に限り、その個別具体的な身体拘束に内在する目的として、罪証隠滅の防止が認められることになり、した

がって罪証隠滅の防止目的を内在する身体拘束の処分を執行するための「拘禁目的」のなかにも含められることになると理解すべきであろう。結局、中川孝博が述べるのと同様、逃亡の危険を根拠にした身体拘束の執行においては、刑事拘禁法上、罪証隠滅の防止を目的とする市民的権利の制約は許されないということになる。

　なお、本章第9章において論じたように、刑訴法81条（207条1項により被疑者にも準用）による、逃亡・罪証隠滅の危険を理由とする裁判官・裁判所の接見禁止などの決定は、抽象的な「おそれ」の認定に基づく包括的禁止・制限としてではなく、具体的根拠による現実的危険の認定に基づく個別具体的制限として決定されるべきである。さらに、刑訴法80条が身体を拘束された被疑者・被告人の社会的コミュニケーションを保障する規定を置き、刑訴法81条が裁判官・裁判所の判断に基づく制限を定めたのは、この権利が被疑者・被告人の防御権の保障と緊密に結合しているからである。刑訴法81条があげている逃亡・罪証隠滅の防止という目的のための制限は防御権の実質的制約に及ぶ危険がとくに高いことからすれば、施設長の判断に基づく制限は許されないというべきであろう。たとえ施設長の判断による制限が認められるにしても、防御権の実質的制約に及ぶものではないことが明白な場合に限られることになる。

(3) 権利実質化のための積極的措置

　一般に、身体拘束という状況下にある未決被拘禁者について、社会的コミュニケーションの権利の保障を実質化するためには、積極的措置が必要とされる。被収容者処遇法において、受刑者については、開放的処遇を受けている場合などにおいて、受刑者の「改善更生又は円滑な社会復帰に資すると認めるときその他相当と認めるとき」、電話などによる通信を許すことができるとされたが（146条）、未決被拘禁者については、このような規定はない。しかし、現代社会におけるコミュニケーション手段としての電話通信の重要性にかんがみ、また、未決被拘禁者が家族や友人の居住地から遠隔の施設に収容・留置されている場合や、文字を使用するコミュニケーションが苦手な場合、ひときわ重要な手段となることからすれば、少なくとも受刑者についてと同様、拘禁目的が阻害される危険がなく「相当と認められる」場合には、受刑者に関する規定の準用によって、未決被拘禁者についても電話通信が認められるべきである。

また、社会的コミュニケーションの権利の保障が、本来的に人間相互間において成立する、その意味において社会的性格を有する権利であることからすれば、面会する家族・友人に対する経済的援助、情報提供、相談、助言という対人サポートなど、それを実質化するための社会的援助はひときわ必要かつ重要である。[*36] 本書第7章において明らかにしたように、また、イギリスにおいてそうであるように、再犯防止の意味の社会復帰の促進と関連づけるかどうかを除き、社会的コミュニケーションを通じての家族の絆・社会的繋がりの維持、さらには釈放後の社会的再統合を促進するために積極的な社会的援助が必要かつ重要なことは、受刑者の場合と、未決被拘禁者の場合とで違いはない。

　被収容者処遇法110条は、とくに受刑者について、「適正な外部交通が受刑者の改善更生及び円滑な社会復帰に資する」ことを認めた。また、同90条は、矯正処遇の実施における受刑者の家族、民間篤志家、関係行政機関その他社会との連携について規定した。受刑者の権利保障を実質化するために社会的援助への市民参加を拡大・強化するにあたり、同条はその根拠規定となりうるであろう。しかし、受刑者のみならず、未決被拘禁者を含むすべての被拘禁者について、本来的に社会的性格を有しする社会的コミュニケーションの権利を実質的に保障し、あるいは釈放後の生活再建と社会的再統合を促進するために、その家族の絆・社会的繋がりの維持に向けた具体的展開がいまこそ必要である。そこにおいては、広汎な社会的連携のなかで、市民参加が促進されなければならない。未決拘禁法は、社会的コミュニケーションの権利の保障を実質化し、あるいは家族の絆・社会的繋がりを維持・再建するための社会的支援について、なんら規定していない。今後の未決拘禁法改革にとって、実務上も、立法政策においても、重要な課題となるであろう。

5. 刑事被拘禁者の権利保障の実質化

(1) 受刑者の権利確保と日本行刑の構造

　新しい受刑者処遇法の眼目は、「受刑者処遇制度の再構築と法的根拠の付与」とともに、「受刑者の人権保障の充実」にあるとされている。すなわち、「受刑者の権利や義務の範囲を明確化し、これを制限する場合の根拠や手続などを法定することによって受刑者の人権保障をより厚いものとすること」が、この法律の目的のひとつとされるのである。[*37] 権利保障の強化という目的は、新未決拘禁法においても共通し、被収容者処遇法全体に及ぶものであろ

う。ここにおいて、被拘禁者の権利確保のために、いくつかの改革課題が浮かび上がる。これらの改革課題については、かつての監獄法下に比べ、被収容者処遇法において確実な進展がみられるものもあるが、なお不十分・不徹底な点も多く残っている。以下、そのような改革課題のうちとくに重要と思われるものを指摘したうえで、今後、刑事拘禁法の改革が進むべき方向を展望する。

　被拘禁者の権利確保について、第1に、行刑の構造的改革という課題が現出する。これは、主として受刑者処遇との関係において問題にされてきた改革課題であるが、未決被拘禁者の取扱いについても、共通する部分は少なくないであろう。

　土井政和は、受刑者の人権保障を妨げる構造的要因が「日本型行刑」とその基本的構成要素としての「担当制」のなかにあると指摘している。土井政和によれば、日本型行刑は、「①被収容者の無権利状態と担当の広い裁量と権限、②他者の容喙を入れない排他的集団性、密行主義、③義理人情という情緒的関係の成立、④担当と被収容者との長時間の接触、⑤担当職員の経験と職務意識の重視」、などの前提条件によって支えられているが、このことによって、「①被収容者の法的地位、すなわち権利義務関係を明確にするという構想を阻害する、②情緒的な擬似的信頼関係の上に広汎な裁量が行われるために統一的な運営のコントロールが困難になる、③警戒と指導という相矛盾する役割が担当に統合されているため状況によりその比重が変化する、④そのため、保安的要請が優先され、被収容者に対する教化指導は消極的防御的なものとならざるをえない」、という問題が生じることになる[*38]。

　このように、担当制の本質が、「被収容者の権利や自由を制限し、全生活を担当に依存させることを前提とした家父長的支配服従関係の中で、擬似的信頼関係に基づいた面倒見を行うことによって最小限の職員で多数の受刑者を管理する運営体制[*39]」である以上、担当制と結合した日本型行刑の構造と受刑者の権利保障とのあいだには、本質的矛盾があるというべきである。受刑者の権利確保のためには、この本質的矛盾を克服する日本行刑の構造的改革が不可欠となる。

　しかし、新しい被収容者処遇法において、このような日本行刑の構造的改革という課題がどの程度達成されているか疑問が残る。これについても土井政和が分析しているように、法改正の過程において、法務省・行刑運営に関する調査検討委員会『行刑運営の実情に関する中間報告』は、名古屋刑務所

事件の原因として、「人権意識の欠落」と「担当制による処遇の限界」とを指摘し、受刑者の権利保障を強化するためには、担当制を基軸とする日本行刑の構造的改革が必要であることを示唆していた。しかしその後、「担当制の構造的問題が担当職員の個人的資質の問題にすりかえられ、職員の個人的な善意でもって担当制が逆に評価されるという方向へと転換され」、日本行刑の構造的改革という課題は後方に追いやられた。結局、行刑改革会議『提言』も、構造的改革の提案には至らず、担当制と相俟って日本型行刑を形成してきた収容分類制と累進制に代えて「報奨制度」を採用し、これと組み合わせる形で担当制を維持する方向を強く示唆した。被収容者処遇法もこのような立場にあるといってよい。受刑者の権利保障について、具体的運用に関する規定の多くが法務省令に委ねられていることに加え、「受刑者の権利や自由の制限根拠として、『刑事施設の規律および秩序の維持その他管理運営上支障を生ずるおそれ』や『矯正処遇の適切な実施に支障を生ずるおそれ』といった、文言が抽象的で、所長の広い裁量に委ねられる事由が各所にみられる」ことは、そのことを示している。担当制が上述の意義を有するものである以上、その「制度自体が担当職員の広範な裁量権を必要とする」からである。

担当制を基軸とする日本型行刑が維持される限り、行刑のあらゆる局面において、行刑の基本構造と受刑者の権利確保とのあいだの矛盾が継続することになるであろう。これは、被収容者処遇法に内在する構造的矛盾である。かくして、受刑者の権利確保のためには、この構造的矛盾を克服する行刑の構造的改革が不可欠であるが、その契機もまた、被収容者処遇法のなかにある。とくに重要なものは、第1に、人間行動科学の専門的知識を有する専門職員が指導的役割を担うべきチーム制の処遇体制を示唆する規定（84条5項）であり、第2に、受刑者の家族の絆・社会的繋がりの維持をはかりつつ、社会的連携と市民参加のなかで受刑者処遇を再構築することを可能とする規定（90条）であり、第3に、密行的行刑を変革し、社会的アカウンタビリティを果たすための透明性の高い行刑の実現に寄与するであろう刑事施設視察委員会の設置（7条以下）である。なによりも、被収容者処遇法において強化された受刑者の権利保障が「生ける法」として実務に浸透するに従い、それとの本質的矛盾をはらむ日本型行刑は構造的変革を余儀なくされることになるであろう。このとき、被拘禁者の権利を確保するための構造的基盤が生まれる。

(2) 被拘禁者の権利確保と市民参加
(i) 社会的援助における市民参加

　刑事拘禁法改革の最重要課題のひとつとして市民参加があげられてきたが[*43]、被拘禁者の権利確保のためにも、市民参加を拡大することの意義は大きい。このような市民参加は、二つの局面に分けることができるであろう。

　第1に、刑事拘禁という状況下において、被拘禁者の権利保障を実質化するためには、積極的措置としての社会的援助が必要とされる場合が少なくないが、その担い手、とりわけ被拘禁者、さらにはその家族、友人などへの対人サポートの担い手として、NGO、ボランティア市民の参加が必要かつ重要である。

　イギリス行刑はこの点においても先進的である。釈放前教育の社会的スキル獲得プログラム、情報通信リテラシー・プログラムなどから、電話による悩み事相談に至るまで、被拘禁者処遇のさまざまな場面で市民参加が発達している[*44]。また、被拘禁者と家族の絆を維持するためにも、釈放後の生活再建にとっても、拘禁中の家族支援が重要な課題となるが、家族支援のためのNGOも数多く存在する。たとえばNGO〈被拘禁者の家族と友人のためのサービス〉[*45]は30年以上にわたり活動を継続するなか、全国規模の電話相談を他のNGOと共同開設しており、ロンドン地区の運営を担当している。このほか、ボランティアが友人や支援を求めている家族を訪問し、さまざまな話をし、必要な情報や助言を提供する「家庭訪問プログラム」、刑の言い渡し当日、裁判所に家族と同伴し、刑の執行開始にあたっての情報提供や助言を行う「裁判所同伴プロジェクト」などを運営している。また、全国の家族支援NGOの活動を支援し、そのネットワークを強化するために、NGO〈アクション（被拘禁者の家族支援のためのサービス全国連合）〉[*46]も活動している。

　社会的コミュニケーションの権利は、上述のように、本来的に社会的性格を有しており、その権利の保障を実質化するための社会的援助がとりわけ必要・重要となる。本書第6章において明らかにしたように、イギリスにおいては、とくに行刑改革の包括的構想を示した1991年のウールフ報告書の後、コミュニティ・プリズンの理念のもと、未決、既決を問わず、すべての被拘禁者について、家族の絆・社会的繋がりの維持を目的として、社会的コミュニケーションの実質的保障のための社会的援助が強化されてきた。

　休日・夜間の面会が広く実施されていること、遮蔽板のない面会室での開放面会が原則とされていること、一定の身体接触や飲食が認められること、

家族面会室が用意されていることなどは、家族の絆・社会的繫がりの維持に配慮してのことであった。そのための積極的処遇プログラムも、さまざまな形で用意されている。たとえば、2004年7月15日、私が訪問したホーム・ハウス刑事施設においては、幼い子どものいる被拘禁者が子ども用にデザインしプリントしたTシャツ、絵本と読み聞かせのために自ら録音しカセットテープなどをパックにし、手書きのカードを添えて、バースデイ・プレゼントやクリスマス・プレゼントとして届けるというプログラムが実施されていた。刑事施設に駐在する保護観察官が行う環境調整のケースワークにおいても、家族の絆・社会的繫がりの維持は、被拘禁者の社会的再統合にとって最大の課題として位置づけられており、地方当局の社会保障サービスと連携しつつ、釈放後の生活再建に向けて環境調整を実施している。未決被拘禁者も、本人が希望する限り、このようなプログラムに参加することができ、また、環境調整の対象とされる。

　ここにおいても、市民が大きな役割を果たしている。家族の絆・社会的繫がりの維持のために、各施設の面会者センターにおいて、NGO、ボランティア市民が重要な役割を担っていることは本書第6章において示したとおりであるが、NGO〈新しい架け橋〉などは、外部社会との定期的コンタクトを希望する被拘禁者のために、市民ボランティアの面会者を派遣し、あるいは文通相手を斡旋している。[*47]このようなボランティア活動は、友人援助活動と呼ばれ、社会各層・各地域からさまざまな市民が参加している。釈放後も友人援助活動が継続される場合もある。ボランティア面会者は、被拘禁者と通常の面会室で面会し、その面会は、各被拘禁者の面会許可回数としてカウントされる。[*48]

　また、公的制度として、各刑事施設について「公式刑事施設面会者（Official Prison Visitors）（以下、公式面会者）」という制度が設けられている。[*49]公式面会者は、さまざまな年齢、社会的バックグラウンド、人種・民族的起源を有する市民ボランティアであり、各刑事施設は、被収容者の要望に応えて公式面会者との面会の機会を設定することになっている。家族、友人などの面会が得られない被収容者が、公式面会者の制度を利用することも多い。また、外部社会との繫がりを維持するためにこの制度を利用する被拘禁者もいれば、刑事施設の内部組織に属していない外部社会の人に話をする機会として利用する者もいる。面会は、一般の面会室に限らず、被拘禁者の居室、施設内の相談室で行われることもある。公式面会者との面会は、各被

拘禁者の面会許可回数としてカウントされない。各刑事施設に配置された公式面会者連絡調整官が面会機会を設定し、教誨師が被拘禁者の要望を伝達することもある。[*50]

このようにイギリスにおいては、被拘禁者の家族の絆・社会的繋がりを維持するための手厚い社会的援助、そのための外部交通の運営や生活再建に向けた環境調整、積極的な処遇プログラム、さらにはコミュニティの家族支援が、市民ボランティアやNGOの積極的参加により、相互に支え合う形で重層的に構築されている。

被収容者処遇法は、第2編・第2章「刑事施設における被収容者の処遇」・第10節「矯正処遇の実施等」の第1款「通則」のなかに、受刑者の家族、民間篤志家、関係行政機関その他社会との連携に関する規定をおいた（90条）。たしかに、社会的連携はたんに「矯正処遇等の実施」においてのみならず、広く受刑者処遇のさまざまな局面において達成されるべき課題であるから、この規定の位置には疑問がある。本来、第1章「処遇の原則」のなかに置かれるべきであった。[*51]しかし、受刑者の権利保障を実質化するために社会的援助への市民参加を拡大・強化するにあたり、同条はその根拠規定となりうる。そのうえで、市民参加を拡大・強化するための積極的政策がとられるべきである。上述のように、市民参加に支えられた社会的援助は、未決被拘禁者についても、その権利保障を実質化するとともに、拘禁中の社会的繋がりを維持しつつ、釈放後の社会的再統合を促進するうえで、同じく必要かつ重要である。未決被拘禁者についても、余暇活動の援助に関する被収容者処遇法39条2項が社会的援助の一般的根拠規定となりうるにせよ、社会的援助における市民参加を拡大・強化するための規定が設けられるべきである。さしあたりは、受刑者処遇に関する同67条の趣旨が、運用上、未決被拘禁者にも及ぼされるべきである。

(ii) 行刑監視のための市民参加

第2に、行刑監視のための市民参加が課題となる。

受刑者に対する人権侵害と行刑の「密行性」とのあいだに強い関連があるとの認識を踏まえて、行刑の「透明性」の確保は、今般の行刑改革における最重要課題の一つであった。このような課題は、未決被拘禁者の取扱いにおいても同じく現れる。

被収容者処遇法が、行刑改革会議『提言』を受けて、いわゆる第三者機関

としての刑事施設視察委員会（以下、視察委員会）を設置したことの意義は大きい。この意義については、「ともすれば閉鎖的になりがちであった行刑運営について透明性を確保し、また、行刑施設と地域社会との連携を深めることが期待されるとともに、委員会が、刑事施設の運営を的確に把握した上で、刑事施設の長に対し、刑事施設の運営に関し国民の常識を反映した意見を述べることによって、刑事施設の運営の改善向上に資することが期待される」と説明されているが[*52]、かつて監獄法改正要綱が提起した刑事施設運営協議会に比べて、視察委員会は、「その名称に示されているように、より積極的に刑務所の実情を調査する機関としての側面が強くなった」とされる[*53]。もっとも、被収容者処遇法においても、委員の選任、委員会の調査権限、委員会の意見の取扱いなどについて、規定上なお不明確さが残るとも指摘されている[*54]。

　本来、第三者機関が担うべき機能としては、①行刑の「社会化」のひとつとしての社会的連携機能、②被拘禁者の権利保障がなされる条件を形成するための行刑監視機能、③これらが果たされることを通じてえられるであろう社会的理解・信頼形成機能、があるといえる。③の機能は、被拘禁者の社会的再統合を促進するための社会的基盤の形成につながる[*55]。本庄武によれば、「被収容者の人権擁護」と「刑事施設における適正な処遇の実現」という行刑目的を達成するためには、刑事施設がアカウンタビリティを十分に果たさなければならず、そのアカウンタビリティは、①被拘禁者自身、②弁護士、研究者など外部専門家、③市民、の三者に対して果たされなければならないとされる。このようなアカウンタビリティが果たされるよう保障されるための制度として、第三者機関が必要とされるのである[*56]。

　被収容者処遇法の視察委員会についてみると、委員は、任期1年の非常勤であり、「人格識見が高く、かつ、刑事施設の運営の改善向上に熱意を有する者のうちから、法務大臣が任命する」とされた（8条）。行刑改革会議『提言』においては、地域の市民、弁護士など法律関係者、医師、地方公共団体の職員などを含めることが望ましいとされた。一般市民とともに、このような外部専門家を含む委員構成ということになれば、視察委員会は、一般市民と外部専門家が共同して行刑監視機能と社会的連携機能を担い、それらを果たすことを通じて社会的理解・信頼形成機能を果たす機関として性格づけられているといえる。このように視察委員会は、構成においても、機能においても、複合的である。問題は、複合的であるがゆえに、視察委員会とい

う一個の制度のなかで、一般市民と外部専門家が、それぞれ異なる特性に応じた活動を十分行うことができるかということである。

　イギリスにおいては、構成、機能において特色を有する第三者機関が多層的に存在し、それらが相互に補完する形で機能している[*57]。市民参加の一環として位置づけられるのが、一般市民により構成される独立監視委員会（Independent Monitoring Board）である[*58]。独立監視委員会は、1952年行刑法6条2項によって各刑事施設に設置されており、かつては訪問者委員会（Board of Visitors）と呼ばれていた。委員は無給の市民ボランティアであり、各委員会に2人以上のマジストレイトが含まれていなければならない。委員は、平均、月2〜3日を独立監視委員会の活動に費やしているとされる。

　委員会は行刑監視機能を果たすために、いつでも施設内に立ち入り、施設内の記録を閲覧し、会話内容を聴取されることなく被拘禁者と面談を行うことなど、調査の権限を認められている。委員会は、調査の結果、施設長に対して意見を述べ、内務大臣に対して報告することができる。また、被拘禁者は、独立監視委員会の委員に対しても、要望・苦情を申し出ることができる。

　委員会の活動については、①委員に活動の基礎となる十分な基礎知識がないこと、②委員会ごとに活動状況が異なり、不活発なものもあること、③意見・報告に法的拘束力がなく、実効性がないこと、④刑務所運営責任者に同調する傾向があり、被拘禁者の信頼を得られないこと、⑤行刑当局からも独立の「監視者（watch-dog）」として受け止められてこなかったこと、などの批判がなされてきた。かつて訪問者委員会は被拘禁者の懲罰に関する権限を有しており、それゆえ被拘禁者からは、施設側に立ち、被拘禁者を抑圧する機関としてみられる傾向があった。1991年のウールフ報告書は、このことが1990年の大規模な暴動の原因にもなったと指摘し、その提案を受けて、訪問者委員会の懲罰権限は廃止された。また、2003年、入国管理収容施設に関する監視機関と統合する形で、訪問者委員会から独立監視委員会と名称が変更されるとともに、全国各地の委員会の活動を調整・支援するための全国協議会が設置され、①個人性、②ボランティアであること、③独立性、という委員会の特性を生かしつつ、行刑監視機能を強化するための改革が行われた。市民の建設的批判が、行刑水準の向上に寄与し、それを支える社会的基盤の形成につながると考えられたからである[*59]。

　ロッド・モーガンは、独立監視委員会における市民参加については、①ボランティア市民とコミュニティ、あるいは被拘禁者とのあいだにバックグラ

ウンドにおける差異が大きく、ボランティア市民が真にコミュニティを代表しているといえるか疑問があること、②ボランティア市民が「セミプロ」化し、施設当局に「取り込まれ」てしまい、その結果、行刑施設からの独立性と被拘禁者の信頼を失うこと、という本質的批判を提起している[*60]。たしかに、日本の視察委員会の運用においても、これらの点についての十分な注意が必要とされる。また、市民参加によるものだけでない、多層的な行刑監視機能が必要とされる所以でもある。しかし、市民参加をさらに実質化させるうえで、一般市民による行刑監視に焦点を合わせたイギリス独立監視委員会のあり方は、貴重な示唆を与えてくれるであろう。日本においてもとくに、各施設の視察委員会の活動を調整・支援するための全国組織の創設は急務である。

(3) 専門的外部査察と権利救済
(i) 専門的外部査察

　国連被拘禁者処遇最低基準規則29条、国連被拘禁者保護原則55など、国際準則によって、行刑に対する外部査察が要請されている。アンドリュー・コイルは、地域コミュニティの市民によるもの、行刑当局内部によるもの、外部専門家によるもの、国際機関によるものなど、さまざまな形態の外部査察が併存し、それらが相互補完的に機能することが望ましいとしている[*61]。モーガンが指摘するように、「かつて組織の内部に身を置いていて、内部のやり方の複雑性を理解する者には、内部の事情を洞察することが可能で」あり、「そうした洞察を行う者には、より効果的な調査を行い、より効果的に要求を行うための重要な質問方法を知ることが可能」であろうことからすれば、外部専門家による査察には固有の重大な意義が認められる[*62]。

　被収容者処遇法に基づく視察委員会は、市民参加による行刑監視だけでなく、弁護士、研究者、医師などの参加が予定されている点において、外部専門家による行刑監視を担う機関としても性格づけられる。専門的外部査察による行刑監視のあり方として、イギリスの行刑査察局（Prison Inspectorate）が参考になる[*63]。

　現在の行刑査察局は、1980年、行刑局から独立して内務省内に設置された[*64]。その法的根拠は、1952年行刑法5A条である。同条は、「(1) 女王は、首席刑事施設査察官を任命することができる。(2) 首席査察官の任務は、イングランド・ウェールズの刑事施設を査察し、または査察の手配を行ったうえで、内務大臣に対して査察に関する報告を行うことである。(3) 首席査察官は、

なかんずく刑事施設における被拘禁者の処遇について、内務大臣に対して報告しなければならない。(4) 内務大臣は、首席査察官に対して、イングランド・ウェールズにある刑事施設およびその被拘禁者に関連する具体的問題を照会し、それに関する報告を行うよう指示することができる。(5) 首席査察官は、毎年、内務大臣に対して、その指示する形式による報告書を提出しなければならない。内務大臣は、その報告書を議会に提出しなければならない。……」と規定している。現在までに、査察の対象は、刑事施設、若年者用収容施設だけでなく、入国管理収容施設、軍収容施設にも及んでいる。内務大臣に提出された2003-2004年度報告書において、首席査察官アン・オヴァーズは、行刑査察局が担うべき役割について、「拘禁施設の査察は、システム全体というよりも、個々の施設の文化や詳細に焦点を合わせている。また、その査察は、サービス提供基準や政府の達成目標ではなく、人権ベースの基準に依拠しており、外からは見えない拘禁施設においてなにが行われているかについて、大臣、議会、そして一般市民に対して直接伝えるものである」と述べている。[*65] 専門的外部査察による行刑監視が、被拘禁者の権利保障に結び付くことが強調されているのである。

　行刑査察局は、首席査察官、副首席査察官のほか、4個の先行調査チーム、研究チームから構成され、実務経験を有する専門家、研究者を含む約50人の専任職員を擁している。先行調査チームは、男性用刑事施設、女性用刑事施設、若年者用収容施設、入国管理施設をそれぞれ担当しており、査察官のなかには、保健・医療ケア、薬物、人種・民族問題、教育などの専門家が含まれている。現在の首席査察官オヴァーズは、イギリスを代表する大規模かつ積極的な人権擁護NGOである〈ジャスティス〉[*66]の元事務局長である。

　行刑査察局の査察には、総合査察と簡易査察とがあり、総合査察には、予告のあるものとないものとがある。これらとは別に、若年者用収容施設の特別査察がある。予告総合査察は、本来、各施設について5年に1度は行われるべきとされ、100項目以上について、最短1週間は行われる。予告なしの簡易査察は、主として、直近の総合査察に基づき示された改善勧告の実施状況を検証するために行われ、2～3日間実施される。予告総合査察のあいだに行われるべきとされている。予告なしの総合査察は、良好な実務または深刻な問題があるとの情報に基づき行われるもので、最短1週間実施される。査察にあたっては、被拘禁者の安全で敬意を払った有意義な処遇とその効果的な生活再建にとって不可欠なすべての事項について、行刑局規則・基準な

終章　新被収容者処遇法における法的・社会的コミュニケーション　389

どとあわせ、国際的な人権基準に基づき作成・公表されている「期待水準（Expectations）[*67]」と呼ばれる評価基準が用いられる。「期待水準」は、評価基準を具体的に示すだけでなく、被拘禁者のフォーカス・グループ、被拘禁者、施設職員との秘密の個別インタビュー、被拘禁者に対する抽出調査、査察官による文書調査と観察結果など、評価の基礎とすべき資料についても提示している。

　各査察終了後15週間以内に、査察報告書が公表される。公表前に、行刑局など施設運営の責任機関の閲覧に供され、事実の誤りを訂正する機会が設けられる。報告書公表後30日以内に、施設側は、報告書が行った勧告に基づく行動計画を作成し、その12か月後、達成状況の検証のための報告書を提出することになっている。

　年次報告書によれば、2003年9月1日から2004年8月31日のあいだに実施された予告総合査察は35件、予告なしの総合査察は3件、予告なしの簡易査察は16件、その他の査察が10件であった。保護観察査察局との合同査察も1件行われた。予告なしの簡易査察によって確認された改善勧告の実施状況についてみると、全面実施が52％、一部実施が18％、未実施が30％であった。施設側の作成した行動計画においては、総合査察の結果出された勧告について、受容が76％、一部受容が3％、原則受容が18％、拒絶が3％であった。施設側は行刑査察局の改善勧告を大部分受け入れているものの、その迅速な実施がなされていない場合も少なくないといえるであろう。[*68]

　このように、行刑査察局による専門的外部査察は、強力な体制のもと、査察準備、査察の実施から、結果の公表、改善勧告の実施検証に至るまで、周到な方法・手続によって行われている。その結果、各施設固有の問題が鮮やかに解明されるだけでなく、被拘禁者の自殺・自傷行為の増加、とりわけ女性被拘禁者におけるその増加、薬物使用の広がり、精神的問題を抱える被拘禁者のための設備の不十分さ、被拘禁者の労働・作業施設の不足など、行刑全体にわたる問題が明確にされる。そうであるがゆえに、その改善勧告は施設側にも受け入れられ、現実的改善へとつながっているといってよい。日本の視察委員会は、市民参加による行刑監視と外部専門家による行刑監視の双方を担おうとしたものであるが、専門的外部査察による行刑監視という点においては、その体制、方法・手続などについてなお重大な課題が残るといわざるをえない。将来的課題としては、各施設に設置される視察委員会とは別に、全国的な専門的外部査察機関を設置することが検討されるべきであろう。

(ii) 権利救済

　被拘禁者の権利確保のためには、具体的な権利侵害に対する公正で確実な救済を可能とするシステムが不可欠である。刑事施設における権利侵害については、行刑の専門性とともに、一定の不可視性がともなうことから、司法的救済など、一般の救済システムによる救済が困難な場合が少なくない。それゆえ、被拘禁者の権利救済に適した、実効的な救済システムを用意しなければならない[*69]。すなわち、それは、被拘禁者自身に対するアカウンタビリティを果たすためのシステムである。

　今般の行刑改革にあたっても、旧監獄法における救済システムは十分なものでなく、「受刑者は、刑事施設に強制的に収容され、生活の全般にわたり強い規制を加えられており、さまざまな苦情や不服が生じやすい状況にあることから、行政内部における救済制度を相当大幅に充実させる必要がある」と認識され[*70]、また、受刑者の権利確保という点とともに、「受刑者の権利意識が高まっている現状では、その不満を押さえつけるだけでは逆効果であり、受刑者の処遇の観点からも、不服申立を権利として認めて適正に対応した方が妥当である」と指摘された[*71]。行刑改革会議『提言』は、①「第三者の目からみることによって公平かつ公正な救済を確保する」こと、②「適正かつ迅速な処理を期するために制度を迅速化する」こと、という制度改革の基本的視点とともに、それに基づく改革構想を提示した。これらは、未決被拘禁者の権利救済についても妥当する。

　かくして、被収容者処遇法は、①矯正管区長に対する審査の請求（157条）、②矯正管区長および法務大臣に対する事実の申告（163〜165条）、③法務大臣、監査官および施設長に対する苦情の申出（166〜168条）、を定めたうえで、④審査請求と事実申告については、矯正管区長の裁決ないし通知に不服があるときは、法務大臣に対して不服申立ができることとした[*72]。監獄法における請願（7条）および所長面接（9条）と比べたとき、権利救済の公正さにおいても、その実効性においても、大きな進歩がみられるといってよい。とはいえ、①裁決・通知までの手続・期間の簡易さと迅速性において不十分であること、②被拘禁者自らが請求・申告・申出を行うこととされ、代理人や補佐人の援助が予定されておらず、また、審査請求と事実申告については書面で行うこととされているため、被拘禁者の手続利用の可能性が制約されるであろうこと、③不服申立が法務省内部において処理されること、について批判も提起されている[*73]。

行刑改革会議『提言』は、「第三者の目からみることによって公平かつ公正な救済を確保する」という基本的視点から、独立した人権救済機関が設置される必要があるとしたうえで、それが実現するまでの暫定措置として、刑事施設不服審査会を設置することを提案した。『提言』は、法務大臣が再審査の申請などに理由がないと判断しようとするとき、この不服審査会に対して付議するという手続を構想したが、「暫定的かつ事実上の措置として求められているにとどまる」との理由から、被収容者処遇法において、不服審査会に関する規定は置かれなかった。2006年1月からは、行刑改革会議『提言』の不服審査会に相当するものとして、刑事施設の被収容者の不服審査に関する調査検討会委員が活動を開始している。その委員としては、研究者二人、弁護士、医師、篤志面接委員が選任されている。
　不服審査を扱う独立の第三者機関のモデルとして、イギリスの行刑・保護観察オンブズマンが参考になるであろう。1991年のウールフ報告書による改革提案のなかで最も重要なものの一つが、行刑組織から独立した形で、被拘禁者の不服申立に関する再審査機関を創設することであった。ウールフ報告書は、それまでの内部的手続は、行刑運営当局の判断を再審査する権限を有する独立した外部機関への再審査の請求という本質的要請に応えていないと批判し、独立の外部的再審査機関を一刻も早く創設するよう勧告したのである。かくして、1994年、初代行刑オンブズマンが、内務大臣により任命された。2001年9月からは、行刑と保護観察の組織統合という大きな流れのなか、行刑・保護観察オンブズマンとして活動しており、2004年4月には、生命に対する権利に関する欧州人権条約2条の要請に応えるとの目的から、オンブズマンは、刑事施設、保護観察滞在施設（probation hostel）および入国管理収容施設における死亡事例について調査する責任を負うこととなった。
　オンブズマンの任務は、「刑事施設の被拘禁者およびコミュニティ内の監督処分の対象者に対して、その不服申立を解決するためのアクセスが容易で、独立した、実効的手段を提供することによって、公正で人道的な刑事司法の実現に寄与すること」であると宣言されている。現在、一人のオンブズマンのほか、死亡事例調査と不服審査とをそれぞれ担当する二人の副オンブズマン、9人のオンブズマン補佐がおり、そのもとに50人以上のスタッフを擁する体制がとられている。不服審査に関する調査を担当するスタッフは21人、死亡事例の調査担当スタッフは11人である。現在のオンブズマンは、1999年1月に就任したステファン・ショーであり、行刑改革や被拘禁者の人権保

障について積極的活動を続けているNGO〈行刑改革トラスト〉[*82]の元事務局長である。

　被拘禁者は、オンブズマンに対する再審査の請求をする前に、行刑内部の不服申立制度を活用しておかなければならず、それによって請求が退けられた場合、オンブズマンに対する再審査の請求が認められている。請求は信書または申請用紙の提出によって行われ、10日以内に申請が受理されたかどうか通知されることとなっている。オンブズマンとそのスタッフは、請求人と秘密の面談を行うなど、強力な調査権限を有している。解決方法としては、①施設側が同意する解決策を提示する「直接解決（local resolution）」、②刑務所が同意しない場合の迅速な解決方法である「簡易報告・指示（brief report or brief）」③施設側が同意しない場合に用いられる「最終報告（full report）」がある[*83]。

　また、年次報告書が内務大臣に対して提出され、さらに内務大臣を通じて議会にも提出され、公表されている。年次報告書によれば、2004年4月1日から2005年3月31日のあいだに合計4,385件の再審査請求を受理し、そのうち刑事施設に関するものが4,076件、保護監察局に関するものが309件であった。このうち請求適格を満たしたものが合計1,689件（41％）であったが、保護観察局に関するものは38件（13％）にすぎなかった。この期間中、オンブズマンの調査が実施された再審査請求は合計1,601件であり、このうち刑事施設に関するものが1,582件であった。事務処理、組織体制などの効率化の結果、前年度に比べ5％増加しており、請求受理後、71％について10日以内に適格性審査が終了し、その後2週間以内に調査が終了したものが61％であった。刑事施設に関する再審査請求の内訳をみると、紛失、管理など私物・金銭に関するものが716件（18％）、収容状態一般に関するものが524件（13％）、隔離措置を含む保安措置に関するものが499件（11％）、パロール、一時釈放など刑期満了前釈放に関するものが381件（9％）、懲罰手続・審査に関するものが349件（9％）であった。調査の結果、請求の全部または一部を容認したものが、刑事施設に関する請求について411件（26％）、保護監察局に関するものについて7件であった。行刑局に対して正式な改善勧告を行ったのが115件であり、そのほぼすべてを行刑局長が受け入れであろうと予測されている[*84]。また、前年度の年次報告書によれば、請求を受理された197人（41％）と受理されなかった265人（59％）について調査した結果、半数以上が自己の不服申立について調査が尽くされたと感じていた[*85]。各年次報

告書においては、不服申立に関する再審査と死亡事例の個別調査の概要が明らかにされている。

このように、行刑・保護観察オンブズマンは、強力な体制のもと、入念な方法・手続によって不服申立に関する再審査請求を取り扱っている。オンブズマンに選任されているのは、NGO〈刑罰改革トラスト〉の事務局長として、行刑改革と被拘禁者の人権保障について積極的活動を続けてきた人物である。これらのことを反映して、被拘禁者の満足度も相当に高い。被拘禁者に対するアカウンタビリティを効果的に果たしているといえるであろう。また、それゆえにこそ、社会的信頼も、行刑局からの信頼も高く、その結果、法的拘束力がないにもかかわらず、その勧告の大半が行刑局によって受け入れられることとなっている。被拘禁者はオンブズマンに再審査を請求しなくとも、国内裁判所による司法審査を請求することも、さらには欧州人権裁判所に欧州人権条約違反の申立を行うことも可能であるが、「被拘禁者をめぐる紛争の解決において、オンブズマンはますます重要な役割を担うようになるであろう」とされる所以でもある[*86]。日本における公正で実効的のある権利救済システムを具体化し、今後さらに強化していくとき、参考とされるべきであろう。

注

*1　川出敏裕「監獄法改正の意義と今後の課題」ジュリスト1298号（2005年）28頁、太田達也「刑事施設・受刑者処遇法下における矯正の課題——矯正処遇を中心として」犯罪と非行146号（2005年）8～9頁など。

*2　宮崎繁樹＝五十嵐二葉＝福田雅章編著『国際人権基準による刑事手続ハンドブック』（青峰社・1992年）362頁以下（福田雅章）。

*3　土井政和「受刑者の社会復帰の権利」『井上祐司先生退官記念論文集・現代における刑事法学の課題』（櫂歌書房・1989年）295頁。社会復帰の権利についてとくに、福島至「社会復帰の権利と恩赦」『小田中聰樹先生古稀記念論文集・民主主義法学・刑事法学の展望（上）』（日本評論社・2005年）参照。

*4　土井政和「受刑者処遇法にみる行刑改革の到達点と課題」自由と正義56巻9号（2005年）28頁。

*5　川出・注1論文29頁、名執雅子「刑事施設・受刑者処遇法と矯正処遇の充実について」犯罪と非行146号（2005年）80頁。

*6　土井政和＝村井敏邦＝中川孝博「座談会・刑務所改革の到達点とゆくえ」刑事立法研究会編『刑務所改革のゆくえ』（現代人文社・2005年）130～131頁（村井発言）。

*7　日本弁護士連合会「『刑事施設及び受刑者の処遇等に関する法律案』についての

日弁連の意見」（2005年）8頁（http://www.nichibenren.or.jp/jp/katsudo/iken/05/2005_18.html）によれば、日弁連との協議のなか、法務省も「刑事施設の長において、単に抽象的な懸念を抱いているという程度では足りない、個々のケースの事情に即して、根拠をもって、合理的に具体的な『おそれがある』と認められなければならない」との考えを表明したとのことである。

*8　大阪地判2000年5月25日・判例時報1754号102頁。
*9　小坂井弘「髙見・岡本判決が示した地平と展望」髙見・岡本国賠訴訟弁護団編『秘密交通権の確立』（現代人文社、2001年）36頁参照。
*10　日本弁護士連合会・注7意見33頁。
*11　最判2000年9月7日・判例時報1728号17頁。
*12　イギリス・コモン・ロー上の法律家の特権としての秘密保護の対象も、訴訟手続に関するコミュニケーションから、あらゆる法的助言に関するコミュニケーションへと拡張していった（葛野尋之「刑事被拘禁者の法的・社会的コミュニケーション（3・完）」立命館法学297号〔2005年〕29頁以下〔本書263～266頁〕）。日本弁護士連合会・注7意見34頁は、とくに、「裁判員制度・改正刑事訴訟法の適正な運用の確保のために、……身体拘束中の事件関係者との接見」が防御上に重要であるとして、時間制限と立会なしで認められるべきと提起している。
*13　竹之内明＝山本正樹「拘置所接見」季刊刑事弁護26号（2001年）参照。
*14　前田裕司＝坂根真也「大規模留置施設設置と未決拘禁法成立の影響」季刊刑事弁護47号（2006年）61頁。
*15　後藤国賠事件において、大阪地判2004年3月9日・判例時報1858号79頁は、弁護人が被疑者・被告人との接見にあたって持ち込もうとしている書類・物について、その内容に及ぶ検査を行うことは、秘密の接見交通権が保障されている趣旨を没却するものとして許されないと判示し、控訴審の大阪高判2005年1月25日（判例集未掲載）も第一審判決の趣旨を確認し、国の控訴を棄却したが、接見時に使用した録音機による記録内容の検査は、このような判決の趣旨にも反する。
*16　第164回国会衆議院法務委員会議録第16号（平成18年4月12日）（民主党・細川律夫衆議院議員の質問に対する政府参考人・小貫芳信法務省矯正局長の答弁）など。
*17　最近建設されたもののなかには、携帯電話の電波を遮断し、通話を不可能にする構造を有する接見室もあるようである。このような接見室でない場合、弁護人による携帯電話の持ち込みを禁止することも可能であろう。この禁止の実効性を確保するために、防御に関するコミュニケーションの秘密保護に慎重に配慮したうえで、弁護人の所持品・身体検査を行うことも許されてよいであろう。
*18　浦和地判1995年3月22日・判例時報1616号111頁。
*19　最判2003年9月5日・判例時報1850号61頁。
*20　小坂井・注9論文36頁参照。
*21　弁護人による「罪証隠滅」の危険を理由とする接見交通の制限が許されないことについて、田宮裕『捜査の構造』（有斐閣・1971年）404～405頁参照。

*22 未決拘禁者の処遇等に関する有識者会議『未決拘禁者の処遇等に関する提言――治安と人権、その調和と均衡を目指して』(2006年)(http://www.moj.go.jp/KYOUSEI/SYOGU/teigen.pdf)。

*23 第164回国会衆議院法務委員会議録(平成18年4月12日)(民主党・枝野幸男衆議院議員の質問に対する杉浦正健法務大臣の答弁)。

*24 尾崎道明「弁護人と被疑者の物の授受」平野龍一＝松尾浩也編『新実例刑事訴訟法Ⅰ』(青林書院・1998年) 189～190頁。

*25 川崎英明「刑事弁護の自由と接見交通権」注3『小田中聰樹先生古稀記念論文集(上)』は、これを肯定する。また、正当な弁護活動を畏縮させないために、書類授受の仲介が許されないのは、「誰が見ても他に理解のしようがない明白な罪証隠滅の教唆・慫慂の書類であって」、「弁護人もそう認識しながら、敢えて容認して当該書類の授受の仲介をする」場合に限られるべきとし、そうでない限り、弁護人の専門的判断に従って、正当な弁護活動として認めるべきとする。また、村岡啓一「接見禁止決定下の第三者通信をめぐる刑事弁護人の行為規範」注3『小田中聰樹先生古稀記念論文集(上)』も参照。

*26 若松芳也「接見禁止決定と文書の授受」京都弁護士会・刑事弁護ニュース30号(2002年) 2頁。日弁連接見交通権確立実行委員会「『刑訴法81条接見禁止決定』と『被疑者・被告人と弁護人との接見交通権』との関係について」同委員会『接見交通権マニュアル(第七版)』(2005年)、武井康年＝森下弘編著『ハンドブック刑事弁護』(現代人文社・2005年) 225～236頁も同旨。

*27 名取俊也「刑事収容施設及び被収容者等の処遇に関する法律の概要」刑事法ジャーナル5号(2006年) 18頁は、「会話の内容を理解しなければ第三者に伝えにくい面会の場合と異なり、信書の場合には、弁護人等が十分に内容を理解することなく(換言すれば、悪意がない場合であっても)、その親書を安易に第三者に交付したり、閲覧させてしまう場合があり得る」のであり、また、そのような場合には「弁護士会の懲戒処分では対処できないケースも想定される」としている。弁護人に「悪意」がなく、それゆえ弁護人による社会的流通のコントロールは効果的に機能しないような場合も、たしかに皆無とはいえないであろう。しかし、弁護人は未決被拘禁者の信書を第三者に交付するにあたり、拘禁目的を阻害するような信書の社会的流通に荷担しないよう、「安易に」交付するのではなく、信書のなかに拘禁目的を阻害する内容が含まれていないか確認するために相当の注意を払うべきとする限り、このような注意が払われたとき、拘禁目的を阻害するコミュニケーションの社会的流通が弁護人の介在によって効果的にコントロールできない可能性において、口頭のコミュニケーションによる接見の場合と、信書の場合とで有意な差があるとはいえないであろう。過去の実務に照らしても、弁護人を介して拘禁目的を阻害する信書が社会的に流通する可能性は、たとえ皆無でないにせよ、疑いなく希有である。拘禁目的が阻害される極小の可能性に対処するために、弁護人宛信書の内容検査を原則として(刑事施設の場合)、または一律に(留置施設の場合)行い、それによって防御に関するコミュニケーショ

ンの秘密性を奪うことは、拘禁目的を達成するために必要最小限度の制限を明らかに超えており、憲法34条・37条3項、刑訴法39条1項に反する過剰な制限である。たしかに罪証隠滅の防止など、拘禁目的を達成することは必要かつ重要である。しかし、そうであるにせよ、一般に、未決被拘禁者の権利については、拘禁目的を阻害する現実的危険があるとき、それを排除して拘禁目的を達成するために必要最小限度の制約のみが許されるのである。まして、弁護人との接見交通権という憲法上の権利ないし憲法に「由来」し憲法上特別な重要性が与えられた権利については、本来、実質的制約に及ばない限りの技術的制約のみが許容されるというべきである。

*28　名取・注27論文15頁は、留置施設の未決被拘禁者と弁護人以外の者との面会について、立会の省略を認める規定がないことに関してこのような理由をあげている。

*29　川上有「弁護活動の現場と電話による外部交通権」季刊刑事弁護47号（2006年）は、北海道地区において電話接見は被疑者弁護にとって「必要不可欠な条件」であるとする。

*30　三島聡「電話による通信」季刊刑事弁護6号（1996年）、村岡啓一＝福井厚「電話接見」季刊刑事弁護26号（2001年）参照。

*31　中川孝博「未決被拘禁者と弁護人以外の者との外部交通権」刑事立法研究会『代用監獄・拘置所改革のゆくえ』（現代人文社・2005年）138～139頁は、この権利が憲法21条ではなく、もっぱら憲法34条によって保障されるとする。しかし、すべての市民が一般社会において保障されている他者とのコミュニケーションの権利（憲法21条）が、刑事拘禁によって奪われることなく、拘禁目的を達成するために必要最小限度の法律に基づく制約が課されることを除いて、未決被拘禁者に対しても同じように保障されていると理解すべきように思われる。このように理解することによって、未決拘禁者が刑訴法上の被疑者・被告人としての法的地位だけでなく、刑事拘禁された市民としての法的地位を有することが、その権利保障のあり方のなかに構造化するであろう。また、未決被拘禁者と受刑者が、刑事拘禁された市民として、基本的に同じ権利を保障されるということが基礎づけられるように思われる。

*32　葛野尋之「未決拘禁の司法的コントロールと代用監獄」刑事立法研究会・注31書76～82頁（本書69～72頁）。

*33　小田中聰樹＝大出良知＝川崎英明『刑事弁護コンメンタール・刑事訴訟法』（現代人文社・1998年）74頁〔高田昭正〕。

*34　渡辺修『刑事裁判と防御』（日本評論社・1998年）116頁。

*35　中川・注31論文140～141頁。

*36　斉藤司「未決被拘禁者に対する社会的援助」刑事立法研究会・注31書など参照。

*37　太田・注1論文5頁。

*38　土井政和「日本における刑務所改革の課題と展望」刑事立法研究会編『21世紀の刑事施設――グローバル・スタンダードと市民参加』（日本評論社・2003年）16頁。

*39　土井政和「行刑改革会議提言の意義」刑事立法研究会・注6書6頁。

*40　法務省・行刑運営に関する調査検討委員会のホームページ　http://www.moj.

go.jp/KANBOU/GYOKEI/index.html。
*41 土井・注39論文6～9頁。
*42 土井・注4論文24～25頁。
*43 土井・注4論文23～26頁。刑事立法研究会・注37書は、コミュニティ・プリズンという理念のもと、行刑のさまざまな局面における市民参加を提起している。
*44 福島至「刑事施設におけるNGOの役割」刑事立法研究会・注37書参照。
*45 NGO〈被拘禁者の家族と友人のためのサービス〉のホームページ　http://home.btclick.com/pffs/index.htm。
*46 NGO〈アクション〉ホームページ　http://www.prisonersfamilies.org.uk/。〈アクション〉は、Action for Prisoners' Families, The Outsiders: Information Booklets for the Partners and Families of Prisoners (2004) という5冊組ブックレットを発行しており、被拘禁者の家族が直面する状況、家族支援の現状と課題などを知るうえで有益である。Tia Pooler, What's the Problem?: Prisoners' Families Helpline Statistics, Executive Summary (Action for Prisoner's Families) (2006) http://www.prisonersfamilieshelpline.org.uk/php/bin/readfile.php?articlecode=9285 は、被拘禁者の家族・友人からの全国電話相談の実施状況を明らかにしているが、それによれば、2005年には12,011件の電話相談を受け付け、そのうち大多数が被拘禁者の家族や親からの相談であった。また、相談内容としては、面会に関するものが最も多く29.86％にのぼる。これに続いて、刑事施設制度が14.23％、電話面会予約をめぐる問題が10.82％、感情面のサポートが10.58％、面会費用補助制度が8.08％となっている。2003年からは電子メールによる相談も開始し、2005年には274件の相談を受け付けた。また、ホームページ上には質問の多い事項に関する情報が提供されており、ヒット数についてみると、被拘禁者の移送が7,832件、面会が6,856件、電話・電子メールによる繋がりの維持が3,137件、分類が3,016件、刑期計算が2,835件、自宅軟禁・外出制限が2,651件、社会保障給付が2,648件であった。これらから、被拘禁者の家族の直面する問題を窺い知ることができるであろう。
*47 NGO〈新しい架け橋〉ホームページ　http://www.samaritans.org.uk。
*48 Mark Leech and Jason Shepherd (eds), The Prisons Handbook 2003-2004, 343 (2003).
*49 この制度が創設されたのは1901年であるが、さらにその源流は、1813年に始まるニューゲイト監獄へのエリザベス・フライの訪問とそれによって設立されたNGO〈ニューゲイト監獄女性被収容者のための女性連合〉にあるという。この組織が改組された〈女性面会者連合〉は、1900年までには、女性だけでなく若年被収容者との面会活動も行っていた。男性市民による男性被収容者との面会活動も1885年に開始され、1922年、〈男性面会者連合〉が創設された。その後、これは〈刑事施設面会者全国連合〉に改組され、1944年、〈女性面会者連合〉と統合し、2003年、〈刑事施設公式面会者全国連合〉と改称したうえで現在に至っている。〈刑事施設公式面会者全国連合〉ホームページ　http://www.naopv.com/A%20Short%20History.htm。

*50　Leech and Shepherd, supra note 48, at 342.
*51　土井・注4論文26〜27頁は、社会との連携に関する規定が、むしろ刑事施設法案においては受刑者処遇の原則のなかに位置づけられていたのに対して、新しい受刑者処遇法においては「処遇の原則規定の一つから処遇方法の一つに格下げされて」おり、そのことは、「受刑者処遇法は、全体として、視点が刑事施設内部に向けられ、社会に開かれた開放的、発展的な構想が不徹底で、まだ自己完結的指向が強い」ことの反映であると批判する。
*52　名取俊也「刑事施設及び受刑者の処遇等に関する法律について」法曹時報58巻4号10頁（2006年）。
*53　川出・注1論文33〜34頁。
*54　土井・注4論文29〜30頁。
*55　刑事立法研究会「改訂・刑事拘禁法要綱案」刑事立法研究会・注38書336頁。また、刑事立法研究会編『入門・監獄改革』（日本評論社・1996年）90〜94頁参照（葛野尋之）。
*56　本庄武「刑事施設のアカウンタビリティと第三者機関の役割」刑事立法研究会・注38書236頁以下。
*57　土井政和「イギリスにおける刑務所の透明性の確保について」龍谷大学矯正・保護研究センター研究年報1号（2004年）参照。
*58　独立監視委員会ホームページ　http://www.imb.gov.uk/。また、刑事立法研究会・注55『入門・監獄改革』86〜90頁（内田真理子）参照。
*59　Simon Creighton, Vicky King and Hamish Arnott, Prisoners and the Law 5-6, 18 (2005).
*60　ロッド・モーガン「刑事司法における市民参加と被拘禁者処遇のグローバル・スタンダード」刑事立法研究会・注38書47〜49頁。同49〜50頁は、一般市民のみによって構成される機関が「警察や刑務所のスタッフのやり方を洞察することは非常に困難」であり、「実際に何が起きているのかに関して、深く掘り下げることが非常に困難」であるから、「不服申立を扱う団体や査察を行う団体は、市民とそれ以外の者の混合物であるべき」とする。
*61　アンドリュー・コイル（赤塚康＝山口昭夫訳）『国際準則からみた刑務所管理ハンドブック』（矯正協会・2003年）121〜123頁。土井・注56論文142〜143頁参照。
*62　モーガン・注60講演録49〜50頁。
*63　土井・注57論文143〜145頁。
*64　以下の叙述は、主として行刑査察局ホームページ　http://inspectorates.homeoffice.gov.uk/hmiprisons/　による。なお、2005年11月、内務省、憲法府、法務総裁が共同政策文書 Criminal Justice System, Inspection Reform: Establishing an Inspectorate for Justice, Community Safety and Custody Policy Statement (2005) を発表した。この文書は、これまで独立して活動していた査察局を統合し、裁判、警察・検察、行刑・保護観察の刑事司法全体をカバーする統一査察局を設置し、それに

よって事務負担を軽減したうえで、人的・物的資源を第一線の査察活動により効果的に投入することを可能とし、各査察局の経験を統合することを通じて、査察全体の水準を向上させようと提起している。

＊65　Annual Report of HM Chief Inspector of Prisons for England and Wales 2003-2004, 10 (2005), http://inspectorates.homeoffice.gov.uk/hmiprisons/about-us/annual-reports.html/hmcipannualreport2003-04.pdf.
＊66　NGO〈ジャスティス〉インターネット・ホームページ http://www.justice.org.uk/。
＊67　行刑査察局ホームページ　http://inspectorates.homeoffice.gov.uk/hmiprisons/docs/expectations.pdf。
＊68　Annual Report, supra note 65, at 62-68.
＊69　刑事立法研究会・注55『入門・監獄改革』92頁（葛野尋之）。
＊70　名取・注52論文29頁。
＊71　川出・注1論文33頁。
＊72　富山聡「不服申立について」刑政117巻3号（2006年）参照。
＊73　土井・注4論文30頁。
＊74　名取・注52論文31頁。
＊75　法務省ホームページ　http://www.moj.go.jp/KANBOU/SHINSA/gijiroku01.html。
＊76　「イングランド・ウェールズ行刑・保護観察オンブズマン」ホームページ http://www.ppo.gov.uk/。土井・注57論文146～148頁参照。
＊77　Stephen Livingstone, Tim Owen and Alison MacDonald, Prison Law 46 (3rd ed., 2003).
＊78　Prison Disturbances April 1990, Report of an Inquiry by the RT Hon Lord Justice Woolf and His Honor Judge Stephan Tumin, paras 14.342-14.363 (1991).
＊79　Creighton et al., supra note 59, at 19. かつては担当大臣が調査権限を有していた。
＊80　Id. at 192-194. 欧州人権裁判所の判例によれば、欧州人権条約2条の保障する生命に対する権利は、締約国に対して、この権利を保護するための積極的措置をとることを義務づけており、この義務は、当局が現実的で差し迫った危険があると認識した場合において被拘禁者の自殺を防止する義務、当局が重大な現実的危険を認識しており、または認識すべき場合において被拘禁者が同室に収容された被拘禁者によって殺害されるような状況を防止する義務を含んでいる。さらに、この積極的措置をとる義務からは、被拘禁者の死亡事例があった場合を含めて、条約2条違反が生じたときは、実効的調査を実施することが要請される。この調査が条約2条に適合するためには、欧州人権裁判所や国内裁判所の判例が提示した最低限の要請を満たすものでなければならない。すなわち、①関係者の要求または申立によるのではなく、職権により自動的に調査が実施され、②調査の独立性が保障され、③責任を負う者の特定および処罰を可能にするという意味において実効的なものでなければならず（それゆえ、当局は、

目撃者の証言および法医学的証拠を確保するための措置をとらなければならない)、④速やかに調査が開始され、調査は合理的意味において迅速であり、⑤制度上のみならず、実際上も、アカウンタビリティを確保するに足りる公開の吟味を受けなければならず、近親者の関与を認めなければならない。このような理由から、2004年4月1日以降、行刑局の内部調査に代えて、行刑・保護観察オンブズマンが、拘禁施設における死亡事例について調査を行い、報告書を作成・発表することとされた。年次報告書によれば、2004年4月1日から2005年3月31日のあいだに、行刑・保護観察オンブズマンが報告を受理した死亡事例は227件（うち3件は管轄外）であり、そのうち行刑局の運営する施設における死亡事例が196件、保護監察局の運営する施設におけるものが16件、入国管理収容施設におけるものが6件、子ども閉鎖訓練センターにおけるものが2件、その他4件であった。全体について、明白な自殺が94件、他殺が3件、薬物濫用が11件であった（Prison and Probation Ombudsman for England and Wales, Annual Report 2004 -2005 (2005), 58, http://www.ppo.gov.uk/download/annualreps/text04-05.pdf)。

*81　Prison and Probation Ombudsman for England and Wales, Annual Report 2003-2004, 3 (2004), http://www.ppo.gov.uk/download/annualreps/text03-04.pdf.
*82　NGO〈行刑改革トラスト〉インターネット・ホームページ　http://www.prisonreformtrust.org.uk/。
*83　Creighton et al., supra note 59, at 89-92.
*84　Prison and Probation Ombudsman for England and Wales, supra note 80 at 53-55.
*85　Prison and Probation Ombudsman for England and Wales, supra note 80, at 10.
*86　Creighton et al., supra note 59, at 19.

葛野尋之（くずの・ひろゆき）

立命館大学法学部教授。博士（法学）。
1961年、福井県生まれ。1985年、一橋大学法学部卒業。1990年、一橋大学大学院法学研究科博士課程単位修得退学。日本学術研究会特別研究員（一橋大学）、静岡大学助教授、立命館大学助教授を経て、2000年より現職。2003～2004年、ロンドン大学政治経済学大学院（LSE）客員研究員。

主著：『少年司法の再構築』（日本評論社、2003年）、『「改正」少年法を検証する』（編著、日本評論社、2004年）、『少年司法改革の検証と展望』（編著、日本評論社、2006年）など。

刑事手続と刑事拘禁

2007年10月20日　第1版第1刷発行

著　者：葛野尋之
発行人：成澤壽信
編集人：桑山亜也
発行所：株式会社現代人文社
　　　　〒160-0004　東京都新宿区四谷2-10八ッ橋ビル7階
　　　　電話：03-5379-0307（代表）　　FAX：03-5379-5388
　　　　E-mail：hensyu@genjin.jp（代表）／hanbai@genjin.jp（販売）
　　　　Web：http://www.genjin.jp
　　　　振替：00130-3-52366
発売所：株式会社大学図書
印刷所：株式会社ミツワ
装　幀：Malpu Design（原田恵都子）

検印省略　PRINTED IN JAPAN
ISBN978-4-87798-347-5　C3032
©Hiroyuki Kuzuno 2007

本書の一部あるいは全部を無断で複写・転訳載などをすること、または磁気媒体等に入力することは、法律で認められた場合を除き、著作者および出版者の権利の侵害となりますので、これらの行為をする場合には、あらかじめ小社または編集者宛に承諾を求めてください。